देशनामा गाँवनामा

देवीशरण 'ग्रामीण'

चयन और सम्पादन

विजयशंकर चतुर्वेदी

राधाकृष्ण प्रकाशन

ISBN : 978-81-19092-66-6

देशनामा गाँवनामा

पहला संस्करण : 2023

मूल्य : ₹995

प्रकाशक

राधाकृष्ण प्रकाशन प्राइवेट लिमिटेड
जी-17, जगतपुरी, दिल्ली-110 051
शाखाएँ : अशोक राजपथ, साइंस कॉलेज के सामने, पटना-800 006
पहली मंजिल, दरबारी बिल्डिंग, महात्मा गांधी मार्ग, प्रयागराज-211 001
1, अनमोल सोराबजी सन्तुक लेन, धोबी तलाव, मरीन लाइंस, मुम्बई-400 002
वेबसाइट : www.radhakrishnaprakashan.com
ई-मेल : info@radhakrishnaprakashan.com

मुद्रक

विकास कम्प्यूटर एंड प्रिंटर्स
ट्रॉनिका सिटी-201 102

DESHNAMA GAONNAMA
Sanchayita by Devisharan 'Grameen'
Selected and Edited by Vijay Shankar Chaturvedi

इस महादेश की समस्त शोषित, दमित और
संघर्षरत जनता के हाथों में
सादर समर्पित

क्रम

कविता

कहानी

कथेतर

जो मैंने लिखा

देवीशरण 'ग्रामीण' जी के समग्र साहित्य का चयन और सम्पादन करने का मौक़ा हाथ लगना मेरे लिए सौभाग्य का बायस है। सौभाग्य इसलिए कि मैं अपने गाँव आमा से बघेली के साहित्यिक शिखर 'ग्रामीण' जी से मिलने हमेशा मात्र एक पदरके की दौड़ में पहुँच सकता था, लेकिन वह संयोग कभी नहीं बन सका। छुटपन में मेरी कोई रचनात्मक अभिरुचि विकसित न हो पाने के कारण मेरे और उनके बीच अपरिचय का विंध्याचल खड़ा रहा और रोजी-रोटी की तलाश में मैं गाँव छोड़कर मुम्बई चला गया, जहाँ आगे चलकर मुझे साहित्य के संस्कार प्राप्त हुए।

हम जिन घटनाओं की कोई वैज्ञानिक व्याख्या नहीं कर पाते, उन्हें संयोग कह दिया करते हैं। 'ग्रामीण' जी से मिलने का संयोग न बन पाने की एक व्यावहारिक वजह तो यह है कि भले ही उनका गाँव बाबूपुर मेरे गाँव से महज 3 किलोमीटर दूर स्थित होगा, लेकिन नागौद (तहसील-ब्लॉक) जाने का शॉर्टकट मार्ग होने के बावजूद वह हमारे क्षेत्र का आम रास्ता नहीं है। हमारे बचपन से लेकर आज तक उस ऊबड़-खाबड़ भूखंड से होकर गुज़रना बड़ा कष्टसाध्य रहा है। मुसीबत यह भी है कि उधर से जाने पर खेतों में लगभग विलुप्तप्राय पगडंडियों और चौमासे में गमरगट्टी दिखाती एक नदी का सामना करना पड़ता था। हाँ, मैंने चौथी या पाँचवीं कक्षा की पढ़ाई के दौरान एक बार उनको अपने गाँव के ग्योंड़हरे में अवश्य देखा था! वह तत्कालीन सरपंच साहब के घर सदिच्छा भेंट करने पधारे थे और हम सामने खाली पड़े खेत में कुल्हाड़ी-कट वाला क्रिकेट खेल रहे थे। धुँधली-सी याद है कि उनकी लहीम-सहीम क़द-काठी पर लम्बा कुर्ता-बन्द गले का कोट और झक्क सफ़ेद धोती ख़ूब फब रही थी और चेहरे पर एक स्नेहमयी मुस्कुराहट चिपकी हुई थी। लगा कि हमारे सगे बब्बा जैसा कोई बुजुर्ग जा रहा है। फिर वक़्त का दरिया बहता रहा...

देवीशरण जी से मेरी प्रत्यक्ष मुलाक़ात तभी हो सकी, जब उन्होंने जीवन के 75 वर्ष पूरे कर लिए और मध्य प्रदेश प्रगतिशील लेखक संघ की नागौद इकाई ने स्थानीय कॉलेज में 'ग्रामीण-सम्मान' का विशाल आयोजन किया। यह मिलना भी

एक संयोग ही था। दरअसल, उसी दिन शाम को मुम्बई के लिए मेरी ट्रेन अटल थी और किसी अन्य सिलसिले में फ़ोन पर मेरी डॉ. सेवाराम त्रिपाठी जी से बात हो गई। जब इस कार्यक्रम का उल्लेख करते हुए उन्होंने उसमें मुझे साधिकार आमंत्रित किया तो मैं गहरे पशोपेश में पड़ गया। बहरहाल, 16 फ़रवरी, 2008 की सुबह गाँव से दो बड़े थैलों में यात्रा का पूरा सामान लाद कर मैं दोपहर में ही कार्यक्रम स्थल पर पहुँच गया। देशं भर से आए कार्यकर्ताओं और रचनाकारों से खचाखच भरे हॉल में एक कुर्सी पर बैठ गया। 'ग्रामीण' जी मंच पर श्रद्धेय विश्वनाथ त्रिपाठी जी, कमांडर कमला प्रसाद जी और अन्य मूर्धन्य रचनाकारों के बीच कार्यक्रम के उरूज पर बैठे हुए थे। अलीगढ़ से पधारे प्रोफ़ेसर वेदप्रकाश का सम्बोधन जारी था। बीच में ही सेवाराम जी ने मुझे 'ग्रामीण' जी से मिलवाया। मैंने उन्हें बधाई और शुभकामनाएँ दीं और अपनी स्थिति बयान करते हुए क्षमाप्रार्थी होकर सतना चला गया। लेकिन चन्द पलों की वह स्नेहिल भेंट किसी अमूल्य सुरभित ऊष्मा की तरह आज तक मेरे मन में बसी हुई है।

वैसे तो 'ग्रामीण' जी की—धूल, लाटा (महुए के), हम चने हैं, खजुराहो के कलाकार से कवि की बातें, पाँव की पनही, गोबर-गणेश, बेबसी की वीरता—जैसी प्रसिद्ध और अत्यन्त लोकप्रिय कविताओं से मेरा परिचय काफी पहले हो चुका था, लेकिन सेवाराम त्रिपाठी जी के सौजन्य से मुझे उनकी कहानियों और निबन्धों की पुस्तकें भी उपलब्ध हो गईं और मैं गाँवों व देश के प्रति 'ग्रामीण' जी की प्रगतिशील सोच तथा उसे खाँटी बघेली अन्दाज़ में अभिव्यक्त करने का क़ायल होता चला गया। उनकी रचनाओं में मुझे सामन्तवाद व पूँजीवाद का घातक व जनविरोधी चरित्र और शोषित ग्रामीण जनता का अक्स गाँव के विभिन्न किरदारों व प्रतीकों के माध्यम से साफ़ दिखाई दे जाता था।

'पगडंडी' नामक स्मारिका पढ़ने के बाद मेरी आँखों के सामने उनके व्यक्तित्व के अनगिनत आयाम और दरीचे खुल गए, नतीजतन मेरे मन में उनकी एक ऐसी सत्यनिष्ठ एवं ठोस छवि निर्मित हुई, जो कृत्रिमता, चाटुकारिता, अहो रूपं अहो ध्वनि: वाले भाव से लिखे गए प्रशस्तिगानों से उभर ही नहीं सकती थी। स्मारिका में 'ग्रामीण' जी के कवि, कथाकार, निबन्धकार, स्तम्भकार और संगठक रूपों का आँखों देखा वर्णन है। उनकी श्लाघा करनेवालों में अनेक स्थानीय व प्रतिष्ठित रचनाकारों के आत्मीय और सारगर्भित संस्मरणों समेत सर्वश्री केदारनाथ अग्रवाल, शिवमंगल सिंह सुमन, हरिशंकर परसाई, कमलेश्वर, विश्वनाथ त्रिपाठी, ज्ञानरंजन, दूधनाथ सिंह, सत्यप्रकाश मिश्र, काशीनाथ सिंह, जब्बार ढाकवाला, कमला प्रसाद, प्रभाकर चौबे, ललित सुरजन, रमाकान्त श्रीवास्तव, श्यामसुन्दर शर्मा, बाबूलाल दाहिया, सेवाराम त्रिपाठी, पुन्नी सिंह, सन्तोष खरे, डॉ. दिनेश कुशवाह जैसे दिग्गज व प्रगतिशील रचनाकारों के लेख शामिल हैं। बाद में

मुझे भोपाल की प्रतिनिधि साहित्यिक पत्रिका *राग भोपाली* का 'ग्रामीण' जी पर केन्द्रित विशेषांक भी पढ़ने को मिला। इसमें कॉमरेड शैली, प्रो. विजय अग्रवाल, रामनारायण राना जी तथा अन्य रचनाकारों के आलेख उस धातु का विश्लेषण करते हैं, जिससे 'ग्रामीण' जी की रचनाधर्मिता और उनकी मानसिकता निर्मित हुई थी।

'ग्रामीण' जी आजीवन शिक्षक रहे। वह प्राथमिक शाला शिक्षक के वेतन पर उच्चतर माध्यमिक विद्यालय के बच्चों को पढ़ाते थे, लेकिन 'जुगाड़' की संस्कृति के ख़िलाफ़ रहने के चलते कभी उनकी तरक्की नहीं हो पाई और वह उसी स्थिति में सेवानिवृत्त भी हो गए। उन्होंने अपने बेटे-बेटियों को यथाशक्ति शिक्षा दिलाई, उन्हें यूनियनों में काम करने की प्रेरणा दी। पत्नी का निधन होने पर उन्होंने घोषणा कर दी थी कि सम्पत्ति के अपने हिस्से से उनके नाम वह ग़रीब बच्चियों को वजीफ़ा दिया करेंगे, महिलाओं की मुफ़्त चिकित्सा कराएँगे। वह समाज के साथ-साथ अपने परिवार के प्रति पूर्ण समर्पित थे। इसीलिए उनका परिवार भी उन्हें अपने कार्यक्षेत्र में उड़ान भरने से कभी रोकता-टोकता नहीं था।

मध्य प्रदेश प्रगतिशील लेखक संघ के वरिष्ठ पदाधिकारी और कई ज़िला इकाइयों के संगठक-समन्यवयक होने के नाते उनका एक पैर यात्रा में ही रहता था। मध्य प्रदेश के रीवा, सतना, सीधी, शहडोल, पन्ना, छतरपुर, सागर आदि ज़िलों को तो वह अपने घर से गाँव के विद्यालय तक की यात्रा समझते थे। यहाँ अपने उद्यम से उन्होंने प्रलेसं की ज़िला इकाइयों का गठन और पुनर्गठन किया था। उनकी सक्रियता और विनम्रता का आलम यह था कि प्रलेसं का कोई भी छोटा-बड़ा कार्यक्रम हो, वह भोपाल से लेकर बेगूसराय (बिहार), हैदराबाद, मुम्बई, दिल्ली, रायपुर, बिलासपुर, जयपुर, लखनऊ और पुरी तक बिना एक पल भी सोचे दौड़ जाते थे। साम्प्रदायिकता विरोधी कार्यक्रम हो, राष्ट्रीय एकता की सभा हो, धर्मनिरपेक्षता से जुड़ा कोई आयोजन हो, उन्हें बुलावा मिलने मात्र की दरकार होती थी। ट्रेन में आरक्षण न मिले तो बस से लम्बी-लम्बी दूरियाँ तय करते थे; वह भी किराए-भाड़े की चिन्ता किए बगैर। लेकिन किसी भी आयोजन में उनकी आत्मीयता, निश्छल हँसी और वरिष्ठ-कनिष्ठ साथियों के साथ सामयिक मुद्दों पर गहन चर्चा में कभी कोई कमी नहीं देखी गई।

कमांडर कमला प्रसाद जी बताते थे कि अगर कोई साथी मंच से या सामूहिक चर्चा के दौरान शब्दाडम्बर से मुद्दों को जटिल बनाने का प्रयास करता था तो 'ग्रामीण' जी उसे फौरन बेहिचक वहीं टोक देते थे। प्रलेसं के सभा-आयोजनों में उनका प्रतिबद्धता से दिपदिपाता चेहरा दूर से ही पहचान में आ जाया करता था। उनकी बातचीत में शिष्ट हास्य, चुटकुले, बघेली के मुहावरे और कहावतें अनायास ही फूल जैसी झरा करती थीं। वे आते ही आयोजन की व्यवस्था और देख-रेख में स्वयं जुट जाया करते थे। 'ग्रामीण' जी के पुराने साथी याद करते हैं कि सगे

रिश्तेदारों की तो बात ही छोड़िए, किसी जान-पहचान वाले की हारी-बीमारी, शोक-दुख, जन्म-मृत्यु का पता लगते ही वह पूर्ण सहयोग के भाव से हाज़िर हो जाया करते थे। उनका यही दृढ़, अहेतुक किन्तु सहज स्वभाव एकाकार होकर उनकी लेखनी से टपकता था।

मैंने गौर किया है कि 'ग्रामीण' जी की प्रकाशित पुस्तकों में बड़े प्रकाशकों जैसा साज-सज्जा वाला बाँकपन भले न हो, लेकिन उनकी अन्तर्वस्तु स्थानीय होते हुए भी विराट है, परिवर्तनकामी है, प्रतिवादी है, प्रतिरोधी और प्रगतिशील है। एक तरह यह अच्छा भी है, क्योंकि व्यावसायिक दबावों में पूँजीवादी कला रूप क्रान्तिकारी अन्तर्वस्तु को चाँप कर बैठ जाते हैं और खरे रचनाकार का स्वर घिघियाता रह जाता है। लेकिन 'ग्रामीण' जी की प्रतिवादी संस्कृति रचनाकार और पाठक के बीच की विभाजन रेखा को कम करती है, छोटे-बड़े, ऊँच-नीच, श्रेष्ठ-निकृष्ट के श्रम विभाजन को ख़त्म करने का प्रयास करती है। उनकी सादा काग़ज़, साधारण छपाई और कच्चे-पक्के आवरणों वाली पुस्तकें यह असली और अहम सवाल खड़ा करती हैं कि पार्टनर, तुम्हारी कला के उत्पादन की पॉलिटिक्स क्या है?

धूल, गाँव, मज़दूर, लोकतंत्र, धर्मनिरपेक्षता 'ग्रामीण' जी के बीज शब्द हैं। उनके लिए धूल होने के भाव में रौंदी हुई शक्ति के पुनः संगठित होने और फ़ीनिक्स पक्षी की तरह खाक़ हो जाने के बावजूद फिर से बवंडर बनकर खड़ा हो जाने का प्रतीक छिपा हुआ है। दूसरी तरफ धूल उनके लिए शोषित विनम्रता का भी प्रतीक है। यह उनके *गाँव की धूल से* और *नई राह* कहानी-संग्रहों के शीर्षक से ही पता लग जाता है। *धूल-ध्वनि* नामक कविता-संग्रह भी इसी बात की पुष्टि करता है। हिन्दी दैनिक *देशबन्धु* में लम्बे अरसे तक प्रकाशित हुए उनके स्तम्भ *गाँवनामा* ने समूचे विंध्य अंचल में हलचल मचा दी थी, जो बाद में पुस्तकाकार भी छपा। यह स्तम्भ पढ़ने के लिए पाठक बेसब्री से इन्तज़ार किया करते थे। वह गाँवों में प्रचलित कहावतों और लोकोक्तियों को शीर्षक बनाकर गाँवों की अन्दरूनी उथल-पुथल, मौसमी त्योहार, बाढ़ की तबाही, चतुर सुजानों की चालाकी, पर्यावरण, अशिक्षा, वर्ण-व्यवस्था के दंश, सरकारी लापरवाही और उपेक्षा, दबंगों की हरकतें, किसानों की लाचारी, युवकों की बेरोज़गारी, अपने अंचल की प्राकृतिक सुषमा, सभी वर्गों के फैले अन्धविश्वास आदि को अपने स्तम्भ के लेखों की विषय-वस्तु बनाते थे।

उनके लेखन की एक और विशेषता है—किरदारों का सृजन। वे सुदर्शन गौंटिया, सनेही भाई, गोविन्दराम, बुद्धा चौधरी, नूर मोहम्मद, हुसैन कक्का, नरबदिया, गोरी, सगुनिया, मुनइयाँ, शिवकली जैसे ग्रामीण पात्रों को उनकी ख़ामियों, ख़ूबियों और पूरी जिजीविषा के साथ मूर्तिमन्त करते हैं। उनके यहाँ

मुस्लिम पात्र निरीह, सशंकित या दूसरों के रहमोकरम पर जीवित नहीं नज़र आते, बल्कि वे भारत को साधिकार अपना मुल्क माननेवाले, समान सुख-दुख झेलते हुए गरिमापूर्ण जीवन जीनेवाले लोगों की शक्ल में सामने आते हैं। यह 'ग्रामीण' जी की प्रबल दृष्टिसम्पन्नता की बदौलत मुमकिन हुआ है। लेकिन रचनात्मक पक्ष कमज़ोर रह जाने के कारण ये पात्र एकरेखीय रह जाते हैं, उनमें जीवन की परतदार जटिलता नहीं दिखती। ग़रीब, दमित, शोषित जन के पक्ष में पूरे दमखम के साथ खड़े रहने के बावजूद 'ग्रामीण' जी के समूचे लेखन में यह स्थायी समस्या नज़र आती है। वह सतह से ज़्यादा गहरे नहीं उतर पाते और मार्क्सवाद का सरलीकरण करते हुए संश्लिष्टता को सपाट बना देते हैं। चन्द शब्द-पदों और अपनी स्थापनाओं का ज़रूरत से ज़्यादा दोहराव करते चलते हैं।

इसके बावजूद 'हम और हमारा स्वराज्य' के निबन्ध लोकतंत्र की एक समझ और धर्मनिरपेक्षता की सख़्त ज़रूरत पैदा करते हैं, क्योंकि 'ग्रामीण' जी आज़ाद भारत में महज उपनिवेशवाद विरोधी नजरिया लेकर दाख़िल नहीं हुए थे, बल्कि वह साम्राज्यवाद विरोधी भावबोध को लोकतांत्रिक भावबोध में रूपान्तरित करने के लिए रचनाशील हुए थे। उनके निबन्ध पढ़कर पता चलता है कि अपनी सामन्ती पृष्ठभूमि के बावजूद वह लोकतंत्र को तिरस्कार और उपेक्षा के भाव से नहीं देखते थे। वे लोकतंत्र में घटित होनेवाली द्वंद्वात्मक प्रक्रियाओं से गुज़र कर कवि-लेखक और प्रगतिशील कार्यकर्ता बने थे। उन्होंने लोकतंत्र और लेखक के रिश्तों की नए दौर और नई सामग्री के आलोक में गहरी मीमांसा कर रखी थी। वह लोकतांत्रिक मूल्यों की जटिलताओं और उनके निर्माण की प्रक्रियाओं से अनभिज्ञ नहीं थे। खाँटी मार्क्सवादी दृष्टिकोण से देखने पर उनकी रचनाओं में कुछ परम्परागत चीज़ों के ख़िलाफ़ नरमी बरतने या विचलन की दिशा दिख सकती है। लेकिन वह अपनी रचनाओं में पतनशील प्रवृत्तियों पर प्रहार करने से हरगिज़ नहीं चूकते।

चूँकि 'ग्रामीण' जी का मूल स्वर शोषण के विरुद्ध सर्वहारा के शंखनाद और संघर्ष का है, अन्धविश्वास और दैवीय आलम्बन तज कर स्वावलम्बी व धर्मनिरपेक्ष लोकतंत्र की स्थापना की ज़िद का है, इसलिए जोश के अतिरेक में वह हर विधा का अतिक्रमण कर जाते हैं। उनकी रचनाएँ पढ़ते हुए अकसर जाना था जापान पहुँच गए चीन वाली स्थिति पैदा हो जाती है। कहानियों के बीच साम्यवाद के पक्ष में लेखक का एकालाप या भाषण चलने लगता है। *गाँवनामा* में किसी ग़रीब और सताई हुई औरत की बात करते-करते वह साम्राज्यवाद के ख़ात्मे से लेकर राजीव गांधी की हत्या में उलझते हुए किसी शिखर सम्मेलन का जिक्र करके ब्रिटेन की प्रधानमंत्री मार्गरेट थेचर तक पहुँच जाते हैं। कविताओं में कहीं-कहीं मार्क्सवादी शब्दावली वाला हाहाकारी विश्लेषण गद्य रूप में चलने लगता है!

स्थिति यहाँ तक उत्पन्न हो जाती है कि वह किसी भी विधा में कोई भी विषय-वस्तु उठाएँ, उसे गर्दनियाँ देते हुए मार्क्सवाद की शरण में पहुँचाकर ही दम लेते हैं। इससे कविता या कहानी क्षरित व स्खलित हो जाती है। लेकिन हमें यह समझने में कोई भ्रम नहीं होना चाहिए कि देवीशरण 'ग्रामीण' की पीड़ा निजी नहीं बल्कि करोड़ों भारतीय ग्रामीणों की पीड़ा है। वह अनेक प्रकार के मतवादों, दुराग्रहों, नारों-फ़िक़रों, वादों और परिभाषाओं के भीतर छिपी दुरभिसन्धियों को पहचान लेते हैं। अपने निबन्धों में वह कबीरदास की तरह आँखिन की देखी को आधार बनाकर आज के समाज, धर्म, राजनीति, साम्प्रदायिकता, धर्मनिरपेक्षता आदि का विश्लेषण जिस सरलता के साथ सोदाहरण करते हैं, वह हमारी आँखें खोल कर रख देता है। जिन कविताओं और कहानियों में वे विधा की मर्यादा का पालन करते हैं, वहाँ रचना की अभिव्यंजना, सम्प्रेषणीयता, प्रभावोत्पादकता और स्वाभाविकता देखते ही बनती है। 'ग्रामीण' जी के सहज, निश्छल व्यक्तित्व की भाँति ही उनकी अधिकांश कविताएँ भी निष्कपट और सहज हैं।

जब 'ग्रामीण' जी का निधन हुआ तब भी मैं मुम्बई में ही था। लेकिन अपने गाँव लौटने के बाद मैं उनकी पुण्यतिथि के कार्यक्रम में हिस्सा लेने के लिए हर साल 22 दिसम्बर को बाबूपुर जाने लगा। वहाँ उनके अनेक पुराने साथी, रचनाकार और परिजन एकत्रित हुआ करते हैं। एक अवसर पर 'ग्रामीण' जी के सुशील और प्रगतिशील सोच वाले आज्ञाकारी पुत्र पुष्करशरण सिंह ने अपने कर्मवीर पिता की रचनाओं का एक अन्तिम संचयन तैयार करने की इच्छा जाहिर की। कालान्तर में सेवाराम त्रिपाठी जी ने उन्हें मेरा नाम सुझाया, क्योंकि मैं स्वयं उनके निबन्ध-संग्रह *समय के सुलगते सरोकार* और व्यंग्य-संग्रह *हाँ, हम राजनीति नहीं कर रहे!* का सम्पादन कर चुका था। बहरहाल, मैंने सायास प्रयास किया है कि यह संचयन एक स्मारिका न बनने पाए।

'ग्रामीण' जी की अनेक पुस्तकें प्रकाशित हैं। बहुत सारी सामग्री अप्रकाशित भी है। उनके प्रचुर लेखन को पढ़कर हर विधा की प्रतिनिधि रचनाएँ चयन करने का दायित्व भी मैंने निभाया है। हालाँकि इसमें खरा उतरने का दावा मैं नहीं कर सकता, क्योंकि रचनाओं के महत्त्व, लोकप्रियता, प्रासंगिकता, दोहराव आदि के निकषों पर स्वयं 'ग्रामीण' जी, उनके साथियों, परिजनों की पसन्द और राय अलग-अलग रही होगी, या हो सकती है। चूँकि 'ग्रामीण' जी बघेली शैली में ही हिन्दी लेखन भी किया करते थे, इसलिए आवश्यकतानुसार उनकी भाषा का हिन्दीकरण या हिन्दुस्तानीकरण करने का मैंने यथासम्भव प्रयास किया है। 'ग्रामीण' जी की तरह मेरी मातृभाषा भी बघेली है। लेकिन बोलियाँ पानी की तरह गाँव बदलते ही रंगत बदल लेती हैं। फिर भी मेरा प्रयास यही रहा है कि 'ग्रामीण' जी ने जहाँ भी

बघेली का प्रचुर अथवा अल्प इस्तेमाल किया है, उसमें लहज़े की एकरूपता बनी रहे।

अन्त में मैं यही कहूँगा कि मेरे कमज़ोर कन्धों पर यह पर्वताकार भार था। मैं इसे वहन करने में कितना सफल रहा, यह तो आप सुधी पाठकगण ही बताएँगे। हाँ, इतना ज़रूर कह सकता हूँ कि 'ग्रामीण' जी की रचनाओं का सम्पादन करते हुए मैं ख़ुद वैचारिक तौर पर पहले से कहीं ज़्यादा समृद्ध महसूस कर रहा हूँ।

[ग्राम : आमा, ज़िला-सतना, गांधी जयन्ती, 2022]

—विजयशंकर चतुर्वेदी

देवीशरण 'ग्रामीण' : स्मृतियों के दहानों से

देवीशरण 'ग्रामीण' के बारे में मेरे पास कहने को बहुत कुछ है। ऐसा सच्चा, सीधा-सरल और खाँटी आदमी दीया लेकर ढूँढ़ने से भी जल्दी नहीं मिलता? उन्होंने जो भी लिखा, उसे ज़िन्दगी के महासंग्राम से सीखा। किताबों से कहीं ज़्यादा अपने अनुभव संसार से हासिल किया। इसी को मैं पढ़ने के बजाय लढ़ना कहता हूँ। कृपया उनके आत्मकथ्य के दो अंश पढ़ें :

> मुझे जीवन में जो सबसे ज़्यादा याद आता है, वह है मेरा बचपन। इसलिए नहीं कि उस समय खाने-पीने की बहुत अच्छी सुविधाएँ मिलती थीं और अब नहीं मिल रही हैं। अब भी मुझे जीने-खाने की सुविधा, रहने, आने-जाने के अवसर, ज़रूरत के अनुसार पैसा, घर से बाहर जाने पर भी अपार स्नेह और सुविधाएँ मिलती हैं।
>
> मैं अपनी जीवनी स्वयं नहीं लिखना चाहता था, इसका मूल कारण यही था कि मैं इतना महान नहीं हूँ। फिर मैं भुलक्कड़ भी बहुत हूँ और मुझे अपने जीवन में बहुत कम लोग बाहर मिले, जिन्हें मैं कहूँ कि वह मुझे नहीं चाहते थे, या मेरा उनसे किसी प्रकार का द्वेष है...जब रीवा, सतना, नागौद की प्रलेसं इकाइयाँ मेरा ग्रामीण सम्मान करवाने का प्रस्ताव ले आईं और उन्होंने स्मारिका निकाली तो मुझसे सेवाराम जी ने कहा कि आप अपनी जीवनी के सम्बन्ध में एक बड़ा लेख इसके लिए लिख दें...तो मैंने मना कर दिया और कुछ नहीं लिखा।

एक स्थान पर उनका यह कथन भी दृष्टव्य है—"मैं गाँवों में रहते हुए यहाँ की जटिलताओं से अपरिचित नहीं हूँ। मैं इन रूढ़ियों, रीतियों, कुरीतियों की कर्मकांडी स्थितियों से गुज़रा हूँ। उनकी उपयोगिता, अनुपयोगिता को जान-समझकर कुछ अच्छे लोगों की साथ-संगत की कृपा से ही यह सब कुछ जानने-कहने की स्थिति तक आया हूँ कि जब इस स्वतंत्रता में अन्धविश्वासों का प्रचार-प्रसार इतने ज़ोर-शोर से हो रहा है तो मेरे कथन को कोई यदि प्रचार कहे, तब भी मैं इसे अपना कर्तव्य ही मानता हूँ।"

दुखद पक्ष यह है कि 'ग्रामीण' जी को उनकी आस्था, विश्वासों और गहन दृढ़ता, सक्रियता के बावजूद कम ही पहचाना जा सका। कविताएँ, कहानियाँ, निबन्ध आदि उन्होंने बहुत लिखे, लेकिन अपनी ही स्टाइल में; अपनी बघेलखंडी शैली में, जिसमें बघेली और हिन्दी का मिला-जुला रूप मौजूद है। उनकी भावनामयता इसी में बँधती और सजती है, लेकिन उनकी विचारशीलता लोगों के इच्छित नमूनों में नहीं मिलती और न ही अँटती है। वह किसी खाँचे में फिट होनेवाले आदमी नहीं थे। स्वयं की और उनकी विचारशीलता की कुछ अलग ही बनक है। उनकी कविताएँ और कहानियाँ पढ़ते हुए आपको उनका पुरानापन दिख जाएगा। यह पुरानापन शैलीगत है। लेकिन उनके निबन्ध आपको बाँध लेते हैं। आप ध्यान देंगे तभी वह खुलेंगे अन्यथा नहीं! 'ग्रामीण' जी फटकार कर और जी-भर बातें करते हैं। अपने बतकहाव में होते हैं तो अपने दिल की तमाम महत्त्वपूर्ण चीज़ें ठीक-ठिकाने से कहते हैं। उसमें कोई अगर-मगर नहीं।

देवीशरण जी की जीवन साधना ही उनकी साहित्य साधना रही है। वह जीवन को एक तरह का तप ही मानते थे। उनका पढ़ना-लिखना सहज जीवन से फूटा है। उनके अनुभव के दायरे में ग्रामीण व किसान जीवन है। वहाँ की उठा-पटक, वहाँ के रिश्ते-नाते और विश्वास पर वह देर तक बातें करते थे। चूँकि मैं भी ठेठ गँवई आदमी हूँ, इसलिए मुझसे वह बराबर खुल जाया करते थे। *देशबन्धु* वाले उनके नियमित स्तम्भ *गाँवनामा* ने उन्हें गद्य के विस्तार से जोड़ा। यूँ तो गद्य वह पूर्व में भी लिख रहे थे, लेकिन धार उसी स्तम्भ लेखन के बाद आई। किताब, जीवन और अनुभव की गर्दामुर्दी 'ग्रामीण' जी को पुख़्ता बनाती है। इस जंग में अन्ततोगत्वा उनका ग्रामीण और किसान जीतता है। कुछ लोग जीवनभर साहित्यकार बने रहते हैं, लेकिन उस जिम्मेदारी को न तो ढंग से निभा पाते हैं, न ही जीवन की असलियत को व्यक्त कर पाते हैं। हाँ, इस चक्कर में जीवन उनके हाथों से अवश्य फिसल जाता है। ऐसे लोग अपनी आख़िरी साँस तक नकलीपन के दायरे बढ़ाते और सजाते रहते हैं। 'ग्रामीण' जी ठीक इसके उलट थे।

वह अपने ग्रामीण परिवेश पर ही रीझते रहे, वही उनकी दुनिया है और वही उनका जीवन रस है। वहीं से वह गाँव-घर की साख बढ़ाते हैं। किसान जीवन उनके साहित्य में भीतर से बाहर तक घुला हुआ है। मज़दूर जीवन और गाँव का जीवन्त अहसास उसमें प्राणवत्ता और अर्थवत्ता फूँकता है। वह सच को जबरन नहीं गढ़ते, क्योंकि आरोपित सच्चाई प्रस्तुत करने से रचनाकार बहुत कृत्रिम और ओछा हो जाता है। उनके लेखन और जीवन में सच डंके की चोट पर आपको बतियाता मिलेगा, जो उनके साहित्य की सबसे बड़ी ताक़त है। वह समाज की वास्तविकता और जद्दोजहद को व्यक्त करनेवाले कवि हैं। शोषितों व वंचितों की दुनिया में मुसलसल छिड़े रहनेवाले महासंग्राम के कथाकार हैं। वह दहकते प्रश्नों के निबन्धकार हैं।

पुरानी बात है। वह पचहत्तर के हो रहे थे। तब नागौद में एक बड़ा आयोजन हुआ था। कार्यक्रम 16 फ़रवरी, 2008 को हुआ। उसमें अनेक रचनाकार और संस्कृतिकर्मी, जैसे कि आदरणीय विश्वनाथ त्रिपाठी, कमला प्रसाद, वेदप्रकाश, जब्बार ढाकवाला, विजयशंकर चतुर्वेदी आदि शामिल हुए थे। रीवा सम्भाग और आसपास के कई साहित्यकार और समाजसेवक शरीक हुए थे। *पगडंडी* नामक एक स्मारिका प्रकाशित हुई थी, जिसका सम्पादन रामलाल सिंह परिहार ने किया था। उस स्मारिका में प्रकाशित मेरे लेख एक हिस्सा प्रस्तुत है :

> 'ग्रामीण' जी से मेरे रिश्ते बहुत पुराने हैं। 1969 में देवेन्द्र नगर (पन्ना) के एक कवि सम्मेलन में उनसे मेरी पहली मुलाक़ात हुई थी। यह सम्मेलन गांधी शताब्दी के सिलसिले में आयोजित था। सतना से मैं और भगवान दास सफड़िया उसमें शामिल हुए थे और नागौद से धन्य कुमार जैन, सुधेश एवं देवीशरण 'ग्रामीण'। 1976 के दौरान सतना में आयोजित प्रगतिशील लेखक संघ के प्रान्तीय अधिवेशन के पश्चात हमारी मुलाक़ातों का सिलसिला बढ़ गया था। अगर मैं स्मरण करना चाहूँ कि 'ग्रामीण' जी और मैं कब, कहाँ और कितनी बार विभिन्न आयोजनों में मिले तो यह मुमकिन नहीं है। हमारा दशकों का लम्बा साथ रहा है, जो उनके जीवनपर्यन्त चला। इसी बीच ढाई वर्ष (1985 से 1988 जून तक) मैं नागौद महाविद्यालय में पदस्थ रहा। उस दौरान मिलना-जुलना बहुत सघन हो गया था। प्राय: रोज़ ही हमारी एक-दो घंटे की बैठक जमती थी। 'ग्रामीण' जी लम्बे-तगड़े, भरे-पूरे आदमी हैं। क़द-काठी बढ़िया एवं सुदर्शन व्यक्तित्व है उनका। सिद्धान्तों के पक्के, सिद्धान्तों से उन्हें हिलते हुए मैंने सम्भवत: कभी नहीं देखा। बात-व्यवहार और रिश्ते-नाते निभाने के उनके जुदा अन्दाज़ हैं। इतने कार्यक्रम हुए, सुदीर्घ एवं अगम्य दूरियों के बाबजूद वह प्राय: हर कार्यक्रम में शामिल हुए। मैं 'ग्रामीण' जी के गाँव बाबूपुर कई बार गया हूँ। उनका वहाँ बड़ा सम्मान है, इसलिए नहीं कि वह कोई दबंग या कुबेरपति हैं, बल्कि इसलिए कि वह बेहद सामान्य, सरल व सहज व्यक्ति हैं। वह सबके दुख-सुख में शामिल होते हैं। अपने गाँव-गिराँव के लोगों की यथासम्भव आगे बढ़ कर मदद करते हैं। प्रगतिशील जीवन मूल्यों के लिए समर्पित 'ग्रामीण' जी हमेशा अपनी निष्ठाओं के लिए पहचाने जाएँगे। वह सच्चे अर्थों में ग्रामीण जीवन के कुशल चितेरे हैं। गाँव की समस्याओं को वह बख़ूबी समझते हैं और उन्हें अपने लेखन में सँजोते हैं। (*पगडंडी*, फ़रवरी, 2008)

कहा जाता है कि आदमी अपने लेखन में छिप नहीं सकता और न ही अपने पत्रों में। यद्यपि यह पत्रों का दौर नहीं है, लेकिन याद आता है कि 'ग्रामीण' जी जब-तब मुझे पत्र लिखा करते थे। स्नेह से भीगे और अपनी वास्तविकता में डूबे अनूठे पत्र! उनमें कोई गोपनीयता नहीं होती थी। उनके दो पत्रों को नमूने के तौर पर पेश कर रहा हूँ :

बाबूपुर (नागौद), सतना से 03/08/89 का पत्र

प्रिय भाई त्रिपाठी जी, नमस्कार!

आपसे मुलाक़ात का अवसर अभी नहीं मिल पा रहा। ख़बर तो आशीष के द्वारा अभी-अभी मिली थी। विश्वास है कि आप अपनी स्थिति में ही सपरिवार सकुशल होंगे। मैं भी अपने दैनिक कार्यों में जमा रहता हूँ। अभी-अभी जबलपुर गया था। परसाई (हरिशंकर) जी भी आपकी कुशल पूछते थे। आप इस समय रीवा में हैं, कुछ साथी लोग जैसे विजय अग्रवाल, राजीव शुक्ला व अन्य तथा आप ही जब वहाँ हो तो अपनी इकाई की सक्रियता बढ़नी ही चाहिए। गुना में 13,14,15 अक्टूबर को अधिवेशन हो रहा है। पत्र गुना से आया होगा। शेष आपसे मिलने पर।

आपका ही
देवीशरण ग्रामीण

बाबूपुर (नागौद), सतना से 03/10/91 का पत्र

परम प्रिय भाई, सेवाराम जी, सादर नमस्कार!

आपका आलेख 29/10/91 को *देशबन्धु* में छपा पढ़ा। बहुत अच्छा लगा। लगता है कि आपने अपने लिए लिखा है या मेरे लिए या कि अपने और मेरे जैसे अनेकों के लिए। लेखन की शायद यही बहुत बड़ी अच्छाई है। अच्छाई को कौन कितनी तादाद में ग्रहण करता है। इसका प्रतिशत कभी बड़ा नहीं था, न ही रहेगा। कम ही होते हुए हमारे, आपके लिए व हमारे जैसे अनेकों के लिए प्रेरक होगा। सफलता उसकी यही है कि वह इतनी कम तादाद में होते हुए भी कम असरदार नहीं होता, न होगा। ख़ैर, ऐसा ही कभी-कभी लिखते रहें। रीवा से अभी एक दिन रात को निकल भी आया। शहडोल गया था, अपनी एक लड़की के परिवार में, एक के मातम में। इसलिए मैंने आपको रात में कष्ट नहीं

देना चाहा। परिवार में आशीष व छाया, उसकी माँ तथा सभी छोटे वाले दोनों को मेरा हार्दिक स्नेह। इधर कुशल है।

तुम्हारा
ग्रामीण

'ग्रामीण' जी बड़ी जिम्मेदारी के साथ लिखते थे। वह ऊपर-ऊपर के लेखक नहीं हैं। वह यथार्थ की तमाम महत्त्वपूर्ण सतहों तक जाते हैं। उनके लेखन में घर-परिवार, समय की जद्दोजहद, देश-दुनिया और ग्रामीण एवं किसान-मज़दूर जीवन तथा आम नागरिकों का लहूलुहान चेहरा ही नहीं, बल्कि जनतंत्र की आपाधापियों के विभिन्न रूप उपस्थित हैं। उनकी चिन्ताओं में धर्मनिरपेक्षता, साम्प्रदायिकता के अनेक भयावह दहाने भी दिखेंगे। वह अनगढ़पन से हरगिज नहीं डरते। उनकी रचनाशीलता में लोक के अनेक पक्ष सहज ही गुँथे-बिंधे मिल जाएँगे। वह सभ्य समाज में व्याप्त यांत्रिकी को भी उजागर करते हैं। वह प्रगतिशील जीवन मूल्यों की गम्भीर अनिवार्यता को लगातार प्रकट करते हैं। वह स्वाभाविकता को अत्यन्त आवश्यक मानते हैं। धर्मनिरपेक्षता और लोकतंत्र उनकी जीभ और आत्मा में नाचते-गाते थे। वह कहा करते थे कि सरकारें शहरों का चाहे जितना विकास कर लें, चाहे जितने महोत्सव रच लें, जब तक गाँवों का, वहाँ के लोगों का समुचित विकास नहीं होगा, सब कुछ धरा का धरा रह जाएगा। उनके बेहद लोकप्रिय स्तम्भ *गाँवनामा* के एक शीर्षक का मुझे स्मरण हो आया—

कोऊ कहै फूल होय सबसे सुन्दर
कोऊ कहै गोरे मुँह के साम्हू सब फीक
कोऊ कहिन गोरौ मुँह तो चन्दा से अनुहरे
त बोला किसनमा, मोहीं खेतवै लागै नीक।

इतना लम्बा शीर्षक भी वह दे सकते थे। कोई परवाह नहीं कि कौन क्या कहेगा?

'ग्रामीण' जी के इस कथन पर ध्यान दें तो अनेक रहस्य सहज ही खुल सकते हैं—

> प्रगतिशील लेखन तो श्रम की ही आराधना है और श्रम ही किसी रचनाकार की आस्था बना करता है, तभी प्रगतिशीलता सार्थक होती है। आख़िरकार यह भी एक बहुत बड़ा सच है कि जब तक भारतीय समाज के लोगों या नेताओं के दिलों में, प्रगतिशील दृष्टिकोण नहीं बसता और ईर्ष्या का ही वास वहाँ है, तब तक सच्चे लोकतंत्र, धर्मनिरपेक्ष समाजवादी समाज के पैर इस धरती पर नहीं जम पाएँगे।

'ग्रामीण' जी में द्वंद्व हमेशा नाचते रहते थे और उन्हें लगातार बेचैन भी करते

थे। द्वंद्व उन्हें सकर्मक भी बनाते थे। जो लिखा जा रहा था, उस लेखन के स्तर से उनकी पटरी कभी नहीं बैठी। वह अपने मानकों के मुताबिक चलते और लिखते थे।

'ग्रामीण' जी की कई छवियाँ मुझे अकसर याद आती हैं। कुर्ता-धोती, फतोही, जैकेट या कोट धारण किया हुआ गहरी नीली आँखों वाला एक शख़्स। लटपट चाल। काँधे पर अँगोछा भी रखते थे। जूता पहनना उन पर फबता था। बड़प्पन और व्यवहार कुशलता उनमें बसती थी। घर, परिवार, गाँव उनके साथ चलता था। मैं जब भी उनको याद करता हूँ, उनकी ढब मेरे भीतर तक उतर जाती है। आत्मीयता और निश्छलता, रिश्तों की मिठास उनके पोर-पोर से बरसती थी।

उनकी छवि को भुला पाना किसी के लिए सहज सम्भव नहीं है। उनमें जीवन सौन्दर्य भी था और कर्म सौन्दर्य भी। वह सहजता में अपने मान-मूल्यों के प्रति समर्पण भाव ही नहीं, अपने को लुटा देने तक की सीमा तक सहज थे। वह एक अकृत्रिम जीवन जीते थे, लेकिन भयंकर ज़िद्दी भी थे। उनकी ज़िद ने ही उन्हें लेखकों की बड़ी बिरादरी से जोड़े रखा। मुझसे उनका हालचाल पूछनेवालों में काशीनाथ सिंह, दूधनाथ सिंह, विश्वनाथ त्रिपाठी, मलय, शैलेन्द्र शैली और ऐसे ही तमाम लोग रहे हैं। उनके भीतर बसा किसान उन्हें बड़ी ताक़त देता था। वह जितने जीवन-संग्राम के लेखक थे, उतने ही जीवन-रस के भावों से भरे हुए थे और गलतियों, विसंगतियों के खिलाफ एकदम संघर्ष की मुद्रा में रहते थे। उनके भीतर एक सपना बहता था। वह जीवन भर श्रम और पसीने की क़ीमत पहचाननेवालों में से रहे हैं।

'ग्रामीण' जी के बारे में मुझे हिन्दी के श्रेष्ठ कथाकार काशीनाथ सिंह के दो कथन याद आ रहे हैं—

> 'ग्रामीण' जी को देखकर लगता है कि वह प्रेमचन्द के समय भी रहे होंगे। प्रेमचन्द ने उन्हें देखा होगा, सुना होगा, बातें की होंगी। गुल्ली-डंडा भी खेला होगा और कहानी-उपन्यास लेखन की दिशा तय की होगी।
>
> मैंने 'ग्रामीण' जी को कब देखा, ठीक-ठीक याद नहीं। इतना ज़रूर है कि देखने के बाद ही उनका हो गया था। कुर्ता-धोती में लम्बी क़द-काठी का आदमी, कन्धे पर गमछा, पाँवों में पम्प शू, जैसे खेतों में काम से थक कर या छुट्टी पाकर सीधे चले आए हों कहानी-शिविर में और प्रतिभागियों में सबसे पीछे बैठ गए हों। वह बराबर निश्छल हँसी-हँसते रहनेवाले आदमी हैं। वैसा अपना बना लेनेवाला हँसता चेहरा मैंने कम ही देखा है। आप उनके सामने पड़ते ही ढोंग या पाखंड नहीं कर सकते। अगर आपने किया तो अपराध-बोध से भर जाएँगे आप। साहित्य में इतने सरल, सहज, निश्छल आदमी कहाँ हैं?

देवीशरण जी की निश्छलता सभी को आकर्षित करती रही है। कमला प्रसाद जी तो उन पर फ़िदा थे। केवल वह ही नहीं, उनका समूचा परिवार। यही हाल मेरा भी रहा है। मेरे घर-परिवार के लोग उन्हें भरपूर चाहते थे। दूसरों को अपना बना लेने की क्षमता और कला 'ग्रामीण' जी में अकूत थी। वह मेरे बड़े बेटे आशीष के अध्यापक भी थे। नागौद में उन्होंने आशीष के तमाम साथियों को अपना स्नेही बना रखा था। मेरे माता-पिता उन्हें अपने बेटे की तरह ही दुलार करते थे। कालान्तर में मैंने अपने एक छात्र सन्दीप तिवारी से उन पर पीएचडी भी कराई थी। कमला प्रसाद जी ने अपने एक-दो पत्रों में मुझसे कहा भी था कि मैं 'ग्रामीण' जी को वैचारिक रूप से पुख़्ता करूँ, क्योंकि ऐसे लोग दुर्लभ होते हैं। इस सम्बन्ध में उनका एक ही पत्र उपलब्ध हो पाया है, जो उन्होंने एफ/3, कोठारी काम्पलेक्स, शिवाजी नगर, भोपाल से 02 दिसम्बर, 1984 को मुझे लिखा था—

> प्रिय सेवाराम, खैरागढ़ रहा 15 से 30 तक। लौटने पर पत्र मिला। मैं सोचता हूँ कि पिपरिया का कार्यक्रम अब जनवरी में ही टाला जाए। इस माहौल में लोगों की दिलचस्पी रामचन्द्र शुक्ल को सुनने की न होगी। ठीक है न! तुम्हारी कविताएँ मिली हैं। बाद में राय दूँगा। सन्तोष यहीं है, 05 तक वापस जाएगा। मैंने मोहन जी को तुम्हारी किताब पर लिखने को कहा है पत्र में। तुम भी कहो। पीछे पड़ना पड़ता है। देवीशरण से मिलते ही रहोगे। उन्हें सैद्धान्तिक शिक्षा तथा भाषा संयम के सम्बन्ध में बतलाओ तो फिर क्या बात है! अन्य समाचार देना।
>
> अपना ही
कमला प्रसाद।

प्रति, श्री सेवाराम त्रिपाठी, हिन्दी विभाग,
शासकीय महाविद्यालय नागौद, ज़िला सतना (मप्र)।

मुझे 'ग्रामीण' जी के द्वारा उनके ही गाँव में आयोजित एक अनोखे कहानी शिविर की हल्की-सी याद है। शायद 5, 6, 7 नवम्बर, 1977 को यह आयोजन हुआ था। यह मेरे लिए भी एक जीवन्त अनुभव और अभिनव प्रयोग था। दरअसल, यह कहानी की कार्यशाला थी, जिसमें मायाराम सुरजन, कमला प्रसाद, भगवान दास सफड़िया के साथ मैं भी शरीक था। सतना ज़िले के नए, अधेड़ और कुछ उम्रदराज़ लोग भी शामिल थे। इस कहानी शिविर में व्यावहारिक बातों पर कई तरह की चर्चाएँ हुई थीं। देवीशरण का कहना था कि यह ज़रूरी नहीं है कि हर रचनाकार जो भी रचनाएँ लिखता है, वे डिज़ाइन की हुई ही होती हैं।

शिविर में शामिल प्राय: सभी लोगों ने अपने-अपने ढंग से कहानियों के प्लाट

बनाए थे। मैंने भी बाबूपुर के जग्गू कोरी के सन्दर्भ में कुछ नोट्स लिए थे। गाँव में उनसे आमने-सामने बातें की थीं। ये सब जीवित और वास्तविक पात्र थे। मुझे गोंड़िन सुनहरा वाली, बेटी बाई, गनपत कोरी और राम सजीवन आज भी याद हैं। 'ग्रामीण' जी ने अपने आत्मकथ्य में इसका उल्लेख किया है—

> बाबूपुर में वह तीन दिवसीय कहानी वर्कशॉप हुआ, जिसमें आधा दर्जन यानी छह-सात लोग सतना से बाबूपुर पहुँचे। उनमें से सफड़िया जी, तेज़ सिंह, कमला प्रसाद, प्रमोद पांडेय, जोशी (भारत भूषण) और राम शैल गर्ग, सालिगराम शर्मा, सेवाराम जी थे। यह कार्तिक का महीना था। सम्मेलन की व्यवस्था में लगा होने के कारण मैं अपने खेत की देखरेख नहीं कर पाया, जिससे वह सूखा हो गया था। लोग हँस रहे थे, पर मेरे घर के लोगों ने सम्मेलन में पधारे लोगों के सामने कभी कोई कमी नहीं आने दी।

देवीशरण ऐसे ही धुनी और निस्वार्थ शख़्स थे। जो चाह लिया उसे करके ही छोड़ते थे।

'ग्रामीण' जी लोकजीवन में उमड़ते और पलते कुसंस्कारों के घोर विरोधी थे। हमारा समाज अपनी शिष्टता के अहंकार में जीता है और उसमें नकलीपन की खाइयाँ भी बहुत गहरी हैं। वह लोकतंत्र की, आधुनिकता की, धर्मनिरपेक्ष मूल्यों की, विचारसम्पन्न आस्था की बातें हमेशा विस्तार से किया करते थे। मनुष्य की निष्ठा, ईमानदारी और जिजीविषा के वह बड़े क़ायल थे। वह विचारों के प्रति जितने आस्थावान थे, उतने ही मानवीय मूल्यों के प्रति समर्पित रहते थे। वह जितने विनम्र थे, सम्भावनाओं के प्रति उतने ही दृढ़ भी थे। मैंने उन्हें कभी भी सहजता से नाता तोड़ते नहीं देखा।

विरले लोग होते हैं जो हमारी स्मृतियों में बार-बार दस्तक देते हैं। बाबूपुर गाँव में जन्मा यह देवीशरण सिंह एक ठेठ देसी किसान का बेटा था। उसने नौकरियाँ कीं और अपने बच्चों को अच्छे संस्कार दिए। एक शिक्षक की ज़िन्दगी जीते हुए अपने छात्रों को प्यार और दुलार से जी भर कर पढ़ाया। अपने शिष्यों के लिए उनके पास समय की कोई कमी नहीं थी। उन्होंने हरिशंकर परसाई और कमला प्रसाद के सान्निध्य में लिखने को ही अपना ध्येय माना और मरते दम तक उसके प्रति समर्पित रहे। ज़िन्दगी भर निष्ठा, सत्य और जीवन मूल्यों के लिए लिखते-पढ़ते रहे। लेखक संघ यानी प्रगतिशील लेखक संघ से सक्रिय जुड़ाव ने इस गँवैहाँ आदमी में ऐसी ऊर्जा भर दी थी कि वह तमाम जीवन झोला उठाए या अटैची लिए समूचे भारत की यात्रा करते रहे। रुपये-पैसे उधार लेकर बिना थमे प्रलेसं के आयोजनों में रेलगाड़ी के तीसरे दर्ज़े में या बसों में, जहाँ जैसी सुविधा हुई, लगातार दौड़ते रहे।

वह छपने-छपाने की चिन्ता और परवाह किए बगैर अपनी ही दुनिया में मगन रहते थे। ग्रामीण तख़ल्लुस को उन्होंने जी-भर कर जिया-भोगा और अपने आचरण से उसे जीवन्त बनाया। उम्र लम्बी पाई। प्यार-दुलार से भरी उनकी आँखें अपनों को देखकर हर्ष से, अपनत्व से खिलखिला पड़ती थीं। वह मुझे टूटकर याद आते रहे हैं। वामपंथी दृष्टिकोण के वह इतने बड़े क़ायल और हामी थे कि उन्होंने काफी पहले से यह ताकीद कर रखी थी—'मेरे मरने के बाद कोई कार्यक्रम और कर्मकांड न किए जाएँ'। सच है, कम्युनिस्ट आकाश से नहीं टपकते बल्कि इसी मिट्टी में उगने और खेलने-कूदनेवाले लोग होते हैं।

इसके बावजूद परिवार और समाज का दबाव तो होता ही है। 'ग्रामीण' जी के निधन के पश्चात उनके बेटे पुष्करशरण सिंह ने मुझे तत्काल सूचना दी थी, लेकिन दुर्योग देखिए कि उन दिनों मैं गम्भीर अस्थमा की गिरफ़्त में जकड़ा हुआ था। मेरे लिए घर से निकलना सम्भव ही नहीं था। पुष्कर बेटे ने अन्तिम संस्कार के बाबत मुझसे पूछा। मैंने सुझाव दिया कि 'ग्रामीण' जी की जो इच्छा थी, वही होना चाहिए। उनके बेटे पुष्कर और पोते अंशुशरण सिंह ने उनकी इच्छा का यथासम्भव मान रखा। ठीक दसवें दिन यानी शुद्धिकरण के बाद बाबूपुर में एक स्मृति-सभा आयोजित की गई, जिसमें आस-पड़ोस और दूरदराज़ के सैकड़ों लोग शामिल हुए थे। इसे 'ग्रामीण' जी की आत्मीय सम्बद्धता का साक्ष्य भी माना जाना चाहिए। जब 'ग्रामीण' जी नहीं रहे तो उनके कृतित्व ने, उनके व्यक्तित्व ने मुझे बाँधे रखा। उनका बेटा पुष्कर लगातार मेरे सम्पर्क में रहता है। वह 'ग्रामीण' जी स्मृतियों को सँजोने के ईमानदार प्रयास करता रहता है। काश सभी के बेटे-बेटियाँ ऐसे ही मातवर हों!

स्मृतियाँ हमें ऊर्जावान और अर्थवान बनाती हैं। 'ग्रामीण' जी की गाँवों से प्यार व आदमियों से दुलार करने की असंख्य छायाएँ और छवियाँ हमारे दिलों में मौजूद हैं। खेतों में, पगडंडियों में, वहाँ की धूल की आभा में वह अब भी विद्यमान हैं। उनकी लड़ाई सत्य के लिए थी, अँधेरे के ख़िलाफ़ प्रकाश के लिए थी। इसीलिए यादों के विशाल कैनवस पर 'ग्रामीण' जी के अक्स, प्रतिबिम्ब और अहसास बरबस उभर आते हैं। मजरूह सुल्तानपुरी के शब्दों में कहूँ तो—

रोक सकता हमें ज़िन्दान-ए-बला क्या 'मजरूह'
हम तो आवाज़ हैं दीवार से छन जाते हैं।

'ग्रामीण' जी भी हमारी स्मृतियों के परदों से छन कर हमारे दिलों पर दस्तक देने के लिए हमेशा आवाजाही करते रहेंगे।

—डॉ. सेवाराम त्रिपाठी

देशनामा गाँवनामा

मेरा जीवन, मेरी विचार-यात्रा

जीवन में मुझे जो सबसे ज़्यादा याद आता है, वह मेरा बचपन है; इसलिए नहीं कि उस समय खाने-पीने की बहुत अच्छी सुविधाएँ मिलती थीं और अब नहीं मिल रही हैं। अब भी जीने-रहने की सुविधाएँ, आवागमन और ठहरने के अवसर, ज़रूरत के अनुसार पैसा-दाम मेरे घर से मुझे बराबर सुलभ रहते हैं। दूर की यात्राओं में भी मुझे अपार स्नेह और सुविधाएँ प्राप्त होती रही हैं।

परन्तु बचपन में, जहाँ स्वच्छन्दता और सुख-भोग की सुविधाएँ साथ-साथ मिलती हैं, मुझे वर्तमान के मुकाबले ज्यादा आनन्द हासिल था। इसीलिए बचपन को मैं स्वर्ग कहता आया हूँ। अब अगर बचपन को मैं स्वर्ग कहता और मानता हूँ तो वर्तमान को मृत्युलोक ही मानना होगा; मैं मानता भी हूँ। लोग मृत्युलोक में जीवन बिताकर स्वर्गलोक जाने की तैयारी करते है, पर मैं स्वर्गलोक से मृत्युलोक में आया हूँ...और मरने के बाद भी इसी मृत्युलोक में बने रहने के उद्यम में यथासम्भव जुटा रहता हूँ। इसी दिशा में काम कर रहा हूँ, कुछ ऐसा ही सोचता रहता हूँ, वैसी ही बातें भी करता हूँ।

मेरा घर बाबूपुर ग्राम में, विकासखंड नागौद, ज़िला सतना में, सतना नदी के दाहिने किनारे पर सतना नगर के पश्चिम में यही कोई सैंतीस किलोमीटर दूर स्थित है। मेरे पिता हिराई सिंह एक साधारण किसान थे, जिनका जीवन ग़रीबी व कठिनाई से गुज़रा। वह अपने अध्यवसाय से बड़े तर्कनिपुण और कार्यकुशल आदमी बने। उन्हें स्कूली शिक्षा नहीं मिली थी, पर गाँव के लोग उनसे चटखारे लेकर पूछा करते थे—"न बड़े दाऊ! ई नेता को आँय?" तो पिताजी जवाब देते थे—"जो नीयत त्याग देय आज ओही नेता कहा जात है।" इस पर लोग पूछते थे—"ई कांगरेस कौन दल आय?" तो वह हँसकर कहते थे—"काँगरेस वा दल आय कि जउने मा कंगिउ रहत है।" पिताजी अनपढ़ ज़रूर थे, पर व्यंग्ययुक्त भाषा के बड़े धनी थे। लोग हमेशा मज़े लेने के लिए उनसे बेसबब बातें करते रहते थे।

पिताजी के तीन विवाह हुए। पहली पत्नी से चार पुत्रियाँ हुईं, जिनमें से दो मौहार (कोठी) में और दो मदनी गाँव में गहरवारों के यहाँ ब्याही गईं। पहिली माँ का स्वर्गवास जल्द हो गया था। तब पिताजी का दूसरा विवाह भाजीखेरा में जागीरदार

अयोध्या सिंह की बहन से हुआ, जिनके दो पुत्र—सीताशरण सिंह व राघवशरण सिंह हुए। लेकिन संवत् पचहत्तर की मरा नामक बीमारी में दूसरी माँ का भी देहान्त हो गया। अब हमारे पिताजी का तीसरा विवाह भाजीखेरा में ही मेरी माँ रुक्मिणी देवी के साथ हुआ। मेरी माँ के मायके में घोर ग़रीबी थी। हमारी माँ के पिता और दो भाई भी ख़त्म हो चुके थे। केवल विधवा नानी और मामी वगैरह बची थीं और उनके छोटे-छोटे लड़के-लड़कियाँ मौजूद थे। हमारी नानी थोड़ा पढ़ी-लिखी थीं। उन्होंने ही मेरी माँ को वर्णमाला सिखाई थी। नानी की ईमानदारी और रचनाशीलता वाला गुण मेरी माँ को मिला था। इसी की बदौलत माँ साधारण तुकबन्दी कर लेती थीं। ईमानदारी को तो वह अपनी ज़िन्दगी की धरोहर समझती थीं और मुझे भी हमेशा यही सिखाती रहीं। मुझसे पहले पैदा हुईं मेरी माँ की कई सन्तानें जी नहीं पाईं। उनकी जो पहली सन्तान जीवित बची, वह हमारी पाँचवीं बहन कृपालु ही हैं, जो अरगट में ब्याही गईं।

मेरे पिताजी ब्राह्मणों के बड़े भक्त थे और ज्योतिष पर उनका गहरा भरोसा था। वह अपने हर बेटे-बेटी की जन्मकुंडली अनिवार्य तौर पर बनवा लेते थे। मेरा जन्म होने पर हमारे क्षेत्र के सबसे बड़े पौराणिक श्री बद्री विशाल जी ने गणना करके बताया कि इस लड़के का जन्म ऐसे मूल नक्षत्र में हुआ है जो महा अशुभ है। पिता को बारह वर्ष तक इसका मुँह नहीं देखना चाहिए, इसलिए इसे घर से बाहर कहीं दूर रखा जाए। यह बात सुनकर पिताजी घोर असमंजस में पड़ गए। फिर धैर्य के साथ सोचकर उन्होंने तय किया कि उन्हें ऐसे ब्रह्मवाक्य भी नहीं स्वीकार करने चाहिए, जो घर-परिवार के लिए संकट व बदनामी ला रहे हों।

पिताजी ने विचार किया कि पत्नी के मायके में भयंकर ग़रीबी है। अपनी पचास साल की उम्र में वह उनको ब्याह कर लाए हैं। ऐसे में उनको अबोध शिशु के साथ अपने घर से बाहर कैसे रख सकते हैं! इज़्ज़त का सवाल भी है...इसलिए अब जो विपत्ति आएगी झेल लेंगे। उन्होंने सोचा कि ऐसी नाजुक अवस्था में पत्नी और बच्चे को घर से बाहर रखने की जगह ख़ुद ही कष्ट क्यों न सहें? आख़िरकार जब मुझे व मेरी माँ को घर से नहीं निकाला गया तो पौराणिक जी कुपित हो गए। पिताजी ने इसकी कोई परवाह नहीं की और दूसरे पंडित जी से पूजा-पाठ करवाने लगे।

हमारी पहली माँ की जो चार पुत्रियाँ थीं, उनमें से मौहार में ब्याही सबसे बड़ी बहन बूटू, असमय विधवा हो गई थीं। उनके सिर्फ एक पुत्र था—दादू, जिसे लेकर वे अकसर बाबूपुर में ही रहा करती थीं। वह बड़ी सज्जन और धर्मात्मा थीं। मेरी माँ को उन्होंने ही गृह-प्रबन्धन और तरह-तरह के पकवान बनाना सिखाया। मौहार वाली हमारी दूसरी बहन भी ज्यादा दिन जीवित नहीं रह सकीं। उनकी एक लड़की थी—दुलारी, जो मेरी बड़ी देखभाल किया करती थी। बूटू दीदी के पुत्र दादू यहाँ पहले से ही रहते थे। उनके साथ खाना खाने में मुझे बड़ा मज़ा आता था। हालाँकि

इस अगूढ़ मज़े का कारण बता पाना आज भी मेरे वश में नहीं है।

हमारे बड़े भाई साहब को नागौद के महाराजा महेन्द्र सिंह के साथ बंगलौर जाकर रहने का मौक़ा मिल गया था। मँझले भाई घर पर ही रहकर गोरू-बछेरू की देखभाल किया करते थे। इस प्रकार कुछ दिन बीतने के बाद बड़े भाई साहब का विवाह हो गया। जब बड़े भाई घर पर ही रहने लगे तो उन्होंने अपना हिस्सा-बाँट करा लिया, क्योंकि बड़ी भाभी जी गर्म मिज़ाज की थीं। वह हमेशा मेरी माँ की शिकायत करती रहती थीं। मँझले भाई आगे कुछ सालों तक साथ बने रहे, फिर वे भी अपना हिस्सा लेकर अलग हो गए थे।

उस समय मेरी उम्र बहुत कम थी। मैं पंडित द्वारका प्रसाद वेदुआ जी के यहाँ आरम्भिक शिक्षा ग्रहण करने जाता था क्योंकि हमारे गाँव में सरकारी स्कूल ही नहीं खुला था। मैंने जब क,ख,ग की पढ़ाई उनके यहाँ पूरी कर ली तो आदरणीय वेदुआ जी मुझे अपने साथ लेकर हरदुआ प्राथमिक पाठशाला में पहुँचे। वहाँ उन्होंने मेरे क,ख,ग की जाँच करवाकर मुझे पहली कक्षा में दाखिल करा दिया। यह सन् 41 का साल था। जिस साल मैं चौथी कक्षा में पढ़ रहा था, उस साल हमारे परिवार को कोई हलवाहा न मिल पाने के कारण पिताजी ने मेरी पढ़ाई छुड़वा दी। उन्होंने यह क़दम अपने खेत और गोरू-बछेरू की देख-रेख करने के लिए उठाया था। हालाँकि मँझले भाई अब भी शामिल-शरीक थे, लेकिन वह सरदर्द व आँखों की बीमारी से हमेशा त्रस्त रहते थे। वह खेत और मवेशियों की रखवारी-तकवारी नहीं कर सकते थे।

दाऊ (पिताजी) ने मेरी पढ़ाई यह कहकर छुड़वाई कि मैं चिट्ठी बढ़िया लिख लेता हूँ, पैसे का सही हिसाब लगा लेता हूँ, *रामचरितमानस* ठीक से पढ़ लेता हूँ, इसलिए अब आगे पढ़कर क्या करना है? नौकरी करने की तो फ़ुरसत और गुंजाइश ही नहीं है। परन्तु सन् 44-45 में जब हम लोगों को एक हलवाहा मिल गया तो मेरी माँ और ख़ुद मैंने दाऊ से निवेदन किया कि अब हरदुआ स्कूल से कम-से-कम कक्षा चार तो पास कर लेने दीजिए। उन दिनों घर पर रहते हुए मेरी दिनचर्या यह थी—सुबह रकरों (बछड़ों) के लिए चारा काट कर ले आना, उन्हें पानी पिलाना। शाम के समय भैंसों को चराने के लिए अलग से ले जाना होता था। वहाँ से लौट कर गोरुआरू करने व भैंस लगाने-बाँधने के बाद हर रात मुझे दाऊ को *रामचरितमानस* पढ़कर सुनाना होता था। वह मेरे द्वारा पढ़े गए अंशों का अर्थ समझाते जाते थे। बालकांड के प्रथम खंड और उत्तरकांड के बारे में उनका कहना था—“बाल वन्दना उत्तर अन्त। जे जानें ते पूरे संत॥”

इसी दरमियान पिताजी ने सन् 1945-46 में गोरइया गाँव के जयकरण सिंह की छठी पुत्री हंसराज के साथ मेरा विवाह करवा दिया। उस समय मेरी उम्र महज तेरह वर्ष की थी। पत्नी जी की उम्र भी इसी के आसपास रही होगी। पिताजी ने कोई

तिलक-दहेज न तय करके मात्र इसलिए यह रिश्ता स्वीकार कर लिया था कि पत्नी जी की बड़ी बहन हमारे गाँव के चाचा रामपाल सिंह को ब्याही थीं। रामपाल सिंह फुलटाइम पुजारी थे। अपनी खेती-बाड़ी पर बिलकुल ध्यान नहीं देते थे। लेकिन उनकी पत्नी पूरी घर-गृहस्थी अपने कन्धों पर सँभाले रहती थीं। पिताजी मुझे ढीले-ढाले स्वभाव का मानते हुए लोगों से कहा करते थे कि अगर पत्नी होशियार हो तो इसकी गृहस्थी चलती रहेगी। शादी से पहले और बाद में भी गाँव के अन्दर मेरी वक़त बहुत कम लोग मानते थे। जो लड़के तेज़-तर्रार थे, एक-दूसरे को मारते-पीटते थे और बहुत चपर-चपर करते थे, लोग उनको ही होशियार समझते थे। इतना ज़रूर था कि मुझे ईमानदार और सच बोलनेवाला लड़का माना जाता था। हरदुआ स्कूल आते-जाते वक़्त जब भी लड़के आपस में मारपीट करते थे तो गाँव के सयाने लोग मेरी ही गवाही को सच मानते थे।

यह स्वतंत्रता आन्दोलन का समय था। हमारे गाँव से श्री जयराम सिंह के बड़े पुत्र कासीप्रसाद सिंह कांग्रेस के आन्दोलन में शामिल होते थे। वह गोपालशरण सिंह आदि के साथ मैहर जेल में भी रहे। गाँवों में स्वराज का प्रचार तो ख़ूब होता था, परन्तु लोग स्वराज का मतलब व उद्‌देश्य ज़्यादा नहीं जानते थे। उनकी नज़र में केवल अंग्रेज़ बादशाहों को देश से हटाना और राजाओं का राज छीनना ही स्वराज था। अंग्रेज़ों के हट जाने के बाद शासन-व्यवस्था कैसी होगी, समाज में कोई बदलाव आएगा भी या नहीं, इस पर विचार नहीं होता था। अपने समाज या किसी व्यक्ति का भला-बुरा होना, लोग ईश्वर की कृपा अर्थात् भाग्य का खेल समझते थे—

जेहिं जस रघुपति करहिं जब, सो तस तेहिं छन होय।

स्वराज के प्रचार के दौरान गाँव के लोग इतना ज़रूर सुन चुके थे कि स्वराज आने पर सबको बराबरी का अधिकार मिलेगा। जाति-पाँत का मौजूदा भेदभाव नहीं रह जाएगा। इसीलिए हर जाति के लोग अपनी जातियों की उन्नति के लिए संगठन बनाने लगे और बड़ी जातियों के रहन-सहन व उनके व्यवहार की नक़ल करने लगे। वर्णाश्रम धर्म की मान्यताओं को अपनाने में ही सभी अपनी उन्नति देखने लगे। इसी कारण मन्दिरों में प्रवेश पाने के लिए हरिजनों के आन्दोलन हो रहे थे। कई जातियों के लोग, वैश्य और हरिजनों के समूह जनेऊ धारण करने लगे। कई जातियाँ जाति के आधार पर सौंपे गए काम त्यागने लगीं, जैसे कि उन्होंने मृत जानवरों का चमड़ा छीलने, जूठी पत्तल उठाने, किसी की हलवाही करने, बँधुआ मज़दूरी करने आदि से मना कर दिया। इससे सभी जातियों के बीच खलबली मच गई।

इसी समय कई ब्राह्मण व ठाकुर ख़ुद ही हल जोतने पर मजबूर हो गए थे, जबकि पहले अगर ब्राह्मण हल चलाता दिख जाए तो उसे बिरादरी से बाहर कर

दिया जाता था। इन्हीं दिनों मैं भी कभी-कभी हल जोतने लगा और एक-दो साल तो पूरी खेती स्वयं हल चलाकर निपटाई। कभी-कभार यदि कोई दैनिक मज़दूर मिल जाता तो मैं उससे अपने खेतों में दूसरा हल भी चलवा लेता था।

पिताजी के जीवनकाल में जब कभी मैं हल चलाता और इसकी शिकायत कोई उनसे कर देता था तो भी वह नाराज़ नहीं होते थे। क्योंकि वह धार्मिक निष्ठा वाले आदमी तो थे पर सुधारवादी भी थे। मिसाल के तौर पर, पुरखाती परम्परा के अनुसार हमारे घर-परिवार में बाबा देव की पुजाई सदियों से होती चली आ रही थी। पहले इन बाबा देव की पुजाई में मुर्गा, घेटुला (सुअर का छोटा-सा बच्चा) की बलि अनिवार्य रूप से दी जाती थी। उस प्रथा को हमारे पिताजी ने यह कह कर बन्द करवा दिया कि किसी जीव की बलि देने की जगह बाबा को नारियल-रोट चढ़ाओ, अब सुअर खाने का ज़माना नहीं रहा। वही परम्परा हमारे परिवार में अब तक जारी है।

उन दिनों बाबा नारायण दास, जो रहिकवारा अखाड़े के महन्त थे, अकसर घर आया करते थे। वह मेरी माँ और हमारे दोनों बड़े भाइयों के दीक्षा गुरु थे। हमारे परिवार के कई लोगों समेत गाँव के कुछ लोधी परिवार भी उनके शिष्य थे। वह जब आते थे तो लोग अपने माथे पर कलश रखकर उनका स्वागत किया करते थे। जब वह घर में पहुँचते तो थाली या परात में उनके पाँव धोए जाते थे। वह घोड़ी या घोड़े पर सवार होकर ही आते थे और उनकी अरदली में उनके साथ कोई न कोई एक चेला भी लगा रहता था। उनके पाँवों के धोवन को लोग चरणामृत कहते थे और उसे पी जाते थे या अपने बदन पर छिड़क लेते थे। दीक्षा गुरु जब भोजन करने बैठते तो एक बड़े कटोरा भर दूध में शुद्ध घी की पूरियाँ सानी जाती थीं। वह पूरियों को अपने हाथों से खूब मसल-मसल कर, अपनी उस वृद्धावस्था में लार बहाते हुए खाते थे। उनके मुँह में मुश्किल से दो-चार कौर ही जा पाते थे। कटोरे की जूठन को परिवार के लोग प्रसाद-स्वरूप ग्रहण कर लेते थे।

एक बार दीक्षा गुरु के साथ एक नया चेला आया जो उनसे भिन्न स्वभाव का था। वह स्वच्छ, सफ़ेद वस्त्र धारण करनेवाला नौजवान गुरु जी की श्री मूर्तियों का पूजा-पाठ तो करता ही था, लिहाजवश उनकी घोड़ी की सार-सँभाल भी कर देता था। लेकिन बाबा जी के पाँवों की धोवन को चरणामृत के रूप में लोगों के बीच बाँटना और उनका कटोरे की जूठन खाना वह जरा-भी पसन्द नहीं करता था। गाँव के शिष्यों को फटकारता भी था कि यह क्या तमाशा लगा रखा है! बाबा जी के साथ वह बिना मन के दबा हुआ-सा रहता था। प्रतिदिन कई पहर पूजा-पाठ होता था, शंख-घड़ियाल बजते रहते थे। उनमें विजयघंट नामक एक साज शामिल था, जिसे बजाने में मुझे अतिशय आनन्द मिलता था। उन दिनों मुझे *रामचरितमानस* के समस्त कांडों की वन्दना, मंगलाचरण, दोहे, चौपाई, सोरठा आदि कंठस्थ थे।

एक दिन मैंने उन चेला जी को यह सब सुना डाला। वह बड़े ख़ुश हुए और बोले कि मुझमें प्रतिभा तो बहुत है, पर मौक़ा नहीं पा रहा है। यह चेला जी स्वभाव व बातचीत के लहज़े से बाँदा इलाक़े के जान पड़ते थे, पर बताते कुछ नहीं थे। पूछने पर हर बार जवाब देते थे कि बाबा सो बाबा! उसकी क्या जाति-पाँत, कौन जन्मभूमि? दीक्षा गुरु कुछ दिन शिष्यों के यहाँ रहते थे, भोग लगाते थे, प्रसाद देते थे, नक़द विदाई लेते थे और किसी अन्य गाँव के लिए निकल जाते थे। उस बार उनके साथ यह चेला जी भी चले गए, मगर जितने दिन वह हमारे गाँव में रहे, मेरे भैंस चराने के अड्डों पर पहुँच जाया करते थे। अकसर समझाते थे कि मुझे *रामचरितमानस, सुखसागर* पढ़ने के साथ-साथ ढोंग-ढकोसलों से आगे बढ़कर सोचना चाहिए और कबीरदास को पढ़ना चाहिए। मैंने पूछा कि कबीरदास की किताबें कहाँ से मिलेंगी। चेला जी ने मुझे आश्वस्त किया कि मैं इसकी चिन्ता न करूँ, वह ख़ुद लाकर देंगे।

उस बार चेला जी दीक्षा गुरु के साथ चले तो गए पर दो माह बाद फिर लौटे और मेरे लिए कबीर की *साखी, नीति संग्रह* (जिसमें चाणक्य नीति, विदुर नीति और भर्तृहरि नीति संग्रहीत थीं) लेते आए। साथ में *आयुर्वेद* की एक बड़ी-सी पोथी *अमृत निदान* भी थी। मुझसे बोले कि *नीति संग्रह* तो मैं कंठस्थ ही कर लूँ, क्योंकि यह जीवन में हर जगह काम आनेवाली है...और कबीर को भी पढ़ूँ-समझूँ। उन्होंने सलाह दी कि अगर मैं वैद्यक की गहरी जानकारी प्राप्त कर लूँ तो यह मेरे लिए ख़ासा व्यवसाय ही बन जाएगा।

जब चेला जी कहीं से घूम-फिर कर तीसरी बार हमारे यहाँ पधारे तो मेरे लिए कुछ दवाइयाँ भी लेते आए। मेरी माताजी ने महाराज से कह रखा था कि मुझे कमज़ोरी की शिकायत है। इस पर उन्होंने मुझे कसरत करना सिखाया, कुछ आसन भी बताए और कानपुर के एक औषधालय का सूची-पत्र थमाते हुए कहा कि मैं वहाँ से कुछ दवाइयाँ पार्सल के जरिए मँगा लूँ, क्योंकि ये दवाइयाँ स्वयं के और घर के लोगों के बड़े काम आएँगी। और अगर मैं उनकी बिक्री भी करने लगूँ तो कमाई का एक जरिया पैदा हो जाएगा। उनकी सलाह मानकर मैं कानपुर के उस औषधालय से दवाइयाँ मँगाने लगा और गाँव के लोगों को बेचने लगा। ये दवाइयाँ फ़ायदा भी पहुँचाती थीं। इस तरह मैं अपने गाँव के लोगों की निगाहों में चढ़ने लगा। मुझे भी लोग काम का आदमी समझने लगे।

यहीं पर मेरी ज़िन्दगी में भयंकर मोड़ आता है। सन् 1950 में मेरी माँ का देहान्त हो जाता है। मैं जीवन में माँ से बहुत मोहग्रस्त था। अपनी सोलह साल की उम्र में माँ के साथ सोना पसन्द करता था। अकसर माँ के साथ बैठा रहता था, जिसे देखकर पिताजी कहा करते थे कि मैं मेहरा (स्त्रैण स्वभाव का) निकलूँगा। माँ के न रहने पर मैं गहन रूप से निराश हो गया और इस पर दुखद यह हुआ कि इसके एक साल दो माह बाद पिताजी भी नहीं रहे।

भाइयों का हिस्सा-बाँट पहले ही हो चुका था। अब माता-पिता के संरक्षण से मुक्त ज़िन्दगी शुरू हुई। घर में केवल मैं और पत्नी जी थीं। मौहार वाली बड़ी बहन बूटू दीदी मदद के लिए ज़रूर उपस्थित थीं, लेकिन हमारे दाऊ का निधन होने के दूसरे साल ही मँझली भाभी का भी देहान्त हो गया था, जिसके चलते बूटू दीदी उनका ही गृह-प्रबन्धन करने लगीं। उस दौरान जीवन हर प्रकार से दीन-हीन व अनादरित रहा। खेती भी कमज़ोर हो चली थी। आमदनी कुछ नहीं थी। पिताजी के समय की जमा पूँजी घट रही थी। हमारे यहाँ सन्तानोत्पत्ति आरम्भ हुई तो पुत्रियाँ ही पैदा हो रहीं थीं, जो समाज में व्यय का कारण मानी जाती हैं। उन्हीं दिनों वही बाबा जी जब कुछ पुस्तकें—कवितावली, विनयपत्रिका आदि लेकर फिर से आए तो गाँव-परिवार के लोगों ने आपत्ति की। कहने लगे कि बाबा को घर में मत रखो, क्योंकि—

गया पेड़ जब बकुला बैठा।
गया गेह जहँ मुड़िया पैठा॥
गया राज जहँ राजा लोभी।
गया खेत जहँ जामी गोभी॥ (घाघ)

इस पर बाबा जी ने स्वयं ही कहा कि उनके कारण मेरे पारिवारिक सम्बन्ध ख़राब हो रहे हैं, इसलिए अब वह बाबूपुर नहीं आएँगे, मैं अपना काम जारी रखूँ।

बाबा जी वास्तव में बहुत ईमानदार और चरित्रवान साधक थे। वह भ्रष्टाचार से कोसों दूर थे। यह मैं अपनी आँखों देखी सच्चाई, पूरी सत्यता के साथ कह रहा हूँ। मगर संसार तो सबको अपनी सोच और दृष्टि से ही देखता है। उस समय मुझमें सामाजिक कार्य या संघर्ष करने की क्षमता नहीं थी। मैं विवश हो गया। उनके जाने के बाद मैं तुलसीदास और कबीरदास की पुस्तकें चुपचाप पढ़ता रहता था। मैं *कवितावली, विनयपत्रिका, सुखसागर* घर में हमेशा पढ़ता था। मेरी पत्नी की बड़ी बहन के पुत्र बड़का दादू अपने घर में प्रतिदिन *विश्रामसागर* पढ़ा करते थे। कभी-कभार मैं उनका गायन सुनने वहाँ चला जाता था।

गाँव के लड़कों में तीर्थपाल सिंह से मेरी साधारण दोस्ती थी और उन दिनों बड़का दादू की माँ हमारे घर की विशेष सलाहकार बन गई थीं। उन्होंने प्रस्ताव रखा कि मैं गुरु जी से पूजा-पाठ करवा लूँ, जिससे कल्याण होगा। मैं उनकी और अपनी बड़ी बहन की बात मानकर उन्हीं गुरु बाबा से पूजा करवाने के लिए राजी हो गया, जिन्होंने मेरे जन्म में मूल नक्षत्र बताया था। वह जब आए तो कहने लगे कि गुरुदीक्षा लिए बगैर भला मैं पूजा कैसे कर सकता हूँ? मैंने प्रस्ताव दिया कि वही दीक्षा भी दे दें। इसका परिणाम यह हुआ कि गुरु जी की पुरानी नाराज़गी ख़त्म हो गई और आख़िरकार उन्होंने पूजा-पाठ करवाकर मुझे गुरुदीक्षा दे दी। परन्तु

मेरा मन जितना कबीर की साखियों व दोहों में रमता था, उतना और कहीं नहीं।

इस दरमियान मैं *महाभारत, पद्मपुराण, नीति संग्रह* वगैरह ढूँढ़-ढूँढ़ कर पढ़ा करता था। मैं बड़का दादू के यहाँ कथा सुनने अकसर जाता था तो गाँव के लोग शंका करते थे। मैं गाँव में उठने-बैठने के लिए केवल तीर्थपाल के यहाँ चला जाता था या कि बड़का दादू की *विश्रामसागर* व *सुखसागर* सुनने पहुँचता था। इन्हीं दिनों न जाने किन कारणों से गाँव के भीतर-ही-भीतर पार्टीबन्दी की स्कीम चलने लगी। इसकी मुझे न तो कोई जानकारी ही थी, न कोई गुप्त योजना। तभी तीर्थपाल सिंह की छोटी बहन का ब्याह हुआ और गाँव में सबके यहाँ निमंत्रण दिया गया। पर उसमें हमारे बड़के दादा और जयराम सिंह काका शरीक नहीं हुए। हम लोग सहज-भोरे उस शादी में शामिल होने चले गए थे। यहीं से गाँव में ठाकुरों की दो पार्टियाँ बन गईं। एक पार्टी के नेता जयराम सिंह काका बन गए और दूसरी के दादा भाई रामगोपाल सिंह। यद्यपि मैं और मँझले भाई राघव सिंह किसी भी पार्टी में शामिल नहीं होना चाहते थे, परन्तु हमारे बड़के दादा हमसे सख़्त नाराज़ हो गए और बोले कि हम रामगोपाल सिंह के टुकड़खोर हैं, हमें हटाया जाए! ऐसे में हम उसी पार्टी के हो गए, जहाँ ढकेले गए। इस पार्टी में हमारे चचेरे भाई लालमन सिंह दादा व भानुप्रताप सिंह दादा पहले ही मौजूद थे।

कुछ समय के बाद हुआ यह कि हरदुआ स्कूल में सरस्वती पूजा आयोजित की गई, जहाँ श्री शीतल प्रसाद श्रीवास्तव प्रधानाध्यापक थे। अपने इस कार्यक्रम में उन्होंने विधानसभाध्यक्ष बाबू शिवानन्द जी को आमंत्रित कर रखा था। यह सन् 1954-55 की बात है। उसमें और भी कुछ मंत्री बुलाए गए थे, जिनके स्वागत में उपस्थित लोगों तथा छात्र-छात्राओं ने कविताएँ सुनाईं। हमारे गाँव के विद्यार्थी उन कविताओं को सुन आए थे। उनमें हमारा एक भतीजा जगदीशशरण भी शामिल था। उसने मुझको बताया कि हरदुआ में तो आज ख़ूब कविताएँ सुनाई गईं। तब तक मैं कुछ पंक्तियाँ जोड़-जाड़कर फाग लिखा करता था, वैसी कविताएँ कभी नहीं लिखी थीं। इसी दरमियान हरदुआ स्कूल के केन्द्राध्यक्ष यानी हेडमास्टर साहब और बाबूपुर स्कूल के हेडमास्टर साहब ने मिलकर यह तय किया कि बाबूपुर स्कूल का भी वार्षिकोत्सव मनाया जाए और उसमें विधानसभाध्यक्ष को बुलाया जाए। वैसे तो बाबूपुर स्कूल नागौद स्टेट के समय से ही खुला हुआ था, पर तब तक उसका अपना कोई भवन नहीं बन पाया था। यह स्कूल कुछ दिन बाबूपुर में रामगोपाल सिंह के बरामदे में लगा और कुछ दिन पाकर गाँव के ठाकुर कमलजीत सिंह की परछाँही से संचालित हुआ। विधानसभाध्यक्ष के वार्षिकोत्सव में पधारने की ख़बर सुनकर मेरे मन में आया कि उनका स्वागत करने के लिए मैं भी कोई कविता क्यों न लिखूँ...और मैंने एक कविता लिख भी ली।

कविता तो मैंने रच डाली थी, परन्तु मेरी प्रमुख चिन्ता यह थी कि भरी सभा

में इसे सुनाने का मौक़ा मुझे मिलेगा भी या नहीं। इस समस्या का हल निकालने के लिए मैं डरते-डरते रामगोपाल सिंह दादा भाई के पास पहुँचा। मैंने उनसे निवेदन किया कि वह मुझे भी विधानसभाध्यक्ष के स्वागत में कविता सुनाने का मौक़ा दिलवा दें। उन्होंने पूछा कि मैं किस प्रकार की कविताएँ लिखता हूँ? उन्होंने कविताएँ सुनने के बाद ही कोई फैसला करने की बात कही। उस वक़्त मैंने जो कविता लिखी थी, उन्हें फौरन सुना दी :

बाबूपुर बापी, तड़ाग बना, विकसे जनु कंज प्रजा जन के,
अलिवृन्द हैं विज्ञ पड़ोसी ग्रामीण, जो बैठे यहाँ प्रफुल्लित मन के।
प्रात यह सत्रह मार्च भयो, जो मिल्यो है हमें शुभावसर से,
जो निरीक्षक प्रान्त स्पीक अध्यक्ष, उदय भए आज दिवाकर से॥

निर्धारित दिन पर विधानसभाध्यक्ष शिवानन्द जी स्कूल में पधारे। कार्यक्रम के दरमियान दादा भाई ने मुझे अपनी कविता सुनाने का मौक़ा दिला दिया। चूँकि मैं किसी सभा में पहली बार बोल रहा था, इसलिए अपनी कविता ठीक से सुना ही नहीं पाया। इसके बावजूद शिवानन्द जी उस कविता की कुछ पंक्तियाँ सुनकर बड़े प्रसन्न हुए और मुझे अपने पास बुलाकर पूछने लगे कि भला मैंने कितनी पढ़ाई की है? जब मैंने उन्हें बताया कि कक्षा चार पास हूँ तो उन्होंने हेडमास्टर साहब शीतल प्रसाद को बुलाकर कहा कि मुझे आठवीं की परीक्षा दिलवाएँ और जमकर प्रोत्साहित करें। उस कार्यक्रम के बाद कविता सुनाने के लिए मुझे आस-पास के स्कूलों में बुलाया जाने लगा।

उसी दौरान कुछ लोगों ने सलाह दी कि मुझे उमरी वाले रामराज सिंह से मिलना चाहिए; वह बहुत अच्छे कवि हैं। मैं उनसे मिलने उमरी पहुँच गया। उन्होंने मुझे बड़े प्रेम से बिठाया और आने का कारण पूछा। मैंने बताया कि उनसे कुछ सीखने-समझने आया हूँ। उन्होंने विस्तार से बातें करने के लिए मुझे अपने यहाँ ठहरने का सुझाव दिया। मैं वहाँ ठहर गया। उन्होंने मेरी कुछ कविताएँ सुनीं और उनकी सराहना भी की। यद्यपि कविताएँ सराहनीय नहीं थीं, क्योंकि मुझे मात्रा, गण, छन्द आदि के व्याकरण का ज्ञान नहीं था। मुझे प्रोत्साहित करते हुए उन्होंने थोड़ा व्याकरण-ज्ञान कराया और उपसर्ग-प्रत्यय आदि को जानने-समझने के लिए व्याकरण की एक पुस्तक भी दी। उस समय मैं अवधी के आधार पर, जैसे कि *कवितावली* में पढ़े हुए छन्दों का अनुकरण करते हुए कुछ इस प्रकार लिखता था :

मोहती मुरलिया की गूँज जो त्रिलोकों को,
आज मुँह दाबि श्याम ताहि को बजाई है।
सुर गण भहराने हैं ब्रह्मा सकाने सुन,

कमठ कुलबुलाते, दिग्गज थर्राई है।
शंकर से साधुन की छूटी समाधें अचल,
नारद बिल्यान और शारद शरमाई है।
शेष श्रवण विहीन तो सही यही रह्यो,
नाहिं तो धरा की धुनि एक में विदाई है॥

इसी तरह के कई छन्द लिखकर मैंने उनकी एक पुस्तकाकार पांडुलिपि बना ली थी, जिसका शीर्षक 'रास विनोद प्रेम ही प्रमुख' रखा था। एक बार ट्रेन में बिस्तर खो जाने के साथ ही वह पांडुलिपि भी हाथ से निकल गई। उस समय घर में पत्नी जी हमारी बहुत छोटी बेटियों के साथ रहती थीं, लेकिन उन्होंने कविता पढ़ने के लिए मेरे कहीं आने-जाने में कभी रुकावट नहीं डाली। हमारे यहाँ तीन पुत्रियाँ जन्म ले चुकी थीं। रूढ़िवादी खानदानी परिवेश में वे आर्थिक संकट की प्रेरक मानी जाती थीं। उन्हीं दिनों मुझे आठवीं की परीक्षा का फार्म भरने जाना था, मगर अपने गाँव-परिवार से इसके लिए मुझे कोई प्रेरणा नहीं मिलती थी। एक दिन भाजीखेरा वाले ममेरे भाई गणेश सिंह दादा हमारे घर आए। उन्होंने अपनी स्टाइल में समझाया—'दाद्द, तैं ई कविता अउ पढ़ाई-लिखाई के पाछे ई गोरू-बछेरू ना मार डारे, नहीं ता कहूँ का ना रहि जइहे। तैं पास-वास ना होइहे। तोरे गाँव मा केतने जने आयँ पढ़े हैं? पै सब मजा मा हमैं।' ऐसे तमाम निरुत्साहनों के बावजूद मैं पढ़ाई के प्रति इतना उत्सुक था कि मुझे खाने-पीने की सुधि भी नहीं रह जाती थी। रात में भी पढ़ता था, चाहे पाठ्यक्रम से बाहर की किताबें हों या परीक्षा सम्बन्धी आठवीं कक्षा की किताबें। मैं गाँव के पढ़ाकू लड़कों से कुछ किताबें माँग लेता था और कुछ खरीद भी लेता था।

समय आने पर परीक्षा का फार्म भरने मैं हरदुआ पहुँच गया। स्कूल में मुझे पहचाननेवाले कुछ मास्टर बड़े प्रेम से हेडमास्टर साहब के कार्यालय में ले गए। उस समय शीतल प्रसाद जी का स्थानान्तरण हो चुका था और उनकी जगह नए हेडमास्टर ताराचन्द जोशी कुर्सी पर बैठे थे। लोगों ने उनको बताया कि यद्यपि मैं आठवीं की परीक्षा का फार्म भरने जा रहा हूँ, मगर एक अच्छा कवि हूँ। इस पर नए हेडमास्टर साहब ने चुनौतीपूर्ण ढंग से कविता सुनाने की माँग पेश कर दी। तब मैंने उन्हीं से काग़ज़ माँगा और एक तरफ बैठ कर लिखने लगा :

दिन में तो सूरज चमके औ रात में चन्दा दमके,
इस धरती के ऊपर एक ऐसा ही आकाश हो।
किन्तु हरदुआ माध्यमिक शाला है यह धन्य,
जहाँ कि ताराचन्द जी का निशदिन प्रकाश हो॥

इसे सुनकर सारे मास्टर हँस पड़े, मगर हेडमास्टर साहब तो जैसे चमत्कृत

होकर रह गए और बोले कि मैं फार्म अवश्य भर दूँ, हालाँकि अंग्रेज़ी की कुछ तैयारी करनी पड़ेगी। मैंने तत्क्षण फार्म भरा और उसी साल आठवीं की परीक्षा में पास भी हो गया।

तब पड़ोस में कुछ खटपट हो जाने की वजह से नागौद के श्री नर्मदा प्रसाद अवधिया दद्दा सपत्नीक हमारे घर रहने आ गए थे। उन्हें चौपड़ खेलने का गहरा शौक़ था और वह चाय पीने के भी आदी थे। उनकी चाय के लिए दूध हम उपलब्ध करवाते थे क्योंकि उनको ख़ुद हमने ही अपने घर पर ठहराया था। लम्बे अरसे से मेरे मन में तीन चीज़ें सीखने की बड़ी लालसा थी—1. अंग्रेज़ी में हस्ताक्षर करना, 2. साइकल चलाना, 3. चौपड़ खेलना। चौपड़ का खेल तो नर्मदा दद्दा ने जल्द ही सिखा दिया और अंग्रेज़ी सीखने के लिए मैं दादा भाई रामगोपाल सिंह के घर रात को अपनी लालटेन लेकर जाया करता था। वह बड़ी सहृदयता से मुझे इसका व्याकरण समझाते थे। नागौद में रहनेवाले काशी जी के पुत्र उम्मेदराज चौपड़ के खेल में मेरे परम मित्र बन गए। सन् 1958 में जब मैंने आठवीं कक्षा पास की तो उन्होंने हार्दिक बधाई दी। टीकर गाँव के विश्वेश्वर सिंह समेत कई अध्यापक मित्रों ने भी बधाई भेजी जो मेरा मनोबल बढ़ाने में बड़ी सहायक सिद्ध हुई। अध्यापकों ने ही मुझे नागौद लाइब्रेरी का सदस्य बनने और छायावादी कवियों को घोंट डालने की सलाह दी। मैं नागौद लाइब्रेरी से जयशंकर प्रसाद, सूर्यकान्त त्रिपाठी निराला, सुमित्रानन्दन पंत और महादेवी वर्मा की रची पुस्तकें लाकर पढ़ने लगा और उनके भाषा प्रवाह के असर में मैंने खड़ीबोली में कविताएँ लिखनी शुरू कीं :

मेरे मन के मधुर-मधुर सपने, आशा की निर्मम रजनी में,
कल्पित भोगों की सजनी में, घुस अभिलाषा के अंकों में।
तन्मय रमणी ताटंकों में, पर प्राप्ति रश्मि के पहिले ही,
ये वैभव सब लगते कँपने, मेरे मन के मधुर-मधुर सपने॥

नागौद में नर्मदा दद्दा के घर के सामने ही एक सुविख्यात कवि का मकान था। एक दिन दद्दा ने मुझसे कहा कि दादू चलो, हम आपको धन्यकुमार जैन 'सुधेश' से मिलवाते हैं। जब मैं कविवर सुधेश जी से मिला और उन्हें कुछ छोटी-छोटी कविताएँ सुनाईं तो वह कहने लगे कि मैं उनके यहाँ आना-जाना जारी रखूँ। वह भी मेरी कविताओं में सुधार करवाते रहे। जब वह आस-पास के कवि सम्मेलनों में जाएँ तो मुझे भी बुला लिया करें। उनकी एक कविता उस समय बहुत चर्चित थी :

एक घट निर्माता कुम्भकार, एक उद्जन बम का सृजन हार।
देखो दोनों पर कर विचार, किसके कितने सात्त्विक विचार॥

इसका अनुकरण करके मैंने भी 'बैल और वकील' शीर्षक से एक कविता लिखी :

एक न्याय निपुण नर ज्ञानवान, एक धेनु-सुवन भोला अज्ञान,
देखो दोनों पर लगा ध्यान, किसमें प्रपंच किसमें निर्माण।
उसकी प्रतिक्रिया से घुट जाते, कितने निर्दोषी भोले जन,
और दंडनीय हत्यारे भी, पा जाते निर्भय निशोकपन।
पोषित हों प्राणी मात्र सभी, इसका कृतिफल अपनाने पर,
वो धनिकों को मिलता क़ीमत पर, दीनों को हाथ बढ़ाने पर।

यह एक लम्बी कविता है, जिसे यहाँ पर पूरा लिख पाना सम्भव नहीं है। इसके बाद मैंने 'हम चने हैं' शीर्षक से एक और लम्बी कविता लिखी, जिसको सुधेश जी ने *पन्ना लाल जैन स्मारिका* (रीवा) और *जैन समाज* (आगरा) की पत्रिका में प्रकाशित करवाया था। विल्हौर, कानपुर से भी प्रकाशनार्थ कविताएँ माँगी गईं। मैंने उनको छोटी-छोटी कुछ कविताएँ भेजी थीं, जो प्रकाशित भी हुईं। इसके बाद कई जगहों से कुछ पैसों के साथ प्रकाशन के लिए मुझसे रचनाएँ मँगवाई गईं, जो मैंने नहीं भेजीं। मैं अपनी खेती का काम-धन्धा सँभालते हुए, अपने पुराने टूटे-फूटे मकान को दुरुस्त करवाते हुए नागौद पुस्तकालय से किताबें ले आता था और रात में केरोसिन वाली रोशनी में उन्हें पढ़ा करता था। इनमें रामधारी सिंह 'दिनकर' की *संस्कृति के चार अध्याय*, प्रेमचन्द के उपन्यास, हजारी प्रसाद द्विवेदी, रजनी पाम दत्त आदि की किताबें शामिल थीं।

इसी समय मेरे पड़ोस व परिवार के विश्वनाथ सिंह, जो रीवा कॉलेज में पढ़ते थे, अपने मित्रों व साथियों समेत मेरे घर आने-जाने लगे। इसके साथ-साथ हड़हा गाँव के मोतीलाल व सुन्दरा के रामसेवक पटेल (ददुआ) जी भी आया करते थे। कुछ वर्षों बाद जब इन लोगों ने भारतीय कम्युनिस्ट पार्टी की सदस्यता ग्रहण कर ली तो उनके साथ मैं भी कम्युनिस्ट गोष्ठियों में भाग लेने सतना तक चला जाता था। घनश्याम सिंह से रीवा में भेंट उसी दौरान हुई थी। मैंने उन्हें कुछ कविताएँ सुनाईं—

तुम खड़े हो जाओ तुम्हारा कुछ न जाएगा
है ही तुम्हारे पास क्या चिथड़ी लँगोटी के सिवा
शतजीर्ण जो तन पर छकलिया झूलते
उसमें भी बलरा पाँव में जूतों बिना
जिनके उकिलते रोज खलरा।

यह सब सुनाकर मैंने उनको अपनी पूरी कॉपी ही सौंप दी। विश्वनाथ सिंह

अपने पास आनेवाली कम्युनिस्ट पार्टी की सारी पत्रिकाएँ मुझे भेजने लगे।

मैं आठवीं पास कर ही चुका था। किसी से सुनने में आया कि सतना जिला शिक्षा अधिकारी के यहाँ जो व्यक्ति सौ का नोट चढ़ा देता है, उसे प्राइमरी शिक्षक यानी एलडीटी की नौकरी मिल जाती है। मैंने सोचा कि अगर मैं भी मास्टर बन जाऊँ तो आगे की पढ़ाई भी कर सकूँगा और घर का ख़र्च-पात भी ठीक से चलने लगेगा। दाऊ की जमा-पूँजी मैं पहले ही ख़र्च कर चुका था।

मैं सौ रुपये चढ़ाने के प्रयास में कई जगह भटका, पर भरोसे का कोई आदमी नहीं मिला। कंचनपुर निवासी हमारे एक रिश्तेदार गोविन्द सिंह जब पन्ना में डिप्टी इंस्पेक्टर यानी उप-जिला शिक्षाधिकारी बनकर आए तो मैंने उनका दरवाज़ा भी खटखटाया, परन्तु वहाँ भी नौकरी का कोई आश्वासन नहीं मिला। इसी दौरान मैंने ग्वालियर बोर्ड से दसवीं की परीक्षा पास कर ली और ज़िला रोज़गार कार्यालय, सतना में अपना नाम दर्ज़ करवा दिया। दसवीं बोर्ड पास करने पर मुझे अनगिनत बधाइयाँ मिली थीं।

आगे पढ़ने के लिए लोग मेरा उत्साह बढ़ाते रहे। नागौद विकासखंड वालों ने मुझे विकास कमेटी का सदस्य बना लिया था। ब्लॉक के तत्कालीन एस.ई.ओ. दिनेश मोहन त्रिपाठी बढ़िया गीतकार भी थे। वह मेरी कविताएँ सुनकर बड़े प्रसन्न होते थे। मुझे उन्होंने एक सर्टीफिकेट टाइप करवाकर दे दिया, जिसमें लिखा था कि मैं एक बहुत अच्छा उदीयमान कवि हूँ। उनका यह सर्टीफिकेट मैंने रोज़गार कार्यालय में नाम लिखानेवाले प्रार्थना-पत्र के साथ नत्थी कर दिया था।

संयोग की बात है कि रोज़गार कार्यालय के तत्कालीन अधिकारी महोदय दिनेश मोहन त्रिपाठी के मित्र निकले। उस सर्टीफिकेट की बदौलत उन्होंने मेरे कार्ड में मेरी योग्यता 'स्किलफुल' लिख दी थी। कुछ इसी कारण से और कुछ दूसरे कारण से भी मुझे सरकारी सेवा करने का अवसर मिल गया। दरअसल, एडीएम ख़ूबचन्द साहू साहब भी मुझसे बड़े खुश थे। उनके खुश होने का भी एक लम्बा क़िस्सा है।

क़िस्सा यह है कि मैं नागौद विकासखंड के साथ पहले ही जुड़ा हुआ था। इसका लाभ उठाकर मैंने कई प्रौढ़ शिक्षक बनवाए। गाँव में नवयुवक मंडल का गठन भी मैंने करवाया था। उसका प्रोजेक्ट नेता भी मैं ही था। तब बाबूपुर में स्कूल का भवन नहीं बना था और पाकर गाँव में केशव प्रताप सिंह ने सभा कराने के बाद भी अपना मकान देने से इसलिए इनकार कर दिया था कि स्कूल के नाम में उनका नाम नहीं जोड़ा जा रहा है। शिक्षा विभाग ने उनकी यह शर्त सिरे से ठुकरा दी थी। बाबूपुर में स्कूल भवन बनवाने की मेरी इच्छा कुलबुला उठी और इस बाबत एक प्रस्ताव भी मैंने नवयुवक मंडल में पारित करवा लिया। फिर मैं और बड़का दादू सेमरवारा गाँव के भटवा में पत्थर तोड़ने सबसे पहले खुद पहुँचे। इसे

देखकर दूसरे दिन से हमारे गाँव के कई लोग स्वयंसेवा करने लगे। अब स्कूल भवन के लिए ज़मीन की उपलब्धता का सवाल था।

इस सवाल को हल करने के लिए गाँव के बड़े-बुजुर्गों की एक सभा बुलाई गई। सयानों को दोनों टोला के बीच पड़ी मदनहा इलाक़े की भूमि सबसे उपयुक्त लगी। लेकिन उस भूमि मालिक ने जब कोई उत्साह नहीं दिखाया तो जयराम सिंह काका और दादाभाई रामगोपाल सिंह बोले कि वह अपनी खमेरहा वाली ज़मीन स्कूल के लिए दे देंगे। इस पर लोगों ने यह राय सामने रखी कि छोटे बच्चों के लिए वह स्थान दूर पड़ेगा। सुझाव मिला कि खमेरहा वाली ज़मीन मदनहा के बदले में दी जाए और स्कूल भवन मदनहा ही में बने। इस सुझाव को मदनहा वाले लालमन दादा भी मान गए और दूसरे ही दिन से उनकी ज़मीन पर स्कूल की नींव खोदी जाने लगी। उस समय शासन का नियम यह था कि जितने मूल्य का श्रमदान जनता कर देगी, उसकी दूनी रकम विकासखंड से सरकार भुगतान करेगी।

जब बाबूपुर में विकासखंड की तरफ से एक सेमिनार आयोजित हुआ तो मैंने गाँव के सभी नवयुवकों से स्कूल भवन में सहभागिता करने को कहा और उनको समझाया कि स्वराज का मतलब ही है—भेदभाव व छुआछूत रहित समाज का निर्माण करना। इसके बाद गाँव के सभी लड़के तो बड़े उत्साह से काम में जुट गए, परन्तु सयानों ने मेरी इस तजवीज़ को पसन्द नहीं किया। शाम की सभा में जिलाध्यक्ष की जगह एडीएम साहू साहब को ही आना था। जब वह आए तो सभा में गाँव के सयाने लोग बराबर मौजूद रहे, परन्तु सहभोज के समय सभी भाग गए। केवल पाकर वाले रामभान सिंह वहाँ बैठे रहे, लेकिन भोज में उन्होंने भी कुछ नहीं खाया। उन्होंने सिर्फ मिठाई का एक टुकड़ा उठा लिया था।

एडीएम साहब यह सब बड़े गौर से देख रहे थे। मैं कुछ लड़कों के साथ वहाँ मौजूद था। गाँव के बारी ने भी सीधा जवाब दे दिया कि वह जूठे पत्तल, बर्तन वगैरह नहीं उठाएगा-धोएगा, क्योंकि कलेक्टर जाति का तेली है। मैं भी वहाँ की रजा-मजा चुपचाप खड़ा देख रहा था। सबके भोजन करते ही सबसे पहले मैंने अपना पत्तल उठा कर दूर फेंक दिया और फिर सभी के जूठे पत्तल, बर्तन उठाने लगा। कुछ लड़कों ने भी इस काम में मेरा हाथ बँटाया। शाम गहराने पर जब झंडा उतारने का समय आया तो एडीएम साहब ने पूछा कि डे अफसर कौन है? उस सेमिनार का डे अफसर मैं ही था और झंडा उतारने का जिम्मा भी मेरा था, जिसे मैंने बख़ूबी निभाया। एडीएम ख़ूबचन्द साहू साहब के मुझसे ख़ुश होने का क़िस्सा अब आप लोगों की समझ में आ गया होगा।

कुछ दिनों बाद रोज़गार कार्यालय से मुझे हरिजन आदिवासी कल्याण विभाग में समाजसेवक पद की नियुक्ति के लिए एक साक्षात्कार में हाज़िर होने का आदेश

मिला। मेरे किसी शासकीय सेवा में जाने के पूर्व ही गाँव के स्कूल भवन का निर्माण शुरू हो गया था। एक और महत्त्वपूर्ण काम यह हुआ था कि ठाकुरों के बीच जो घनघोर पार्टीबन्दी थी, एक-दूसरे से खान-पान का ब्योहार टूट चुका था, उसे पूर्ववत करने के लिए नवयुवक मंडल की ओर से एक आन्दोलन चलाया गया—पार्टी उन्मूलन। इसके तहत हाथ से पम्पलेट लिखकर हर घर में, पढ़े-लिखे सयानों के दरवाज़े पर चिपका दिया जाता था। पम्पलेट में लिखा होता था—"सासति किर पुनि करहिं पसाऊ। नाथ प्रभुन्ह कर सहज सुभाऊ॥" (बालकांड, 88/2) इसका सबसे अधिक प्रभाव जयराम सिंह काका पर हुआ और उन्होंने पार्टीबन्दी समाप्त करने के लिए सभी को राजी कर लिया; केवल दो घर बचे थे, जो एक-दूसरे के घर क़दम न रखने की ज़िद पर अड़े रहे।

इसी बीच विकासखंड से अपने पुराने सम्बन्धों की बदौलत मैंने ज़िला कृषि-विभाग के उप-संचालक नेमा साहब से मिलकर बाबूपुर-पाकर के बीच सतना नदी में एक उद्वहन सिंचाई परियोजना मंजूर करवाई। उसका सर्वे भी सरकार द्वारा करा लिया गया। सर्वे कर्मचारी चार-पाँच दिन हमारे ही घर पर ठहरे। इस सिंचाई योजना के लिए एक समिति गठित हुई, जिसका रजिस्ट्रेशन भी भोपाल से हो गया था। लेकिन जब काम शुरू होने को आया तो हमारे गाँव के ही दो-तीन बड़े काश्तकार इस बात की चिन्ता जताने लगे कि अगर यह ज़मीन सिंचित हो गई तो उनकी ज़मीन सीलिंग में फँस जाएगी, इसलिए वे इस लिफ्ट इरीगेशन को नहीं बनने देंगे और अपने खेतों से इसके पाइप व पानी नहीं निकलने देंगे। कुछ लोगों ने लुके-छिपे ढंग से यह आरोप भी लगाया कि इस समिति का नाम 'ग्रामीण उद्वहन सिंचाई समिति बाबूपुर' रखा गया है, जो देवीशरण 'ग्रामीण' की कुटिल चाल है। उन्होंने आशंका जताई कि भविष्य में कोई समिति वगैरह नहीं बचेगी और मैं सारी ज़मीन अपने नाम करा लूँगा, क्योंकि बाबूपुर में 'ग्रामीण' उपनाम सिर्फ मेरा ही है। उनका शक़ यहाँ तक गहरा गया कि समिति में सबकी हिस्सेदारी की रकम भी मैं बैंक से निकाल लूँगा! परिणाम यह हुआ कि भारी पश्चाताप के बाद सिंचाई परियोजना का काम बन्द हो गया तथा समिति को निरस्त करवाने और हिस्सेदारी का पैसा वापस निकालने के लिए राजनेताओं से सिफ़ारिश करवानी पड़ी। इसी बिन्दु पर मैं गाँव के विकास कार्यों की पैरोकारी छोड़कर नौकरी करने की ओर पूरी तरह उद्धत हो गया जबकि उस समय गाँव में एक विनोद भवन बनवाने तथा एक औद्योगिक प्रशिक्षण केन्द्र खुलवाने की पूरी पैरवी ऊपर से विकासखंड कार्यालय तक हो चुकी थी।

संयोग कुछ ऐसा बना कि इस घटनाक्रम के कुछ दिनों बाद ही ज़िला रोज़गार कार्यालय की तरफ से मुझे एक साक्षात्कार में हाज़िर होने का आदेश मिला और साक्षात्कार लेने के बाद एडीएम साहू साहब ने फैसला मेरे पक्ष में सुनाया। मुझे

ही उस पद के योग्य माना गया, जबकि कई बेसिक ट्रेंड व बी.ए. पास उम्मीदवार मेरे साथ मैदान में थे। मैं सतना संस्कार केन्द्र का प्रभारी व ज़िला समाजसेवक नियुक्त हो गया और मैंने वहाँ एक साल दो माह रहते हुए इंटरमीडिएट की परीक्षा भी पास कर ली। इस बीच यह अफ़वाह भी उड़ी कि समाजसेवक पद ही समाप्त हो रहा है और इस पद पर तैनात कर्मचारियों को बस्तर (अब छत्तीसगढ़) भेज दिया जाएगा!

अचानक सौभाग्य कुछ ऐसा बना कि संस्कार केन्द्रों का मुआयना करने के लिए भोपाल से डिप्टी डाइरेक्टर फ़तहवीर बहादुर साहब का दौरा मेरे केन्द्र से ही शुरू हुआ और वह सतना कलेक्टर व अपने मित्र पंडित उर्मिला प्रसाद प्रोफ़ेसर के साथ हमारे यहाँ पधारे। मुआयने के दौरान हरिजन महिलाओं, बालक-बालिकाओं तथा मोहल्ले के लोगों ने मेरी तारीफ़ में कहा कि नई भर्ती के यह बाबू साहब बहुत अच्छे हैं, इनसे पहले वाले लोग ठीक नहीं थे। इस पर कलेक्टर साहब ने पूछा कि वे लोग क्यों ठीक नहीं थे? तो बालिकाओं ने चिल्लाकर जवाब दिया कि वे लोग सही ढंग से पढ़ाते व समझाते नहीं थे और उनका चाल-चलन भी सही नहीं था। यह सुनकर डिप्टी डाइरेक्टर महोदय हँसने लगे और हमारे ज़िला अधिकारी वर्मा जी से मेरी कास्ट पूछ बैठे। वर्मा जी ने उनको मेरे बारे में बताया कि मैं हूँ तो ठाकुर, पर अपने कार्य-व्यवहार से सिर्फ सोशल वर्कर हूँ। डिप्टी डाइरेक्टर फ़तहवीर साहब जाते-जाते ज़िला कलेक्टर साहब से उस दिन कह गए कि वह मुझे कोई इनाम अवश्य दें। कलेक्टर साहब ने भी ज़िला अधिकारी वर्मा जी से कह दिया कि किसी दिन वह अपने कार्यालय में इसका इन्तजाम करें, क्योंकि उन्हें संस्कार केन्द्र के प्रभारी इन ठाकुर साहब को यहीं आकर इनाम देना है।

ज़िला अधिकारी वर्मा जी अपने स्नेही थे और उनके क्लर्क शर्मा जी हमारे बड़े भाई की ससुराल के निवासी थे। चूँकि शर्मा जी मुझे लाल साहब कह कर पुकारते थे, इसलिए ऑफ़िस के सभी कर्मचारी भी मुझे लाल साहब ही कहा करते थे। एक दिन वर्मा जी कलेक्टर साहब के ऑफ़िस से प्रसन्न मुद्रा में लौटे तो बोले कि लाल साहब आज सभी कर्मचारियों को कालाजाम खिलाएँगे, क्योंकि वह उनके लिए एक अच्छी ख़बर लाए हैं। मैंने कहा कि अवश्य खिलाऊँगा, पहले ख़ुशख़बरी तो सुनाई जाए! तब उन्होंने बताया कि कलेक्टर साहब मुझे इनाम देना चाहते हैं। इस पर मैंने निवेदन किया—"हुज़ूर, मेरी एक विनती सुन लें! आप मुझे इनाम दिलाएँ या न दिलाएँ, लेकिन कलेक्टर साहब से अकेले में मिलने का एक अवसर मुझे अवश्य दिला दें!" वर्मा जी ने अगले दिन ही तत्कालीन कलेक्टर हरिश्चन्द्र अग्रवाल से इसका ज़िक्र किया और कलेक्टर साहब ने उसी दिन मुझे अपने ऑफ़िस बुला लिया। मैंने उनके सामने हाज़िर होकर सलाम-बन्दगी पेश की और फ़रियाद करने लगा—"हुज़ूर, मुझे वरदान की तरह कुछ ऐसे इनाम दिलाएँ, जो मेरा व मेरी

सन्तान का भविष्य सुधारने के काम आएँ।" इस पर कलेक्टर साहब ने मुस्कुराकर कहा—'पद्य में नहीं, गद्य में बात कहिए।" मैंने आपबीती सुनाई—"सर, मैं एक ग़रीब व्यक्ति हूँ, चार-चार लड़कियाँ हैं और पत्नी जी घर पर रहती हैं। मैं उन्हें इस नौकरी के दम पर अपने साथ रखकर न खिला सकता, न पढ़ा सकता और मैं भी बी.ए. का इम्तिहान देना चाहता हूँ। शिक्षक बने बिना मुझे सागर विश्वविद्यालय से परीक्षा देने का सामर्थ्य न मिल सकेगा। यदि मैं शिक्षक बना दिया जाऊँ तो अपनी लड़कियों को भी पढ़ा-लिखा सकता हूँ और ख़ुद मैं भी आगे पढ़ सकता हूँ।" यह सुनकर कलेक्टर साहब ने उसी दिन ज़िला शिक्षाधिकारी को लिखित में भेज दिया कि जहाँ कहीं भी शिक्षक का पद खाली हो, वहाँ समाजसेवक देवीशरण सिंह को नियुक्त किया जाए।

इसके परिणामस्वरूप पहली मार्च सन् 1963 से प्राथमिक पाठशाला पिपरी, केन्द्र शिवराजपुर में मेरी नियुक्ति हो गई। पिपरी की पाठशाला में अध्यापन करते हुए ही मैंने सन् 1964 के दौरान बी.ए. का फॉर्म भरा और परीक्षा दी, परन्तु अंग्रेज़ी में पूरक आ गया। इसके बावजूद मैंने हिम्मत नहीं हारी और उसी वर्ष जब पूरक परीक्षा होने जा रही थी तो मैंने अंग्रेज़ी ही नहीं, बल्कि सारे विषयों की परीक्षा देने के लिए पुनः फॉर्म भर दिया। जहाँ तक मुझे याद है, सन् 1965 के दौरान मेरे हाथ में बी.ए. की डिग्री आ गई थी। अब मेरा मनोबल आसमान पर था! मुझे ख़ूब बधाइयाँ मिलीं। इन्हीं दिनों मैंने 'खजुराहो के कलाकार...' और 'धूल' जैसी कई कविताएँ लिखी थीं।

पिपरी पाठशाला नजदीक होने के कारण अब मैं अपने गाँव बाबूपुर में रहने लगा था। लाख बचते बचाते हुए भी मैं गाँव की उलझनों व झंझटों में फँस ही जाता था, क्योंकि गाँव के लोगों का स्वभाव सबके साथ मिल-जुलकर रहने का उतना नहीं होता, जितना कि अपना रुतबा जमाने का होता है। ग्राम पंचायत का चुनाव भी गाँव की पार्टीबन्दी व विद्वेष पैदा करने में भागीदार है; ठीक उसी तरह, जैसे कि लोकतांत्रिक विकास के नाम पर पूँजीवादी उद्योगपतियों व मुनाफ़ाख़ोरों को शासकीय रियायतें देना देश के लिए अपवाद है। पंचायतों को चुनाव एवं अन्य विकास कार्यों के मामले में पूर्ण स्वतंत्रता देना तभी उपयोगी सिद्ध हो सकता है, जब लोगों की समझ ऐसी बना दी जाए कि चन्द व्यक्तियों की उन्नति व विकास को लोकतंत्र व आज़ादी नहीं कहते; सामूहिक विकास, कर्तव्यों एवं अधिकारों का नाम ही लोकतंत्र है।

जबसे मैंने पढ़ाई या परीक्षाओं की ओर अपना ध्यान केन्द्रित करना शुरू किया, तभी से गाँव के घटनाक्रम से अलग-थलग रहने लगा था। यद्यपि गाँव में रहने के कारण पार्टीबन्दी के संकटों या छोटा-मोटा किसान होने के नाते झंझट बराबर झेलता रहा। सन् 68-69 के दौरान जब मैं एम.ए. की परीक्षा दे रहा था, तभी मुझे अपनी

सबसे बड़ी पुत्री की शादी भी करनी थी, जिसके प्रबन्धन में श्री रामबहादुर सिंह का बड़ा सहयोग मिला। उस शादी में बाबूपुर के सभी लोग शामिल तो हुए, परन्तु गाँव के भीतर पार्टीबन्दी की प्रतिस्पर्धा वाला विद्वेष खदबदा रहा था। मेरे प्रति उनका यह विद्वेष सन् साठ से ही गहरा गया था, क्योंकि छठे दशक में ही मैंने अपने गाँव की पार्टीबन्दी ख़त्म करवाई थी।

हमारे बड़े भाई साहब का हिस्सा-बाँट होने के काफी वक़्त बाद इस साल उनकी लड़की की शादी बरहना गाँव में होने जा रही थी। इसका प्रबन्धन-कार्य मेरे जिम्मे था। संयोग देखिए कि उसी लग्न (मुहूर्त) में जयराम सिंह काका की नातिन का विवाह टीकर गाँव में होने जा रहा था। मैं अपनी भतीजी के विवाह से जुड़ी व्यस्तताओं के चलते जयराम काका के यहाँ पहुँच ही नहीं पाता था और ज़्यादातर वक़्त मुझे अपने बड़े भाई के घर में गुज़ारना पड़ता था। यह भी संयोग ही था कि उन्हीं दिनों हमारे घर रज्जू (मेरा एकमात्र पुत्र) का जन्म हो गया। हमारी बहनों व रिश्तेदारों की बड़ी इच्छा थी कि बरहों की रस्म काफी उल्लासपूर्वक मनाई जाए। तैयारी भी उसी हिसाब से की गई। मगर गाँव के ठाकुर परिवारों ने यह तय कर लिया था कि हमारे यहाँ बरहों के अवसर पर वे लोग नहीं आएँगे। उनका इरादा यह था कि गाँव के मात्र हमारे दो ठाकुर परिवार अपनी पार्टीबन्दी कर लें, क्योंकि देवीशरण ने अपनी भतीजी की शादी में शामिल करने के लिए पूरे गाँव की पार्टीबन्दी तुड़वाई है! इसके जवाब में मैंने यही कहा कि मैं भले ही बुजुर्ग और सयाने ठाकुरों को निमंत्रण न दूँ, परन्तु गाँव के लोगों के बीच पार्टीबन्दी नहीं होने दूँगा। मैंने केवल युवक दल को ही निमंत्रित किया और अपने गाँव के साथ-साथ दूसरे गाँव के ब्यौहारियों को भी न्यौता भेजा।

आख़िरकार उस बार पार्टीबन्दी तो नहीं हो सकी, मगर मैं यह बख़ूबी समझ गया था कि गाँव के लोगों को पार्टीबन्दी का बड़ा शौक़ होता है। शायद यह भी एक कारण है कि समाज में लोगों का अपने सगे भाइयों तक से बहुत कम मेलजोल रहता है। अपनी बड़ी बेटी की शादी करने के बाद गाँव के सभी लोगों के साथ मेरा जीवन व्यवहार सामान्य बना रहा। उन्हीं दिनों विश्वनाथ सिंह वगैरह की संगत में पड़ने के कारण मैं राजनीति में ज्यादा रुचि लेने लगा। तब इन्दिरा गांधी ने भारतीय कांग्रेस पार्टी से अलग होकर कांग्रेस (आई) नामक अपनी राजनीतिक पार्टी बना ली थी और वामपंथियों का सहयोग ले रही थीं। उन्होंने 'ग़रीबी हटाओ' का नारा दिया, जिससे प्रतीत हुआ कि देश अब वामपंथियों वाली राजनीति करना चाहता है। यही कारण था कि मेरी सहानुभूति भी उसी ओर उन्मुख हो गई। हालाँकि अभी मैं कम्युनिस्ट पार्टी का सदस्य नहीं बना था, लेकिन मेरा विश्वास उसके साथ जुड़ चुका था। लोग मेरी कविताओं को वामपंथी विचारों की कविताएँ बताया करते थे। यद्यपि मजे की बात यह है कि सर्वहारा वर्ग पर केन्द्रित मेरी कविता 'हम

चने हैं' को उन दिनों धन्यकुमार जैन 'सुधेश' ने संशोधित किया था, जो पूर्णत: धार्मिक कवि थे।

सन् 1970 के बाद कांग्रेस देश की सत्ता में लौट आई थी। मैं एम.ए. की परीक्षा द्वितीय श्रेणी में उत्तीर्ण कर चुका था। अब मैंने ख़ुद को सहायक शिक्षक से हिन्दी व्याख्याता के पद पर पहुँचाने का उद्यम आरम्भ किया, साक्षात्कार भी दे दिया। रीवा में आयोजित साक्षात्कार के दौरान मैंने सारे उत्तर कुशलतापूर्वक दिए थे। परीक्षक भी मुझसे प्रभावित नजर आए थे। लेकिन कोई जवाब न मिलने पर अपने परम मित्र श्री कृष्ण पाल सिंह के पाकर गाँव निवासी मामा कमल जीत सिंह के साथ न्याय माँगने या कहिए सिफारिश करवाने मैं भोपाल जा पहुँचा। वहाँ मिले भरोसे के सहारे सालों तक इसे भूला रहा और अन्तत: अपने इस उद्यम में सफल नहीं हो सका।

अब तक मैं पिपरी की प्राथमिक स्कूल से तबादला होने पर नागौद की हायर सेकेंडरी स्कूल में पढ़ाने आ चुका था। *बान्धवीय समाचार-पत्र* में मेरी छोटी-छोटी रचनाएँ कभी-कभार प्रकाशित हो जाया करती थीं। मैं यही समझता चला आ रहा था कि कविता लिख लेना सहज है पर गद्य लिखना कठिन है। गद्य लेखन के नाम पर सर्वप्रथम मैंने पिपरी पाठशाला में पढ़ाने के दौरान एक नाटक *माता का हृदय* लिखा था, जिसे हमारी प्राथमिक शाला में मंचित भी किया गया। उस इलाक़े के ददोल गर्ग मेरे परम मित्र थे। नाटक मैंने उनके और परसवारा वाले मास्टर साहब लालबहादुर सिंह के कहने पर ही लिखा था। इसके बाद हायर सेकेंडरी स्कूल नागौद के प्रिंसिपल शीतल प्रसाद जी के कहने पर मैंने *महँगाई* नामक एकांकी लिखा, जिसका बढ़िया मंचन हुआ और बाद में मैंने उसे अपने पैसों से छपवा भी लिया था। *माता का हृदय* मैं नहीं छपवा सका और अब तो उसकी पांडुलिपि भी गायब हो चुकी है। *महँगाई* एकांकी के मंचन में मुख्य किरदार अशोक सुन्दरानी ने निभाया था। (देश-विदेश में कामयाब हास्य-कवि के रूप में प्रतिष्ठित अशोक सुन्दरानी का 23 सितम्बर, 2022 को नागौद में दुखद निधन हो गया—सम्पादक)

मेरी ज़िन्दगी का तीसरा मोड़ तब आता है, जब मैं अपने और दूसरे राज्यों के विद्वान साहित्यकारों से मिलने का अवसर पाता हूँ। बाबूपुर सेवा सहकारी समिति का सचिव रहते हुए मैं किसी कार्यवश सतना गया हुआ था। सतना बस स्टैंड में श्री बिहारी लाल निगम जी से मेरी भेंट होती है, जो सिंहपुर माध्यमिक विद्यालय के प्रधानाध्यापक रह चुके थे। उन्होंने छूटते ही मुझसे कहा—"कवि जी, दस रुपये निकालिए!" मैंने सावधान होकर पूछा—"बस इतने ही कि और?" उन्होंने हँसकर कहा—"नहीं, इतने ही बहुत हैं। आज से आप एक प्रगतिशील लेखक हो गए...और वे कॉलेज के जो मन्दिर जैसे भवन दिखते हैं न, वहीं कमला प्रसाद रहते हैं। किसी दिन आप उनसे अवश्य मिल लीजिएगा।" मैं जिस दिन कमला

प्रसाद जी से मिलने पहुँचा, संयोगवश निगम जी भी वहीं बैठे हुए थे। उन दिनों सतना में प्रगतिशील लेखक संघ (प्रलेसं) का राष्ट्रीय अधिवेशन आयोजित करने की तैयारी चल रही थी। मुझे आया देख निगम जी हँसे और मेरा आत्मीय स्वागत करने के बाद कमला प्रसाद जी से बोले—"आइए सर, यही हैं सच्चे ग्रामीण और सच्चे प्रगतिशील भी यही हैं।" श्री प्रमोद पांडेय, भगवानदास सफड़िया और कई अन्य लोग वहाँ पर पहले से ही मौजूद थे। उनसे बातें करने के बाद कमला प्रसाद जी ने मुझसे बड़ी आत्मीयता के साथ कहा—"तो 'ग्रामीण' जी, अब आप अपनी कविताएँ सुनाइए।" इस पर मैंने उनको 'हम चने हैं' और 'पाँवों की पनही' शीर्षक वाली अपनी कविताएँ सुनाईं। जब मैंने यह पंक्ति पढ़ी—'आदत तुम्हारी सामन्ती रही, काम भी ले लिया औ अकड़ते रहे। चूमती मैं चरण तो तुम्हारे रही, पर हमेशा मुझे तुम मसलते रहे' तो कमला प्रसाद जी बड़े ख़ुश हुए। उन्होंने कहा—"बहुत अच्छे! आप सम्मेलन में ज़रूर आइए।"

घर लौटकर मैं 'प्रगतिशील लेखन' शीर्षक से एक आलेख लिखकर *बांधवीय समाचार* में भेजना चाहता था। तभी अचानक इस समाचार-पत्र के सम्पादक श्री जागेश्वर प्रसाद से मेरी भेंट हो गई। उनका पुराना घर नागौद में ही स्थित था। वह हमारे परिवार से भी बख़ूबी परिचित थे। अपने पत्र में मेरा वह लम्बा लेख उन्होंने उस समय प्रकाशित किया, जब प्रलेसं का अधिवेशन जारी था। श्री तेज सिंह, श्री सन्तोष खरे और श्री प्रह्लाद अग्रवाल आदि इस अधिवेशन के विशेष प्रबन्धक थे। सतना वाले इस महाधिवेशन में मेरी कोई गिनती तो न थी, पर मुझे वहाँ सबको सुनने व पहचानने का पर्याप्त अवसर मिला। वरिष्ठ और सुप्रसिद्ध कवि शिवमंगल सिंह 'सुमन' जी इस सम्मेलन के साथ गहराई से जुड़े हुए थे। एक शाम कमला प्रसाद जी ने मुझे उन्हें उनके होटल तक पहुँचाने का जिम्मा सौंप दिया। उनको होटल में छोड़कर मैंने अपना थोड़ा-बहुत परिचय भी दिया। लेकिन नशे के असर में वह जल्दी ही सो गए और मैं वहाँ से अधिवेशन-स्थल लौट आया।

अब कमला प्रसाद जी प्रलेसं की सभी गोष्ठियों में मुझे बुलाने लगे और थोड़े ही दिनों बाद उन्होंने प्रस्ताव रखा कि कहानियों की एक वर्कशॉप की जाए और वह सतना शहर से कहीं बाहर आयोजित हो। किसी ने सुझाव दिया कि नागौद में रख लें। कमला जी ने कहा कि अगर देवीशरण इसका जिम्मा ले लें, तभी सम्भव हो सकता है। मेरा जवाब था कि नागौद में नहीं, अगर मेरे गाँव में यह आयोजन हो तो मैं जिम्मा लेता हूँ। फलत: वह तीन दिवसीय कहानी वर्कशॉप बाबूपुर में आयोजित की गई, जिसमें भाग लेने के लिए सात-आठ रचनाकार सतना से मेरे गाँव बाबूपुर पहुँच गए। इनमें सफड़िया जी, तेज सिंह, कमला प्रसाद, प्रमोद पांडेय, रामशैल गर्ग, सालिगराम शर्मा, सेवाराम त्रिपाठी आदि शामिल थे। यह कार्तिक

का महीना था। वर्कशॉप की व्यवस्था में जुट जाने के कारण मैं अपने खेतों की ज़रूरी देखरेख भी नहीं कर पाया, जिससे वे सूख गए थे। गाँव वाले हम पर हँस रहे थे, मगर मेरे घर के लोग कार्यक्रम में तन-मन-धन से शामिल रहे। उन्होंने मेहमानों के सामने किसी प्रकार की कोई कमी नहीं आने दी।

सतना वालों के कथनानुसार वह कहानी वर्कशॉप एक मज़ाक़ थी। लोग कह रहे थे कि लोहा-लक्कड़ की वर्कशॉप तो सुनी है, लेकिन कविता-कहानी की वर्कशॉप कभी नहीं सुनी। कमला प्रसाद जी ने इस वर्कशॉप की एक ज़ोरदार रपट तैयार की और उसे पटना से प्रकाशित होनेवाले जनवादी अख़बार *जनशक्ति* में भेज दिया। यह विस्तृत रपट छपते ही देश भर के रचनाकारों में एक चर्चा छिड़ गई और लोगों की उत्सुकता का ठिकाना नहीं था! ख़ैर, मैं कमला प्रसाद जी के ही आह्वान पर कथाकार कमलेश्वर जी के छिन्दवाड़ा समान्तर सम्मेलन में भाग लेने अपने कई साथियों के साथ पहुँच गया, जहाँ पीस काउंसिल की महान सभा आयोजित हुई थी। उसके बाद मैं कमला प्रसाद जी के ग्रुप के साथ इन्दौर जा पहुँचा, जहाँ देश के कई महान कम्युनिस्ट नेताओं से भेंट हुई। वहाँ मध्य प्रदेश सरकार के मंत्री श्री केपी सिंह भी मौजूद थे। वह मुझे अपने साथ ठहरने के लिए रेस्ट हाउस ले जाने लगे, जिसका हमारे साथी सफड़िया जी और प्रमोद जी वगैरह ने विरोध किया।

प्रख्यात कहानीकार ज्ञानरंजन जी प्रलेसं के जबलपुर में आयोजित महाधिवेशन के संयोजक थे। उस दौरान कमला प्रसाद के जरिए परम श्रद्धेय हरिशंकर परसाई जी और ख़ुद ज्ञानरंजन जी से मेरा विशेष परिचय हुआ। मायाराम सुरजन जी से कमला प्रसाद के खास सम्बन्ध होने के कारण उन्हीं दिनों हम लोगों का विदिशा में होने जा रहे मप्र हिन्दी साहित्य सम्मेलन में शामिल होने का प्रोग्राम बन गया। तब बाबू मायाराम जी कुँवर अर्जुन सिंह का सहयोग लेकर सतना से *दैनिक देशबन्धु* प्रकाशित करने की योजना भी बना रहे थे। मुझे विदिशा सम्मेलन के विशिष्ट अतिथि बाबू जगजीवन राम जी को नजदीक से सुनने का अवसर मिला और उसी अधिवेशन में बाबू मायाराम जी मप्र हिन्दी सम्मेलन के अध्यक्ष चुन लिए गए, जो आजीवन इस पद पर बने रहे। इसके बाद मप्र प्रलेसं का जहाँ भी कोई कार्यक्रम होता था; चाहे वह प्रान्तीय अधिवेशन हो या भोपाल में राष्ट्रीय अधिवेशन या इलाहाबाद में आयोजित प्रयाग हिन्दी साहित्य सम्मेलन, मैं हर जगह हाज़िर होता था। इसके अलावा मैंने जयपुर, लखनऊ, दिल्ली, चंडीगढ़, हैदराबाद, इन्दौर, उज्जैन, बिलासपुर, खंडवा, रायपुर, ग्वालियर, जगदलपुर, गुड़गाँव और जगन्नाथ पुरी में हुए कार्यक्रमों में भी बराबर अपनी उपस्थिति दर्ज़ कराई है।

एक बार रीवा में कई विश्वविद्यालयों का सम्मेलन हुआ, जिसमें श्री घनश्याम सिंह ने हिन्दी के माध्यमिक पाठशाला वाले पाठ्यक्रमों में मुझे बोलने का अवसर दिया। तभी मैं लज्जाशंकर हरदेनिया जी से परिचित हुआ और मुझे कई

उप-कुलपतियों के बीच उठने-बैठने का अवसर मिला। मुझे प्रलेसं की प्रान्तीय कार्यकारिणी व रीवा सम्भाग के संयोजक के पद पर लगातार बनाए रखा गया। आगे चलकर मुझे सचिव मंडल में भी शामिल कर लिया गया था। मुझे हमेशा हिन्दी साहित्य सम्मेलन की प्रान्तीय कार्यकरिणी व विंध्य क्षेत्र के पन्ना, सतना, रीवा, सीधी, शहडोल ज़िलों के संयोजक की जिम्मेदारी दी गई। जब तक मेरा स्वास्थ्य ठीक-ठाक रहा, मैं सेंटर फॉर स्टडी ऑफ़ सोसायटी एंड सेकुलरिज्म के अखिल भारतीय संयोजक डॉ. असगर अली इंजीनियर के आयोजनों में भाग लिया करता था। मैं उनके जबलपुर, पचमढ़ी, भोपाल, मुम्बई (तब बम्बई) आदि स्थानों में हुए कार्यक्रमों में शामिल हुआ। बम्बई वाले प्रशिक्षण आयोजन में उन्होंने मुझे ख़ास तौर पर बुलाया था। लज्जाशंकर हरदेनिया जी से मेरी हमेशा निकटता बनी रही। प्रलेसं के अखिल भारतीय अधिवेशन, हैदराबाद द्वारा प्रकाशित समस्त भारतीय भाषाओं की सम्मिलित स्मारिका में मेरा आलेख शामिल किया जाना मेरे लिए बड़े गौरव की बात थी।

मेरी रचनाओं को *दैनिक बांधवीय समाचार*, रीवा और *साप्ताहिक सोमांचल*, शहडोल की तरफ से सर्वप्रथम प्रकाशन का अवसर मिला और फिर *दैनिक जागरण* व *नवभारत* अख़बारों में मेरी छिट-पुट रचनाएँ अकसर छपती रहीं। *दैनिक जनयुग*, दिल्ली व *हिन्दी टाइम्स*, दिल्ली में भी कुछ रचनाएँ प्रकाशित हुईं। मेरे आलेख और समाचार प्रमुखता से प्रकाशित करवाने में श्रद्धेय मोहन श्रीवास्तव जी का शहडोल से बड़ा स्नेह व सहयोग प्राप्त होता आया है। *वसुधा* और *पहल* जैसी अत्यन्त सम्मानित व प्रतिष्ठित लघु-पत्रिकाओं में मेरी रचनाएँ दो बार प्रकाशित हो चुकी हैं। *राग भोपाली* पत्रिका ने तो इधर मेरे कई आलेख प्रकाशित किए हैं तथा हिन्दी साहित्य सम्मेलन की पत्रिका *विवरणिका* में भी कुछ लेख छपे हैं। कई जगहों से निकलीं अनेक स्मारिकाओं में मुझे स्थान दिया गया। मध्य प्रदेश साहित्य परिषद् की प्रतिष्ठित पत्रिका *साक्षात्कार* में भी मेरे दो आलेख छप चुके हैं।

इधर कुछ दिनों से मैंने पाठक मंच, नागौद और पाठक मंच, सतना की गोष्ठियों के लिए आगामी किताबों की समीक्षा प्रस्तुत करना आरम्भ किया है, जिनमें से कुछ समीक्षाएँ प्रकाशित भी हो चुकी हैं। मप्र आदिवासी कला परिषद् भोपाल की पत्रिका *चौमासा* में मेरे कई आलेख प्रकाशित हुए हैं। आकाशवाणी रीवा ने मेरी दर्ज़नों बघेली कहानियाँ प्रसारित की हैं और यह सिलसिला जारी है। प्रलेसं में रहकर मैंने अनेक सम्मेलनों में हिस्सा लिया, जिसका सुफल यह है कि मेरा अनेक दिग्गज भारतीय विद्वानों से परिचय हो गया। इनमें महादेवी वर्मा, भीष्म साहनी, कैफ़ी आज़मी, रामकुमार वर्मा, रामेश्वर शुक्ल अंचल, डॉ. राममूर्ति त्रिपाठी, शमशेर बहादुर सिंह, निरंजन महावर, रामविलास शर्मा,

केदारनाथ अग्रवाल, त्रिलोचन शास्त्री, नागार्जुन, रमेश रंजक, केदारनाथ सिंह, नामवर सिंह जैसे अनगिनत मूर्धन्य रचनाकार शामिल हैं, जिनको मैं साक्षात् सुन सका। मूलतः इसका सम्पूर्ण श्रेय कमला प्रसाद जी को ही जाता है।

सतना से बाहर के सम्मेलनों में शामिल होने के साथ-साथ मैं साथियों के सहयोग से नागौद में आयोजित कई उल्लेखनीय कार्यक्रमों का हिस्सा बना। इनमें गंगवरिया वाला सम्मेलन उल्लेखनीय है, जिसे नागौद की प्रलेसं इकाई ने भाई देवराज सिंह के सहयोग और श्री रामलाल सिंह की अध्यक्षता में सफल रूप से सम्पन्न किया था। इसमें भाऊ समर्थ, नागार्जुन, मुकुट बिहारी सरोज, रमेश रंजक, कमला प्रसाद आदि ने शिरकत की थी। ऐसा ही एक और यादगार कार्यक्रम था—निराला स्मृति समारोह, जिसमें नागौद के स्थानीय पत्रकार रमाकान्त मिश्र, विनोद सिंह (ब्योहारी) तथा आर.बी. सिंह (उमरी) का विशेष सहयोग प्राप्त हुआ। इस कार्यक्रम को सफल बनाने में प्रलेसं की नागौद इकाई के सभी सदस्यों, नगर के सम्भ्रान्तजनों व तत्कालीन नगरपालिका अध्यक्षा सुषमा सिंह का भी ख़ास योगदान रहा।

इस समारोह में काशीनाथ सिंह (बनारस), सत्यप्रकाश मिश्र (इलाहाबाद), भगवत रावत, राजेन्द्र शर्मा (भोपाल), रीवा विश्वविद्यालय से रमाकान्त श्रीवास्तव, दिनेश कुशवाहा, विजय अग्रवाल, सेवाराम त्रिपाठी, कमला प्रसाद जी, सतना से श्याम सुन्दर शर्मा (सम्पादक : *दैनिक देशबन्धु*), कवि-पत्रकार सुदामा शरद तथा सीधी, शहडोल, दमोह और पन्ना से पधारे अनेक साहित्यिक बन्धु व सामान्यजन उपस्थित रहे। जबलपुर से श्याम सुन्दर मिश्र और कुन्दन सिंह परिहार आए थे। इन विशेष आयोजनों के अलावा नागौद में त्रिलोचन शास्त्री के मुख्य आतिथ्य में एक बार महत्त्वपूर्ण गोष्ठी हुई थी। सार्थक व विचारोत्तेजक कार्यक्रम और सभाएँ लगातार होती रहती थीं।

हिन्दी साहित्य सम्मेलन की ओर से नागौद स्थित धर्मशाला में श्री मायाराम सुरजन के मुख्य आतिथ्य में 'सुधेश स्मृति' मनाई गई, जो एक महत्त्वपूर्ण कार्यक्रम था। नागौद के ही ठाकुर उदयप्रताप सिंह के सहयोग से प्रलेसं तथा हिन्दी साहित्य सम्मेलन का सम्मिलित आयोजन डॉ. प्रेमशंकर (सागर विश्वविद्यालय) के मुख्य आतिथ्य में सम्पन्न हुआ। मेरा मानना है कि इन तमाम आयोजनों और प्रयासों के परिणामस्वरूप ही मेरा जेहन विकसित हो सका। मेरी सोच और लेखन का विस्तार व प्रचार-प्रसार बाबू मायाराम सुरजन की विशेष कृपा या सहयोग से सम्भव हुआ। उन्होंने सतना से प्रकाशित *देशबन्धु* में 'गाँवनामा' शीर्षक से मेरा स्तम्भ छापना शुरू किया था और लगभग बीस वर्षों तक कोई काट-छाँट किए बगैर मेरे लेख हर हफ़्ते लगातार सामने लाते रहे। शुरुआत में जब मैं अन्य स्थानीय सम्पादकों से अपने आलेख छापने की बात किया करता था तो उनका जवाब होता था कि

मेरा लेखन बहुत गम्भीर और साहित्यिक है, जो दैनिक अख़बारों में नहीं छापा जा सकता! लेकिन मेरे लेखन को *देशबन्धु* में हमेशा प्रकाशित करते रहने में आदरणीय श्याम सुन्दर शर्मा जी का विशेष सहयोग प्राप्त था। नागौद में बृजराज कुमार टंडन (वकील साहब) मेरे बड़े प्रेमी व स्नेही थे और उम्रदराज़ भाई काशी जी के पुत्र भी मेरे घनिष्ठ मित्रों में रहे हैं।

सतना में श्री श्यामसुन्दर शर्मा, भाई सुदामा शरद (प्रख्यात बघेली कवि) और रामशैल गर्ग मेरे आत्मीय सहयोगी रहे हैं। रीवा के साहित्यकारों में भोजपुरी कवि ओमनारायण तिवारी, बघेली कवि डॉ. कैलाश तिवारी, कालिका प्रसाद त्रिपाठी एवं भगवती प्रसाद शुक्ल जी मेरे पूर्व परिचित और स्नेही हैं। मैं कवि सम्मेलनों के माध्यम से ही शम्भू काकू एवं अन्य सुहृदजनों से परिचित हुआ। सतना नगर में होनेवाली साहित्यिक गोष्ठियों के दौरान नागौद के प्रख्यात कवि धन्यकुमार जैन के प्रभाव से मैं सबसे पहले नीरज जैन और निर्मला जैन आदि से परिचित हुआ। इसी क्रम में रामपुर कवि सम्मेलन के समय मैंने ठाकुर गोपालशरण सिंह का सम्मान होते देखा और रीवा के नागेन्द्र सिंह कमलेश से भी वहीं से परिचित हुआ। रीवा के कवि-पत्रकार जयराम शुक्ल भी *दैनिक देशबन्धु* के जरिए ही मेरे करीब आए। कवि कालिका प्रसाद त्रिपाठी की नागौद तहसील में पोस्टिंग हो जाने पर मेरी घनिष्ठता उनसे बहुत बढ़ गई थी। मैं सतना के बाबू शिवानन्द श्रीवास्तव जी से पूर्व परिचित था। एक बार श्री सन्तोष खरे के संयोजन में पाठक मंच की बैठक उनके निवास स्थान पर ही हुई तो वहाँ मौजूद कई साहित्यानुरागियों एवं रचनाकारों से मेरा परिचिय हो गया। नागौद क्षेत्र के महत्त्वपूर्ण बघेली कवि भाई बाबूलाल दाहिया वास्तव में मेरा प्रथम नागरिक सम्मान करवानेवाले सज्जन हैं। उनके ही गृह-गाँव पिथौराबाद के एक गण्यमान्य नागरिक हैं त्रिभुवन सिंह जी, जिन्होंने जीवन में पहली बार मुझे किसी सभा का अध्यक्ष बनाया था। बाबूलाल दाहिया मेरे घनिष्ठ मित्रों में शामिल हैं और अनेक साहित्यिक यात्राओं में वह अकसर मेरे सहचर रहे हैं।

मैं नागौद क्षेत्र के कवि रामप्रसाद श्रीवास्तव जी, सुधेश जी और रामखेलावन वर्मा (जो आजकल विक्रम बौद्ध हैं) के सान्निध्य में तो तभी आ गया था, जब यहाँ 'सुधेश संगम' विशेष रूप से सक्रिय था। रामप्रसाद जी बड़े भावुक व परम स्नेही थे। उनकी छोटी पुत्री इन्दु श्रीवास्तव आजकल रीवा की श्रेष्ठ कवयित्रियों में शामिल हैं। सतना और नागौद के साहित्यिक साथियों से मेरी घनिष्ठता अधिकतर प्रलेसं और हिन्दी साहित्य सम्मेलन से जुड़ने के जरिए हुई। भाई सन्तोष खरे (सतना) के साथ मेरी गहरी आत्मीयता का कारण यही है। मैं नागौद में इकाई गठित करने व उसे संचालित करने-करवाने के सिलसिले में भाई रामलाल सिंह से जुड़ा। उन्होंने अपनी गहरी साहित्यिक समझ और कार्यकुशलता से मुझे हमेशा अनुग्रहीत किया

है। उन्होंने *महँगाई* से लेकर *धूल, धूल ध्वनि* और *प्रस्थान* जैसी मेरी रचनाओं को बारीकी से पढ़ा और इन सभी कृतियों के शब्द भी सुधारे। भाई हनुमन्त किशोर ने मेरे *हम और हमारा स्वराज* निबन्ध-संग्रह को बड़े ध्यान से पढ़कर उसमें संशोधन किए हैं। इसके लिए मैं रामलाल सिंह और हनुमन्त किशोर के प्रति बहुत कृतज्ञ हूँ। इन रचनाओं में मेरी वही सोच प्रकट हुई है, जो हिन्दी साहित्य की सार्थक पुस्तकें, पत्र-पत्रिकाएँ (*वसुधा, पहल* आदि) निरन्तर पढ़ते रहने से निर्मित हुई है। इसी सोच की बदौलत मैं प्रगतिशील लेखक संघ का सदस्य बना और प्रलेसं से मुझे बहुत कुछ मिला है।

अपनी इस सोच से सम्बन्धित एक वाकया सुनाता हूँ। जब मैं अपनी पुस्तक इलाहाबाद से प्रकाशित करवा रहा था तो उसकी भूमिका लिखवाने के लिए मैं प्रख्यात कहानीकार सम्मानीय श्री दूधनाथ सिंह जी के यहाँ जा पहुँचा। पुस्तक की पांडुलिपि पहले ही उनके पास भेज चुका था। वह मुझसे बड़े स्नेहपूर्वक मिले। पानी-चाय वाला स्वागत करने के बाद बोले—"'ग्रामीण' जी! हमने आपकी पुस्तक पढ़ ली है और अपने विचार भी तटस्थ ढंग से लिख दिए हैं। बहुत तारीफ़ इसलिए नहीं लिखी कि पढ़नेवाले यह न कह सकें कि बढ़-चढ़कर सराहना की गई है। पर आप यह बताएँ कि निरा गाँव में रहते हुए आपकी यह सोच कैसे बनी? जब हम रीवा गए थे तो लोगों ने आपके बारे में हमको बताया कि आपने एम.ए. तक की सभी परिक्षाएँ प्राइवेट रूप से दी हैं और स्कूल में केवल कक्षा चार तक ही पढ़ने गए थे!" मैंने बड़ी विनम्रता से जवाब दिया—सर, आपने गोस्वामी तुलसीदास जी को तो पढ़ा ही होगा, जहाँ उन्होंने लिखा है कि—

बालमीक नारद घटजोनी।
निज निज मुखिन कही निज होनी॥
जलचर थलचर नभचर नाना।
जे जड़ चेतन जीव जहाना॥
मति कीरति गति भूतत भलाई।
जब जेहिं जतन जहाँ जेहिं पाई॥
सोजानब सतसंग प्रभाऊ।
लोकहुँ बेद न आन उपाऊ॥ (बालकांड, 2/2-3)

मैं बोलता चला गया—यह सब आप लोगों का ही प्रभाव है। मेरी हॉबी है किताबें पढ़ने की और जैसा मैंने निवेदन किया है कि आप जैसे बुद्धिजीवियों को सुनने का मुझे बड़ा शौक़ रहा है। इसी वजह से मैं अपने भाई-बन्द या रिश्तेदारों के घर पर नहीं ठहरता। पहले सतना में रामशैल गर्ग के यहाँ डेरा जमाता था, अब सन्तोष खरे जी का घर अपना ही है। भोपाल जाने पर हरि भटनागर जी के यहाँ

रुका करता था, अब तो कमला प्रसाद जी का ही घर अपना है; और कभी जबलपुर गया तो ज्ञान जी के घर ही जाता हूँ। पहले परसाई जी के यहाँ जाता था। रीवा में चूड़ी वाले पंडित जी ओमनारायण तिवारी के यहाँ ठहरता था, अब सेवाराम जी का घर ही अपना अड्डा बन गया है। कभी अवधेश प्रताप सिंह विश्वविद्यालय, रीवा गया तो दिनेश कुशवाहा और विजय अग्रवाल जी के आवास अपने घर जैसे ही हैं। प्रलेसं का सम्भागीय संयोजक बनने पर जब मैंने लेखकों का संगठन खड़ा करने की शुरुआत की तो सीधी से सर्वश्री मंगलेश्वर सिंह, फिर धीरेन्द्र त्रिपाठी और शिवशंकर 'सरस' मेरे सक्रिय सहयोगी बने। कई रचनाकार प्रलेसं की इकाइयों में शामिल नहीं रहते थे, पर मेरे परम स्नेही हैं। इनमें पाठक जी और हिन्दी विभागाध्यक्ष प्रोफ़ेसर लाहिड़ी सिंह, रमेश वर्मा 'राख' आदि शामिल हैं। ब्योहारी कॉलेज में पदस्थ श्रीमती नीलमणि दुबे का स्नेह भी मुझे बराबर मिला। मेरा उनसे पुरी यात्रा के दौरान परिचय हुआ था। जब मैं प्रगतिशील लेखक संघ की इकाई गठित करने शहडोल गया तो वहाँ अपने पूर्व-परिचित श्रद्धेय मोहन श्रीवास्तव जी के सहयोग से मैंने सुरेश शर्मा 'धड़कन', लालचन्द कुन्दनानी आदि को साथ लेकर संगठन बनाया। मोहन जी बघेलखंड क्षेत्र की वह प्रमुख शख़्सियत हैं, जिन्होंने रीवा सम्भाग में प्रगतिशीलता की जड़ें सर्वप्रथम रोपी थीं। रीवा में आदरणीय घनश्याम सिंह जी का सहयोग तो हमेशा ही सुगम रहा।

यद्यपि रीवा की प्रलेसं इकाई को मैंने सर्वप्रथम श्रीमती विनोद तिवारी आर्याप्रसाद के नेतृत्व में संगठित किया था, लेकिन वहाँ पहले से ही मेरे कुछ परिचित लोग मौजूद थे। इनमें भगवती प्रसाद शुक्ल, केपी त्रिपाठी, शम्भूशंकर, जयराम शुक्ल आदि का नाम ले सकता हूँ, पर ये लोग संगठन में शामिल नहीं हुए। रीवा की इकाई को मजबूत आधार देने का श्रेय तो डॉ. कमला प्रसाद को ही है, जिन्होंने विश्वविद्यालय में पदस्थ होने के दौरान सर्वश्री विजय अग्रवाल और दिनेश कुशवाहा आदि को साथ लेकर संगठन सुदृढ़ कर दिया। मुझे इन सज्जनों का पहले से विशेष स्नेह प्राप्त था। वहीं मुझे ओमनारायण तिवारी व विनीत विक्रम बौद्ध, श्री एपी सिंह जैसे महत्त्वपूर्ण व्यक्तित्व भी मिले, जिन्होंने प्रलेसं के विरुद्ध विचार प्रकट किए थे। लेकिन सेवाराम जी के वहाँ पहुँच जाने पर रीवा इकाई को विशेष सक्रियता मिली। उन्होंने गोमती प्रसाद विकल जी और कई युवा साथियों को शामिल करके गतिविधियों को लगातार आगे बढ़ाया।

श्री कमला प्रसाद जी द्वारा सतना इकाई की स्थापना बहुत पहले की जा चुकी थी, जिसमें प्रमोद पांडेय, प्रह्लाद अग्रवाल, डॉ. भगवान दास सफड़िया, सन्तोष खरे, तेज़ सिंह आदि लोग शामिल थे। कमला प्रसाद जी का तबादला होने के बाद इस इकाई को डॉ. सफड़िया जी संचालित करने लगे। उनका असमय दुखद निधन हो जाने पर इकाई की कमान बीएस श्रीवास्तव को सौंप दी गई। सफड़िया जी के

न रहने पर सतना का संगठन शिथिल हो गया था। यहाँ सेवाराम जी भी मौजूद नहीं थे। भाई रामशैल गर्ग ही एकमात्र सक्रिय सदस्य थे। तेज़ सिंह व सफड़िया जी के बाद इकाई को पुन: संगठित करने की जिम्मेदारी मुझे दी गई। इसे सन्तोष खरे की अध्यक्षता में पुनर्गठित किया गया, क्योंकि पाठक मंच को वह पहले से ही संयोजित करते चले आ रहे थे।

पन्ना में मक़बूल मास्टर साहब के नेतृत्व में प्रलेसं की इकाई गठित की गई। मायाराम सुरजन जी के आदेश पर वहाँ मैंने मध्य प्रदेश हिन्दी साहित्य सम्मेलन की इकाई पत्रकार रामआसरे की अध्यक्षता में गठित करवाई। मक़बूल साहब प्रमोद पांडेय जी के निर्देशन में प्रलेसं की इकाई संचालित करते रहे। छतरपुर में श्री रामजी लाल चतुर्वेदी की अध्यक्षता में प्रमोद जी ने ही प्रलेसं की इकाई गठित करवाई थी। प्रमोद जी के निधन के बाद छतरपुर इकाई रामजी लाल चतुर्वेदी, जगदीश रावत, सुषमा सुल्लेरे और बहादुर सिंह परमार के निर्देशन में चलती रही। छतरपुर इकाई का मुझे भी अपार स्नेह मिला। उन लोगों ने अपने कई कार्यक्रमों में मुझे बुलाया। छतरपुर में श्री गंगा प्रसाद गुप्त बरसैंया जी से भी मिलना हुआ, जो वहाँ की इकाई में शामिल नहीं थे, लेकिन मेरे परम स्नेही थे। वहाँ की महिला कार्यकर्ताओं में मंजूषा सुल्लेरे का नाम उल्लेखनीय है। आदिवासी लोक कला परिषद् भोपाल में यमुना प्रसाद गुप्त जी से मेरा परिचय हुआ। यहाँ भैयालाल व्यास जी का स्नेह भी मुझे बराबर मिलता रहा। आदिवासी लोक कला परिषद् के अध्यक्ष डॉ. कपिल तिवारी, हिन्दी साहित्य सम्मेलन के माननीय अध्यक्ष अक्षय कुमार जी और श्रीमती रमा जैन का अपार स्नेह मुझे मिला है। साहित्य परिषद् में विशेष रूप से पूर्णचन्द्र रथ और भाई हरि भटनागर मेरे घनिष्ठ लोगों में थे। हिन्दी साहित्य सम्मेलन में शैलेन्द्र कुमार शैली और राजेन्द्र शर्मा के प्रति मेरी विशेष निकटता रही है, जिसका एक प्रमुख कारण उनकी सैद्धान्तिक वैचारिकी भी है।

मैं अपने सम्बन्धों की कथा या जीवनी स्वयं नहीं लिखना चाहता था। इसका मूल कारण यह है कि मैं ख़ुद को इतना महान या इस लायक नहीं समझता; फिर मैं भुलक्कड़ भी बहुत हूँ। मुझे अपने जीवन में ऐसे बहुत कम लोग मिले हैं जो मुझे नहीं चाहते या मेरा उनसे किसी प्रकार का कोई द्वेष रहा है। मेरी मनोस्थिति यही रही कि 'को बड़ छोट कहत अपराधू'। इसलिए रीवा, सतना व नागौद की प्रलेसं इकाइयाँ जब मेरा 'ग्रामीण सम्मान' करने का प्रस्ताव ले आईं और स्मारिका प्रकाशित करने की योजना बनी तो सेवाराम जी ने कहा कि मैं अपने जीवन के सम्बन्ध में एक बड़ा-सा लेख लिख दूँ। मैंने साफ़ मना कर दिया और सचमुच कुछ नहीं लिखा। लघु-पत्रिका *वसुधा* के प्रबन्ध सम्पादक राजेन्द्र शर्मा जी जब एक विशेष आयोजन में भाग लेने भोपाल से रीवा पधारे तो भाई विजय अग्रवाल जी के आवास पर आशीष त्रिपाठी तथा कुछ और लोगों की उपस्थिति

में उन्होंने मुझसे कहा कि मैं अपनी मुद्रित जीवनी उनके पास भेजूँ। इन आत्मीय आग्रहों के बावजूद मैंने इसकी कोई तैयारी नहीं दिखाई। परन्तु जब *वसुधा* के प्रधान सम्पादक, हमारे संगठन के कमांडर डॉ. कमला प्रसाद सतना आए तो उनका भी यही आदेश हुआ कि मैं अपनी जीवनी लिखूँ, चाहे जितनी लम्बी हो जाए। उनका सुझाव था कि जीवनी में अपने प्रणय प्रसंगों का जिक्र मैं अवश्य करूँ। यह सुझाव मेरे लिए जटिल था, पर मैं कमांडर का भी कहना न मानूँ, यह उचित नहीं था।

मैंने इस सम्बन्ध में सेवाराम जी के भी कुछ निर्देश नहीं माने। उन्होंने कहा था कि मैं लिखूँ, अपने बारे में नहीं तो गाँव के लोगों बारे में ही लिखूँ। आख़िरकार मैंने नहीं लिखा, क्योंकि मैं नहीं चाहता था कि उसे पढ़कर मेरे मरने के बाद गाँव के लोग ही मुझसे कुपित हो जाएँ। इसलिए 'हंसो यथा क्षीर मिम्बामु मध्यात्' की मनोदशा में मैंने अपनी अर्जित समझ व दृष्टिकोण के मुताबिक अपना यह संक्षिप्त जीवन-वृत्तान्त लिखा है। जो सज्जन मेरे बारे में इससे अधिक जानना चाहते हैं, वे जिसे ज़रूरी समझें उसे खोजें और लिखें।

प्रणय-प्रसंग वाली कामवासना जीवन की वह स्वाभाविक प्रवृत्ति है जो सिर्फ चेतन, पुंसक व विवेकवान मनुष्य में ही नहीं; कीड़े-मकोड़ों और पशु-पक्षियों में भी प्राकृतिक तौर पर मौजूद होती है। मनुष्य एक विवेकशील प्राणी है और वही मनुष्य सामाजिक व सभ्य माना जाएगा जो तर्कशील सामाजिक नियमों के अधीन अपना जीवन-यापन करता है। जो मनुष्य इन नियमों का उल्लंघन करता है वह व्यवसायी है, ठग है या पाखंडी है...या फिर वह कोई पशु-पक्षी या कीट-पतंग ही हो सकता है। सड़ी-गली रूढ़ियों को त्याग कर नवीन बर्ताव और मर्यादाओं के साथ भविष्योन्मुखी सकारात्मक जीवन जीने का नाम ही प्रगतिशीलता है। सुन्दरता का मैं सदा क़ायल रहा हूँ। मुझे जीवन में हर क़िस्म की मधुरता बेहद प्रिय है। मुझे प्रत्येक स्त्री सुन्दर लगती है...और जो रूपवान है, वह सहज आकर्षण का केन्द्र होती ही है। कामवासना के मामले में मेरा हठी रास्ता यह रहा है कि मैं अपहरण और बलात्कार की परिस्थितियों से सदा-सर्वदा बचता रहूँ। ऐसी कोई इच्छा भूले से भी अपने मन में रंचमात्र उत्पन्न न होने दूँ। मुझसे जिसने, जैसा व जितना चाहा; और अगर वह मेरी सार्मथ्य के अन्दर हुआ तो मैंने उसे अवसर और भेंट-उपहार देने में कभी कोई कंजूसी भी नहीं की। प्रणय-प्रसंग को सामाजिक मान्यताओं की मर्यादा लाँघ कर नहीं, उसके उचित-अनुचित का विवेचन करके ही अपनाना और त्यागना श्रेयस्कर है।

जो कवि, लेखक या समालोचक स्त्री-पुरुष सम्बन्धों और प्रसंगों का हौवा खड़ा करके, पूरी नग्नता के साथ विवरणात्मक पुस्तकें लिखते हैं और प्रसिद्धि व पुरस्कार हथियाते हैं, उनका रास्ता मुझे हरगिज़ पसन्द नहीं है। न ही मैं अपने लिए उन्हें कोई प्रेरक या आदर्श मानता हूँ। मैं उन्हें उसी प्रकार से समाजद्रोही मानता हूँ,

जैसे कोई पूँजीवादी शख़्स साम्राज्यवाद को ही असली विकास बताकर भोगवादियों के लिए एक से एक साधन तो सुलभ कराता जाता है, परन्तु ग़रीब को और अधिक ग़रीब तथा धनी को और अधिक धनी बनाते हुए अत्यन्त स्वार्थी समाज तथा हिंसक बाज़ार खड़ा कर देता है। साहित्य में यौन प्रसंगों का खुला वर्णन व प्रचार सबलों को निर्बलों का दैहिक शोषण करने में सहायक होता है। जो सेक्स की कथाएँ पढ़कर मनोरंजन करते हैं, वे साहित्य के भीतर भी उसे खींच लाने का प्रयास करते हैं। प्रणय-सम्बन्ध के बारे में मेरी एक बहुत पुरानी कविता है, जो मैंने पिथौराबाद निवासी श्री त्रिभुवन सिंह के आग्रह पर सतना महाविद्यालय के छात्र-छात्राओं को सुनाने हेतु रची थी। उस गीत की शुरुआती पंक्तियाँ हैं—

हूँ तो मैं भी भ्रमर फूल से प्यार है, प्यार ही ज़िन्दगी का प्रमुख सार है।
फूल की सब पँखुरियाँ हों जब रस भरी, जब छलकती मादकता से हो गागरी।
चलता लेने को चुम्बन हूँ मैं जब वहाँ, टोकता मेरा प्रियवर हो जाते कहाँ?
मात्र चुम्बन को कहते नहीं प्यार है, सच में यह प्रेम का ही तो अपकार है।
हूँ तो मैं भी भ्रमर फूल से प्यार है, प्यार ही ज़िन्दगी का प्रमुख सार है।

अपने को प्यार तो केवल एक से ही मिला है। बाक़ी यथायोग्य सम्पर्क ही हैं। जाने-माने साथियों में से सागर के श्री शिव कुमार श्रीवास्तव का मधुर व्यवहार मुझे अपने जीवन में कभी नहीं भूलेगा। संगठन के हमारे प्रिय साथी महेन्द्र फुसकेले जी हैं। डॉ. बलभद्र तिवारी जी भी अपने परिचित हैं, जो पाटन से दिल्ली तक के साथी बने। ग्वालियर से मिला प्यार भी मैं नहीं भूल सकता, जहाँ शिवपुरी ज़िले के कुन्नी सिंह यादव कार्यरत हैं। हमारे प्यारे रचनाकार साथी महेश कटारे तो वहाँ हैं ही, रविकरण और शर्मा जी व भदौरिया जी भी मुझे बहुत याद आते हैं। इसी क्रम में जब मैं रायपुर का ख़याल करता हूँ तो वहाँ परमश्रद्धेय बाबू जी के बाद ललित सुरजन व भाई प्रभाकर चौबे से मुझे हमेशा हार्दिक स्नेह मिला है। राजनांदगाँव के आदरणीय रमाकान्त श्रीवास्तव तथा सागर के राजेश्वर सक्सेना को कभी भुलाया नहीं जा सकता। इलाहाबाद के मेरे परम हितैषी सत्यप्रकाश मिश्र जी मुझे जो आत्मीयता और स्नेह देते रहे हैं, उसके लिए मैं ख़ुद को उनका ऋणी मानता हूँ। परमश्रद्धेय विश्वनाथ त्रिपाठी जी का मैं सबसे बड़ा आभार और उपकार मानता हूँ, जो मेरी ज़िन्दगी की चरम सीमा पर आयोजित 'ग्रामीण सम्मान' में मुझे आशीर्वाद देने ही नहीं, मुझे महिमामंडित करने नागौद पधारे और कृतकृत्य किया। मैं अपने कमांडर डॉ. कमला प्रसाद जी का तो आजीवन ऋणी रहूँगा, जिनकी अहम भूमिका का उल्लेख बार-बार कर चुका हूँ।

मैं रीवा से आए प्रोफ़ेसरों और अलीगढ़ विश्वविद्यालय से आए भाई वेदप्रकाश के प्रति कृतज्ञता ज्ञापित करता हूँ। सतना नगर से पधारे प्रिंसपल ए.आर. तिवारी,

विनोद पयासी, रामशैल गर्ग, वी.आर. श्रीवास्तव, कवि सुमेर सिंह साहब, गण्यमान्य श्री रामप्रताप सिंह (पूर्व विधायक), पेंशनर समाज के अध्यक्ष हरिप्रकाश गोस्वामी जी, प्रोफ़ेसर प्रह्लाद अग्रवाल, छोटेलाल पांडेय जी, अनूपपुर से पधारे नीहार स्नातक, सतना ज़िले की प्रलेसं इकाइयों के सभी गण्यमान्य बुद्धिजीवी, नागौद इकाई के रामलाल सिंह परिहार, अरुण नामदेव, रमाकान्त मिश्र, एस.डी.एम नागौद नागेन्द्र सिंह, रजि. नागौद, शालिनी शुक्ला व उनके पतिदेव जी, बालेन्द्र सिंह, अजीत सिंह, बालेन्द्र मिश्र, गोविन्द प्रताप सिंह, रावेन्द्र सिंह, ज्ञानेन्द्र सिंह, सुबोध जैन सपरिवार, देवराज सिंह, विश्वनाथ सिंह, ईश्वर प्रताप सिंह एडवोकेट, मणिराम गौतम, दौलत भान सिंह और यहाँ आकर मुझे सम्मान देनेवाले सभी भाई-बहनों का आभार व्यक्त करता हूँ। मेरे गाँव से आए तीर्थपाल सिंह, पाकर गाँव के उपेन्द्र सिंह, भूषण सिंह, सेमरवारा गाँव के रामभजन लोधी और अपने घर-परिवार तथा पड़ोस के लोगों का विशेष रूप से कृतज्ञ हूँ। नागौद से मुख्य कार्यकर्ता रमाकान्त मिश्र, रज्जू परासर, रामलाल सिंह तथा रीवा से सेवाराम जी और सतना से सन्तोष खरे जी रहे। इनका सहयोग अविस्मरणीय है।

मुझे दिल्ली के नेशनल बुक ट्रस्ट का राष्ट्रीय पुरस्कार दिलवानेवाले मेरे साहित्यिक जीवन के सबसे बड़े श्रद्धेय पितृतुल्य हरिशंकर परसाई की प्रेरक स्मृति को मैं बारम्बार प्रणाम करता हूँ और अपनी श्रद्धा अर्पित करता हूँ।

अन्त में मेरी अभिलाषा यही है कि मेरा निधन होने पर मेरे परिवार वाले कोई अन्धविश्वासी कर्मकांड न करवाएँ। मेरे प्रति श्रद्धा या मेरी स्मृति में जो भी कार्यक्रम हों, वे परिवार व साहित्यकारों की मदद से साहित्यिक ढंग से ही सम्पन्न किए जाएँ।

—देवीशरण 'ग्रामीण'

[16 फ़रवरी, 2008 को नागौद में आयोजित 'ग्रामीण-सम्मान' समारोह के लिए लिखित वक्तव्य]

कविता

स्वपरिचय

पैदा हुआ, पला पनपा हूँ—बाबूपुर की धूल में।
चलना सीखा इन पाँवों ने, गाँवों के हर शूल में॥

पिता हिराई सिंह हुए औ रुक्मिणी थीं मेरी माता।
मैं छोटा हूँ, बड़ी हैं मुझसे—पाँच बहिन औ दो भ्राता॥
शैशव मेरा रहा लाड़मय दूध-भात ही था खाता।
पहनूँ सूट न बूट सिनेमाघर भी बहुत कम था जाता॥
बना नहीं टिप-टॉप इसी से नवयुग के अनुकूल में।
पैदा हुआ पला पनपा हूँ बाबूपुर की धूल में॥

केवल कक्षा चार तलक ही शाला में शिक्षा पाई।
फिर हो गया विवाह बन्धुओं ने भी राहें अलगाईं॥
माता-पिता साथ ही लगभग छोड़ चले थे जग माया।
आन पड़ा परिवार शीश पर रही ग़रीबी की छाया ॥
चला हाँकते बैल कृषक धर हल कन्धे की चूल में।
पैदा हुआ, पला पनपा हूँ—बाबूपुर की धूल में॥

कहते कुछ कि गीत नहीं संघर्षों से फूटा करते।
पर क्या उनमें हृदय न जो पत्थर कर से कूटा करते?
जानें जीवन की आह न जो, कवि वाह व्यर्थ लूटा करते॥
बोलो कैसा वह गीत भला, मानव जिससे छूटा करते?
हर जीवन जीवनगान ही है, हो नग्न या ढँका दुकूल में।
पैदा हुआ, पला पनपा हूँ—बाबूपुर की धूल में॥

जब मिला संग शिक्षक-सुजनों का पारस परस कुधातु ज्यों।
मैं कविता करने लगा भुसउरे रहके सभा की बात ज्यों॥

देने लगा परीक्षाएँ भी होता क्रमशः पास भी।
श्रम ही सफलता की कुंजी है लिए अमित विश्वास भी॥
बना विकास समिति का मेंबर मास्टर प्रौढ़ स्कूल में।
पैदा हुआ, पला पनपा हूँ—बाबूपुर की धूल में॥

हुई नियुक्ति हरिजन-कल्याण में समाजसेवक के पद पर।
पद समाप्ति पर जिलाध्यक्ष ने शिक्षक बनवाया सत्वर॥
पिपरी प्राथमिक पाठशाला फिर नागौद उच्चतर विद्यालय।
इसके बाद ग्रामीण गाँव में कविता में ही रहता लय॥
सुर सुवास ही खोजें उसमें, धूल न ढूँढ़ें फूल में।
पैदा हुआ, पला पनपा हूँ—बाबूपुर की धूल में॥

[सन् 2003 में प्रकाशित 'प्रस्थान' कविता-संग्रह से]

धूल

धूल हूँ मैं—अंक में हीरे लिए
पर कौन मुझको जानता?
जन्म जननी से मिला
यौवन समर्पित भार्या को
जगत की क्या नियति का
निश्चित यही है रास्ता?
कौन मुझको जानता?

लाल ये यद्यपि छिपाए थी नहीं मैं
मैंने इन्हें पोसा व पाला है
भुरभुरी थी मैं भले पर
लाल का तन बज्रमय मैंने ही ढाला है
अध्यात्म भौतिकरूप और अरूप का
भ्रम-भेद सब मैंने मिटाया
निहारी मूर्ति के सिर पर
चमकते पुंज को
जिसे नर ने धूल से ही तो निकाला है
मगर पूजित हुआ मठ का पुजारी ही सदा संसार में
निर्माण के साधक का—कब किसको पता?
धूल हूँ मैं—अंक में हीरे लिए
पर कौन मुझको जानता?

मैं पड़ी केवल धरा पर ही नहीं हूँ
हर हवा के साथ उड़कर
नभ में भी हूँ मैं हर समय में
पर इस जगत का हर चरण मैं चूमती हूँ

चिह्न ले लेती सभी उसके हृदय में
नृपति, नेता, तारिकाओं के कपोलों में
लिपट जाती हूँ मैं
तो दीन श्रमिक के लगी पाँवों में होती हूँ
निर्भीक हूँ, सुन्दर-असुन्दर के लिए हूँ एकरस
व्यवहार में मेरे सदा है साम्य
इससे मैं कभी झुकती नहीं
लालच व भय से

पर वासना के पत्तलों को चाटने का आदती
कब भला बलिदान की, जीवन-सुधा की
बात को पहचानता
कौन मुझको जानता?

मृत्युलोक में मैं ही अनश्वर हूँ हमेशा
और बदलती भी रहूँ नित, नय-अनय में
हूँ भयंकर भी नहीं कम मैं सुनो संसार में!
आँधियों में सूर्य को
अस्त कर देती हूँ उदय में
खोती नहीं अस्तित्व मैं अपना कभी
गिरती नहीं स्वाभिमान से
जय या पराजय में
लोप होकर भी बनी निर्माण का ही हेतु रहती
जल कर के या बरसात में, जलमय प्रलय में
किन्तु हूँ आकार में, आडम्बरों के ज्वार में
मूल्य में छोटी बहुत मैं
क्या इसी से ही हीनतम या व्यर्थ की
संसार का बाज़ार मुझको मानता
कौन मुझको जानता?

ये सुरभिदात्री कमल की कलियाँ
खिलीं जिस कीच से
उस कीच में मैं ही मिली हूँ
और छाया के धनी ये विटप

हैं जिस भूमि के बूते खड़े
उस भूमि की तो लाड़ली
मैं ही लली हूँ
ऊँचे खड़े गिरि तुंग
और विस्तृत बहुत मैदान होते
पर छोर जो इसकी धराए
वह धूलपूरित मैं गली हूँ

साथ मैं सबके चली हूँ
साथ सब चलते न मेरे
इसलिए कि मैं सजी न, मैं बनी न
कहला सकी मैं—मनचली न
विश्वास पर मेरा अडिग फिर भी बना है
होता वही गणितज्ञ है, जो अंक ये निर्मित करे
कब हुआ गणितज्ञ अंकों से धरा जो नापता
कौन मुझको जानता?
धूल हूँ मैं—अंक में हीरे लिए
पर कौन मुझको जानता?

[सन् 1996 में प्रकाशित 'धूल-ध्वनि' कविता-संग्रह से]

लाटा (महुए के)

थे लाल लड़कपन में हम भी, पर आज कहे काले जाते
हम रहे पुनीत प्रसून किन्तु शोषण कर हमसे भरे मदिर प्याले जाते।

जनकल्याण निमित्त कभी हमने भी नहीं कम ध्यान दिया है
बने नहीं कटु कभी किसी को, दिया तो मुँह-मिष्ठान्न दिया है
जनप्रियता के लिए प्रकृति ने हमको भी वरदान दिया है
क्षमता, शक्ति, स्वरूप, मधुरता, सब कुछ हमें प्रदान किया है
हैं किन्तु यहाँ सेवक शोषित, शोषक को माला पहनाते
थे लाल लड़कपन में हम भी, पर आज कहे काले जाते।

जंगल ने जन्म दिया हमको दीनों ने हाथो-हाथ लिया
भागा विलासितामय वसंत, तपमयी ग्रीष्म ने साथ दिया
तो हम धनिकों के भंडारों में बँधुआ होने नहीं गए
फूटी हँडियों में पक कर भी, हो लघु रसगुल्ले गए नए
जो गर्मी में बने रसमय 'डोभरी', वर्षा में 'लाटे' ढल जाते
थे लाल लड़कपन में हम भी, पर आज कहे काले जाते।

हम कड़े काँच सदृश परन्तु मुँह में मिसरी से घुल जाते
पुलपुले न रसगुल्लों जैसे जो किलो में साठों तुल जाते
भूखों की भूख मिटाते हम, दे सकें दुर्बलों को भी बल
पर चोर बाज़ारों में न बिकें, हैं गली-गली के ही द्रुमदल
मुँह में राम हृदय हँसिया से, मालों में न हम टाले जाते
थे लाल लड़कपन में हम भी, पर आज कहे काले जाते।

उजली शक्कर के उजले दाने उजले होंठों में दिखें लगे
पर काले दिलवालों द्वारा, ये बने, बिके और गए ठगे

शक्कर का 'शक-कर' नाम ही है, विश्वास वहाँ कब हो सकता
हमको सब प्रेम-प्रतीक कहें, है कहावत कि 'लाटा कटता'
वो हम ही हैं जो कटने पर भी, प्रीति सदा पाले जाते
थे लाल लड़कपन में हम भी, पर आज कहे काले जाते।

हम गुड़ से गुरतर रहे सदा और 'राब', 'खाँड़' भी हो जाते
पा साथ चने-से साथी का हम 'भुरकुन्ना' हैं कहलाते
हम 'दाखों' के दादाभाई, मौसिया लगें हम 'सीरा' के
हैं 'फरा' सेमइयों का जठेर, रैदास रहे ज्यों मीरा के
'हलुआ' का हरगिज नाम न लें, 'काची' में मसाले जो खाते
थे लाल लड़कपन में हम भी, पर आज कहे काले जाते।

फूलों का राजा है गुलाब और आम फलों का कहलाया
पर हम तो राजा रहे नहीं, न जाति-भेद हमको भाया
इसलिए फूल होकर भी हमने कार्य फलों का अपनाया
पर राजतंत्र में दबे रहे, जनतंत्र मिला मौका पाया
तो अपनी बीती की मर्म व्यथा, कुछ कानों में डाले जाते
थे लाल लड़कपन में हम भी, पर आज कहे काले जाते।

सब कुछ हैं हम, हो सकते सब, पर सदा उठाया है घाटा
सस्ते, मीठे, अपमानित हैं, संसद-न्यायालय कब डाँटा
सच है सत्पथ पर चलते जो तो कष्ट भी उनने ही काटा
पर प्रकृति प्रेम का उदाहरण है बना इसी से तो 'लाटा'
जो लिए बज्र-सा वक्ष, मोम उर, भावों के बहे नाले जाते
थे लाल लकड़पन में हम भी पर आज कहे काले जाते।

[सन् 1996 में प्रकाशित 'धूल-ध्वनि' कविता-संग्रह से]

पाँवों की पनही

चूमती हम चरण तो तुम्हारे रहीं
पर हमेशा हमें तुम मसलते रहे
साथ में हम तुम्हारे लगी ही रहीं
दाल छाती पर तुम लेकिन दलते रहे।

सेवा का व्रत यदि लिए हम रहीं
तो बताओ भला क्या बुरा कर गईं
आपके पाँवों के कष्ट-कठिनाइयाँ
कंटकों की चुभन भी हमीं सह गईं।

शीत में, ताप में हम तुम्हारे चरण
थीं ढँके और उर से लगाए रहीं
नाम पर ही तुम्हारे स्व-अस्तित्व को
हम चढ़ाए रहीं और मिटाए रहीं।

किन्तु तुम भूलकर त्याग-तप यह सभी
तुच्छ से तुच्छ ही हमको गिनते रहे
चूमती हम चरण तो तुम्हारे रहीं
पर हमेशा हमें तुम मसलते रहे।

श्रेष्ठ हो सृष्टि में तुम मनुज पर कहो
क्या मनुजता इसे ही हम कहते रहें?
जो समर्पित हो सेवा तुम्हारी करे
तुम सम्मान उसका ही हरते रहे।

हम हैं अबला मगर शक्ति भी हम रहीं
जबकि तुम बस अहम् में गरजते रहे
और करने दमन जब चले तुम कहीं
हाथ में हमको लेकर ही बढ़ते रहे।

किन्तु आदत तुम्हारी सामन्ती रही
काम भी ले लिया और अकड़ते रहे
चूमती हम चरण तो तुम्हारे रहीं
पर हमेशा हमें तुम मसलते रहे।

हम विनय न करें न करें याचना
मात्र कर्तव्य की हम कसौटी नहीं
जबकि आहुति हो जीवन हमारा गया
पर हम न यज्ञों जैसी मुखौटी रहीं
प्रेरणा ज़िन्दगी की बनी ख़ुद हैं हम
ज़िन्दगी है जो संघर्ष करती रहे
चूमती हम चरण तो तुम्हारे रहीं
पर हमेशा हमें तुम मसलते रहे।

शक्ति है किन्तु रखती न अस्तित्व वह
जो कि डरती रहे या पिछड़ती रहे
साथ में पहुँचें मंज़िल पर वे ही चरण
साथ ही साथ जो आगे बढ़ते रहे
चूमती हम चरण तो तुम्हारे रहीं
पर हमेशा हमें तुम मसलते रहे।

[सन् 1996 में प्रकाशित 'धूल-ध्वनि' कविता-संग्रह से]

ज़िन्दगी तो मोर्चा है!

यह ज़िन्दगी मेरी तभी तो
मोर्चा है! मोर्चा है!!
मत कहो साथी कि मैं आगे बढ़ा जाता
मत कहो साथी कि मैं पीछे रहा जाता
मत कहो कि मैं यहाँ पर हूँ बहुत पाता
मत कहो कि मैं यहाँ पर कुछ नहीं पाता
मैं यहाँ पर हूँ, यहीं से हूँ, पता पर ख़ुद नहीं ख़ुद को
यही तो सामने सबके मचा कुछ शोर-सा है
ज़िन्दगी यह मोर्चा है! मोर्चा है!! मोर्चा है!!!

मैं तुम्हारा न रहूँ यह तो नहीं होगा
बनाया यदि मुझे तुमने तो मेरा सुख स्वयं भोगा
अगर सुख चाहता हूँ मैं, बनाऊँगा तुम्हें अब मैं
नहीं तो सामने मुँह बाए है बस मृत्यु का चोगा
न भटको दूर यह रिश्ता परस्पर ज़िन्दगी का है
लगाओ मन यहीं पर तुम इसी पर ज़ोर सबका है
ज़िन्दगी यह मोर्चा है! मोर्चा है!! मोर्चा है!!!

क्या बात करते हो कि अपने भी यहाँ अपने नहीं होते
औ मानते भी हो कि तन पर यह लगा कीचड़—
तुम्हीं अपने हाथों से रहे धोते।
समझते हो कि रिश्ते वही होते हैं बनाते हो कि जिनको तुम
मगर फिर क्यों रहे तुम जीर्ण रिश्तों के सड़े ढाँचे वही ढोते?
समझ लो सच तुम्हारा है तुम्हारी मुट्ठियों में
मगर तुम जानकर भी ज़िन्दगी में ज्यों रहे सोते

इसी से फैला हुआ संसार भी यह तुमको लगता अँधेरे-सा
मगर रास्ता यह ही सुनो एक छोर-सा है
ज़िन्दगी यह मोर्चा है! मोर्चा है!! मोर्चा है!!!

[सन् 2003 में प्रकाशित 'प्रस्थान' कविता-संग्रह से]

मैं धरती का लाल

हूँ मैं धरती का लाल, हमेशा करता हूँ पहचान धरा की
हूँ मैं धरती की शान हमेशा रखता हूँ मैं शान धरा की
स्वर्ग, नरक, अपवर्ग, भेद, भवजाल मैं सारे छोड़ चला हूँ
इन्द्रलोक से मनुज लोक की ओर मैं गाड़ी मोड़ चला हूँ
भ्रमग्रस्त भाग्य विश्वासों के अन्धन–बन्धन मैं तोड़ चला हूँ
क्योंकि हुआ विश्वास मनुज हूँ, मनुजों से नाता जोड़ चला हूँ
होती न कभी परवाह उसे सुरपुर की
कि करती जिसका सम्मान सुनो! मुस्कान धरा की
हूँ मैं धरती का लाल, हमेशा करता हूँ पहचान धरा की।

इन दर्शन धर्मों के द्वार-द्वार भटका हूँ
पाया न कहीं मत एक जहाँ कि रुकूँ, लटका हूँ
बस मिला मात्र मनुजत्व अंश मधु जैसा
जो लेकर मधुप की भाँति, शीघ्र सटका हूँ
धरती पर टिकाए पैर, मिला सारा शरीर धरती से
तन में ही मिले हैं प्राण, गया पहचान—जिन्हें वाणी से
हूँ वाणी की (सरस्वती की) मैं सन्तान
और वाणी भी है निर्माण धरा की
हूँ मै धरती की शान हमेशा रखता हूँ मैं शान धरा की।

[सन् 2003 में प्रकाशित 'प्रस्थान' कविता-संग्रह से]

उमंग

वह दुविधा की जाली चादर अब फिर से न ओढ़ूँगा।
मोड़ सकूँ चाहे जब तक में, युग को मोड़ूँगा॥

जिसका किया भरोसा हमने उसका पता नहीं।
मंज़िल कौन अनिश्चित है यह, और हम वहाँ नहीं॥
यह कैसा विश्वास, आस्था कैसी, है क्या, यही सही।
अगर समझ में आ न रहा तो कह सकते क्यों नहीं?
यदि हूँ मनुष्य तो क्या मनुष्य का संशय भी न तोड़ूँगा?
मोड़ सकूँ चाहे जब तक में, युग को मोड़ूँगा॥

जीवन के सूरज को जिनने तम का तोम बताया।
भटक रहे हैं ख़ुद जो उनने जग को भी भटकाया॥
मायामयी स्वयं हैं लेकिन कहें सृष्टि को माया।
छाया को बतलाते तरुवर, तरु को कहते छाया॥
इन जादूगरों के जादू का अब भांडा फोड़ूँगा।
मोड़ सकूँ चाहे जब तक में, युग को मोड़ूँगा॥

किरणों से जल-बूँद, बूँद से किरणें यहाँ खिलेंगी।
चिड़ियाँ रही जगातीं अब तक, मुझसे वही जगेंगी॥
सबका लगूँ सगा अब मेरी वे सब सगी लगेंगी।
तब कबिरा की झीनी चादर पल्ली सहस तनेंगी॥
मैं ब्रह्मज्ञान में मिट्टी का जब हर कण जोड़ूँगा।
मोड़ सकूँ चाहे जब तक में, युग को मोड़ूँगा॥

मैं मोड़ूँगा माहौल मनुज के मन में मोड़ूँगा।
मैं तोड़ूँगा भ्रमजाल न मन्दिर-मस्जिद तोड़ूँगा॥

जो बाँह मरोड़े मेरी उसकी घींच मरोड़ूँगा।
फोड़ूँगा शत्रु की आँख, मैं न अब नारियल फोड़ूँगा॥
जब विश्व शान्ति ही लक्ष्य विषमता तो क्यों छोड़ूँगा
मोड़ सकूँ चाहे जब तक में, युग को मोड़ूँगा॥

[सन् 1996 में प्रकाशित 'धूल-ध्वनि' कविता-संग्रह से]

[यह 'उमंग' शीर्षक कविता का 'ग्रामीण' जी द्वारा लिखा गया दूसरा संस्करण है—सम्पादक]

युग को मोड़ूँगा

मोड़ सकूँ चाहे जब तक में युग को मोड़ूँगा
यह डँहकउनी चादर अब मैं फिर न ओढ़ूँगा।

जीवन के सूरज को जिनने तम का तोम बताया
भटके रहे स्वयं जो उनने जग को भी भटकाया
या मायामय स्वयं ही होकर कहा सृष्टि को माया
छाया को कहें वृक्ष, वृक्ष को कहते आए छाया
इन जादूगरों के जादू का मैं भाँडा फोड़ूँगा
मोड़ सकूँ चाहे जब तक में युग को मोड़ूँगा।

अब किरणों से जल, बूँदों से किरणें यहाँ उगेंगी
जो चिड़ियाँ रही जगाती हमको, हमसे वे जागेंगी
मैं सबका लगूँ सगा अब वे भी मेरी सगी लगेंगी
तब कबिरा की झीनी चादर ही पल्ली सदृश तनेगी
जब इस ब्रह्मांड में मिट्टी का ही कण-कण जोड़ूँगा
मोड़ सकूँ चाहे जब तक में युग को मोड़ूँगा।

मैं मोड़ूँगा माहौल मनुज के मन में मैं मोड़ूँगा
तोड़ूँगा भ्रमजाल न मन्दिर और मस्जिद तोड़ूँगा
जो बाँह मरोड़ें मेरी मैं उनकी घींच मरोड़ूँगा
फोड़ूँगा शत्रु की दृष्टि नारियल मैं न फोड़ूँगा
जब विश्वशान्ति है लक्ष्य विषमता तो क्यों छोड़ूँगा
मोड़ सकूँ चाहे जब तक में युग को मोड़ूँगा।

कैसे इस संसार को इनने है असत्य ठहराया
मानव की कंचन काया को मिट्टी इनने बताया

इस अस्तित्ववादी मनुष्य को अकिंचन है बतलाया
जनम, जागृति, जीवन—झूठा, मृत्यु को सत्य सुझाया
जो जड़ें जमाएँ अन्धविश्वास की उन्हें उखाड़ूँगा
यह डँहकउनी चादर अब मैं फिर न ओढ़ूँगा
मोड़ सकूँ चाहे जब तक में युग को मोड़ूँगा।

[सन् 2003 में प्रकाशित 'प्रस्थान' कविता-संग्रह से]

परम्परा

परम्परा भगवान नहीं है
यह समाज का ही शरीर
पर हो सकती यह प्राण नहीं है
परम्परा भगवान नहीं है।

वसुन्धरा बनती कण-कण से
बनता हर युग ही हर क्षण से
है समाज बनता जन-जन से
जीवन बनता तन-मन-धन से
किन्तु कभी जीवन से तन-तन
या धन हुआ प्रधान नहीं है
परम्परा भगवान नहीं है।

भारत है विबुधों को प्यारा
अमर प्रकृति का परम दुलारा
है जिसकी संस्कृति सनातनी
अविरल ज्यों सरिता की धारा
जिसमें मिलकर बहें तत्व सब
पर संस्कृति तत्व-खदान नहीं है
परम्परा भगवान नहीं है।

परम्परा अविभाज्य कड़ी है
हर पीढ़ी जिससे कि जुड़ी है
यह तरु की जड़ किन्तु न फुनगी
जो कल छोटी आज बड़ी है
फूटे हर अंकुर मिट्टी से

पर मिट्टी वायु-वितान नहीं है
परम्परा भगवान नहीं है।

ज्यों जननी कुल की सर्वोपरि
पर बढ़ता पत्नी से ही घर
परिवर्तित हो होकर हर स्वर
बनता वाणी विविध भाव भर
परम्परा ज्यों क्रम उत्पत्ति का
वह अस्तित्व-विधान नहीं है
परम्परा भगवान नहीं है।

[यह कविता यूरोपीय विद्वान कॉलरिज़ की उस मान्यता के सन्दर्भ में लिखी गई, जिसमें उन्होंने कहा था कि परम्परा ही भगवान है।]

[सन् 2003 में प्रकाशित 'प्रस्थान' कविता-संग्रह से]

सुनो सुनाना है समय

सुनो सुनाना है जो हमको
तुमने ख़ूब सुना ही होगा
किन्तु रहे तुम गप्पू-चप्पू
और बने हम पक्के चोंगा
तुमने ख़ूब सुना ही होगा।

जब जनप्रतिनिधि करें दलाली
नेता नियतख़ोर हो जाएँ
राजनीति धन्धा बन जाए
धर्मों से धन लोग कमाएँ
तब विरले ही रखते संयम
गली-गली में घूमें पोंगा
तुमने ख़ूब सुना ही होगा।

न्याय नाम के लिए लुका है
दिन-देउसे होती बेईमानी
लाज नहीं कुछ भी करने में
सिर्फ छिपाने में है पानी
चोर-चोर सब चतुर हो गए
कामचोर हो गए दारोग़ा
तुमने ख़ूब सुना ही होगा।

पढ़ने जाएँ प्रेम बढ़ाएँ
फिर पाजी बन प्राण गवाएँ
जो ज़िम्मेदारी न समझें
कैसे कहो समाज चलाएँ

जीते भी तो बैलों जैसे
फिरें गाँव में जैसे बोंगा
तुमने ख़ूब सुना ही होगा।

जहाँ कि सब धनिकों का होता
लोकतंत्र का वहाँ क्या लेखा
चले रात-दिन उनकी गाड़ी
दुनिया में हमने यह देखा
मोती वाली सीप मिलें कम
बहुत मिलें मोटे में घोंघा
तुमने ख़ूब सुना ही होगा।

[सन् 2003 में प्रकाशित 'प्रस्थान' कविता-संग्रह से]

आज़ादी का दिन

अपनी आज़ादी का यह दिन केवल उत्सव-गान नहीं है
मिला किसी दाता के द्वारा हमको यह कुछ दान नहीं है

समझे थे आज़ादी आकर सबको यहाँ सजाएगी
धरती पर ही स्वर्गलोक के सारे सुख पहुँचाएगी
मानव को मानव होने के दे देगी अधिकार सभी
मानव मानव पर न करेगा कोई अत्याचार कभी
किन्तु आज़ादी के संरक्षक को ही है यह ध्यान नहीं
अपनी आज़ादी का यह दिन केवल उत्सव-गान नहीं।

आज़ादी के लिए करोड़ों लाल हुए बलिदान यहाँ पर
भले नहीं उनके शरीर पर शाश्वत उनके प्राण यहाँ पर
बोलो उन प्राणों की आहुति का ही सबको ध्यान कहाँ है?
अगर ध्यान है, उनके उन संकल्पों का निर्माण कहाँ है?
क्या संसार स्वप्नवत् ही है, अब तक भी सुविहान नहीं है
अपनी आज़ादी का यह दिन केवल उत्सव-गान नहीं है।

पुनः शहीदों से पूछो तुम आज़ादी किसलिए पिए थे
भगत सिंह, आज़ाद से पूछो कि क्यों अपने प्राण दिए थे?
और भूमपतियों से पूछो, जो करते सीमा बँटवारा
धनी कहें धन की स्वतंत्रता ही मौलिक अधिकार हमारा
तो क्या उस समता, स्वतंत्रता का ही इनको ज्ञान नहीं है
अपनी आज़ादी का यह दिन केवल उत्सव-गान नहीं है।

अर्थ था अपनी आज़ादी का जन-जन में समता फैलाना
अर्थ था अपनी आज़ादी का भेद, ग़रीबी दूर भगाना

पराधीनता, लाचारी का भय व भूत भगाना था जो
सामन्तों, पूँजीपतियों का नाम-निशान मिटाना था जो
क्या इन्हीं जन्मसिद्ध अधिकारों के वक्ता लोकमान्य नहीं हैं?
अपनी आज़ादी का यह दिन केवल उत्सव-गान नहीं है।

आई थी आज़ादी यह जो दृढ़ समाजसेवा के व्रत पर
तो क्यों आज़ादी आने पर व्यक्ति-स्वार्थ बढ़ रहा निरन्तर?
कुल निर्माण योजनाओं में कहो कौन रोड़ा बनता है?
समाजवादी शुचि शरीर पर कहो कौन फोड़ा बनता है?
स्वस्थ शरीर नहीं होगा तो स्वस्थ नाक और कान नहीं है
अपनी आज़ादी का यह दिन केवल उत्सव-गान नहीं है
व्यक्ति-स्वार्थ ही रहा प्रमुख तो कोई नया विहान नहीं है।

[सन् 2003 में प्रकाशित 'प्रस्थान' कविता-संग्रह से]

अस्पृश्यता

जो मनुष्य हो मनुष्य को अछूत मानता
वह मनुष्य फिर मनुष्यता कहाँ है जानता।

मनुष्य का प्रदेय होता है ममत्व ही असल
वह मनुष्य क्या जो करे मनुष्य से ही छल
जो मनुष्य हो के कर रहा मनुष्य से घृणा
तो पशुत्व के अभाव से है कब अलग बना
वहाँ है क्या स्वतंत्रता जहाँ नहीं समानता
जो मनुष्य हो मनुष्य को अछूत मानता
वह मनुष्य फिर मनुष्यता कहाँ है जानता।

क्या काम जो किया करे वही अछूत हो गया?
सेवा से संत हो तो क्यों वो देवदूत हो गया?
जो दूसरों का भला करे उसे निकृष्ट मान लें?
यह कैसी धर्मदृष्टि है क्या इसे ही न्याय जान लें?
अपनों को गैर मानना क्या है नहीं अज्ञानता?
जो मनुष्य हो मनुष्य को अछूत मानता
वह मनुष्य फिर मनुष्यता कहाँ है जानता।

गंगा जो धोती पाप वह पवित्र है यहाँ
धोता जो सबकी गन्दगी, वह अपवित्र क्यों यहाँ?
जो करता न हमारा भला, वह मित्र है कहाँ?
फिर सेवक ही हो निकृष्ट यह विचित्र है यहाँ
ऐसी भी मान्यता को कहें—धर्म की है मान्यता
जो मनुष्य हो मनुष्य को अछूत मानता
वह मनुष्य फिर मनुष्यता कहाँ है जानता।

जबकि भालू-बन्दर से व्यवहार रहा राम का
निषादराज भी बना अभिन्न मित्र राम का
शबरी के जूठे बेर खाना था पवित्र काम जहाँ
दीनबन्धु भगवान हों, जगन्नाथ जैसा धाम जहाँ
इस आधुनिक सदी में है अन्याय अस्पृश्यता
जो मनुष्य हो मनुष्य को अछूत मानता
वह मनुष्य फिर मनुष्यता कहाँ है जानता।

[सन् 2003 में प्रकाशित 'प्रस्थान' कविता-संग्रह से]

तुम्हारी याद में

हे प्रिया! तुझे मैंने प्यार किया
तूने मुझको, मैंने तुझको स्वीकार किया।

पर है असीम मुझको तुमने
जीवन में जो भी बहुत दिया
मुझको दिया समर्पण तुमने
तुमने गौरव सौभाग्य दिया
तुमसे पाया निश्छल विश्वास
मैंने तुम पर ही नाज़ किया
मैंने पाकर सम्बल तुमसे
घर-बाहर सदा निसोच जिया।

तुम थी न ही नारी-सुलभ चंचल
न ही थी वह भावुक व्याकुलता
तुममें रही ममता ही ममता
तुममें थी केवल वत्सलता
जो अपने पुरा पड़ोसी को
अविरल देती थी उदारता
सबके हित में अपनापन था
इससे ही बताती थी कुछ धता।

तुम कभी ठठाकर नहीं हँसी
पी जाती थी चिर प्रसन्नता
मुझ जैसे सहज वृक्ष पर भी
तुम बन के न रहती थी वनलता
तुमने प्यार दिया मुझको

सत्कार सनेह दिया सबको
अदना से जीवन में मैं भी
अब इस पर करता हूँ गौर
समझ न पाया मैं हूँ तुम्हारा
या तुम मेरी हो सिरमौर।

[सन् 2003 में प्रकाशित 'प्रस्थान' कविता-संग्रह से]

खजुराहो के कलाकार से कवि की बातें

शिल्पी! शिल्पी!! तुम थे कितनी स्मृतियों के उद्‌गार लिये
शिल्पी! तुम शिल्पी श्रमिक न थे, तुम थे संस्कृति-भंडार लिये।

तुममें थे कितने भाव भरे भावों में कितनी कोमलता
कोमलता से ही क्या कोमल पाषाण हुए थे मोम यथा?
खींचे हैं तुमने नग्नचित्र क्या नग्न-सत्य उत्कीर्ण किया?
जो जीर्ण था कर उत्कीर्ण इसे, क्या तुमने पुन: नवीन किया?
क्या प्राचीनता ही नवीनता का भी रहती उद्धार लिए?
शिल्पी! तुम शिल्पी श्रमिक न थे, तुम थे संस्कृति-भंडार लिये।

क्या सोचा तुमने इतिहासों के वे पन्ने प्रकट दिखाने को?
क्या सोचा तुमने निज उर-सागर वनप्रान्तर में लहराने को?
जो उर के कोमल भावों को चित्रित कर यहाँ शिलाओं पर
तुमने विज्ञान-निपुणता को न्योछावर किया कलाओं पर
कला कला है जीवन की हर चित्र-भाव साकार लिये
शिल्पी! तुम शिल्पी श्रमिक न थे, तुम थे संस्कृति-भंडार लिये।

हे कवि! यह तुम क्या बकते हो? मैं श्रमजीवी श्रम करता हूँ
पाता जो श्रम-फल का शतांश, निज उदर उसी से भरता हूँ
मेरी रचना का मूल्य नहीं, मैं जीने को रचना रचता
सोचूँ मैं यह सब क्या करता, यों समय कहाँ मुझको बचता
मुनुआ-चुन्नी, अन्धी माँ का, अपने सर पर मैं भार लिये
कवि उर भी सदा होते आए संस्कृतियों के उद्‌गार लिये।

अपने निमित्त यह रचना कर जग को भी बन्धु जिलाते तुम
वर्तमान, बीता अतीत ही क्या, भावी-दिशा दिखाते तुम

होता यदि जन्म तुम्हारा न, जग का होता संस्कार नहीं
फिर भी न जहाँ तुम मूल्यवान, उस भू को क्या धिक्कार नहीं!
कलाकार, कवि श्रम करता हो, जहाँ क्षुधा का ज्वार लिये
शिल्पी! तुम शिल्पी श्रमिक न थे, तुम थे संस्कृति-भंडार लिये।

हैं वे शासक भी धन्य की जिनकी आज्ञा से निर्माण हुआ
वे अमर और वह धन अक्षय जिससे पूँजी-परिमाण हुआ
पर इस अपूर्व रचना हित जिसके कर बन गए विधाता ज्यों
है वन्दनीय वह कलाकार उसके ही पिता व माता त्यों
उस नर-स्वरूप में क्या सच में ही रही कला अवतार लिये
शिल्पी! तुम शिल्पी श्रमिक न थे, तुम थे संस्कृति-भंडार लिये।

होती हैं कृतकृत्य कलाएँ कलापारखी को ही पाकर
यों तो दर्शक आते-जाते अपने-अपने अर्थ लगाकर
कोई मायाजाल बताते, कोई दैवी-महिमा गाते
किन्तु मानवी कला-शक्ति का विरले ही हैं मूल्य लगाते
हर दर्शनीय भी उन्हीं दर्शकों के प्रति है आभार लिये
कवि उर भी सदा होते आए संस्कृतियों के उद्गार लिये।

शिल्पी! पर ये चित्र हैं खींचे, तुमने किस शूटिंग में जाकर
या कि कैमरामैन ले आया इनको इन्द्रलोक से जाकर
या भारत के कुल-किशोर यों विंध्यांचल में खेला करते
कवि समझे था विंध्य-गुहा वह जहाँ कि ऋषिगण हैं तप करते
लगता यों चलचित्र नए ज्यों सब तुमसे साभार लिये
शिल्पी! तुम शिल्पी श्रमिक न थे, तुम थे संस्कृति-भंडार लिये।

शिल्पी बृज के रसिकविहारों से भी तुम थे अधिक विहारी
अथवा तुम्हरे स्वर्ण-काल के आदिम थे सारे नर-नारी
या फिर मानव मर्यादाओं में ही इतना उत्थान रहा
नर स्वाभाविकता पर जिससे लज्जा प्रतिबंध न ध्यान रहा
मृगचर्म कमंडलधारी थे जंगल बाला का प्यार लिये
शिल्पी! तुम शिल्पी श्रमिक न थे, तुम थे संस्कृति-भंडार लिये।

है देवालय, अध्यात्म, हमारा सीमाओं में आने को
दिखलाते सम्भोग-चित्र ये प्रकृति-पुरुष अपनाने को
ज्यों मानव-मन की ईर्ष्यावश ये युद्ध सदा होते आए
त्यों लौह-क्षेणिका ये मेरी बैठे हैं इत-उत बिखराए
जीवन का पलायन लक्ष्य नहीं वह रहता है अभिसार लिये
कवि उर भी सदा होते आए संस्कृतियों के उद्‌गार लिये।

ख़ूब-ख़ूब!! हे मित्र! स्वयं तुमने रचना की थाह लगाई
कला, ज्ञान-विज्ञान लिए पत्थर पर अद्‌भुत दूब जमाई
कलाकार तुम नहीं, एक दिन कवि न रहेगा नर के नाते
किन्तु रहेंगी खजुराहो के कलाकार से कवि की बातें
यह भारत माँ विंध्य-वक्ष पर शिल्पकला श्रृंगार लिये
शिल्पी! तुम शिल्पी श्रमिक न थे, तुम थे संस्कृति-भंडार लिये।

[सन् 1996 में प्रकाशित 'धूल-ध्वनि' कविता-संग्रह से]

बसन्त

आता सतत बसन्त रहा है
कभी न इसे आने-जाने का
आदि और न अन्त रहा है
आता सतत बसन्त रहा है।

आता पतझड़ के आने पर
आता शीत चले जाने पर
आता आतप के ही पहले
आता और जाता भी पहले।

आता मित्रों के आने पर
आता मोह चले जाने पर
आता झलक दिखा जाता है
आता है ललचा जाता है।

आता हरियाली ले आता
मधु औ मतवाली ले आता
डाली में किसलय ले आता
कलियों में लाली ले आता।

आता यह गंगा के तट पर
आता है यह बंशी-वट तर
आता तेगों की खट-खट पर
आता भामिनि के घूँघट तर।

आता लोमस-सा बसन्त औ

आता ज्यों दुष्यन्त रहा है
आता सतत बसन्त रहा है।

घर-घर वन उपवन में आता
निर्जन और जन-जन में आता
पशु-पक्षी क्रीड़ा में आता
हर्ष, खेद, ब्रीड़ा में आता।

विरहिन की पीड़ा में आता
सुमुखी की ब्रीड़ा में आता
वीरों की तड़पन में आता
प्रिय चुम्बन, पुलकन में आता।

शिशु की चंचलता में आता
माँ की वत्सलता में आता
आता युवकों के यौवन में
बूढ़ों के अनुभव चिन्तन में।

आता सागर की लहरों में
आता गाँवों में शहरों में
आता भू पर और गगन में
दीन-कुटी औ राजभवन में।

आता रहा बसन्त भले वह
नीरस या रसवन्त रहा है
आता सतत बसन्त रहा है।

आता नन्दनवन से आता
चन्दन-सा सबको महकाता
आता सबक सिखा कर जाता—
मुस्काओ जब जग मुस्काता।

आता रस बरसाने आता
सारे भेद मिटाने आता

समझाने, दिखलाने आता—
जोड़ो शीत, ताप से नाता।

आता तो वापस क्यों जाता
हरसाता तो क्यों तरसाता
आता यही बताने आता—
आता जो वह निश्चय जाता।

आए जो कुछ कर के जाए
जग को नया बना के जाए
गाए तो कुछ ऐसा गाए
यह जीवन बसन्त हो जाए।

हो रसमय जीवन ही बसन्त
जो जीवन-पर्यन्त रहा है
आता सतत बसन्त रहा है।

[सन् 1996 में प्रकाशित 'धूल-ध्वनि' कविता-संग्रह से]

परिवर्तन

हैं बदलती रही सभ्यताएँ सतत
पर बदलने में भी अब नया मोड़ है
माप होता जगत का गणित से मगर
अब न बाक़ी गुणा-भाग औ जोड़ है।

अब तो सूरज औ चन्दा धरा के हुए
लोग जाते हैं यों ही धरा के गगन
अब न अवतार होंगे गगन से यहाँ
अब तो भू के ही नर होंगे भू पर गगन
होगा नर का जब अनुराग नरता से ही
बात वैराग्य या स्वर्ग की तब कहाँ?
देह यह मात्र भ्रम है या उपयोगिता–
ऐसा संशय रहेगा कहाँ तब यहाँ?
जब बदलता समय तब बदलती प्रकृति
यह नियम है नैसर्गिक, न गठजोड़ है
हैं बदलती रही सभ्यताएँ सतत
पर बदलने में भी अब नया मोड़ है।

जब मनुज का मनुज ही ये सम्बल बने
भूलती पराधीनता की भय भावना
किन्तु भूले न वह नाश-निर्माण में
सजग उसको ही रखनी है शुभकामना
नर हुआ व्यक्ति जो जीव था एक दिन
व्यक्ति ही ब्रह्म के रूप में जा मिले
धूल जल में मिली कीच काई बनी
काई फ़ंजाई से फूल हैं ये खिले

कौन किसको बनाए मिटाए किसे
मन में इसकी लगी व्यर्थ ही होड़ है
हैं बदलती रही सभ्यताएँ सतत
पर बदलने में भी अब नया मोड़ है।

मानते सब रहे ब्रह्म आता यहाँ
सृष्टि की उसने ही की सफल सर्जना
पालता-पोषता है सजाता वही
और देता प्रलय की वही यातना
इस कठिन प्रश्न का हल स्वयं में ही है
किन्तु दीपक तले तो अँधेरा रहे
इस हिमालय से गंगा बही सिंधु तक
कौन कहता कि हिमगिरि पर सागर बहे?
सत्य है सिंधु से ही बने मेघ जब
मेघमय ये मनुज सृष्टि की क्रोड़ है
पर बदलने में भी अब नया मोड़ है।

[सन् 1996 में प्रकाशित 'धूल-ध्वनि' कविता-संग्रह से]

श्रमिक की पत्नी की अपील

तुमने मुझे,
सब कुछ कहा—
कहते रहो—
मज़दूर की औरत न कहना।
कष्ट मैंने कितने ही सहे
सहती रहूँगी,
पर हो गया अब असह यह
अपमान सहना।
मज़दूर की औरत न कहना॥

मज़दूर, यह मज़दूर ही
आज़ाद होकर के भी
मानव हो सका न।
बन गया है दास, दासों का
पुरानी दासता वह खो सका न॥
कभी किसी राजा की प्रजा होने पर
जो परतंत्रता थी—
मृत्युवत कही जाती रही।
अब अनगिनत मालिकों की
ढो कर ग़ुलामी शीश पर—
क्या मान लें हम,
है ज़िन्दगी जायज़ यही?
क्या बुद्धि का निकला जनाज़ा ही नहीं?
क्या यह नहीं है—
स्वतंत्रता की नाक कटना?
मज़दूर की औरत न कहना॥

मज़दूर होकर भी,
मर्दत्व की भी शान रख ले
ऐसा कौन-सा अधिकार
होता आदमी का?
जीविका रखी जिसकी रेहन
आज़ाद कहलाए वही?
जैसा कि रहता है न कोई
जानवर भी इस ज़मीं का॥

प्यार व श्रृंगार के रस भेद—
पहचानेगा क्या वह—
जिसकी कि प्यारी ब्याहता—
पेट की रोटी को
होती दूसरों की कामिनी।
ऐसे प्रताड़ित और शोषित
श्रमिक की इस ज़िन्दगी में
मैं बनी आई—
कहो कैसे भला चिरसंगिनी॥

पर अब समझ में आ रहा
मुझको सही षड्यंत्र सब
सम्भव नहीं होता यहाँ—
सीधी अँगुलियों—घी निकालना।
तुमने मुझे,
सब कुछ कहा—
कहते रहो—
मज़दूर की औरत न कहना॥

संसार के सेवक,
श्रमिक की सेविका
अब तक रही हूँ
तो स्वामियों के द्वार पर—
हूँ स्वानवत दुत्कार सहती।
और वेश्या,

बन गई मेरी बहन यदि
तो कुल-वधू पीछे रहें
औ आरती
उसकी उतरती॥

यह नज़ारा है
यहाँ की सभ्यता का
शोषणों की ही पिटारी—
बन गई हर मान्यता।
जिससे कि हो व्याकुल
अगर मैं तोड़ती हूँ अब इसे
तब तो नहीं हैं, मान्यवर!
मेरी यहाँ पर कुछ ख़ता॥

जान लो, जठराग्नि से पीड़ित,
न बनती अब रहेंगी वेश्याएँ—
भूख की ज्वाला का ही
खप्पर उठाकर,
अब तो होगा—चंडिकाएँ होके रहना।
तुमने मुझे,
सब कुछ कहा—
कहते रहो—
मज़दूर की औरत न कहना॥

[सन् 1996 में प्रकाशित 'धूल-ध्वनि' कविता-संग्रह से]

धर्मचक्र का चक्कर

धर्म से मेरा बहुत प्यार है।
इसलिए कि—
इसे मेरे परदादा ने ईज़ाद किया।
चाहता हूँ कि यह—
बना रहे मेरी वंशावली की परम्परा में।
इसलिए कि—
इसकी बदौलत वंशावली
सुरक्षित रहती है।
मेरी वंश परम्परा, इसीलिए—
इसकी सुरक्षा करती है।
धर्म से मुझे—
सीधे लाभ नहीं मिला।
धर्म से मैं स्वर्ग चाहता था
पर इससे—
मेरा घर नहीं बना।
धर्म से मैं आसमान में उड़ना चाहता था
पर इससे—
मेरे लिए धरती पर सड़क नहीं बनी।
धर्म से मैं अमर होना चाहता था
पर इससे—
मेरी कोई बीमारी नहीं घटी।
धर्म से मैं—
महान तत्ववेत्ता होना चाहता था
पर इससे—
मैं साक्षर भी नहीं हुआ।
धर्म का प्रभु, दीनबन्धु रहा

पर धर्म, दुनिया में श्रम के व
ग़रीबों के साथ नहीं रहा।
ग़रीबों की दुनिया में-—
धर्म की जानकारी नहीं है
पर धनवानों के तो यह-—
हाथोहाथ रहा।
कहते हैं—धर्म का लाभ
यों सीधे भले न मिला हो
पर धर्म तो सीधे परलोक में काम आता है
पर कमाल देखिए—
मेरे जैसे ही जब,
इस धर्म का चोगा ओढ़ते हैं।
तब यह धर्म, इस लोक में ही
मेरे जैसे लोगों की कमाई का—
सीधा ग्रीन कार्ड है।
इसलिए ही धर्म से मेरा बहुत प्यार है।

मैंने अपनी आँखों देखा
भलीभाँति देखा।
धर्म के नाम पर,
आँखें बन्द कर,
लाखों लोगों को बल्लियों उछलते देखा।
धर्म के परिणाम ने उनकी—
कुछ भलाई की हो या न की हो
परन्तु धर्म के नाम पर,
अपने ज़माने में और—
परदादा के ज़माने से भी—
एक धर्म के लोगों को
दूसरे धर्म वालों को,
मारते-काटते सुना, देखा।
धर्म के नाम पर, धर्म के ताव में,
लोगों को अपने पड़ोसियों तक की
हत्या करने में हिचकते नहीं देखा।
धर्म में, बहुत ज़्यादा जोश-ख़रोश है

हर तरफ से उसमें सन्तोष है।
सबसे बड़ा भरोसा धर्म में है
परन्तु, हर धर्म में—
सारा संसार व्यर्थ है, नाशवान है।
ज़िन्दगी का कोई भरोसा नहीं—
फिर भी, न जाने धर्म में—
किसके लिए जोश-ख़रोश है
किसके लिए सन्तोष है
जो कभी सामने ही न आया हो,
उसका ही भरोसा है।
जिसकी मंज़िल न हो—
उसकी ओर क्या जोश-ख़रोश है!
पर, धर्म तो वही है—
जिसमें बिना कुछ पाए ही
पूरा सन्तोष है।
धर्म की सच्चाई ईश्वर है
जिसमें सामने सब कुछ—
व्यर्थ है, निस्सार है।
इस तरह—
धर्म में यों तो कुछ नहीं
किन्तु लुका-छिपी
पीठ पीछे की कामनाओं से—
पाने के लिए सारा संसार है।
इसलिए ही—
धर्म से मेरा बहुत प्यार है।

लोग कहते हैं—
धर्म में हिंसा है ही नहीं
तो, दुनिया में जो—
बार-बार धार्मिक युद्ध हुए
क्या उनमें हिंसा नहीं हुई?
या फिर धार्मिक लोग,
जो धार्मिक आन्दोलनों, जेहादों,
धार्मिक युद्धों-संघर्षों में शामिल होते हैं

वे धार्मिक नहीं?
तो क्या,
जो धर्म के नाम पर कुछ करते नहीं
वे धर्म वाले हुए?
जो धार्मिक जिहाद छेड़ते हैं—
वे धर्म वाले नहीं हैं?
फिर ये धर्म हैं ही कौन—
हिन्दू-मुस्लिम-सिख-ईसाई-पारसी ही न?
और ये धर्म किसके हुए,
धर्म माननेवालों के?
अथवा
इनको न माननेवालों के?
कहते हैं—
धर्म में तो सहिष्णुता है, उदारता है।
त्याग है, दूसरों के लिए समर्पण है।
परन्तु, मैं जानता चाहता हूँ कि—
क्या कहीं कोई ऐसा भी धर्म है
जो दूसरे धर्म को, ख़ुद से श्रेष्ठ बताता हो
जो स्वयं को समर्पित कर—
अन्य धर्मों को दुनिया में फैलाता हो
अपने ही साथ-साथ,
दूसरे धर्मों के भी कार्यक्रम चलाता हो?
किन्तु दूसरों के साथ—
तालमेल बिठाने के लिए,
हमने मान लिया कि
धार्मिक लोगों ने
कभी हत्याएँ नहीं कीं,
ठीक है।
तो फिर, किसने हत्या की—
गुरु गोबिंद सिंह के बच्चों की?
किसने घोलकर पिलाया था काँच—
स्वामी दयानन्द सरस्वती को?
किसने मारी थी गोली—
महात्मा गांधी को?

क्या ये सारे हत्यारे अपने-अपने धर्मों की—
दुहाई नहीं देते थे?
या फिर जिन्होंने कर्तव्यनिष्ठ होते हुए भी,
अपने अकाल तख़्त के पास—
फ़ौज भिजवाने की वजह से,
निहत्थी इन्दिरा गांधी पर
ताबड़तोड़ चलाई थीं गोलियाँ
बहादुर सिख होकर भी—
तोड़ दिया था—
परम विश्वासी प्रधानमंत्री का भरोसा
क्या वह उनका धार्मिक उन्माद नहीं था?
कैसे कह दें कि—
उन लोगों में धार्मिक उन्माद नहीं होता
जो करवाते हैं धार्मिक झगड़े
और मर जाते हैं ख़ुद,
घर-परिवार, देश-दुनिया छोड़कर।
क्या ये लोग धार्मिक नहीं हैं—
जो खड़ा किए हुए हैं—
रामजन्मभूमि-बाबरी मस्जिद का विवाद?
महू-इन्दौर-फ़ैज़ाबाद-भागलपुर में—
करवाते हैं आए दिन
झगड़े-हत्याएँ और फ़साद।
इन्होंने ही तो करवाया था कभी—
उषा हत्याकांड, ज़ोर-शोर से,
इसी जबलपुर में।

मैंने माना भी कि—
धर्म वाले नहीं किया करते हिंसा,
उनके दलाल किया करते हैं।
मैंने मान लिया कि—
बिड़ला नहीं छीनता किसी की रोटी-लँगोटी
उसके दलाल छीना करते हैं।
मैंने मान लिया कि—

मन्दिर का देवता तो नहीं करता हत्या,
कभी किसी बकरे की,
उसके दलाल ही हलाल किया करते हैं।
मैंने मान लिया कि—
मलेरिया का मच्छर तो—
नहीं लेता जान कभी किसी की
पर वे तो—
मलेरिया के मच्छर की औलाद ही हैं—
जो हमारे ख़ून न में जिया करते हैं
और वही तो—
हमारी जान लिया करते हैं।

पुराने ज़माने में लोग युद्ध करते थे—
अपनी शादियों के लिए,
पर अब वे बन्द हो गए।
पुराने ज़माने में लोग युद्ध करते थे—
राज्य पाने के लिए,
अब वे भी समाप्त हो गए।
परन्तु, युद्ध तो अब भी होते हैं,
राष्ट्र के बाहर और राष्ट्र के भीतर भी—
सिर्फ़ धर्म को बढ़ाने के लिए,
पैसे कमाने के लिए।

धर्म के काम मैं तो आया,
पर क्या धर्म मेरे काम आया?
मेरे बच्चे को चेचक होती थी
मैंने धर्म को मनाया, पुजवाया—
बड़ी-बड़ी आशाएँ लगाईं,
पर क्या धर्म ने
मेरे बच्चे को बचाया?
इसके प्रकोप से
लाखों की जानें जाती थीं
लाखों के चेहरे दगाहिल हो जाते थे।

फिर भी धर्म के उड़नखटोले के—
मैंने गीत गाए
पर क्या धर्म ने कभी मुझे भी,
इस टापू से उस टापू तक पहुँचाया?

कहते हैं धर्म ने—
कुछ भी न किया हो तो भी
नैतिकता का बंडल है।
इसे मत खोलो,
सामाजिक नैतिकताएँ—
बिखर जाएँगी।
इसे मत तोड़ो वरना,
पारस्परिकता कहाँ टिकेगी।
कहते हैं—यह धर्म
एक सामाजिक गाँठ है।
इसे मत खोलो वरना,
सभी पुरानी सामाजिक विषमताएँ—
उघर जाएँगी।
कहते हैं—चाहे कुछ भी हो
यह धर्म ईश्वरमय है।
ईश्वर पूर्ण है, आदमी अपूर्ण है
ईश्वर सच है, संसार शून्य है।
मैं पूछता हूँ कि—
यह तुम स्वयं क्यों नहीं सोचते
कि यह सब झूठ है या सच है?
बताओ—धर्म हमें अब तक
आशा, अवलम्ब व विश्वास देता रहा
अथवा निराशा, संत्रास, भय और मृत्यु की सचाई?

धर्म को मैंने
भगवान माना,
हमेशा, पूज्य-श्रेष्ठ और गुरु जाना
किन्तु हर धर्म ने मुझे [मनुष्य को] दास बनाया

और पुजवाता रहा—
छोटे दासों से बड़े दासों के पाँव।
खिलाता रहा जूठन,
और बाँटता रहा प्रसाद,
साथ ही साथ संसार में
भय, निराशा, रहस्य एवं निरर्थकता
और देता रहा मृत्यु के सार का सन्देश।
क्या यह सच नहीं है?

मेरा भी धर्म से कतई बैर नहीं है
आप लोगों जैसी ही
मुहब्बत है, मनुहार है।
इसीलिए मैं पूछना चाहूँगा—
अपने धर्मप्रेमियों से—
जिन्होंने हमेशा,
धर्म के गुण गाए हैं,
जानते-बूझते हुए भी कभी—
उसके अवगुण नहीं बताए हैं।
वे धर्म से इतना क्यों डरते थे?
क्या धर्म के साथ पक्षपात करते थे?
क्या धर्म के बारे में वे कम जानते थे,
या धर्म के बहाने दूसरों को—
धोखे में रखना चाहते थे?
अथवा खुद धोखे में थे!
उन्होंने क्यों नहीं खोला
धर्म की कमज़ोरियों का पर्दा
क्यों नहीं की इसकी भी बुराइयों की निन्दा?
धर्म में भी तो—
कितनों की निन्दा करने का रिवाज है।
सब दूध के धुले नहीं रहे—
करते रहे हैं निर्ममता से—
काम-क्रोध, लोभ-मोह, अहंकार की निन्दाएँ
और तो और—

नारी की निन्दा करने में भी—
जिन्हें ज़रा भी ध्यान नहीं रहा कि—
वही तो होती है—
हमारी माँ और बहन भी।
उन्हें खोलना चाहिए था—
धार्मिकता का भी घूँघट
जैसा झकझोरा था, ज़रा कबीर ने।
किन्तु कैसे खोले कोई मनुष्य—
धर्म का घूँघट?
क्योंकि धर्म के रहते—
मनुष्य तो केवल दास होता है दास।

मैं मानता हूँ कि
सामाजिक एकता के लिए
अद्वितीय होता है धर्म
पर क्या उसी सामाजिक एकता के लिए ही नहीं—
जो इस धरती पर केवल
राजतंत्रीय व्यवस्था के लिए बनी थी?
धर्म में शक्ति है,
धर्म में भावनात्मक एकता है।
धर्म वह है—
जो लोगों के दिल मुट्ठी में बन्द कर लेता है।

धर्म का प्रभाव लोगों की
भावना में ही नहीं,
उनकी हड्डी-पसली और ख़ून में,
घुल जाता है।
धर्म किसी के भाषणों से नहीं भागता
वह सामाजिक क्रिया-कलापों व
कल्याण की कामनाओं से जीता रहा है—
उन्हें बदलने से ही वह बदलता है,
परन्तु बतलाइए—
कौन-सा धार्मिक क्रियाकलाप ऐसा है,

जिसमें नहीं छिपा है—
भेदभाव-रहस्य-भाग्यवाद-परलोकवाद—
अन्धविश्वास-अस्तित्वहीनता,
निराशा, मानव जीवन और संसार की निरर्थकता?
फिर जब वह मनुष्य—
निराशा या भाग्यवाद तथा अस्तित्वहीनता
तथा संसार की निरर्थकता पर विश्वास करेगा,
तो कैसे जागेगी उसमें लोकतांत्रिक भावना,
स्वावलम्बन, आत्मविश्वास
तथा मानवीय स्वत्व के संघर्ष की प्रेरणा?

हे धर्म! हे महान!!
पुरानी दुनिया के तो आप—
रहे हैं पूरे भगवान।
आपको, कोई उत्तर नहीं देता,
महज सवाल रख रहा हूँ।
उत्तर दें आप या आपके अनुयायी,
मध्यकालीन इतिहास में आप
ख़ूब फूले-फले हैं।
केवल व्यक्तियों तक ही नहीं—
हर सामाजिक क्रिया-कर्म में फैले हैं।
आप में ही यह सामर्थ्य थी कि
आपने अपनी दुनिया रच ली है।
वह सारी राजतंत्रीय-सामन्ती व्यवस्था,
मनुस्मृति जैसे ग्रन्थ,
संस्कृति-कर्मकांड—
आशीर्वाद-अनुकंपा,
लोगों की अभिलाषा—
सब आपकी छाया में पलती थीं, ढलती थीं—
आप ही सामाजिक रचना के मूलाधार थे
बाक़ी सब रीति-रंग,
शेष सभी चाल-ढंग,
आपके ही प्रभाव थे,

प्रचार थे, प्रसार थे।
हे दयालु!
फिर आपके ही रहते हुए—
इस लोकतंत्र के आने का मतलब क्या है?
मनुष्य का स्वातंत्र्य
मनुष्य का अस्तित्व,
सारी सामाजिक रचना में—
मनुष्य का दायित्व,
क्या कभी आपके स्वभाव
या व्यवस्था में सम्भव रहा है?
तो क्या आपके मौजूद रहते
लोकतांत्रिक बदलाव सम्भव है?
क्या किसी पेड़ के रहते हुए
उसकी छाया का छिपाव सम्भव है?
पानी की ही धारा में—
घास का अलाव सम्भव है?
नहीं तो, फिर क्या
इन भिन्न-भिन्न धर्मों की भावनाओं का—
मिलाव सम्भव है?
धर्मसापेक्षता और धर्मनिरपेक्षता में ही—
आग-पानी का सद्भाव सम्भव है?
फिर तो साकार हो ही जाता—
अकबर के दीन-ए-इलाही में,
महात्मा गांधी के सर्वोदय में,
और क्यों घटित होतीं
ये मानव हत्याएँ,
क्यों मौजूद रहतीं
भिन्न-भिन्न धर्मों की मान्यताएँ?
सच तो यह है कि हे धर्म! हे महान!!
तुम्हारे होते हुए—
पनप ही नहीं सकती धर्मनिरपेक्षता,
और लोकतांत्रिक राष्ट्रीय भौतिक एकता।
ठीक वैसे ही, जैसे कभी नहीं होती सम्भव—

सामन्तवादी-पूँजीवादी व्यवस्था में,
मानवीय समानता।

हाँ, लोग पैसे से सम्पन्न और सभ्य होकर
अवश्य बनते रहेंगे धार्मिक-धर्मान्ध-दुर्दान्त
और बाँटते रहेंगे अपनी दया,
इन दासों के दासों को।

[सन् 1996 में प्रकाशित 'धूल-ध्वनि' कविता-संग्रह से]

ऐसा नहीं स्वराज चाहिए

ऐसा नहीं स्वराज चाहिए
जिसमें अपनों से ही लड़ना
हमें न ऐसा राज्य चाहिए।

ऐसा कौन समाज कि जिसमें
जन मिल-जुलकर रह न पाएँ
ऐसी कौन समृद्धि कि जिसमें
कुछ मुँह देखें कुछ ही खाएँ
ऐसी कौन व्यवस्था जिसमें
भाई का धन भाई हड़पे
ऐसी कौन वीरता जिसमें
बेटा बाप पर गाज-सा तड़पे
जिसमें सम्पति बढ़े मनुज की
क़ीमत घटती जाती हो
ऐसी उन्नति का तो हमको
होना कभी न नाज़ चाहिए
ऐसा नहीं स्वराज चाहिए॥

जिसमें पेट भरने में अपना
सारी बुद्धि समा जाती हो
जिसमें माँ की प्यारी बिटिया
संकटदायी हो जाती हो
जिसमें कि पैसे के पीछे
घर की इज़्ज़त बिक जाती हो
जिसमें कि दौलत के सामने
कला नाचती और गाती हो

घर को पैसा मिले तो मर भी सकते
इस ऐश्वर्य के मलकत्तम का
हमको नहीं मिज़ाज चाहिए
ऐसा नहीं स्वराज चाहिए॥

क्या इसको ही कहें आज़ादी
जिसमें बढ़ती मारा-मारी?
आज़ादी का ही परिणाम क्या
है वैषम्य और बेकारी?
क्या आज़ादी कहें इसे ही
जिसमें श्रम लतियाया जाए
क्या आज़ादी यही कि जिसमें
शासक और छली हो जाए
यदि कहते इसी को लोकतंत्र जो
तो कहने में आना लाज चाहिए
ऐसा नहीं स्वराज चाहिए॥

जिसमें अपनी अहमन्यता
को ही सिद्धि कहा जाता हो
जिसमें कि दुनिया, राष्ट्र, घर व
देशराग ही बँट जाता हो
जिसमें जाति, वंश, परिवारों
की सब अलग-अलग टोली हों
जिसमें मनुष्य हो गौण
मनुष्यों की पहचान रंग-बोली हो
जिस स्वतंत्रता में सिद्धान्त कुछ नहीं
है सिर्फ व्यक्तिवादी स्वच्छन्दता
तो यों मर्यादाहीन व्यवस्था
का तो नहीं समाज चाहिए
ऐसा नहीं स्वराज चाहिए॥

जिसमें स्वराज में आज़ादी का
मनमाना अर्थ लगाया जाता
जिस स्वराज में क्षेत्र-क्षेत्र से

धर्म से धर्म लड़ाया जाता
जिस स्वराज में समाज गौण हो
व्यक्तिवाद ही प्रमुख कहाया
जिस स्वराज में हर मनुष्य को
जाता मत्स्य स्वभाव सिखाया
ऐसी समाज की चिड़ियों में हम
तोते ही हो लें तो बेहतर
होना हमें न बाज़ चाहिए
ऐसा नहीं स्वराज चाहिए॥

जिसमें कि धनिकों की सत्ता का
बिलकुल गुपचुप छिपा राज़ हो
जिसमें स्वार्थ, कपट, पाखंड का
योद्धा ही बस तीरंदाज़ हो
जिसमें दीन-दुखी, दुर्बल की
सरेआम लुट रही लाज हो
त्यागी-उपकारी नगण्य हों
बस पैसे वाला ही सरताज हो
यही शान्ति-समृद्धि ले आने
जुटता पूँजीपति समाज हो
यही देश की कमज़ोरी का
दुनिया में केवल इलाज हो
तो मनुष्य को या फिर हमको
ऐसा नहीं इलाज चाहिए
ऐसा नहीं स्वराज चाहिए॥

[सन् 2003 में प्रकाशित 'प्रस्थान' कविता-संग्रह से]

हम चने हैं

हम चने हैं! हम चने हैं!!
भूख में संघर्ष करने को—
सुभट से हम तने हैं!!
हम चने हैं! हम चने हैं!!

भूख हम हरते रहे, पर शान में भी हम न पीछे।
हम चबेना हैं, मगर पकवान से भी हम न पीछे॥
शक्तिदायक हैं, मगर मिष्ठान्न में भी हम न पीछे।
हम प्रकृति से वन्य, पर विज्ञान से भी हम न पीछे॥
हम न हैं दुर्लभ किसी को, सुलभ हम सबको बने हैं
हम चने हैं! हम चने हैं!!

मज़दूरनें अपनी हमेशा रोटियाँ हमसे बनातीं।
तो मगज के रूप में खा बीवियाँ उत्सव मनातीं॥
मज़दूर-सुत हमको चबाकर मारता किलकारियाँ तो।
अधर पर रखती रही हैं ये समुद सुकुमारियाँ तो॥
हम मान में शिवनादिया से, अपमान में पर मेमने हैं
हम चने हैं! हम चने हैं!!

हम सरलता से सभी के काम में आते रहे हैं।
पर बड़प्पन के लिए पीछे ही रह जाते रहे हैं॥
रंक राजा सब हमें निज ध्यान में लाते रहे हैं।
दीन जन पलते थे हमसे, धनिक रस पाते रहे हैं॥
अंग सब सार्थक हमारे, पत्र-फल दाने तने हैं
हम चने हैं! हम चने हैं!!

हैं बहुत कम, हम कि जिनके, काम में आते नहीं।
जो विहँग कीड़े-मकौड़े पशु-मनुज खाते नहीं॥
सर्वदा ही पक्ष तज कर, साम्य हमने इष्ट माना।
किन्तु कहते लोग—घोड़े का चना है मुख्य दाना॥
पर नहीं यह सोचते हम—कौन हमको क्या गिने हैं
हम चने हैं! हम चने हैं!!

हम पनप सकते सरसता से रहित भूखंड में भी।
हैं साथ में अपनों के हम, सूखे समय और ठंड में भी॥
हम सदा पचनीय हैं, क़ब्ज़ में मन्दाग्नि में भी।
सन्तुष्ट करते हम सदा, भीषण ज्वलित जठराग्नि में भी॥
हम रहे स्वादिष्ट—कच्चे या पके या अधबने हैं
हम चने हैं! हम चने हैं!!

क़ीमती पहले न थे हम, जन्म पाकर ग्राम में ही।
बदनाम थे कुछ यों कि आते तंगियों के काम में ही॥
कठिनाइयों के बीच रहकर दीनता से ब्याह कर हम।
हैं संकटों के सामने, सुविधा की न परवाह कर हम॥
पर इसी से हीन जो मानें हमें, क्या वे नहीं थोथे चने हैं?
हम चने हैं! हम चने हैं!!

उफ़! क्यों नहीं सम्मान पाता जो सही कल्याण करता?
क्यों नहीं हैं श्रेष्ठ श्रम, जो सृष्टि का निर्माण करता?
पूजा में चने की दाल को ही शीश पर भगवान लेता।
पर क्यों भुला कर नर उसे, है मांस-ख़ूँ पर ध्यान देता?
ये दाग़ आदिम समय के ही—आज तक यूँ क्यों बने हैं?
हम चने हैं! हम चने हैं!!

[सन् 1996 में प्रकाशित 'धूल-ध्वनि' कविता-संग्रह से]

भारतीय किसान

कृषि-प्रधान देश के सपूत तुम किसान हो
जो अन्न उगाता है, वही न क्यों महान हो?

भूख की ज्वाला सभी की जो बुझा सके
उलझी समस्या जो समाज की सुलझा सके—
हिम तुंग से बीहड़ भी जो समतल बना सके
मरुस्थल में भी हरियालियाँ जो कि दिखा सके
निर्माण के अवतार या वरदान तुम किसान हो
जो अन्न उगाता है, वही न क्यों महान हो?

वर्षा व शीत ताप में जो तन नहीं ढँकें
संकट के भय से घर में आ कभी न जो लुकें
कठिनाइयों से जूझने में जो नहीं झुकें
जीवन भर जिसके कष्ट और ऋण नहीं चुकें
उत्पादनों की होड़ में लगाए जो कि ध्यान हो
जो अन्न उगाता है, वही न क्यों महान हो?

जब आज देश है खड़ा उन्नति के द्वार पर
आई नहीं हालत तुम्हारी क्यों सुधार पर?
तुम गाँव में रहते सदा सब कुछ बिसार कर
आदी बने विपत्तियों के तुम ज्यों जानकर
बस ढो रहे अभाव तुम जो राष्ट्र-प्राण हो
जो अन्न उगाता है, वही न क्यों महान हो?

सोचो कि यह देश तुमसे क्या है अब चाहता
विज्ञान-पूँजीवाद आ गया तुम्हें ललकारता

संघर्ष, प्रतिस्पर्धा में कि जिसमें तुम हो लापता
अब आ चुकी स्वतंत्रता, लगा तुम्हें भी क्या पता?
समानता के लिए अब सोचो कि क्या निदान हो
जो अन्न उगाता है, वही न क्यों महान हो?

[सन् 1996 में प्रकाशित 'धूल-ध्वनि' कविता-संग्रह से]

मेरी संस्कृति

कुछ लोगों के दिमाग़ में
मेरी संस्कृति
एक ऐसा आधार है—
जिसकी सीमा लाँघकर
मैं कभी आगे नहीं जा सकता।

किन्तु, यथार्थ तो यह है
कि संस्कृति के प्रभाव से—
कोई भी, कभी भी
किसी कोठरी का—
क़ैदी नहीं रहा।

मेरी संस्कृति
गंगा तट के पंडों का
सड़ा हुआ, जर्जर तख़्त नहीं
जिसके सहारे वे—
लोगों को
भवसागर पार कराते हैं।

मेरी संस्कृति
मेरे अपने देश के लोगों के
आगे बढ़ते जाने का नाम है
जो मेरे अपने ही लोगों द्वारा
रची गई है और

मेरे अपने ही लोगों को
निरन्तर रचती रही है।

मेरी संस्कृति
अब भी रची जा रही है,
आगे भी रची जाती रहेगी—
निरन्तर।

[सन् 1996 में प्रकाशित 'धूल-ध्वनि' कविता-संग्रह से]

आतंकवादी

अपने ही घर, अपनी ही ज़मीं में जन्मा
यहीं के दूध, घी, अन्न, जल, नमक से पला पनपा
अपनेपन के जोश में चढ़ा हुआ
शौर्य, साहस और मर मिटने की हवस के साथ
जिसे बढ़ाया गया हो
काफी सर चढ़ाया गया हो,
पर जिसे यह न बताया गया हो—
कि कुत्ते की मौत मरने
और सरदार भगत सिंह की तरह फाँसी चढ़ने में
क्या अन्तर होता है
वही तो आतंकवादी होता है।

जो चोर नहीं होता
जिसे डकैत नहीं कहा जाता
जो हिंसक तो होता है
पर हत्यारों में नहीं गिना जाता
दुश्मनों की सूची में भी वह नहीं आता
क्योंकि जिन्हें वह सताता है—
उनसे उसका दुश्मनी का कोई नहीं नाता है।
जो दूसरों का ही नहीं, जो अपना भी
सब कुछ खोता ही खोता है
वही तो आतंकवादी होता है।

जो है बेरोज़गार
जिसके मन में बहुत बड़ा होने का इन्तज़ार
जो समझता अपने को काफी ज़्यादा होशियार

पर बन बैठता है दूसरों का ही हथियार
जातिवाद, क्षेत्रवाद, धार्मिकता का पानी
उस पर चढ़ाया जाता है
उसे देश व समाज के लिए नहीं
दलालों द्वारा सिर्फ़ अपने लिए भुनाया जाता है
वह तो ख़ुद को समझता है—
बहादुर, बलिदानी, समर्पित, पानीदार
पर वह अपने देश के साथ-साथ
अपना और अपने वंश का भी
सारा किया धरा धोता है
वही तो आतंकवादी होता है।

जो होकर अपना ही कलेजा
किसी ज़हर जैसा बन जाता है
सीधा-सादा गाँव का भोला भी
भयानक शहर जैसा हो जाता है
गली-कूचों के क़हक़हों में
जिससे क़हर ढह जाता है
वह अपने गले का ही मीठा घूँट
प्रलय की लहर बन जाता है।
चूमता था हर कोई जिसका चेहरा
उससे सारा इलाक़ा थरथराता है
सबको खानी थी जिसकी कमाई
वह अपनों को ही खाए जाता है
जो जलाता ग़रीबों की झोपड़ियाँ
फोड़ता अपनों की भी खोपड़ियाँ
वह नहीं है सिकन्दर, चंगेज़ या हिटलर
सीआईए का एजेंट भी नहीं
वह गाँव के ही ज़मींदार का
नेता, ब्यौहर, पूँजीपति
या किसी बड़े अफ़सर का
कोई लाड़ला नाती या पोता है
वही तो आतंकवादी होता है।

यह न तो राजतंत्र है, न कोई साम्राज्यवाद
सामन्तवाद, समाजवाद या साम्यवाद तो है ही नहीं
और न ही यह किसी तरह का आपसी वाद-विवाद है
यह तो शायद इन सारे वादों के बाद जन्में—
इस नए पूँजीवाद की ही औलाद है
जो विषमता, बेरोज़गारी, अपमान, स्वच्छन्दता की लौ है
जिसको कुछ रचना नहीं, जिसको कभी किसी से बचना नहीं
जिसको हर देश में, हर मसले व हर व्यवस्था में
कुछ बनाने का नहीं—जलाने का, मिटाने का ही काम करना है
मारना ही मारना है और ख़ुद भी मरना है
जो हरी-भरी भूमि की फ़सलों पर खर-पतवार जैसा बिफरा है
जिसे फ़सल बोनेवाला ही अनजाने में बोता है
वही तो आतंकवादी होता है।

जिसे पुलिस, फ़ौज या अस्त्र-शस्त्रों से निपटाया नहीं जा सकता
जिसकी बहादुरी को किसी की बहादुरी से घटाता नहीं जा सकता
जिसको कि यार! चढ़े ताव में हटाया नहीं जा सकता
जिसकी करतूतों को जान-समझ कर भी बताया नहीं जा सकता
यह भी एक प्राणी ही है, किन्तु किसी के प्राणों का ख़याल नहीं करता
इनसान होते हुए भी इसमें इनसानियत का नामोनिशान नहीं होता
चलता है, फिरता है, खाता है, सोता है, जीता है
किन्तु इसका जीवन जीने के लिए नहीं
हमेशा मारने व मरने के लिए ही होता है
वही तो आतंकवादी होता है।

क्या इसे ऐसा होने से बचाया नहीं जा सकता?
क्या किसी देश को आतंकवाद से छुड़ाया नहीं जा सकता?
जब कलम लगाकर बेर की डाल से आम खाया जा सकता है
तो इस अपार साहसी, बहादुर भ्रूण को
क्या देश का श्रेष्ठ नागरिक बनाया नहीं जा सकता?
क्यों नहीं? पर जब कोई बाप अपने बेटे को
अपने लिए नहीं, समाज के लिए बनाने लगे
भगवान के लिए नहीं, इनसान के लिए जगाने लगे
भेदभाव, अन्याय, हिंसा, सम्प्रदायवाद से बचाने लगे

और यह सिखाने लगे कि—जियो! जियो!!
अपने लिए ही नहीं, औरों के लिए जियो!
और यह बताने लगे कि—मनुष्य दूसरों को मार कर नहीं
दूसरों को जिलाने से ही महान बनता है
तभी यह चमत्कार घटित हो सकता है
वरना दूसरों को मारनेवाला तो
प्रेम, दया, आत्मचेतना से दूर होकर
पहले से ही ख़ुद मरा हुआ होता है
वही तो आतंकवादी होता है।

[सन् 1996 में प्रकाशित 'धूल-ध्वनि' कविता-संग्रह से]

बेबसी की वीरता

मत बनाओ विवश बेहद
बपुरा बहादुर हो न जाए।
शोषण ही शोषण से कहीं न—
संहार का खुल द्वार जाए॥

भार ढोते हैं गधे, पर भूख सह सकते नहीं वे
मनुज जो भूखे तो मर्यादा में रह सकते नहीं वे
है सहज स्वाभाविक झकोरे डगमगाते दृढ़ पहाड़ों को
तो दो थपेड़े अब नहीं भूखे उदर के शुष्क पहाड़ों को
नहीं फिर शान्ति स्वप्नों की जगह
हो क्रान्ति का न भिनुसार जाए।
बपुरा बहादुर हो न जाए॥

काँच की केतली कहाँ तक सह सकेगी आँच साथी
भार की सीमा बिना चिंग्घाड़ता है मस्त हाथी
दीप की लौ को पवन यद्यपि सरलता से बुझाती
पर प्रज्वलित लपट को है वही तो चौगुन बढ़ाती
समय सागर से तनो मत
जब जानते हो ज्वार आए।
बपुरा बहादुर हो न जाए॥

चींटियों-सा जीव भी चुपचाप तो तब तक ही रहता
प्राण रखने, भाग बचने का समय जब तक है बचता
अन्ततः संघर्ष ही उसको भी तो करना ही पड़ता
हर्ष से चाहे नहीं पर विवश हो लड़ना ही पड़ता
विश्वास ही जब हिल गया

तब, कब क्या घटे—
कुछ नहीं ऐतबार आए।
बपुरा बहादुर हो न जाए॥

[सन् 1996 में प्रकाशित 'धूल-ध्वनि' कविता-संग्रह से]

कहानी

दइजा

[बघेली कहानी]

का कही हो, भिनुसार भा नहीं कि सुनइना बाई अपनी किताबैं लइके बइठ जाय, पन्ना-पन्ना पलट जाय, अक्षर-अक्षर पी जाय। ओही अपनी किताबैं पढ़ैं से जादा संसार मा कुछू नहीं सुहान। पहिली से लइके बरहवीं तक कउनउ दरजा तो नहीं रहो, ज्यमा सुनइना अव्वल न आई होय।

यहै बिटिया पइदा होतै से बड़ी शान्त व सुशील रही। हमेशा अपने काम से काम, न अधिक हँसब, न अधिक व्वालब वाखर स्वभाव रहो। पढ़ाइन-लिखाई जेखी जिन्दगी कै हवस होइगै ती।

यहै सब देख-देख कबहूँ-कबहूँ वाखर महतारी कहो करै—'न बइया! कुछू कामौ धंधा करो कर, बिना कउनौ काम—बूत कीन्हे, बिना कुछ कमाये-धमाये य दुनिया मा गुजर नहिं आय। आजकाल कमाइन का आदर होत है। जे आदमी कहूँ, कुछू कमाँय-धमाँय नहीं, उँइ अपने परिवारौ का करू होइ जात है।'

'बिटिया, मोहीं अइसन लगत है कि धौं का होई? य तोरी पढ़ाई से अफसरी कहाँ मिली, अपनी गिरस्तिउ मा तो अइसन कुछू धरो नहिं आय कि तोही कउनौ खाता-पीता घरहिन पहुँचाय सकौं। बिटिया जो कहूँ तैं समय निकार कै घरी-घंटा बीड़िउ बनावत जा, त ओसे कुछू अपनेउ का सहारा मिलत, ओही से जोर-जोर कै कउनौ खर्चौ चलत, मोर जो चार पइसा बचत, त मैं ओसे कउनौ एक–एक चीज लइ-लइकै डारत जात्यों। जउने दिन य घर से तोर बिदा करिहौं त मैं तोहीं का दइहौं मोरी नइना! य घर मा अबै मोही अपने नइनन मा कुछू नहीं देखाय। य घर मा वहै रोज-रोज के धाये-धाये कै रोटी है। कइसे मोर बिटिया नीक घर पाई, हे भगवान!'

यहै सब कहत-गुनत सुनइना कै महतारी अकुलाय उठै। ओखे पासौ-पड़ोस के सुन-जान के यहै कहैं कि वा ठीक आय कहत ही। य समाज मा जहाँ सब पइसै का खेल है, ह्वन कोहू कै बिटिया अपनी जोग्यता औ रूप का फल कहाँ पाय रही है। अगर बिटिया के बाप से पास पइसा है औ वा बिटियै पइसा देओ चाहत है, त वाखर बिटिया चहै कुरूपिन होय चहै बिसहूर, पै जई व राजै घर। आँखिन

देख ल्या—जे खासी दइजा या मुदरा लइकै आई, उनहीं का आदर मिलत है, उनहीं के पंखा चलत है। औ जे ग़रीब घरन से आई, कम दइजा पाइन, उइँ बेचारी चहै विद्वान होंय चहै सुन्दर, औ दउड़-दउड़ के परिवार के चार जनेन कै सेवौं करैं, पै उनका गुजारौ हियन हर परिवार मा नहीं होय। न कहा कहूँ एकाध घर येखर अपवाद होय ता होय।

सुनइना के बाप सोमेश्वर सिंह जद्यपि अहिमक आदमी रहे। उइँ बहुत काहू के कहे बताने कै परवाह नहीं करत रहे, उनके जउन समझ मा आ जाय ओही पूर करैं कै धुन उनमा रही। फौज मा हवलदारी कै नौकरी से रिटायरमेंट के बाद घरहिन आयगे ते।

उइँ फौज मा रहिके देश मा घूम-घूम आजकल कै चटक-मटक वाली दुनियाँ तो देखिन लिहिन तै। ओही के अनुसार उनखर हर चीज बकायदे रहो चाही। ओही थोड़कौ कोऊ अगर यहै वहैं कर देय तो साहेब भन्न। उनके हुकुम के बिना उनके घर मा कुछू टस से मस न होय। उनके तीन लरिकन के बीच मा केवल एकै लरिकिया सुनइना रहै, जउन सबसे जेठौ आय, ओही उइं मनतिउ बहुत रहैं। जब कहूँ बाहर से आवैं त सोन्या–सोन्या गुहरावत आवैं, कहैं कि य मोर बिटिया बकील होई बकील!

सोमेश्वर सिंह जहाँ कहूँ बइठैं यहै बतायँ कि भाई आजकाल तो लड़का-बिटियन का पढ़ाउब बहुत जरूरी है। जब तक हमारे देश के ई स्त्री-पुरुष सब के सब न पढ़-लिख लेइहैं, तब तक उन्नति न होइ पाई। ई नेता तो राजनीति के ब्यौपारी आँय, ई बस बोटन कै सउदा करत हे। इनकी बातैं विस्वास करैं जोग नहीं रह गईं। हम तो मानित हैं कि जो हमार बिटियै पढ़-लिख कैं पूरी समझदार होई जई, त वा हमहूँ का सब बताई-चिताई औ आपन आँगे का परिवार तो सुधरबै करी। राजौ काज से सम्बन्धित हमारे दुःख-दर्द की अगर कउनौ बातैं होइहैं त वा ऊपर बालेन का समझाय तो सकी। ये ही से तो हम सोचे हन कि चाहे हमार बंधवा बिक जाय पै हमहीं अपनी बिटिया का कॉलेज तक पढ़ावैं का है। हमहीं लड़कन कै बड़ी चिन्ता नहिं आय, ई कमइहैं धमइहैं त खइहैं। वइसौ ई हमहीं परेसानै कर डारेन। तीन-तीन साल एक-एक दर्जा मा पढ़त हे, तऊ फैल होई जात हे। मोही अपनी बिटिया का भरोसा है, काहे से कि वमा अक्किल है, येही से मैं चाहत हो कि वा कउनौ उँचेन समाज मा जाय।

य सब सुनके छकौड़ी नाऊ कबहूँ-कबहूँ उनसे जवाब-सवाल करैं लगैं कि लाल साहब, लरिका तीन-तीन साल फेल होयं या पाँच-पाँच साल, पै मालिक होइहैं ओई। अपना के बंशबिरबा ओई आँय। अपना के बाद ओई गिरस्ती सम्भरिहैं। ई बिटिया-बहिनी आँय पराय धन। इनसे अपना का नाम उजागर नहिं होयं काय। छकौड़ी कै बात सुनकै सोमेश्वर सिंह अपने फौजी रुतबा मा ओही

डाँट देंय, कहैं कि जेखे जउन समझ मा नहीं आवै ओहू मा जे कोऊ दार-भात मा मूसरचन्द बनो, त मोही गुस्सै आय जात ही। पै छकौड़ी आपन ढिठाई व नउहाई चाल मा हँसत-हँसत फेर कहैं लगै कि मालिक, नराज न होई हुजूर, दूसरेउ कै कबहूँ कुछू सुनो करी!

छकौड़ी के ढीठ उत्तर से सोमेश्वर सिंह अउर तन कै ओही डाँट देयं कि बार बनाउब छोड़ कै जानो हई संसार मा कुछू? घूमो-फिरो हई कहूँ कि बस वहै बहस लड़ामैं लगे? दतनिपोर कहूँ के!

'मैं जादा घूम्यौं-फिरयों और पढ्यों-लिख्यौं नहीं, पै हाँ, मैं जउन अपनी आँखिन मा हियन द्याखत हौं औ कानन मा सुनत हौं, वहै यथारथ आय बखानत हौं। अपना ई उपदेस देइत हैन, काहे से कि अबै य दुनिया-जिनगी के चक्करन मा नहीं परेन। जब हियन निबाहैं का परत है त सगला ज्ञान गुड़ाखू होइ जात है।'— छकौड़ी की ईं ठाहर बातैं सुन कै सोमेश्वर सिंह अपने घरै चले आमैं।

एक दिन सोमेश्वर सिंह बइठे सोच रहे ते—आसौं य बिटिया की पढ़ाई-लिखाई का कइसन परबंध करी, अब तो ओही कॉलेज मा पढ़ैं जाओ चाही। घर का कोऊ ओखे साथ रहबइयौ नहिं आय, अकेले आपन सयान बिटिया य जमाने मा शहर मा राखब ठीक नहिं आय, काहे कि रोज-रोज अखबारन मा ई महिला हास्टलन की खबरैं छपतिन आय रहती हैं। फेर हमार तो ई पर्दवार परिवार आय, थोड़कौ मर्यादा टूटी त गयेन। कुछ समझ मा नहीं आवै, केखर विस्वास करै, केखर न करै। य दुनियाँ मा जे जेत्ते ऊँचे हैं, मर्यादा निबाहैं मा उईं उत्तेन नीचे हैं।

येही समय सुनइना कै महतारी भीतर से आय कै बोल उठी—'मोरी समझ मा नहीं आवै कि ई का गुनत-धुनत रहत हे। सब कोऊ अपनी-अपनी बिटियन के काज-बियाह आसों के य समय-सुकाल मा अपनी-अपनी पटल मा कर लीन्हिन। पै इनकी खाली इस्कीमैं (योजना) बनती रहती हैं। अरे, आजकाल क जून-जमाना अइसन है कि चारौं कइत से अपने का बचाय कै रहैं लाइक है। कोऊ कुछ नीकौ काम करै, त हियन वा चार जनेन की आँखिन मा झूल जात है। सब काम अपने सावकास के अनुसार करो चाही, जैसे आपन मर्यादा ज़िन्दगी भर बची रहै, कोऊ आने की हिम्मत के माथे पेड़ की फुनई मा नहीं चढ़ पावै। फेर हियन तो ग़रीबन के खातिर चारों कइत खाँई ख्वदी है।'

येही पर सोमेश्वर सिंह बोले—'अरे तुम काहे चिन्ता करतिउ हा! मैं अपनी सुनइना का पढ़इहौं—लिखइहौं और खासे ठाठ से कउनौ बड़े घर मा ओखर काज करिहौं। फेर चाहे मोही अपने तीन खेतवन मा से एकाध खेतबै भले बेंच देय का परै, पै सोमेश्वर सिंह आपन मूँछ नीचे करैं वाले नहिं आँय।'

'एक खेतबा बेंच कै जो ई तिलकौ दइ दइहैं औ अपने से बड़े घर मा बिटिया बियाहौ दइहैं, ता अपनी या ग़रीब घर की बिटिया का निबाह ह्वन सम्मानपूर्वक

होई जई? ई कइसन हैं। कबहूँ नहीं स्वाचैं कि बिना समानता के जिन्दगी कै सगली हवस अपनेन आप टूट जात ही।'—सुनइना कै महतारी जइसे अपनी ई बातैं आचार्य मम्मट की भासा मा सुनाय रही होय।

सोमेश्वर सिंह झटके से कहिन—'काहे न होइ पाई हमारी बिटिया का निबाह? वा काहे मा कम ही—रूप मा, गुन मा, विद्या मा, सान-सउख मा कि संसार की जानकारिन मा। मोरी बिटिया की नाईं समझदार, स्वाभिमानी औ सानदार अबै हियन काखर बिटिया आय ही।'

'पै ई अबै यहै नहीं जानिन, न हमरे हियन के बड़े-बड़े मनइन के ढंग-ढर्रा पहिचानिन। हियन के ई बड़े मनई छोटे मनइन की सुन्दरता और गुण व कार्यकुशलता केवल अपने मतलब के खातिर चाहत हें। उइँ येखे पीछे छोटे मनइन का अपनी बरबरी मा वा अपने से श्रेष्ठ नहीं मानो चाहैं, न उइँ येसे छोटे मनइन पर मुग्ध आँय। उईं पुराने जमाने मा झुकत रहे हैं, शारीरिक ताकत व हथियारन से, औ आजकाल झुकत हे पइसा से, औ ओही पर मुग्ध हैं।'

सुनइना की महतारी की ई बातैं सुनकै सोमेश्वर सिंह तिनग कै चल दिहिन और कहिन— 'लेई न पइसा, जेही पइसै लेंय का होई। औ तुम तो बस हर बात में बड़े व धनी लोगन का विरोधै करती रहती हो, तुमहीं तो बस वही अपने बाप का भासन याद है। सुनो, नेतागिरी में कुछ नहीं रखा। जानती हो, मनई बड़े मनइन के साथ मा रहेन से बड़ा मनई बनत है।'

'मोरे बाप के बारे मा अपना के धारणै गलत ही, पै मैं अबहूँ जोर दइके कहिहौं कि अगर य दुनियाँ मा ठीक से समझैं-स्वाचै का तरीका कहूँ कउनौ बिचारन मा मौजूद है, त ओई मोरे बाप के बिचार आँय। जउन अपना बतायन न, कि बड़े मनइन के साथै रहिकै मनई बड़ा बनत है य फारमूला भक्तिकाल का आय, जब बड़ा मनई वहै होत रहो है, जउन कि पैसा कउड़ी का माटी मानत रहो है। अब तो य लोकतंत्र के चोला मा जउन पूँजीवाद आओ है य जमाने मा, त कउनो बड़े मनई के साथ मा रहिके कोऊ बड़ा मनई न बनी, वा जब बड़ा मनई बनी त प्रतिस्पर्धा औ मुकाबलै कर कै बनी।'

सुनइना की महतारी की ई दलील सुनके सोमेश्वर सिंह हँस दीन्हिन औ बोले, 'सुना, होई जउन होंय का होई, पै मोही अपनी बिटिया के शादी तो अपने मने के करैं का है। अब जमाना यहै नहोय है कि सब ब्यौपारी होइगे हैं, त ई अब दइजौ देय वाले ब्यौपारी बनैं, तब तो काम बनी।" त सुनइना के महतारी कहिस—'य जउन हुँसियारी अपना सोचे हयन, वा सादी सम्बन्ध मा काम न देई, काहे से कि सादी-बियाह दिल के सउदा आय। एमा लहाउब,भउठियाउब औ धोखापट्टी नहीं चलै। औ ब्यौपार मा सब येईन चलती हैं। औ फेर पइसा का जमाना जहाँ होत है, ई छोट ब्यौपारिउ बड़े ब्यौपारी के साम्हू कबहूँ नहीं टिक पावैं।'

सोमेश्वर सिंह बात टार के कहिन कि होई जउन भगवान रचे होई, औ बाहर चलेगे।

सोमेश्वर सिंह अब अपने मेड़उरे के बड़े मनइन से मिलब-जुलब, बात-ब्यौहार बनाउब शुरू कर दीन्हिन, अपने पायसे के जाने-माने पुराने जागीरदार साहब के लड़का की शादी की खातिर आपन जुगाड़ लगावैं लाग, मेड़उरे के दरबारिन का चाह-पान करावैं लाग। उनमा से जे कोऊ जागीरदार साहब के दरबारे जब कबहूँ जायं, त ऊईं सोमेश्वर सिंह औ उनखी बिटिया के रूप गुनन के परशंसा जरूर करैं। जागीरदार साहब के कुंवर हायर सेकेंडरी मा दुय साल फेल तो होइन चुके ते, बस किरकिट के माबले मा निकहे बालर माने जायं।

कुछू दिनेन बाद जागीरदार साहब के कइयक मुँहलगे दरबारी चर्चा चलाय दीन्हिन कि जो कहूँ सोमेश्वर सिंह की बिटिया का बियाह कुंवर साहब से कर लीन जाय तौ मानी कि सोने मा सुगन्ध ह्वय जाय। वा बिटिया येही घरे लाइक ही। सोमेश्वर सिंह का खानदान त ऊँच हइयै आय, पै एक बात अउर ही हजूर कि अपना कै पकड़ या पायसे के बहुमत मा जादा मजबूत होइ जई। पूरे पायसे के हर गाँव मा सबै सोमेश्वर सिंह के बिरादरिन के तो ठकुरै आय हैं। सिरिफ वहै दइजा दहेज के कुछ कमी जरूर रही, ता हजूर की गढ़ी मा कउन कोनमा खाली आय है। औ आजकाल के जमाने के अनुसार हजूर परचारौ यहै होई कि जागीरदार साहब कइसे उदार अउर समाजवादी पुरुख हवैं कि अपने कुंवर का काज एक ग़रीब घर मा कर लीन्हिन।

जागीरदार के मन मा आगे आवैं वाला विधायकी का चुनाव लड़े के ललक तो हइये रहै, त ओऊँ सोचिन कि या वाली सादी का समकठा बढ़ियाँ बइठत है। बोटहिन का जमउका ता आजकाल के जागीरदारी आय। जागीरदार साहब हँसके कहिन कि भाई करा न, सब तुमही पंचन का तो करे के आय है। दरबारी लोग जागीरदार का इसारा पउतै सोमेश्वर सिंह का खबर दीन्हिन। सुनतै सोमेश्वर का उराव उछल परो, ओही लाग कि जउन जागीरदार मोर सलाम नहीं ल्यात रहे, ओई मोर समधी होए जात हे। लड़का नहीं पढ़े आय त न सही, आजकाल धनै कमाय खातिर नहोय पढ़ाई-लिखाई चाही जात ही, त धन तो उनके वइसे भरो है। यहै सोच कै सोमेश्वर सिंह आनन-फानन मा आपन कबरा नाँव का वा बाँध बेंच दिहिन, जउन उनखे परिवार का पेट कहो जात रहो। ओही का एक सिंघई सेठ के हाथे अउन-पउन दामन मा बहाय कै तिलक देंय का जुगाड़ जुहाय लीन्हिन। उँइ सगले सिपरिसिहन का साथै लगाय कै, नउआ-पंडित का बुलाय कै बड़े जंका-मंका से साज-तूल कै जागीरदार माहब के दुआरे के अनुसार तिलकौ चढ़ाय

आए। पहिल मुँहड़ी तो सोमेश्वर सिंह साध लिन्हिन। तिलक देख कै सगले देखइया बाह-बाह करैं लाग!

बिटिया जइसै पहिले घर मा बहुत सुन्दर लगत ही, वइसै पहिल मुँहड़ी तो बनगै। पै या संसार मा कउनो बिटिया के पूर जिन्दगी कइसे सुन्दर बनत ही, यहौं जब बन जाय तब न!

अब सोमेश्वर सिंह का लग रहो तै कि मैं जइसे कउनौ गढ़ आय जीत लयेउँ, जीवन मा जइसे कउनौ रतन आय मोरे हाथे आय रहो है, येही कहूँ कोऊ गड़बड़ न कर देय, येही से चट्ट मेड़वा पट्ट ब्याह होओ चाही। जहाँ से जउन जुगाड़ जइसे लगै, वा जुटामै मा जुटे रहैं। अपने दुआरे मा बारात का रहीसी स्वागत करैं की तैय्यारी मा सोमेश्वर सिंह दिन का दिन और रात का रात न मान रहे तै। उइँ अपने दुआरे का ठाठ-बाठ जागीरदार साहब के दुआरेन के मुताबिक बनाओ चाहत तें, जउन उनखे भाई पट्टीदारन का एक अजूबै लगत रहा, पै सोमेश्वर सिंह आपन हैसियत औ सरीर का सबै तो तैयारी मा लगाय दीन्हिन तै, जे से जागीरदार साहब के रिस्तेदारन की नजर मा उनखर या परबन्ध कहूँ कमजोर न देखाय। पै या फैसन की दुनिया का तो यहै स्वभाव है कि वा जहाँ ठाढ़ भै ह्वन से ऊपरै का निहारत ही। अपने नीचे औ पाछे द्याखैं कै तो वाखर आदतै नहीं होय।

जागीरदार साहब कै जउन बारात सोमेश्वर सिंह के दुआरे मा आइके लगी, वा उनकै कमिन कमी निहारत निकारत रहिगै। जद्यपि सोमेश्वर के परिवार औ गाँव वाले तो यहै कहैं कि सोमेश्वर तो जइसे धरती मा सरग उतार लै आओ है। पै जागीरदार साहब के रिस्तेदारन की नजरन मा ह्यन कहूँ ठहरैं लाइक जगहै न देखाय। उनहीं सराब मा बम्बइया रेस्तरन का कोठा डान्स याद आवै। उनहीं फिर ई गाँवन मा भला कोऊ कइसे सन्तुष्ट कर पावै। येही से उँइ बेर-बेर यहै निन्दैं कि जागीरदार साहब या कउने गंमइहाँ नंगड़ा के घर मा अपने लड़िका का काज कर लीन्हिन!

कउनउ तरह से बारात मचलत-रिसात रात काटिस औ भिनुसार होतै बाराती लउट-लउके जागीरदार के दुआरे पहुँच गे। जब मुँह ओरमाये ईं सब बाराती हुआँ पहुँचे ता पुँछइयन का यहै उत्तर देत रहे कि अउर का कीन्हिस वा जइसे नंगड़ा आय तइसे कीन्हिस।

जागीरदारिन का या खबर मिलतै बहू आमै के पहिलेन मिरचा अस छुइ जात है, वा पहिलेन से तिनिग-तिनिग कै नाच रही ती, औ दूलहा की बहिनी तो अउर आगिन अस खउँदे रहै।

कउनौ तरह से परछन भा औ जइसे दइजा के सामान के साथ सुनइना भीतर जात ही, ननदन के मुँहन से व्यंग बानन के बरसा होंय लाग, उनकर मुँहैं न बन्द

होंय। सुनइना जबकि अपने पलना से लइकै स्कूल की कक्षा व अपने घर पड़ोस के बीच ल्वलारै मा जिई-पली रही। कुलाँच के माने व केवल पढ़िस तै पाइस नहीं तै। जउन अब ओही बात बात मा मिल रहीं ती। ओखे मइके से आई हर चीज ओखर सास उठवाय-उठवाय बाहर फेंकवाय रहीं ती।

सुनइना अब तक सम्मान, प्यार बड़प्पन व स्वाभिमान के साथ जिई ती, ओही अब य ज़िन्दगी जहरै जइसे लग रही ती। ओखे पतिदेवै समय जमाने के हिसाब से समझदार तो नहिन रहे, जउन ओही ढाढस बँधवाय सकैं, ओऊ तो साम्हूँ-साम्हूँ कुँअर साहबै आय रहे। कुछ मुँह फुलायेन रहैं। सुनइना का अपने बाप-महतारी के खातिर कही गई अपमानजनक बातैं रोज-रोज जहरै जइसे सकारे से पियैं का परै। फिर सुनइनौ तो अबै लोकतंत्री जमाने के अंकुरै तो आय रही। वा बहुत गम्भीर व समझदारी से लैस तो भै नहीं रही कि यहै जानै कि स्वराज व य लोकतंत्र के अच्छे समाज के खातिर संघर्ष करब जरूरी है, यहौ समझै कि सामन्ती पूँजीवादी संस्कारन के आँधी बगडरन का पहिले मनई का झ्यालैं परत है। ओही य मुकाबला करैं के जानकारिन न कबहूँ मिली तै। ये ही से ह्वन ओखर साहस रोज-रोज टूट रहो तै।

यहै अबै चार-पाँच दिन बीते तैं कि सुनइना कै महतारी अपने घर मा परेशान रहै कि बिटिया का बुलवाय ल्या...बुलवाय ल्या। सोमेश्वरौ सिंह का बिना सुनइना के घर नीक न लगै। पै सोमेश्वर सुदिनहा विचार वाले रहैं। ये ही से पंडित के सुदिन के अनुसार दस-पन्द्रा दिन कै देरी होइनगै। येखे बाद उँइ छकौड़ी नाऊ का टेर कै कुछू सर-समान, धान-पान के रूप मा पठवाय कै, ओही सुनइना के ससुरे सन्देश लेंय का भेजवाइन औ कहिन कि देख-सुन आवा और य पता लै आवा कि ई सुदिनन मा उँइ विदा कर देइहैं कि न करिहैं।

छकौड़ी जउने दिन जात है, साँझ कै ह्वन पहुँचत है। दुसरेन दिन बड़े सकारे अपने घरै लउट आवत है। पै वा सोमेश्वर सिंह के घरै खबर बतावैं नहिं जाय। सुनइना कै महतारी जइसै यहैं-वहैं सुनत ही कि छकौड़ी लउट आओ, ओही तुरतै बुलवावत ही, पै वा साम्हूँ अउतै फफक कै रोमैं लगत है। बिना कुछ पूँछे-आँछे सुनइना के महतारी घबराय के पछार खाय कै गिर परत ही। बिसुध होइ जात ही। गाँव के लोगन कै भीड़ सोमेश्वर सिंह के घर मा भर जात ही। ओखे मुँह मा पानी कंछे के बाद ओखर इहै आवाज निकरत ही—'ओ दइया, मोरे दइउ! मोरी बइया के उपरे कउन गाज गिरी!!'

गाँव के लोग छकौड़ी का पकड़ के अलग लइ जात हे औ माजरा पूँछत हे त व कहत है—"मैं साँझ के अँधियार होतै जब उनके दुआरे पहुँच्यों त मोसे कोऊ बोलो-चालो नहीं, सब मुँह लटकाए बइठ रहे हैं। पै व गाँव का नाऊ मोहीं

बताइस कि सुनइना आगी लगाय कै जल मरी! ओही दिन जउने दिन ओखर दसवारी रही है।"

इतना सुनतै ह्वन एत्ती चीख-पुकार मच जात ही कि काहू के होस नहिं रहि जाय। कोऊ एकायाकी का बोलै नहिं सुन पावै। पै सुनइना कै महतारी अपने कपारे मा हाथ मार-मार कै चिल्लाय रही ती कि मैं पहिलेन कहे रह्यौं तै कि मोर बइया य समाज मा न जी पाई, जहाँ मनई के क़ीमत कै एक्कौ पहिचान नहिं आय, खाली पैसा औ दइजा कै क़ीमत ही। इनसे मैं बेर-बेर कहत रह्यौं कि ई पैसा वालेन का य राजसी ठाठ, तुम बिना पैसा वाले का बउँकिहा। तुम एनकर साथ छोड़ा, तुम अपने काम औ काम के अधिकारेन के साथ आगे बढ़ा, पै ईं मोर बात नहीं मानिन। राजा बनैं चले त बिटिया गै।

[फ़रवरी 2008 में 'ग्रामीण-सम्मान' समारोह के अवसर पर प्रकाशित स्मारिका 'पगडंडी' से]

कमाई

रामसुजान उम्र में बहुत छोटा था, तभी उसके सर से पिता का साया उठ चुका था। उसे केवल अपने पचहत्तर वर्षीय बूढ़े बब्बा का संरक्षण ही प्राप्त था। जब पिता की मृत्यु हुई तब रामसुजान 9वीं कक्षा का विद्यार्थी था। पढ़ने में तेज़, हर काम में हुनरमन्द, बातचीत में मधुर, दूसरों के प्रति उसका स्वभाव विनम्र रहता था। वह जिस परिवार में पैदा हुआ था, उसमें कमाई करनेवालों में उस समय उसके पिता ही थे, जो अपना खेती-धन्धा तो चलाते ही थे; चारों ओर के तीन तिकड़मों से भी वह एक न एक जुगाड़ बैठाए रहते थे। अभी दस-पन्द्रह वर्षों से ही उनके घर की कमाई बढ़ी थी। बब्बा कहा करते थे कि बरियाय पाँव मा पाँव लगे हैं, नहीं ता मर गएन हो, ज़िन्दगी भर दउरत-दउरत, कबहूँ चैन से कहूँ नहीं बइठेन।

रामसुजान के पिता गोरेलाल बड़े-बड़े आदमियों से मिलने-जुलने में माहिर माने जाते थे। नेता चाहे कांग्रेस के हों या कम्युनिस्ट पार्टी के, जनता पार्टी के हों या भारतीय जनता पार्टी के—गोरेलाल सबसे घुल-मिल जाते थे। नेतागण जो बोलते थे, कमोबेश गोरेलाल भी वैसा ही बोलते थे, नेतागण जो चाहते थे, गोरेलाल वही करते थे। गोरेलाल का अकेला जीवन कितने ही नेताओं के काम का था। गोरेलाल बड़ी चतुराई से यहाँ की बात को वहाँ पहुँचाया करते थे। इसीलिए वह नेताओं के प्रिय माने जाते थे, मगर जो पार्टी सत्ता में आसीन होती थी, बिल्ला वह मात्र उसी पार्टी का लगाते थे। सत्ताधारी पार्टी के नेताओं को गोरेलाल की ज़रूरत रहती थी, इसीलिए उनकी छत्रच्छाया भी हमेशा गोरेलाल को ही मिलती थी। अपनी इसी काबिलियत की बदौलत गोरेलाल कमाई कर लेते थे। गोरेलाल जुए का नहीं जुए की नाल निकलवाने का काम करवाते थे। वह डकैती डालनेवालों में से नहीं थे, डकैतों को बचाने का काम करते थे। वह चोरी नहीं करवाते थे, चोरों की जमानत लेते थे और चोरी किसके यहाँ होगी, इसकी जानकारी उनको काफी पहले से रहती थी।

गोरेलाल ने अपनी अल्पायु में ही कुछ कच्चा व कुछ पक्का, मगर एक अच्छा-सा मकान बनवा लिया था। इस मकान के सामने एक सार्वजनिक कुआँ था और उनके घर में उसी से टिल्लू पम्प चला करता था। उनके घर के आस-पास की सारी ज़मीन, जो उनके पुरखों के ज़माने में किन्हीं दूसरों की हुआ करती थी,

गोरेलाल किसी न किसी बहाने अपने नाम करवा चुके थे। उनके गाँव में जो भी सरकारी अमला, पटवारी-मुंशी वगैरह आते थे, उनकी वे बेहतरीन ख़ातिरदारी किया करते थे। इस कला से उन्होंने केवल अपने काम ही पूरे नहीं करवाए बल्कि हमेशा अच्छे दाम और नाम भी कमाते चले गए। गोरेलाल का अब ज़्यादातर घर में रह पाना सम्भव नहीं था। वे कभी राजनीतिक कार्यों से तो कभी अपने व्यावसायिक कार्यों से बाहर आते-जाते ही रहते थे। उनको अपने घर का इतना पता तो हमेशा रहता था कि उनके घर की कमाई बढ़ती जा रही है, पर इसका अनुमान लगाना अब मुश्किल हो गया था कि इस कमाई के बीच उनके परिवार के आदमी कैसे बन रहे हैं। अब तो गोरेलाल का जीवन उनके घर वालों के लिए ही नहीं, पूरे पायसे के लोगों के लिए एक नज़ीर था। उनके आसपास रहनेवाले अकसर यही समझते व कहते थे कि सुना हो, खाली ज्याँगर पेरे भर से कोऊ धनवान नहीं होय, आदमी मा जुगाड़ होओ चाही जुगाड़! मेहनत करवइया तो सब दिन चूतिया रहे हैं और अबहूँ चूतियै हैं।

गोरेलाल का एक सगा भाई प्यारेलाल, जो उनके कार्य-व्यवहारों के चलते कई तरह के अपराधियों से परिचित हो गया था, गोरेलाल से केवल दो वर्ष छोटा था। वैसे तो वह खेती-पाती के कामों में जुटा रहता था, लेकिन एक दिन मामूली घरेलू विवाद होने पर वह अपने घर के सभी सदस्यों, अर्थात् अपने बब्बा व भाभी तथा छोटे बालक रामसुजान को भी पीट-पाटकर घर से निकल गया और डकैतों की एक गैंग में शामिल हो गया। उसका कहना यही था कि वह खेती में परिश्रम करता है, लेकिन इस घर में सुविधा और सम्मान उसे अधिक नहीं मिलता, जबकि उसका बड़ा भाई कोई काम-धाम न करके रात-दिन सिर्फ़ दंद-फंद करता है तो घर में उसकी आरती उतरती है और बाहर उसका सम्मान होता है। परिवार के सारे लोग भी उसी के पक्ष में रहते हैं। शुरू-शुरू में यह सब सुनकर लोगों को कुछ अर्मायादित जैसा लगता था, पर सोचने के बाद उनको भी यही यथार्थ लगने लगा। यद्यपि वे सब गहराई तक तो जाते नहीं थे, पर जानते और कहते थे कि देखिए, गोरेलाल हर काले धन्धे को सफ़ेद बनाते रहते हैं और उनके सम्बन्ध अब काफी ऊँचे स्तर तक जुड़ चुके हैं।

राष्ट्रीय स्तर की कौन कहे, अब तो अन्तरराष्ट्रीय स्तर के ब्लैक मार्किटियर भी उनसे मिलने-जुलने लगे थे। गोरेलाल की यह तेज़ उन्नति देखकर बहुत से अध्यात्मवादी लोग भी उन्हें चमत्कारी पुरुष कहने लगे थे। कुछ चंगू-मंगू उनकी तारीफ़ करते हुए उनके घर में ही खाते-पीते पड़े रहते थे। कहते थे—"भइया गोरेलाल अगर चाहें तो धरती को ही स्वर्ग बना सकते हैं!" गोरेलाल के उन विदेशी व्यापारियों से भी बहुत गहरे सम्बन्ध जुड़ गए थे, जो वहाँ की लड़कियाँ बेचने का धन्धा करते थे। अब तो गोरेलाल जी के लिए तस्करी ऐसा काम ही न रहा, जिसमें

शरीक होने से उन्हें कोई परहेज होता। उनका दृढ़ विश्वास था कि तस्करी व्यक्ति के आर्थिक विकास का सर्वोत्तम साधन है। रात-दिन वे इसी को अपडेट करने के बारे में सोचते रहते थे।

एक दिन वह बम्बई (अब मुम्बई) से आनेवाले तस्कर गिरोह की एम्बेसडर गाड़ी में बैठकर पन्ना की रमखेरिया वाली हीरा खदान के लोगों से मिलने गए। वहाँ से लौटते समय बीच जंगल में पहाड़ीखेरा के आगे उनकी गाड़ी का एक्सीडेंट हो गया और आगे की सीट पर बैठे गोरेलाल जी का सिर फट गया। कुछ क्षणों बाद ही वह इस दुनिया से चल बसे। गोरेलाल के परिवार के लिए यह पीड़ा उनका सबकुछ लुट जाने के समान ही थी। तस्कर उनकी लाश को घर के सामने छोड़कर चुपचाप बम्बई भाग गए। रामसुजान उस समय किसी स्कूल में बाहर पढ़ता था। बाप के न रहने की ख़बर पाते ही उसे घर आना पड़ा। रामसुजान के बब्बा और उसकी माँ केवल यही कह-कह कर विलाप कर रही थीं कि यह हराम की कमाई ही अचानक इस दुर्घटना में गोरेलाल के प्राण ले गई।

लोग उनके घर आते-जाते थे और बहुत समझाते थे कि मृत्यु को भला कौन टाल सकता है। लोग यह दृष्टान्त भी देते थे कि किसी जलजहाज़ का कैप्टन उस जहाज़ के समुद्र में डूब जाने के कारण मर गया था और उसका लड़का फिर जहाज़ में नौकरी करने लगा। किसी बुजुर्ग ने उससे पूछा कि उसके पिताजी क्या करते थे और उनकी मृत्यु कहाँ हुई तो लड़के ने बताया कि जहाज़ में। फिर उसने बब्बा के बारे में पूछा तो उसने जवाब दिया कि बब्बा भी जहाज़ चलाते थे और वह भी उसी में मरे। बुजुर्ग ने उसे समझाया कि यह सब जानकर भी वह जहाज़ चलाने की नासमझी क्यों करता है? इस पर उस लड़के ने बुजुर्ग से प्रतिप्रश्न किया कि उनके बाप-दादाओं की मृत्यु कहाँ और कैसे हुई? बुजुर्ग ने बताया कि वे सब तो बिस्तर पर पड़े-पड़े ही मरे थे तो उस लड़के ने कहा कि यह सब जानकर वह तो कभी बिस्तर पर सोते ही नहीं होंगे? बुजुर्गवार निरुत्तर हो गए। मुराद यह कि संसार में सबकी मृत्यु तो होती ही है, उसका कारण चाहे जो भी हो। परन्तु रामसुजान की माँ और उसके बब्बा बार-बार यही कहते थे—“बेटा रामसुजान, तुम इस तरह की किसी कमाई की ओर कभी ध्यान मत देना और दुनिया चाहे जो करे पर तुम ख़ुद को सँभालना। इस बदनीयती ने ही हमारे परिवार को चौपट कर दिया।” रामसुजान की दो छोटी बहनें भी थीं, जो बिलख-बिलख कर रो रही थीं। मृत्यु के बाद की जो औपचारिकताएँ थीं; वो पूरी हुईं।

रामसुजान दोबारा स्कूल जाने के लिए तैयार हुआ तो उसके बब्बा रो-रोकर कहने लगे—“बेटा अब तुम्हीं हमारे प्राण हो, तुम हमारी आँखों से ओझल न हो।” वह बार-बार यही कह रहे थे—“बाहर की कमाई जाए भाड़ में, तुम घर में रहो और घर पर दाल-रोटी खाकर हम सबकी आँखों के तारे बने रहो।” परन्तु रामसुजान के

सामने अब दुविधा खड़ी थी। उसकी उम्र 13-14 साल की थी। वह सोचता था कि अगर उसने पढ़ाई छोड़ दी तो 'अशिक्षित' और 'असभ्य' ही रह जाएगा। उसके पास चाहे जितना भी पैसा आ जाए, पर वह बिना अक़्ल के किसी काम नहीं आएगा। पढ़ाई-लिखाई से ही तो संसार में लोग समझदार और महान बनते हैं। उसे अपनी पढ़ाई पूरी कर लेनी चाहिए, कमाई बाद में होती रहेगी। पर रामसुजान की माँ भी उससे बार-बार लिपट जाती थी, उसको गले लगाकर कहती थी—"बेटा आजकल बड़े-बड़े बी.ए., एम.ए. सड़कन मा बाग रहे हैं, भइया कोऊ पुँछइया नहिं आय। तुम्हारे या घर जाघा—जिमीन ही, बैल-टाल हैं, घरमा अबै बहुत कुछू है, पै सिर्फ़ आदमिन नहिं आँय, याखर देखइया तुम घरमा रहा, आपन काम द्याखा, नहीं ता सब बिगड़ जई भइया! या कमाई जो ईमानदारी के होत ही, मेहनत के होत ही, ता बहुत फलत ही, नहीं जाँय का कहूँ बाहर, मोंही नहीं जाँय देय काय।" रामसुजान यही जवाब देता—"माँ! बिना अक़्ल के कुछ नहीं होता, मुझे पहले अक़्ल प्राप्त कर लेने दो, फिर मैं कमाई करूँगा।" उसकी माँ कहती थी—"बेटा तुम्हारे बाप पढ़े-लिखे नहीं थे, पर उनके पास अक़्ल थी। काम करने से अक़्ल आती है, केवल पढ़ाई-लिखाई से नहीं। जो पढ़ाई-लिखाई काम करने के साथ-साथ होती है, उसी में अक़्ल होती है। भइया, बिना काम के पढ़ाई भी उसी तरह का हरामीपन है, जैसे बिना काम के कमाई करना हरामीपन है।"

रामसुजान पर माँ का बहुत दबाव पड़ा। वह पढ़ाई छोड़कर घर में ही रहने लगा। घर के सारे काम करता था, मज़दूरों के साथ खेतों में रहता था, बड़ी मेहनत से काम करता था। बहुत बड़ा हुनरमन्द था; उसने घर पर रहते हुए ही कई तकनीकी काम सीख लिए। वह डीजल-पम्प सुधार लेता था, बिजली का बहुत-सा काम जानता था, घर की सिलाई मशीन सुधार लेता था और साइकल, मोटरसाइल चलाने के साथ-साथ उनकी मरम्मत भी कर लेता था। मोहल्ले वाले उससे बहुत ख़ुश रहते थे, क्योंकि जिसकी जो भी मशीन जब कभी बिगड़ती, वे रामसुजान को अपने घर बुलवाकर उसे मुफ़्त में सुधरवा लेते थे।

रामसुजान का स्वभाव बड़ा सरल व परोपकारी था। पिता की मृत्यु का दुख उसके दिमाग़ में गहरे दर्ज़ था, क्योंकि उसके बब्बा ख़ाली समय में हमेशा उसको पिता के बारे में ही सुनाते-समझाते रहते थे। परन्तु अब रामसुजान की कमाई घटने लगी थी। रामसुजान के हुनर का उपयोग लोग मुफ़्त में कर रहे थे और वह अपनी सज्जनता के कारण संकोचवश उनसे भुगतान ही नहीं माँग पाता था। उसके यहाँ जो मज़दूर काम करते थे उनकी मज़दूरी तो वह कभी कम देता नहीं था। उसकी विनम्रता के फलस्वरूप ही मज़दूर उसका काम हमेशा करते थे। वैसे भी रामसुजान के पास अब केवल खेती रह गई थी, जो हिन्दुस्तान में घाटे का सौदा है। यद्यपि घटती हुई कमाई देखकर रामसुजान का बब्बा कभी-कभी बहुत दुःखी होता, वह

कहने लगता था—"मोर माटी नहीं सक्यालै दइउ मोंही अब का का देखाई।" वह रामसुजान को भी कुछ चालाकियाँ करने को कहता था। लेकिन रामसुजान मेहनत बहुत करता था और हुनरमन्द होने के कारण सबको प्रिय था। उसकी किसी के साथ तकरार व ईर्ष्या नहीं थी पर उसकी जायदाद को बहुत से लोग चारों ओर से दबाते-हड़पते रहते थे। कभी-कभी रामसुजान को मामूली ग़ुस्सा भी आ जाता था, परन्तु वह आक्रामक कभी नहीं हुआ। वह बराबर काम करता रहता था, जिसके कारण उसे अपनी ज़रूरतों की पूर्ति करने में कभी बाधा महसूस नहीं होती थी। उसका ख़र्च उसकी कमाई से चलता था पर पूँजी बढ़ नहीं पा रही थी।

अब उसके बब्बा की उम्र बहुत हो चुकी थी, वे 89 वर्ष के थे। एक दिन उन्हें ऐसा लगा कि वे संसार से चलनेवाले हैं। उन्होंने रामसुजान को बुलाया और उसकी जाँघ पर अपना सर रख लिया। उससे बहुत धीरे-धीरे बोलने लगे—"बेटा! दुनिया में जो पूँजी का भंडार भरता है, वह निश्चय ही कहीं न कहीं किसी तरह से किसी दूसरे का हक़ भी कुछ छीनता है और बेईमानी से नहीं बचता, परन्तु जो अपनी मेहनत की कमाई खाता है वह भी संसार की ही चीज़ों का सुख भोगता है, उन्हीं के लिए जीता है और एक दिन वह भी मरता है। मैं मर रहा हूँ, तुम्हारा बाप मर गया है, दुनिया भी मरेगी। पर दुनिया में आदमी वही है, जो अपने लिए कमाई करता है और दूसरों के लिए भी जीता है। कहते हैं कि ऐसा आदमी कभी नहीं मरता।"

[सन् 2015 में प्रकाशित 'नई राह' कहानी-संग्रह से]

ज़माने की जीत का रास्ता

जयभान सिंह पयासे के जाने-माने किसान थे। उनकी किसानी पिछली पाँच पीढ़ियों से चली आ रही थी। यद्यपि राजशाही ज़माने में उनको कोई पवाई या जागीर नहीं मिली थी, उनके बाप-दादाओं ने सारी हैसियत अपनी किसानी के बूते पर ही बनाई थी। कहने को उनके पुरखों का एक सहायक धन्धा भी था, और वह थी—साहूकारी। उस ज़माने में इसकी साख को लेकर उनके पुरखों की बड़ी धाक जमी हुई थी। वह समय जातियों और धर्मों के महत्त्व का था। उन दिनों ख़ून का भी हिसाब बड़ी खोजबीन करके लगाया जाता था। जयभान सिंह के पुरखे उस पुराने हिसाब से असली ख़ून वाले ठाकुर नहीं माने जाते थे।

ख़ुद को असली ख़ून का माननेवाले लोग जयभान के परिवार से रोटी-बेटी का सम्बन्ध नहीं रखते थे। बाद में उनके प्रभाव और प्रेम के कारण लोगों ने उनके घर से पक्के खान-पान वाला व्यवहार शुरू किया। धीरे-धीरे यह व्यवहार आगे बढ़ा। उनके परिवार में दरवाज़े की दनकदारी पुराने समय से ही मशहूर थी। जो व्यक्ति उनके दरवाज़े पर पहुँच जाता था, उसका बड़ा आव-भाव और स्वागत-सत्कार किया जाता था। मेहमान को लगने लगता था कि अगर धरती पर बैकुंठ का आनन्द कहीं है तो जयभान सिंह भाई के दुआरे पर ही बँधा है।

फिर वह व्यक्ति जहाँ कहीं भी जाता था, उसी का बखान करते हुए अघाता नहीं था। उस समय जयभान सिंह और उनके पुरखों के दिमाग़ में किसी प्रकार से किसी भी पार्टी की राजनीति नहीं रहती थी। उनकी अपनी राजनीति यही थी कि वहाँ अच्छी से अच्छी खेती की ज़मीन उनकी ही होनी चाहिए। उनके हलवाहे उनसे किसी को नहीं छीनना चाहिए। बढ़िया से बढ़िया बैलों की शानदार जोड़ियाँ उनके दरवाज़े पर बँधी होनी चाहिए। उनके निस्तार के लिए एक अच्छा बगीचा उनके घर के सामने ही हो, जिससे उन्हें अपनी ज़रूरत के लिए हमेशा फूल-फल और सब्ज़ियाँ मिलती रहें और मिलती भी थीं। जयभान सिंह के यहाँ जो दरबारी जाते रहते थे, उनको वह कभी गुड़, कभी पपीता, किसी को अमरूद तो किसी को आम तो किसी को दो गन्ने ही भेंट दिलवा दिया करते थे। कभी-कभी ये फल लोग वहीं पर खा लेते थे और कुछ लोग अपने घर भी ले जाते। जयभान सिंह की कीर्ति का यह सबसे बड़ा स्रोत था।

जयभान सिंह की लोकप्रियता उस समय इतनी थी कि बड़े-बड़े नेताओं व राजाओं के लिए वह दुर्लभ थी। उनकी हवा को देखकर उनके बग़ल में ही रहनेवाले एक ख़ानदानी जागीरदार अपना सम्बन्ध अनायास जयभान सिंह से जोड़ना चाहते थे। वह दिन-प्रतिदिन जयभान सिंह के घर आने-जाने लगे। हुआ कुछ यह कि उन्होंने ज़माने के बदलाव के साथ जयभान सिंह के लड़के जुलू की ससुराल वहीं करवा दी, जहाँ उनके ख़ुद के सबसे बड़े लड़के का विवाह हुआ था। जागीरदार साहब निकट भविष्य में सरपंच का चुनाव लड़ना चाहते थे। उन्होंने यह योजना अपनी पूरी अक़्ल लगाकर, यह सोचकर बनाई थी कि जयभान सिंह का दबदबा व लोकप्रियता पहले से कायम है और ख़ानदानी राजपरिवार वाली उनकी ख़ुद की पर्सनाल्टी है। अतएव इन दोनों सद्गुणों का योग होने पर चुनाव जीतना अवश्य ही बाएँ हाथ का खेल हो जाएगा।

जबसे दोनों परिवारों की रिश्तेदारी एक ही जगह हो गई थी, वे अकसर एक-दूसरे के साथ रहते, चलते थे और जयभान सिंह जबसे जागीरदार के साथ रहने-चलने लगे थे तो सामान्य जन भी उनके ख़ानदानी ख़ून का अन्तर भूलते जा रहे थे। पहले लोग जागीरदार साहब की बराबरी में जयभान सिंह का बैठका कभी न लगाते थे, पर जब दोनों एक ही घर के समधी हो गए तो जनता दोनों को एक जैसा मानने लगी। यह सब देख-सुनकर जागीरदार अपने मन ही मन सोचा करते थे कि उन्होंने जयभान सिंह से जो भुनाना चाहा था, उसका तो अभी मौका ही हाथ नहीं लगा, जबकि उनके परोपकार का सिक्का जयभान सिंह भुनाने भी लगे हैं। जागीरदार के मन में दबी यह ईर्ष्या अब बाहर की ओर भी निकलने लगी थी। जयभान सिंह और जागीरदार अब जहाँ कहीं आमंत्रण-निमंत्रण में जाते थे, लोग दोनों का एक जैसा स्वागत-सत्कार किया करते थे। बल्कि जयभान सिंह के उदार स्वभाव व व्यवहार के कारण ज़्यादा भीड़ उनके पास ही जुटती थी। पूर्व के विपरीत चाय-नाश्ता जागीरदार से पहले उनके सामने ही पेश किया जाने लगा था। यह सब देख-देखकर जागीरदार साहब मन ही मन में कुढ़ते और दबते चले जाते थे। संयोग ऐसा बना कि थोड़े दिन बाद चुनाव की घोषणा हो गई और सरपंचों का चुनाव प्रत्यक्ष रूप से जनता द्वारा कराए जाने की चर्चा चलने लगी। जागीरदार साहब का चुनाव लड़ना सुनिश्चित था किन्तु जयभान सिंह का लड़का जुलू, जो अब जागीरदार के बड़े लड़के का साढ़ू भाई बन चुका था, उसने घोषणा कर दी कि उसके पिताजी भी चुनाव लड़ेंगे, क्योंकि जनता उसके पिताजी को ज़्यादा चाहती है।

इस पर जयभान सिंह ने कहा कि वह जागीरदार के मुक़ाबले चुनाव नहीं लड़ेंगे, क्योंकि जागीरदार उनके परम सम्माननीय हैं। इधर जागीरदार और उनके बेटों का कहना भी यही था कि अगर जयभान काकू चुनाव लड़ते हैं तो पिताजी अपना नाम वापस ले लेंगे। मगर जुलू अड़ गया कि उसके पिता जयभान सिंह ही

चुनाव लड़ेंगे और हर मोर्चे पर जागीरदार को पीछे हटाएँगे। उसने आरोप लगाया कि वह जागीरदार की चालाकी को अच्छी तरह समझता है, जागीरदार परिवार उनको मीठी चुस्की चढ़ाकर नीचे दबाए रखना चाहता है। यह सुनकर जागीरदार का बड़ा लड़का आगबबूला तो बहुत हुआ, पर कुछ कहने, करने से बचता रहा। यह कह कर कि उचित समय का इन्तज़ार करना चाहिए, बेमौक़ा ग़ुस्सा करना नासमझी ही होती है। इधर जागीरदार की जागीर जब से ज़ब्त हुई थी, वह बड़े ठंडे पड़ गए थे। उनके यहाँ का पंचायती चुनाव कोर्ट के किसी निर्णय के कारण लम्बे समय के लिए स्थगित हो गया। वह दूसरों को जिस दुर्भाग्य का शिकार बताकर अब तक शासन करते आए थे, अब ख़ुद को भी उसी दुर्भाग्य का शिकार समझने लगे। आख़िरकार कुछ दिनों बाद ही वह अपना गाँव-घर छोड़कर गंगा किनारे इलाहाबाद (अब प्रयागराज) जा बसे।

जयभान सिंह की अपने लड़के जुलू के साथ पटरी नहीं बैठती थी। वह पूरी तरह पुरानी परम्पराओं और नैतिक मूल्यों वाले आदमी थे। उनका विश्वास था कि नैतिकता और मर्यादा, समाज के दो ऐसे नट-बोल्ट हैं, जिनको कसे बिना समाज रूपी गाड़ी चल ही नहीं सकती। अगर किसी को समाज बदलना है तो उसका साजोसामान उसी अनुपात में साथ-साथ बदलना पड़ेगा। इस अनुपात को ही नैतिकता और मर्यादा कहा जाता है। केवल अपने मन में ही सब कुछ बदल डालने का अर्थ तो भाई झोपड़ी में हाथी बाँधने तथा बहुमंजिला मकान पर लकड़ियाँ बाँधने जैसा ही दिखता है।

अपने पिता की ऐसी बातों से जुलू काफी चिढ़ जाता था और उनके बारे में कहता था कि ग़ुलामी के दौर में पैदा हुआ यह आदमी ज़िन्दगी भर ग़ुलाम ही रहेगा, वे लोग जागीरदार का शासन आज़ादी के पहले से झेलते चले आ रहे हैं, जो अब उन्हें कतई मंजूर नहीं है। जुलू की अपनी एक लहना पार्टी भी तैयार हो रही थी, जिसका काम था—लोगों को ठिकाने लगाना। उस इलाक़े का हर धन्धेबाज़ अपने विरोधी को पीछे धकेलने के लिए लहना पार्टी को कोई न कोई ठेका देता ही रहता था। इसके बल पर जुलू और जहजुल्ल हो गया था। जो लोग जयभान सिंह का चेहरा देखते ही सम्मान से उठ जाते थे, वही जुलू के सामने पड़ते ही सकपका जाते थे।

अब जयभान सिंह चुपचाप अपने घर बैठे गुनते-घुनते रहते थे कि क्या हुआ, कैसा ज़माना आया और यह मेरा ही लड़का इस तरह का निकल गया! यह मेरा ख़ून नहीं है क्या? वरना क्या ख़ून का असर उतना नहीं होता जितना कि बात-वातावरण और परिस्थितियों का होता है? मैंने अपने लड़के को प्राइवेट स्कूल में जबलपुर पढ़ने भेजा था, वहाँ इसको पूँजीपतियों व राजा-रईसों के लड़कों से मिलवाया, इसके ख़र्च के लिए मनमाना पैसा भी भेजता रहा, पर यह दसवीं पास नहीं कर सका और

घर बैठ गया। जागीरदार के लड़कों को पढ़ाई के लिए पर्याप्त पैसा नहीं मिला। मजबूरीवश पढ़ाई छोड़ वो भी घर आ गए। परन्तु मालूम नहीं कि उनके दिलोदिमाग़ में क्यों अधिक सज्जनता आ गई। क्या ग़रीबी भी आदमी को अच्छे गुण, सज्जनता व विनम्रता सिखाती है? जयभान सिंह का अब उनके घर में ही सम्मान घट गया था। अचानक एक दिन न जाने कहाँ से मौत उनके सामने आई, बात की बात में यमदूत का आगमन हुआ और हार्ट अटैक से वह स्वर्गीय हो गए। सबने कहा कि अच्छे आदमी की मौत अच्छे ढंग से होती है, वह पिचपिचा करके नहीं मरता।

अब जुलू घर का परम स्वतंत्र मालिक था। उसकी दोस्ती पायसे के एक ऐसे आदमी से थी, जिसकी मान्यता थी कि खेती करनेवाला कभी ख़ुशहाल पूँजीपति नहीं हुआ। असली और मोटी कमाई तो हमेशा नम्बर दो के धन्धे से ही हुआ करती है। जुलू और उसके दोस्तों के कई काले धन्धे अब फूलने-फलने लगे थे। गाँव में वैसी शराबख़ोरी, वैसा निम्नस्तरीय तामसी खाना-पीना लोगों ने कभी देखा न था, जैसा कि अब आए दिन जयभान सिंह के घर पर होता था और रातोंरात दुनिया की सारी सम्पत्ति इकट्ठा करने का प्रोग्राम उनके घर में बनता ही रहता था। गाँव के लोग जब जुलू के घर कभी मदद माँगने पहुँचते तो हर बात में उसके यहाँ सौदेबाज़ी होती थी। लोगों से कहा जाता था कि वे अगर जुलू के खेत की घास काटेंगे तो उनको जुलू के गोरवार के लिए भी घास काटनी होगी, अगर अपने खेत में पानी ले जाना है तो उतनी लम्बी मेड़ जुलू के खेत में भी बाँधनी होगी। जुलू को अब पैसे से इस क़दर प्यार हो गया था कि उसको अपने परिवार का कोई सदस्य उस तरह प्यारा नहीं था। कुछ मज़ाकिया लोग अपने घरों में दबी ज़बान से कहते थे कि जुलू को अगर हिसाब से ज़्यादा पैसे मिलें तो वह अपनी पत्नी का भी सौदा कर सकता है!

हालाँकि पायसे में उसका दबदबा बहुत बढ़ गया था, उसके मुक़ाबले किसी के पास पैसा नहीं था। अब जुलू शराब पीकर शेर-सा गरजता था कि उसने अगर असली ठाकुर ख़ानदान को धूल नहीं चटाई तो जीवन में किया ही क्या! वैसे भी आजकल दाम करें सब काम। वह मंसूबे बाँधता था कि चुनाव के मौक़े पर वह यहाँ के सारे वोट ख़रीद लेगा और फिर इन्हीं सालों से कमा भी लेगा। वह अपने बाप जैसा नहीं है कि बारहों महीने अपना ही धन खिलाए और इन घिनहों को देवता की तरह पूजे। उधर जागीरदार के लड़कों में भी यद्यपि यह बात तो थी ही कि उन्हें अपने असली ख़ून का अभिमान था, पर वे नंगई करने और आपराधिक गतिविधियों से हमेशा बचकर रहते थे। सयाने लोग आपसी चर्चा में इन दोनों परिवारों के लड़कों की तुलना भी करते रहते थे। जो लोग जुलू के मुँह से अपने बाप की खुली निन्दा सुना करते थे, वे ही जागीरदार के लड़कों से उनकी तारीफ सुनते। इसकी बदौलत आम लोग जागीरदार के लड़कों के प्रशंसक होते जा रहे थे। संयोग कुछ ऐसा बना कि कोर्ट से पंचायती चुनाव बहाल हो गया और दोनों परिवार चुनावी मैदान में

कूदने का मन बनाने लगे। जागीरदार परिवार के बारे में जुलू पहले से ही यह कहता फिरता था कि ये साले यहाँ पीढ़ियों से शासन करते चले आ रहे हैं, इसलिए अब जनता इनको नहीं चाहती। जनता उसे ही वोट देगी, जो जनता का काम चलाएगा, अर्थात् जनता को सीधे पैसे देगा। ये जागीरदार के लड़के हैं किस खेत की मूली! किस बाप के यहाँ से पैसा लाकर देंगे। वोट तो उसे लेना है, पैसा भी उसे ही बाँटना है, जनता जान चुकी है कि वही इन्हें हरा सकता है।

जुलू के रंग-ढंग ज़्यादा मुखर होने पर जागीरदार के लड़कों को भी पानी चढ़ गया कि यह हरामी उन्हें किसी सूरत में जीतने ही नहीं देना चाहता। अब उसका मुक़ाबला कोई ग़रीब आदमी नहीं कर पाएगा। पर चूँकि उसके दुष्कर्मों से जनता असन्तुष्ट है, इसलिए जागीरदार ख़ानदान में से किसी को चुनाव में उतरना ही चाहिए। उन्हें एक भरोसा यह भी था कि उनका चालचलन जुलू से बेहतर है इसलिए जनता उनका साथ दे सकती है। उधर आम लोगों के सामने बड़ी दुविधा और कठिनाई थी, पर जुलू के विरुद्ध कोई बोल ही नहीं सकता था। सबके मन में प्रश्न उठ रहे थे कि जुलू को चुनाव जिता देने के बाद तो यहाँ साक्षात राक्षस राज ही कायम हो जाएगा और अगर जागीरदार के परिवार को ही वोट देने हैं तो फिर स्वराज का क्या मतलब हुआ? वह तो पुरानी परिपाटी में भी राजा होता था और अब भी सांसद, विधायक या सरपंच बन रहा है।

इस प्रसंग के बीच एक सयाना बोला—"हालत तो यही है कि एक पुराना सामन्त है और एक नया। इन दोनों के रहते हम-तुम चुनाव लड़ ही नहीं सकते। लड़ेंगे यही दोनों और हमें इन्हीं दोनों को लड़वाना पड़ेगा।" दूसरे बूढ़े ने कहा—"भाई लाख टके की बात कही है तुमने! जिस गाँव में बड़े आदमियों की आपस में लड़ाई होती रहती है, वहाँ छोटे और ग़रीब आदमी शान्तिपूर्वक रहते हैं। जहाँ बड़े आदमियों में एकता रहती है, वहाँ ये मिलकर ग़रीबों को तबाह ही करते रहते हैं।" कुछ नौजवानों ने कहा कि भाई बहुत अच्छा मौक़ा है, जहाँ ये दोनों लड़ रहे हैं, वहाँ हमारा प्रतिनिधि अलग से सामने आ जाए तो जीत सुनिश्चित है। हालाँकि चुनाव का पर्चा भरने की तारीख़ अभी घोषित नहीं हुई थी, मगर अन्दरख़ाने प्रचार ज़ोर पकड़ चुका था। ग़रीब वर्ग के लोगों के प्रति अब उन दोनों दलों की ओर से व्यंग्य कसे जाने लगे थे। जुलू ख़ुद हँसता रहता था—"ठीक है, ये कँगले चुनाव लड़ते हैं तो वह इन सालों से लतिया कर वोट ले लेगा और अगर धोखे बे धोखे ये घिनहे जीत भी गए तो भी शासन अपना ही चलेगा। मेरी लड़ाई तो सिर्फ़ जागीरदार के परिवार से है और उन्हीं को मुझे थामना है।"

छोटे वर्ग के लोग किसी के सामने तो कुछ कह नहीं सकते थे, पर आज़ादी के सवाल को किसी भी तरह आगे बढ़ाने की जिम्मेदारी उन्हीं के वोटों पर थी और ज्यादा

थी, क्योंकि दबंग पार्टियों का मक़सद तो सिर्फ़ शासन करना है, आज़ादी से उनका बहुत लेना-देना नहीं होता। आख़िरकार चुनाव का पूरा कार्यक्रम घोषित हो गया, सभी दल अपने-अपने प्रतिनिधि तय करने लगे। जागीरदार साहब का दल चाहता था कि हुकूमत उनके परिवार में ही रहे, परन्तु पिछड़े वर्ग के लोगों को हर हाल में अपने साथ मिला कर रखा जाए। उधर जुलू का दल तो यह मान कर ही चल रहा था कि चाहे पैसा बाँटने पर हो या धमकी देने पर, वोट उसे ही हासिल करने हैं। यथासम्भव सबको मिलाए भी रखना है। इस सिलसिले में सभी दलों की गुप्त मंत्रणाएँ और योजनाएँ परवान चढ़ने लगीं। जागीरदार का बड़ा लड़का अपना परचा भर चुका था।

जुलू के परचा भरने के पहले से ही उसके दरबार में यह घोषणा खुले तौर पर हो चुकी थी कि चुनाव में खड़ा चाहे जो हो, पर ग़रीब वर्ग का वोट तो वह लेकर ही रहेगा, वरना उसकी लहना पार्टी आख़िर किस मर्ज की दवाई है। अगर पिछड़े वर्ग का उम्मीदवार परचा वापस नहीं लेता तो इस नेता जी को तो वह बाद में देख लेगा। साला पाँच हज़ार रुपये की पेशकश करने पर भी उसके पक्ष में बैठ नहीं रहा है! इधर अपने बारी, ढीमर, नाऊ, बरगाही, लोहार, बढ़ई, कोटवारों के बल पर जागीरदार के लोगों की योजनाएँ अलग ही पक रही थीं। जागीरदार के लड़के पहली बार इन सभी से अपना सीधा रिश्ता प्रमाणित करने में जुटे थे। सम्बोधन में किसी को कक्का, किसी को बब्बा तो किसी को अपना भाई-भतीजा बता रहे थे।

यह नज़ारा देखकर उनके घर में बड़ी ठकुराइन कोप भवन में अलग से घुस कर बैठ गईं। वे अपने लड़कों से कह रही थीं—"मेहरिया के धोतिया नहीं, बिलइया के गतिया बाँधै! तुम मेरी शौक-शान के अनुसार मुझे पहिरा-ओढ़ा नहीं सकते, न गहने बनवा पाते हो और चुनाव में ख़र्च करने के लिए फिर ये पैसे तुम्हें कहाँ से मिलते हैं?" पर लड़के अपने आदमियों से बड़ी विनम्रतापूर्वक कह रहे थे—"अपना पंचेन कै जउन मरजी होई, हमहीं उहै मंजूर है। हम पिछड़े वर्ग के प्रतिनिधि के पक्ष में अपना परचा वापस लेने को भी तैयार हैं।" जागीरदार के बेटों के दिमाग़ में यह चतुराई आ रही थी कि अगर वे पिछड़े वर्ग के उम्मीदवार को अपना समर्थन देकर जिता ले जाते हैं तो असली राजनीतिक बागडोर उन्हीं के हाथ ही में रहेगी। जागीरदार परिवार का यह प्रस्ताव सुनकर उनके ख़ास पौनी-परजा और नाऊ-पंडित सब एक साथ बोल उठे—"हजूर बढ़िया हुकुम दिहेन। इनके मुकाबले मा अपना का खड़ा होब शोभा नहीं देत रहा। वाह-वाह! अपना जइसे बड़े आहेन, वइसै सोचित हयेन।"

हरिजन मोहल्ले में जो सभा हो रही थी, उसमें भिन्न-भिन्न तरह के प्रस्ताव आ रहे थे। कुछ लोग कह रहे थे कि उन लोगों को इन ऊँची जाति वालों से अलग रहकर राजनीति चलानी है, उनके साथ तो रहना ही नहीं है। तो कुछ इसका उत्तर दे रहे थे कि समाज में रहकर कोई न किसी जाति से दूर रह सकता है, न ही किसी जाति को दूर कर सकता है। जब ऊँची जातियाँ उनकी जाति को नहीं मिटा सकीं

तो हम उनको कैसे मिटा देंगे? हाँ, जाति संघर्ष होंगे, लड़ाइयाँ होंगी। अगर जीत गए तो ठीक है और जहाँ हम लोग हार जाएँगे, वहाँ से गाँव-जवार छोड़-छोड़कर भागेंगे। सही तरीक़ा तो समय के अनुसार अभी यही है कि इस जाति में या इस उच्च वर्ग के ही अगर दो लोग आपस में लड़ें और हम तटस्थ रहकर इन्हें लड़ाते रहें तो पूरा गाँव इन लोगों के अत्याचारों व अन्याय से बचा रहेगा, क्योंकि ये एक-दूसरे के ख़िलाफ़ रहकर ख़ुद भी नष्ट होते रहते हैं और एक-दूसरे का विरोध करने के लिए निम्न समझे जानेवाले वर्गों का पक्ष भी लेते रहते हैं।

इस पर कुछ पढ़े-लिखे लड़कों ने कहा—"तटस्थ तो हम इस लोकतंत्र की लड़ाई में रह ही नहीं सकते, चाहे मतदान करने का प्रश्न हो या परिस्थितियों का सामना करने का; हमें किसी एक को चुनना ही पड़ता है, और अगर हम इनसे भागें या बाहर रहें अर्थात् वोट ही न डालें तो यह प्रजातंत्र की सबसे बड़ी नपुंसकता होगी।" कुछ लोगों ने कहा—"तब तो अभी हमें किसी एक को अर्थात् नए सामन्तवाद को या पुराने सामन्तवाद को ही चुनना होगा और इन्हें ही आपस में एक-दूसरे को काटने के लिए उपयोग में लाना होगा।" वहीं कुछ लोग बोले—"भइया, इसीलिए नए सामन्तवाद के नाम पर जयभान सिंह के लड़कों को जिताना पड़ेगा, क्योंकि यह पुराने सामन्तवाद को समाप्त करेगा और अगले चरण की लड़ाई का रास्ता साफ़ करेगा।" एक अनुभवी ने राय दी—"भइया, यही तो तुम लोगों ने ठीक से नहीं समझा। गांधी जी ने कहा था कि पापी से नहीं, पाप से घृणा करो। हम पुराने सामन्तवाद यानी जागीरदार के बेटे को जिताकर घिसे-पिटे संस्कारों को धीरे-धीरे समाप्त कर सकते हैं, क्योंकि उनमें हमारे जीते रहने की गुंजाइश बनी रहती है, पर नए सामन्तवाद में तो हम संस्कारविहीन प्राणी हो जाते हैं और जानते ही हो कि जयभान सिंह के लड़के के सामने तो हम सबकी बोलती ही बन्द हो जाती है। भइया, उसकी घटिया गुंडागर्दी से पुराना सामन्तवाद ही भला!"

तभी जागीरदार साहब का बड़ा लड़का अपने प्रचार के सिलसिले में वहाँ आन पहुँचा। माहौल को भाँपकर उसने अपना मुँह खोला—"मेरे भाइयो, कक्का और बब्बा लोगो, हमारे परिवार ने यह तय कर लिया है कि अब हम आप यानी अपने लोगों के साथ ही रहेंगे, हमारा कल्याण भी इसी में है। अब तो हमें आपके पक्ष का समर्थन करना है।" उसकी बातें सुनकर कुछ बुजुर्ग दोहराने लगे—"बड़े कुँअर, ऐसा मत कहिए। हम सब लोग आपको ही वोट देंगे हुजूर। हमें किसी का दुश्मन न बनाइए, हम अपने प्रतिनिधि का परचा वापस कराए ले रहे हैं और यही कहेंगे कि हम दो पाटों के बीच पिसना नहीं चाहते। इसी में हमारी विजय है।"

[सन् 2015 में प्रकाशित 'नई राह' कहानी-संग्रह से]

बोझवा

संध्या का वक़्त, थोड़ी-थोड़ी झुकमुक, ठाकुर पवन सिंह थक हार कर फिर से गोरी गोंड़िन के दुआरे आ खड़े हुए। वहीं से नरम स्वर में बोले—'रोटिहारिन! ओ रोटिहारिन!! नहीं सुनती, उँइ खेतवा मा डरेन रहिहैं बोझवा। उनहीं उठाइकै खरिहाने मा धरैं का कोऊ नहिं समुहाय। सगला गाँव छान डारेन!'

गोरी गोंड़िन की झोपड़ी के अन्दर से कुछ देर तक कोई जवाब नहीं आता। ठाकुर साहब बाँस के लम्बे-से डंडे को अपनी ठोड़ी से टिकाए हुए इधर-उधर देखते रहते हैं। उनमें काफी परिवर्तन आ चुका है। उम्र ढल चुकी है। वे जवानी के दिनों से ही हरिजन-आदिवासी टोले में आया-जाया करते थे। गोरी के घर पर तो वे अपना सबसे अधिक समय बिताया करते थे। कुछ देर तक ख़ामोश रहने के बाद वह पुनः चिल्लाए—'काहे रे! न सुनिहा कोऊ...?'

गोरी अपने बच्चों को चुप कराती हुई भीतर से ही बोली—'को आय, जेही तनिकौ रहाइन नहीं पड़ रही आय?' फिर झोपड़ी से बाहर की ओर झुक कर झाँकते हुए ठाकुर को पहचान कर बोली—'मैं तो वोही दिन नहीं कहि दयउँ कि मोसे अब बोझवा नहिं चलै।' गोरी ने बाहर निकलते हुए अपना साफ़ जवाब थोड़े ही शब्दों में दे दिया था, किन्तु पवन सिंह इससे निराश नहीं हुए। गोरी को अपने सामने देखकर आत्मीयता और पुराने सम्बन्धों के दम पर आगे बढ़ते हुए बोले—'तोसे न चलिहैं त का दुनिया कइन से चलिहैं मोर बोझवा?' मोरे आगे-पाछे हई त तहिन।' यह कहते हुए पवन सिंह अपना डंडा गोरी के दरवाज़े से टिकाकर अउँटी (दीवार से सटाकर बनी हुई चौतरिया) पर बैठ जाते हैं।

गोरी ख़ामोशी से अपने लड़के-लड़कियों को सँभालती हुई, उन्हें डाँटती-फटकारती हुई उनके रात का भोजन बनाने की जल्दी में अन्दर चली गई। श्रमजीवी, ख़ासकर कृषि मज़दूरों का भोजन रात को ही बनता है और उसे लेकर ही वे दूसरे दिन खेतों पर काम करने भी चले जाते हैं। पवन सिंह अउँटी के ऊपर पाँव पसार कर अब यों बैठ जाते हैं, जैसे कोई जंगली हिरण अपनी अखड़ौनी (जंगल में घूमने के बाद जहाँ वह प्रतिदिन सुबह-शाम सुकून से बैठता है) में पहुँच गया हो! वह कुर्ते की जेब से प्लास्टिक की डिबिया निकाल कर, उसमें से

चूना-तम्बाकू लेकर बार-बार मलने लगते हैं और बनी हुई एक चुटकी तम्बाकू मुँह में डाल देते हैं।

गोरी अपनी झोपड़ी के भीतर व्यस्तता में इधर-उधर आती-जाती रहती है और एक बार फिर बाहर की ओर झाँकती है। पवन सिंह को देखती है कि वह अब भी नहीं टरे, वहीं जमे हुए हैं। वह होंठों ही होंठों में भुनभुनाती है—'इनकर बालपन औ बुढ़ापा एही तरहिन गा। इनकर काम होई त दुआरे मा जम जइहैं, दुसरे का जिउ रहै चाहै जाय। इनहीं कोहूके जिउ का धियान नहिं आय। बस इनकर काम होंयका चाही। इहै आय कहिन तै सयान लोग कि आपन दार डार जहाँ डार, मोर तबला रितइन दे।'

ठाकुर पवन सिंह अपने मुँह के भीतर तम्बाकू को बार-बार इधर-उधर चुभलाते हैं। उनके कई दाँत आपने आप गिर चुके हैं। सिर्फ़ आगे की ओर के कुछ दाँत बचे हुए हैं। लिखित रजिस्टर के अनुसार अब उनकी उम्र 56 वर्ष के पार जा चुकी है। वह पड़ोस के गाँव में ही अध्यापक हैं। उनके तीन लड़के हैं। तीनों की पुतउहैं (बहुएँ) आ चुकी हैं। दो लड़कियाँ थीं। दोनों ब्याही जा चुकी हैं। तीनों लड़के नौकर हैं। अपना-अपना परिवार, राग-सुहाग लिए बाहर रहते हैं, क्योंकि घर में न तो बहुओं की सास से पटती है, न पिता से बेटों की। कुछ देर बाद तम्बाकू की पीक थूकते हुए ठाकुर साहब बोले—'न गोरी, हमार तहूँ न सुनिहे त को सुनी? हमहीं अपनी उमिर भर कै सुध तो हइहै कि न तो तैं हमार दुआर छाँड़कै कहूँ अन्तै गई, न हम कबहूँ तोर दुआर छाँड़ेन।' परन्तु गोरी की तरफ से इस कराह का भी कोई प्रतिसाद नहीं मिला।

अब पवन सिंह फिर से सँभल कर उसी अउँटी पर बैठ जाते हैं और स्कूल की कक्षा जैसा अपना प्रलाप शुरू कर देते हैं—'देखो तो क्या ज़माना आ गया! कोई साला किसी को पूछनेवाला नहीं है। कहीं किसी की कोई क़दर नहीं, न कहीं कोई लिहाज़, न दबाव। शासन कहता है खेती करो, उसकी उन्नति करो, अधिक अन्न उपजाओ। किन्तु खेती करना भी अब अपना गला फँसाना है। बाहर से जो कमाकर लाओ, वह भी इसी में लगा दो। और जो लगाओ वह भी न पाओ। यह है खेती का धन्धा। आज पाँचवाँ दिन बीत गया। धान की कटी हुई फ़सल खेत में ही पड़ी है और राही (डंठल में लगे-लगे ही दानों का एकदम सूख कर टेढ़ा हो जाना) जा रही है। पर करें तो क्या करें? कहाँ जाकर सिर पटकें? किससे कहें? कहाँ कोई मज़दूर बोझवा ढोने के लिए मिलनेवाला है!'

ठाकुर साहब का यह प्रलाप सुनकर गोरी दरवाज़े के सामने आ जाती है और अपनी धोती का पल्लू सिर पर खींचते हुए कहती है—'देखी, अपना बिना मतलब खिसियाओ न करी। मैं साफ-साफ ओही दिना बताय दीन्हेंउँ तै कि मोहीं अपना धान काटैं का कूता न देई। अब मोसे मूँड़े मा बोझवा नहिं उठाओ उठै। फिर मोहीं अपने ई लरिकनौ कै रोटी-पहन का उसार करैं का परत है, इनमा कउनौ स्कूल जाति

है, कउनौ काहू के गोरू ताकैं जात है। अउर सबसे बड़ी बात ही कि मोरौ उमिर अब अपना की उमिर से कम नहिं आय। भले मोरे मनई केर उमिर कम रही होय।'

गोरी की बात को बीच में ही काटते हुए पवन सिंह ने कहा—'तोही फुरसत नहिं मिलै त तहीं बताव कि अब हम कैसे कही? हम जेहिके दुआरे जई थे, वा कहत है कि जे केऊ धान काटिस होई, वहै ढोई।'

'त मोसे धानै न कटवउतेन। काहे मैं ओही दिन नहिं कहेउँ तै?'—गोरी यह जवाब जैसे पहले से ही मुँह में लिए बैठी थी, जिसे सुनते ही पवन सिंह ने फिर अपनी अध्यापक वाली भाषा में बोलना प्रारम्भ कर दिया—

'क्या करें? तो अपनी धान किससे कटवाते? क्या भूतों से? भला आजकल कोई खेतों में मज़दूरी करने को तैयार भी है? अब तो सभी के अपने अलग-अलग धन्धे हैं? इस धूप, पानी, काँदौ-कीचड़ में कौन काम करना चाहता है? कोई फैक्ट्री जाएगा तो कोई कॉलरी ज्वाइन करना चाहेगा तो कोई पीडब्ल्यूडी में जाता है। कुछ नहीं तो अनेक लोग बीड़ी बनाने में ही मगन हैं। जो मज़दूर पहले यहाँ खेती-पाती का काम किया करते थे, वे भी आजकल बाज़ारों से फल और सब्ज़ियाँ लाकर गाँव में बेचकर अपनी गुज़र कर लेते हैं। खेती की मज़दूरी से ज़्यादा कमा लेते हैं। खेती में काम करने तो अब वही लोग जाते हैं जो अपंग होते हैं या बेअकल।'

पवन सिंह की बातों में कृषि मजदूरों की प्रगति का विरोध भाँपकर गोरी थोड़ा तिलमिलाकर बोली—'सुनी ठाकुर साहब! मैं य नहिं जानौं अपना का भासन-वासन, पै मोर मनई त अबहूँ अपनै का हल चलावत हवै। हाँ, यतना जरूड़ है कि अब मोसे बोझवा नहिं उठाओ उठै, त बताय दीन्ह्यौं कि अब नहीं आय मोर उमिर बोझवा ढोवैं कै।'

यह सुनकर पवन सिंह अपने तार्किक लहज़े में पूछ बैठे—'तो कहाँ मिलेंगे अब मिलिट्री के नौजवान, हमारे धान के बोझवा ढोने के लिए?'

गोरी कोई जवाब देती, इसके पहले ही शहर की ओर से सरकारी ग्रामसेवक साहब गाँव के कुछ लोगों के साथ खाद की बोरियाँ साइकिलों पर लादे वहाँ पहुँच गए। उस चाँदनी रात में गोरी गोंड़िन की ड्योढ़ी पर ठाकुर पवन सिंह को बैठे देखकर ग्रामसेवक जी ने दूर से ही उनको जयराम जी की कहा। पवन सिंह ने उनके अभिवादन को अपनी खीझ के कारण अनसुनाकर दिया। लेकिन जब नजदीक आकर ग्रामसेवक जी ने उन ग्रामीणों के साथ फिर से पवन सिंह को नमस्कार किया तो कुछ ढीले-ढाले मन से उन्होंने उनके अभिवादन का उत्तर दिया। ग्राम सेवक ने अपना कुछ काम राह चलते ही निपटा लेने के इरादे से साइकल वहीं टिका दी और पवन सिंह के नजदीक आकर कहने लगे—'दाऊ साहब! ब्लॉक में इस समय सभी तरह के बीज, खाद और दवाइयाँ आ चुकी हैं। आप मौक़ा निकालकर कल-परसों ही उन्हें मँगवा लें। आपको तो सब नकद दामों में ही लेना है, इसलिए मनचाही और

अच्छी किस्में अभी मिल जाएँगी। देखिए, सरकारी कार्यालयों में अगर कोई चीज घट गई तो उसके दोबारा आने तक फ़सल का सही अवसर ही निकल जाता है। बेहतर यही होगा कि कल आप किसी को सौ काम छोड़कर ब्लॉक के कार्यालय भिजवा दें। मैं ख़ुद वहाँ मौजूद रहूँगा और आपका पूरा काम करवा दूँगा।'

पवन सिंह चिन्ताग्रस्त हालत में अपना माथा थोड़ा ऊपर उठा कर कहने लगे—'क्या करें, क्या ना करें! बस अकेले हैं तो हमीं, चाहे जहाँ मरें! हमारे देश में उपदेशों की कभी कोई कमी नहीं रही। पहले परलोक के उपदेश हुआ करते थे और अब लोक जीवन विकास के उपदेश होते हैं, जो आप जैसे सरकारी कर्मचारी दिया करते हैं। किस पर कहाँ कैसी गुज़रती है, कौन अपना काम कैसे चलाता है, इसे देखने-सुननेवाला कोई नहीं है। कातिक के इस महीने में किसानों की क्या कठिनाई है, इससे बचाने का क्या उपाय है, इसकी ओर कोई ध्यान ही नहीं देना चाहता।'

'नहीं दाऊ साहब, ऐसा बिलकुल नहीं है! अब तो हर प्रकार से गाँव की ही भलाई के उपाय सोचे जा रहे हैं और यही प्रयोग हर जगह हो रहे हैं।'—ग्रामसेवक ने साधिकार समझाने की कोशिश की।

'अरे ग्रामसेवक जी! लगता है आप भी भाषणों की ही तनख़्वाह पाते हैं। आपके सरकारी आँकड़ों से तो हो चुकी गाँव की भलाई। क्या आपने कभी गाँव की दयनीय हालत को आँख खोल कर देखा? क्या कारण है कि अब गाँव में मेहनत का काम करनेवाले आदमी ही नहीं मिलते? गाँव में कोई रहना नहीं चाहता। गाँव के कर्मचारी— पटवारी, ग्रामसेवक, समिति सेवक, डॉक्टर बाई, फॉरेस्ट गॉर्ड, प्राइमरी मास्टर भी अब शहरों में ही बसना चाहते हैं। किसान व कृषि मजदूरों के लड़के भी शहरों की ओर भाग रहे हैं। पता नहीं, इस ज़माने में गाँव में कौन रह जाएगा और कौन खेती करेगा!'—यह कहते हुए पवन सिंह ने अपना मुँह लटका लिया।

ग्रामसेवक कुछ सोचते हुए बोले—'दाऊ साहब, आप सौ टके की बात कर रहे हैं। मैं इससे सहमत हूँ, पर एक सवाल है जो मेरी समझ में नहीं आता कि देश में तो भयंकर बेरोज़गारी फैली हुई है, सरकार को चपरासी का एक पद भरना हो तो पढ़े-लिखे लोगों के भी हज़ारों आवेदन प्राप्त होते हैं। लेकिन किसानों के लिए चार मज़दूरों की ज़रूरत हो तो वे ढूँढ़े नहीं मिलते! आख़िर क्यों?'

गोरी वहीं खड़ी-खड़ी इनकी बातें सुन रही थी। जवाब उसके मुँह पर आ गया तो वह ख़ुद को रोक नहीं सकी—'सुन ल्यो गिरामसेवक जी, हमार पड़ोसी मुन्नी के दद्दा, कोइला का काम करत हे, कम-से-कम 50 कै नोट रोज कमात हे अउर ईं किसान दिनभर 5 रुपिया मा हल जोतबाबत हे।'

गोरी का उलाहना सुनकर पवन सिंह को अपना अपमान महसूस हुआ। वह अपनी लाठी ठोकते हुए ऊँची आवाज़ में बोले—'तैं य ठीक कहे। काहे न किसान आपन सब घर लाय-भूँज देय अउर खुदै भीख माँगै लगै?' फिर पलट कर कहने

लगे—'ग्रामसेवक जी, हम दो हल चलाते हैं और तीन आदमी रखते हैं। उन्हें कम-से-कम मज़दूरी भी दें तो हमें उनको लगभग 5000 रुपये चुकाने पड़ते हैं। अब आप पकड़ लीजिए कि 2000 रुपये की खाद आपकी जानकारी में ही उठाते हैं, सिंचाई में 3000 ख़र्च करते हैं और पैदा करते हैं लगभग 10,000 रुपये का अनाज। अब आप ही बताइए कि ऐसे में अगर कोई ज़्यादा मज़दूरी देना चाहे भी तो किस बाप से लाकर देगा? बोने के लिए तो बीज मिलता है 600 रुपये प्रति क्विंटल, और हमारी फ़सल तैयार होने पर अनाज बिकता है 200 रुपये प्रति क्विंटल! बोलिए, साल-दर-साल यह कोल्हू हम कैसे पेरें? अब तो खेती बोझवा बनती जा रही है बोझवा!'

ग्रामसेवक ने कहा—'दाऊ साहब! आपकी बात झूठी नहीं है, पर पता नहीं आप लोग घाटे की खेती करते ही क्यों हैं? फिर आपके तीनों लड़के तो नौकर-चाकर हैं, गाँव आकर अपने खेतों में वे काम नहीं करते या करना नहीं चाहते। आप भी बुजुर्ग हो गए, आपको भी आराम मिलना चाहिए। आप जैसे अध्यापक को व्यक्तिगत खेती करवाने से क्या लाभ होगा? आपको तो अपनी सारी भूमि यहाँ के बेरोज़गार ग्रामीणों, भूमिहीन दलितों व आदिवासियों में यों ही बाँट देनी चाहिए।'

यह सुनते ही पवन सिंह कुलबुला उठे—'तुम कुछ नहीं जानते ग्रामसेवक, कुछ भी नहीं। जिस दिन यहाँ सरकारी नौकर या अफ़सर लोग खेती करवाना बन्द कर देंगे, उस दिन तुम्हारे विकासखंड की खेती से सम्बन्धित उन्नति के सारे आँकड़े ग़ायब हो जाएँगे। तुम ही बताओ, क्या कभी किसी दो-तीन एकड़ ज़मीन वाले किसान का नाम ज़्यादा पैदावार करनेवालों की परसेंटेज में शामिल रहा है?'

ग्रामसेवक ने चुटकी ली—'दाऊ साहब, मेरा मतलब यह नहीं है कि कहाँ क्या होता है और क्या नहीं। यह तो स्पष्ट है कि खेती जब उद्योगों की तरह चलेगी, तभी उससे लाभ हो सकेगा, तभी किसान तरक्की कर पाएगा। फिर चाहे वह सरकारी खेती हो, सहकारी हो या व्यक्तिगत रूप में हो। परन्तु कोई भी धन्धा व्यक्तिगत रूप में तभी बड़ा स्वरूप पाएगा, जब उसका मालिक पूँजीपति हो। लेकिन अगर देश में हर आदमी को स्वावलम्बी बनाना है, उसे काम देना है तो कम-से-कम इतना होना ही चाहिए कि एक आदमी एक ही काम करे। तभी वह काम बेहतर भी हो सकता है। इसी कारण से आपको अपनी खेती दलितों-आदिवासियों को दे देना चाहिए, ताकि खेती की गुणवत्ता में सुधार हो सके।'

यह सुनते ही गोरी ठहाका लगाकर हँस पड़ी—'वाह! अपनौ खूब कहेन गिरामसेवक जी!! ईं हजूर आपन जमीन हमहीं पाँचन का कबहूँ दइहैं भला? हजूर ठीक कहिन कि हम पंचे कुछू नहिं जानी। ईं त काम चाहे कुछू न करैं पै कउनौ न कउनौ बहाना बनाइके हमारिउ जमीन लइ लेत हे। इनकर सब काम हम खेतिहर मजूरनै से चलत आय रहा है, पै ईं हमरे कनईं कबहूँ नहिं बोले। वा दिना मैं मजूरी बढ़ावैं के लाने पंचाइत करवाए रह्यौं है, त वा रोज सबसे जादा बिरोध ईं हजूरै किहिन तै।'

यह सुनकर पवन सिंह का चेहरा लाल हो गया। होंठ फड़कने लगे। पर ग़ुस्से का घूँट पीकर रह गए। मुँह फुलाए इधर-उधर देखते रहे, फिर खिसियाकर बोले—'गोरी, मुझे इस बात से भारी चिढ़ है कि कोई किसी का अहसान नहीं मानता। वह कौन-सा ऐसा काम है, जो मैंने तुम्हारे घर के लिए नहीं किया? सरकारी क़र्ज़ तुम्हें दिलवाए, हर सही-ग़लत में तुम्हारे साथ रहा, तुम्हारे पक्ष में दूसरों से लड़ता रहा, तुम्हारे लिए अपने सगे भाई-पट्टीदारों से विरोध मोल लेता रहा। किन्तु इस सबका कोई अहसान नहीं! वाह रे संसार!! वाह रे ईमान!!!'

ठाकुर साहब के चेहरे का बदला हुआ रंग देखकर उनको ख़ुश करने के इरादे से गोरी बुढ़ापे में भी कटाक्ष करते हुए बोली—'अपना तो झट्ट से तिनग जा करित हयन। अपना मोर मदद कीन्हेन है अउर आजौ करीथे। येही से त मैं अपना केर सेवा जनम भर कीन्ह्यौं है अउर आगेउ करिहौं। पै अपना य बात काहे नहिं मानी कि अपना आहेन किसान अ उर मैं आहूँ मजूरिन। अपना बरहमेसा किसानन के कनईं रहा करीथे, मजूरन का धियान अपना का कबहूँ नहिं रहै। अपना के औ हमारे बीच का य भेद कबहूँ नहिं मिटा आय औ अबहूँ बना है। असल लड़ाई औ रगड़ा कै जड़ यहै आय।'

निरक्षर खेतिहर मज़दूर होने के बावजूद गोरी की इतनी स्पष्ट समझ का क़ायल होकर ग्राम सेवक जी बोल उठे—'ठीक, यह बिलकुल ठीक बात कह रही है दाऊ साहब! भेद और संघर्ष तो तब तक रहता है, जब तक लोगों के अलग-अलग वर्ग मौजूद हैं। इसीलिए तो दुनिया में वर्गविहीन समाज की कल्पना की जाती है। अपने वर्ग की पहचान करना और उसकी अच्छाई-बुराई जानना इस ज़माने की अनिवार्य जरूरत है।'

आख़िरकार ठाकुर पवन सिंह को भी यह सच्चाई स्वीकार करनी पड़ी। उन्होंने फ़ैसलाकुन अन्दाज़ में कहा—'वास्तव में भलाई इसी में है कि कृषि मज़दूर और किसानों के बीच का भेद समूल मिट जाए। इसी भेद के कारण श्रमिक वर्ग सारे काम सँभालने के बावजूद बेहतर से बेहतर परिणाम को अपना नहीं मानता।'

अब पवन सिंह का ग़ुस्सा काफ़ूर हो गया था। उन्होंने हँसते हुए गोंड़िन से कहा—'गोरी, धान के बोझवा त तुम्हिन पंचेन का ढोवैं का है, अब चाहै खुदै ढोवा या कोहू अउर से ढोबावा। य तुम्हारै खेती-पाती औ घर-दुआर आय।'

गोरी ने फिर से कटाक्ष किया—'काहे नहीं, अटरिया, दुअरिया त तुम्हारै आय, पै डेहरिया मा लात न धरे!'

ग्रामसेवक जी ने उसका समर्थन किया—'दाऊ साहब, न्याय तो यही है कि खेती उन्हीं की होनी चाहिए, जो खेत में काम करें।'

[सन् 2006 में प्रकाशित 'गाँवों की धूल से' कहानी-संग्रह से]

सनेही भाई

सनेही भाई ज़िन्दगी भर जूझता रहा। जब उसकी उम्र लगभग 8 साल की थी, तभी से वह अपने गाँव के एक किसान के मवेशी ताकने लगा। उसकी उम्र तो कम थी ही, उसका क़द भी बहुत छोटा-सा था। वह खाना चिड़ियों की तरह खाता था। पानी तो उसे दिन-दिन भर न चाहिए। वह अकसर कहा करता था कि पानी पीनेवालों की आँतें सड़ जाती हैं। कामकाज के मामले में बड़ा होशियार और तेज़ आदमी था। मवेशियों के पीछे, जब वे हरहाई (दूसरों के खेतों में चरने) के लिए भागते हैं, वह इस तरह दौड़ता था कि जैसे कोई गोली के आकार का आदमी हो। वह छोटे बच्चों की गेंद की तरह हमेशा लुढ़कता, ढनगता और अपना काम करता नज़र आता था। सनेही भाई जब कुछ सयाना हुआ, तब भी उसके पास गाँव के किसानों की हलवाही करने के अलावा कोई चारा नहीं था। यद्यपि सनेही भाई कई कामों में कुशल हो चुका था। बैलगाड़ी हाँकने, लादने, भरने में वह सिद्धहस्त था, रस्सी बाँटने, गेरमा-नारा बनाने तथा घास लाने की खरिया व चारपाई बुनने, मिट्टी के खपड़े वगैरह बनाने के लिए भी गाँव का वह जाना-माना और ज़रूरी कलाकार बन गया था।

सनेही भाई किसान के यहाँ हलवाही का काम करते हुए अपने मालिक की नज़रों में भी ईमानदार और मोतबर बना रहा। उसका मालिक गाँव का छोटा-मोटा ब्यौहर (शाहूकार) था, वह दरवाज़े पर स्वागत करने, खिलाने-पिलाने में उदार माना जाता था। सनेही भाई अपने उस मालिक के (जिसे वह बड़े दाऊ कहा करता है) हमेशा गुण गाता रहता है। वह अब भी बड़ी शान के साथ कहता है कि बड़े दाऊ अपने लिए परोसा गया दूध का खोरबा (कटोरा) उसके आगे खिसका देते थे।

सनेही भाई अपने मालिक की सारी गृहस्थी की देखरेख करने का जिम्मेदार हो गया था और मालिक की बियारी के साथ ही उसके रात का भोजन भी हुआ करता था। घर के बहुत से आर्थिक मामले अब सनेही भाई ही निपटा देता था। मालिक या मालिक के परिवार से बिना पूछे ही दूसरे लोगों की ज़रूरत पर वह मालिक के घर का दूध, रस्सी, गेरमा, नारा, कुदाली, फावड़ा, कुल्हाड़ी, हँसिया, हल, बैलगाड़ी व बैल तक दूसरों को दे दिया करता था। उसके मालिक का भरोसा उस

पर था। वह जब कभी हार-पहार जाता तो उसका मालिक जो पैसे उसे दे देता था, उसका हिसाब कभी नहीं लेता था। इसीलिए सनेही भाई की ईमानदारी की चर्चा अब बहुत से लोग करने लगे थे। सनेही अपनी ईमानदारी की यह कहानी अकसर सबको सुनाया करता है—

एक बार आषाढ़ के महीने में सुदिन लिया जा रहा था। सुदिन खेती के आषाढ़ी काम की शुरुआत को कहते हैं, जिसमें किसान का हलवाहा सर्वप्रथम हल लेकर खेत पर पहुँचता है, किसान के घर की सुहागिन नौकरानी या उसकी लड़की या बहन ही सिर पर कलश लेकर वहाँ सामने खड़ी रहती है। हलवाहा जब हल नाँध कर चलाता है तो वहाँ उसकी हथेली व हल की मुठिया पर स्वर्ण मुद्रा रखी जाती है। फिर हलवाहा जैसे ही हल चलाता है, किसान पवित्र अन्न—जौ, सामा, धान वगैरह बोते हैं। हल केवल पाँच या सात फेरे चलाया जाता है। इसके बाद किसान इस हलपति की पूजा करता है। लोटे से जल लेकर छिड़कता है, हल्दी, चन्दन, अक्षत टीकता है। फिर किसान चने की दाल, जो प्रसाद के रूप में वहाँ ले जाता है, सभी को बाँटता है। यह सारा काम बड़ी भावनापूर्ण स्थिति में होता है।

सनेही इसी भावना में विभोर होकर जब हल चला रहा था तो वह स्वर्ण मुद्रा कहीं खिसक गई और मिट्टी में दब गई। सनेही भाई को यह ध्यान नहीं रहा कि मुट्ठी में आई स्वर्ण मुद्रा का ध्यान रखना ही होगा, वरना भला नहीं। कहा जाता है कि अनायास सोना हाथ लगना उतना बड़ा फल नहीं होता, लेकिन सोना हाथ से गिर जाना बहुत बड़ा दोष है। कार्यक्रम समाप्त होते ही सनेही भाई को जब मुद्रा की याद आई तो वह उसकी खोज में सारे खेत में दौड़ता फिरा। पर मुद्रा तो हाथ से जा चुकी थी। किसान के घर उस दिन मुद्रा के शोक में हड़कम्प मचा रहा। किसान की घरवाली, जो हमेशा वह मुद्रा अपने गले से कभी नहीं उतारती थी, बहुत दुखी हुई। पंडित जी ने उसे बता रखा था कि सोने की मुद्रा वाला पानी शरीर में बहने से काया पवित्र होती रहती है। पर कोई करे तो क्या करे! वह मुद्रा सनेही भाई के हाथ से धोखे में निकल चुकी थी।

सनेही भाई की ईमानदारी की चर्चा पहले से ही लोग करते आ रहे थे, लेकिन इस दरमियान चर्चाओं ने और ज़्यादा ज़ोर पकड़ लिया। यद्यपि इस किसान परिवार के भी किसी सदस्य को सनेही भाई की ईमानदारी पर कोई शक नहीं था और यह भी एक तथ्य था कि सनेही भाई जैसा होशियार व ईमानदार हलवाहा इस ज़माने में किसी को मिलना मुश्किल था। लेकिन इस ज़माने की यह भी तो एक सच्चाई ही है कि अगर अपनी मुट्ठी में आई मुद्रा चाहे कोई अपने घर ले जाए या मिट्टी में गिरा दे, शंका के घेरे से वह नहीं बचेगा। सनेही भाई तो गाँव का कृषि श्रमिक था। बेचारा कभी अख़बार भी नहीं पढ़ता था, जो जान पाता कि यहाँ बड़े से बड़े घोटालेबाज़ केन्द्रीय वित्तमंत्री तक बन चुके हैं। यहाँ तो यह भी पता नहीं लग पाया

कि किसने सोना चुराया और किसने सोना गिराया। इस सोने की प्रभुता वाले समाज में शंका के शिकार वे सभी लोग होते हैं, जो सोने पर ग़लती से भी नज़र डाल देते हैं। सनेही भाई अपने किसान का हर कार्य अब भी स्वामिभक्ति के साथ ही कर रहा था, पर उसका पहले जैसा मन नहीं लगता था। उसके मन में रात-दिन घुन लगा रहता था कि अब इस घर में उसको वैसा सम्मान नहीं मिलता, उस पर पहले जैसा भरोसा नहीं रहा।

किसान के घर के लोग तो कम, पर इधर-उधर के लोग मुँह देख-देखकर अपने-अपने ढंग की बातें ज़्यादा करते रहते थे। जब वे किसान के घर के लोगों से मिलते तो कहते कि भइया अब हरिश्चन्द्र का ज़माना नहीं रहा, सोना केही पियार नहीं होय। वही लोग जब सनेही भाई के सामने होते थे तो कहने लगते—'साला, चाहे अपना ख़ून औंट दो, ज़माने में कोई किसी को ईमानदार माननेवाला नहीं है।' इन बातों को सुनकर सनेही भाई अब दिनोंदिन उखड़ता ही चला जा रहा था। यद्यपि उसका स्वभाव, उसकी मान्यता अब भी भक्तिकाल वाली ही कायम थी, पर ज़माना जब चारों तरफ पूँजी-स्वामित्व और अपने-अपने मलकत्तम का छा गया तो उसकी छाया से सनेही भाई का बचना सम्भव नहीं था।

सनेही भाई के मालिक ने ज़माने के अनुसार उस पर कुछ अहसान भी किए थे। जैसे कि अपनी एक अधियर भैंस सनेही भाई के परिवार को उधारी और सस्ती क़ीमत में दे दी थी। अपनी कुछ परती ज़मीन में एक बाँध भी उन्हें जोतने-बोने के लिए दे रखा था। जब सनेही भाई का मान-सम्मान किसान के घर में हलवाह के रूप में गिरता ही चला गया और गाँव के कुछ लोग, जो सनेही भाई के अड़ोसी-पड़ोसी थे, काफी हमदर्दी से सनेही भाई को पानी पिलाने लगे तो सनेही भाई और किसान के बीच बड़ा फ़र्क आ गया। वह गाँव-गाँव में ख़ुद सबको सुनाता फिरने लगा कि जनम भर ईमानदारी से काम किया, पर अन्त में अहसान की जगह अविश्वास का इल्ज़ाम मिला। यद्यपि यहाँ किसान भी अपनी अहसानमन्दी पर सीना तान रहा था—'हमारी सोने की मोहर इसी के हाथ से गई। उसकी भरपाई इससे हमने नहीं ली। हमारे ही घर की कमाई से इसके घर में एक नहीं, दो-तीन भैंसें हो गईं। एक खेत हो गया। पर इसके बदले में यह हमारा काम छोड़ रहा है और हमसे दुश्मनी कर रहा है।' जबकि सनेही भाई का सोचना था—'मेरी सारी ज़िन्दगी इनके परिवार की सेवा में हवन हो गई, मगर इनकी नज़रों से मुझे स्नेह नहीं, कुदृष्टि मिली?'

ये दोनों पक्ष जिस बीमारी का एक साथ शिकार हो रहे थे, शायद उसे पहचान ही नहीं पा रहे थे। बिरले वैद्य ही पकड़ पाते हैं कि यह तो स्वर्ण मुद्रा की निजी मिल्कियत से ज़माने में फैलनेवाला ज़हर था, जो सनेही भाई जैसे अल्पाहारी व्यक्ति को भी अपनी चपेट से नहीं बचाता। आख़िरकार सनेही भाई का मन अपने मालिक किसान से उचट गया। मालिक को भी ताव आया—'हमने ही इसे बनाया और यह

हमें ही बदनाम कर रहा है। अगर ऐसा नहीं है तो हमारे ही समाज के सिद्धान्त और हमारी जैसी व्यवस्था से अलग यह सोचता ही क्यों है?' किसान ने उसे फौरन अपने काम से निकाल बाहर किया और कहा—'जाओ बेटऊ, न घर के रहोगे न घाट के।'

सनेही भाई के दिमाग़ में भी अब अपनी जायदाद का सहारा लेने के अलावा और कोई भी विकल्प भी न था।

अब वह अपने घर की ही खेती और भैंसों की सेवा में लग गया। गाँवों के लोगों से लगातार मिलते-जुलते रहने पर वह बड़ा जनप्रिय व्यक्ति भी बन गया। उसके दरवाज़े पर दरबार लगा ही रहता था। बाहर से आने-जानेवाले लोग भी उसी के दरबार में ठहरने लगे। देर रात तक उसके दरवाज़े का कउड़ा ठंडा नहीं होता था। सनेही भाई अब न्याय करनेवाले पंचों में गिना और बुलाया जाने लगा। चुनाव तो वह कभी नहीं लड़ा, पर हर चुनाव में लोगों को हराने-जिताने में उसका योगदान होता था। उसके दिमाग़ में एक बात और आई कि अब अधिक नाम कमाया जाए। कुछ बड़ी जायदाद भी बनाई जाए।

इसके लिए उसकी नज़र में गाँव का एक ब्राह्मण चढ़ गया, जो एकदम पुरातनपंथी और निरबंशी था। वह बुद्धि और स्वभाव से इतना विपरीत था कि अपनी पत्नी को, जिसका उस समय कम उम्र में ही विवाह हुआ था, डंडे मार-मार कर खदेड़ आया था। उसके पास ज़मीन-जायदाद भी मौजूद थी। सनेही भाई ने सोचा कि यह निरीह प्राणी है, ब्राह्मण भी है, इसकी सेवा की जाए तो परलोक का पुण्य भी मिलेगा और इस लोक के लिए देर-सवेर इसकी ज़ायदाद भी मिल ही जाएगी।

फिर क्या था, बीमारी वगैरह में सनेही भाई ने उसकी बड़ी सेवा की। कुछ बड़े किसान भी उस पर नज़र रखते थे कि इसकी ज़मीन मौक़े की है, इसे हथियाया जाए। पर सनेही भाई ने कुछ तो अपनी सेवा की बदौलत और कुछ क़ीमत दे कर उसकी थोड़ी-सी ज़मीन अपने नाम करवा ली। फिर सनेही भाई का लालच, जिस तरह पूँजी का स्वामित्व थोड़ा होने पर ज़्यादा बढ़ता है, बढ़ता ही गया। उस ब्राह्मण की पूरी ज़मीन गाँव के मालिकों ने चोरी-चोरी अपने नाम करवानी चाही, पर सनेही भाई भावावेश में हल की मूठ पर रखी मोहर की तरह ही इस बात को भी भूले जा रहे थे कि पूँजी बढ़ाने की लड़ाई पूँजीपतियों से होती ही है। यह लड़ाई उनकी ही तरह बेईमानी से, उनके मुकाबले की पूँजी होने पर ही लड़ी जा सकती है। पूँजीपतियों से कोई लड़ाई पूँजी के व्यक्तिगत स्वामित्व के मोह को त्याग कर ही लड़ना सनेही भाई की चतुराई थी।

यह ख़बर गाँव में लगते ही खलबली मच गई। जिनकी नज़रें ब्राह्मण की ज़मीन पर लगी थीं, उन्हें तो सनेही भाई सबसे बड़ा चालाक और अविश्वासी नजर आया। उन्होंने भी इस ओर ध्यान दिया कि यह तो अपनी-अपनी पूँजी बढ़ाने का ही

पवित्र कर्तव्य है। अब मोर्चेबन्दी हो गई। सनेही भाई के जो दोस्त थे, वे भी अब गाँव के बाहर से सनेही भाई का सबसे बड़ा दुश्मन तलाशने लगे। उन्हें यहाँ जाति व परिवारवाद के नाम पर एक सूरमा मिल भी गया, जो एक-दो नहीं कई लोगों की ज़मीन अपनी बना चुका था। सनेही भाई को उसने अपने स्नेह से ही जीतना चाहा। पहले वह सनेही भाई के घर से उस ब्राह्मण को ही अपना कक्का बनाकर सेवा कराने ले गया, जिसकी बीमारी में सेवा करने वह कभी नहीं आया था। फिर सनेही के घर में दो दलाल टिका दिए, जो सनेही भाई के घर की भैंस का ही दूध खा रहे थे, और सनेही भाई के परिवार से ही पैर दबवाते थे और उसे पुराने मालिकों की बुराइयाँ नमक-मिर्च लगाकर सुनाते रहते थे।

उन्होंने सनेही भाई को समझाया कि ब्राह्मण के काग़ज़ात पक्के नहीं हैं। तो तुम इस पूरी ज़मीन को, जो तुम्हारे नाम पर भी है, सबकी सब ब्राह्मण के नाम वारसाना करवा दो। फिर वह तुम्हारे नाम पर ज़मीन का वापस पक्का पट्टा चढ़वा देगा। सनेही भाई की बुद्धि में लालच आ गया। विश्वास पुराने ज़माने का ही था, जिससे सनेही भाई को धोखा होना स्वाभाविक था। सनेही भाई ने दलालों के विश्वास पर अपनी सारी ज़मीन उस ब्राह्मण के नाम पर करवा दी। अब वह सनेही भाई को कैसे मिलती? क्योंकि सनेही भाई का तो यह विश्वास ही ग़लत था कि पूँजीपतियों के दलाल भी कभी सत्य बोलते हैं। आख़िरकार सनेही भाई की ज़िन्दगी जिस ग़रीबी से शुरू हुई थी, उससे भी अधिक बदतर हालत में लौट आई। वह दिन-रात घबराते-पछताते हुए आँखों से भी अन्धा हो गया।

अब उसके लड़के, बहू, नाती-पोते भी उसे बुद्धू कहकर अनादर करते हैं। उसके पास ज़मीन-जायदाद तो बची नहीं कि कोई लालच में ही उसकी सेवा करे। सनेही भाई की पत्नी, जो जीवन भर चतुराई और चुगलख़ोरी में ही लगी रही, अब अन्धी है। इस हालत में सनेही भाई सोचता है कि क्या उसने अपने पुराने मालिक की ग़ुलामी छोड़कर ग़लती की? उसके मन में पूँजीपति बनने की हवस तो शायद बची न हो, पर वह ज़िन्दगी में किसी की ग़ुलामी से मुक्त होकर जीने को भी नाकाम समझने लगा है। इसलिए अब वह अपने पुराने किसान बड़े दाऊ के ही गुन गाता रहता है।

[सन् 2015 में प्रकाशित 'नई राह' कहानी-संग्रह से]

छूलन सोहारी

सोनेलाल के पुरखों का धन्धा खेती था। उनके पास उपजाऊ क़िस्म की लगभग सात एकड़ ज़मीन मौजूद थी। वे उसके पूर्ण मालिक थे। इस ज़मीन को उन्होंने अपने ही हाथों से बँधान बाँधकर व बंजर कगारों को समतल करके हासिल किया था। इसका पट्टा बनाने के लिए उन्होंने गाँव के ठाकुर साहब को केवल पाँच रुपये का नज़राना चढ़ाया था। बाक़ी की खेती का सारा कारोबार उनकी अपनी मेहनत पर ही निर्भर था। उन्हें खेती करने के लिए कहीं से कोई ऋण नहीं लेना पड़ता था।

सोनेलाल अपने घर का लाड़ला बेटा था। उसके सिवा घर में कोई लड़का-लड़की नहीं थी। उसका परिवार बड़ा था। उसके दो चाचा थे, पर उन दोनों की ही पत्नियाँ नहीं थीं। एक हैज़ा में नहीं रही और दूसरे चाचा की शादी ही नहीं हुई, क्योंकि वह बुद्धू चाचा थे। सोनेलाल का बचपन में बड़ा सम्मान था। घर के लोग उससे कोई काम नहीं करवाते थे। शायद इसीलिए कि यहाँ के समाज की पूर्व-परम्परा ही यही है कि जो अपने हाथों से कठिन व मेहनत का काम करता है, वह सम्मानीय नहीं होता। और जो सम्माननीय होते हैं, वे ख़ुद अपने हाथों पानी भी नहीं पीना चाहते।

सोनेलाल अपने गाँव के उन बड़े-बड़े ज़मींदार रईसों को ख़ुद साथ लेकर घूमता-फिरता रहता था, जो सौ-डेढ़ सौ एकड़ भूमि के मालिक थे। घर से उसे पूरी छुट्टी मिली हुई थी। वह जहाँ चाहे, वहाँ जाए। जो मन आए, सो करे। परन्तु सोनेलाल के घर के सयाने लोग जब धीरे-धीरे खिसकने लगे तो सोनेलाल को अपने घर की तरक़्क़ी और देखभाल की चिन्ता बढ़ी। वह चाहता था कि उसके घर का कारोबार उसके बाप-पुरखों के ज़माने के मुक़ाबले बढ़ जाए पर वह अपने हाथ से कोई काम नहीं करता था। कोई काम उससे करते भी न बनता था। उसको अब अपने हर काम के लिए मज़दूर चाहिए। बैल बाँधने, चराने व उनका गोबर उठाने, गाय दुहने व हल चलाने तथा बुवाई, कटाई, गहाई, ढुलाई ही क्या, उसे अपने परिवार के खाने के लिए गेहूँ पिसाने व खाना बनाने के लिए भी मज़दूर ही चाहिए थे।

सोनेलाल जी सुकुमार शरीर वाले थे। फिर ऐसे सुकुमार शरीर वाले रईस की पत्नी भी तो रुखड़े शरीर वाली नहीं हो सकती थी। तभी तो सोनेलाल जी का पत्नी जी से मेल बैठा था। घर में पूरा रईसी वातावरण था। उनके घर के लड़के

भी अपने हाथों से कोई काम करना अच्छा नहीं समझते थे। उनके घर में महीन कपड़ों, स्वादिष्ट मिष्ठान्नों, लज़ीज़ पकवानों और ख़ुशबूदार तेल, क्रीम, पाउडर व इत्रों का वर्णन ही हमेशा चर्चा का विषय बने रहते थे। दूसरों के घर में फैशन का पर्याप्त प्रचार व भरपूर अमल न होते देख उन्हें अपने से कम सभ्य मानने का स्वाभिमान भी सोनेलाल के परिवार में भरपूर था।

सोनेलाल अपने बच्चों को पढ़ाना-लिखाना और उन्हें अच्छे पब्लिक स्कूलों में भेजना चाहते थे, जहाँ बड़े-बड़े रईसों के लड़के पढ़ते थे। सोनेलाल इस बात को भी जानते थे कि लड़कों को किसी तरह की कमी का अहसास न हो, वरना लड़कों के मनोविज्ञान पर ग़लत असर पड़ता है। इसी वज़ह से वे अपने लड़कों के लिए स्कूल का सभी सामान नम्बर वन का ही देते थे। सोनेलाल की खेती के लिए भी तीन-चार आदमी नियमित रूप से होने ही चाहिए थे। परन्तु ज़मीन उसके पास सात-आठ एकड़ ही थी। उस पर भी खेती के कामों की सारी जानकारी व ज़िम्मेदारी उनके मज़दूरों को ही रहती थी। उनकी उपज की क़ीमत कभी इतनी नहीं होती थी कि खेती के सारे कामों और सोनेलाल के परिवार का ख़र्च उसमें अँट सके। लिहाज़ा, सोनेलाल ने अपने पुरखों के न रहने के साल-दो साल बाद ही कर्ज़ लेना शुरू कर दिया था। कुछ सरकारी बैंकों व समितियों से और कुछ अपने हितुआ व्यौहारियों से।

सोनेलाल का सिद्धान्त भी तो 'घी खाना पगड़ी रखना' वाला नहीं था। उनका व्यवहार पगड़ी बेचकर घी खाने का था। अब सोनेलाल धीरे-धीरे हर साल एक-दो एकड़ ज़मीन भी बेचने लगे थे। लगभग चार-पाँच साल में ही उनकी सारी ज़मीन बिक गई। कुछ सोनेलाल ने बेची, कुछ उनके उधारी वालों ने बिकवा दी। आख़िरकार, बची-खुची पूँजी से सोनेलाल जी ने अपने गाँव के समीप वाले कस्बे में एक फर्नीचर की दुकान डलवाई, जिसमें अपने एक-दो रिश्तेदारों को लगा दिया। इनमें कुछ पूर्ण कारीगर थे और कुछ कारीगरी सीखने की सोच रहे थे। यहाँ बढ़ईगीरी के सारे औज़ार—कुल्हाड़ी, वसूला, निहान, खलोही, रमदा, आरी, बरमा वगैरह ख़रीदे गए; परन्तु वह दुकान इतनी बड़ी नहीं थी कि सबके ख़र्च पूरे करके किसी ठिगधर आमदनी का ज़रिया बन सके।

सोनेलाल के लड़के स्कूल-कॉलेज पढ़ने जाते थे। लड़के भी पढ़ाई-लिखाई को मेहनत का काम नहीं समझते थे। उनकी नज़र में यह अक़्ल बढ़ाने और ज़माने की चतुराई, बदमाशी व घोटालेबाजी सीखने की विद्या व कला मात्र थी। वे बड़े-बड़े रईसों के चतुर-चालाक लड़कों के पीछे लगे रहते थे। क्रिकेट के मैदान पर वे गेंद बहुँकाने व रईस लड़कों के तामझाम में शामिल होकर खुद भी रईसी के प्रदर्शन में डूबे रहते थे। परीक्षा के समय रईसों के लड़के ट्यूशन पढ़कर या नक़ल करके पास भी हो जाते थे, पर ये बार-बार फ़ेल होकर झूठी रईसी शान में बेकार फिरने लगे।

सोनेलाल को कभी-कभी अपना बचपन याद आता कि उनका घर, जब देश को आज़ादी नहीं मिली थी; तब कैसा था...और अब, जब आज़ादी आए देश में लगभग पचास वर्ष हो रहे हैं, तब कैसा चल रहा है। परन्तु सोनेलाल को यह ध्यान अब भी नहीं आ रहा था कि श्रम को समाज में सर्वोच्च स्थान दिया जाना चाहिए। उसकी भी महिमा गाई जानी चाहिए और हमें श्रम का भक्त होना चाहिए। जिस बात को समाज में बड़े-बड़े ज्ञानी नेता और लोकतांत्रिक सरकारें चलानेवाले महान लोग ही जब नहीं सोच पा रहे थे तो उस विषय पर कम पढ़े-लिखे, साधनहीन सोनेलाल जैसे व्यक्ति भला कैसे सोचते! उनके ऊपर इस समय संकटों का पहाड़ टूट पड़ा था। उनके घर के रहन-सहन, आदतें—व्यवहार तो सब अमीरों के थे और आमदनी व साधनों की दृष्टि से उनके चारों ओर ग़रीबी ही ग़रीबी फैली हुई थी। वह समाज के बीच उठने-बैठने से शरमाते थे। अपने घर में बेटों और पत्नी की तीखी झिड़कियाँ खाते हरदम पड़े रहते थे।

यद्यपि वह कहते थे—"अब तुम लोग ही अपना घर चलाओ, मैं नहीं चला सकता।" इस पर घर के लोग उन्हें ताने देते थे—"बाप तुम बने हो, आदतें तो हमारी तुमने ही बिगाड़ी हैं। क्या कुछ बना दिया; अब क्या करें? कहाँ से कर्ज़ा या पूँजी-पसार पाएँ। इस दुनिया में पूँजी के बिना कहीं कुछ होता है? हमारे पास तो अपना शरीर भर है और वह भी इस चमकीली दुनिया में बिकने योग्य नहीं है।" सोनेलाल के दोनों लड़के अब गुंडों-दादाओं, चोर-बदमाशों के आगे-पीछे फिरने लगे। वे घर भी नहीं आते थे, जिससे आशंकित होकर सोनेलाल किसी ओझा या चमत्कारी बाबा व ढोंगी तांत्रिकों के आगे-पीछे फिरने लगे। उन पर एक नई धुन भी सवार हो गई कि जब चमत्कारी बाबा नाकारा लोगों को अफ़सर, मंत्री, मुख्यमंत्री या प्रधानमंत्री तक बनवा देते हैं तो ये उनके ऊपर दया करके ज़रूर कहीं-न-कहीं से गड़ा हुआ धन दिलवा देंगे और उनकी हालत एकदम अचानक सुधर जाएगी। यद्यपि उनकी पत्नी जब भूख से छटपटाती तो उनसे कहती, "इन ढोंगियों के पीछे मत लगो। अब भी वक़्त है, सोचो कि 'फर गईं छूलन सोहारी जब फरैं का रहीं।' अब छूला के पेड़ में पूड़ियाँ नहीं फलती। चलो हम-तुम दोनों साथ मिलकर मेहनत का कोई काम करें। पेट पालेंगे, भूखों तो न मरेंगे।" परन्तु सोनेलाल जवाब देते थे—"हम किसी के यहाँ बनी-मजूरी करने के लिए जाएँ, इससे तो मर जाना अच्छा है। क्या कहें इस स्वराज की सरकार चलानेवालों को, जो देश के सारे श्रम की व्यवस्था पहले न करके सबके लिए पूँजी की व्यवस्था को ही मानकर छूलन मा सोहारी फला रहे हैं। अरे, अगर यह सुनते कि श्रम करनेवाले भी बड़े आदमी होते है तो हम भी पुरखों के ज़माने से ही मेहनत मशक्कत वाला काम करने लगते। पर अब कैसे करेंगे? कहाँ करेंगे?"

सोनेलाल का विश्वास जैसा निर्मित था, वह वही कर रहा था। जहाँ कहीं उसे एक-दो रुपये भी मिल जाते थे, उन्हें भी वह चमत्कारी तांत्रिकों, ज्योतिषियों व

ढोंगी बाबाओं को थमा आता था या फिर सट्टा में लगा देता था। उसकी औरत बहुत दुर्बल हो गई थी, वह बार-बार उससे कहीं न कहीं काम करने के लिए ज़िद करती थी। उसके देश में आज़ादी की अर्द्धशती या स्वर्ण-जयन्ती मनाई जा रही थी। जगह-जगह पर सजावटें हो रही थीं। सोनेलाल को वह सारा सौन्दर्य ऐसा लग रहा था, जैसे कोई अन्धे को मशाल दिखा रहा हो।

अब पति-पत्नी दोनों को भूख बेहद सता रही थी। अन्ततः सोनेलाल ने कहा, "अब कल से ही ज़रूर कहीं कोई काम करेंगे, किसी के घर का कोई भी काम करेंगें तो पेट के लिए रोटी मिलेगी।" पत्नी ने झट जवाब दिया, "इसी जगह मज़दूरी करना ठीक नहीं। चलो, किसी बड़े शहर में भाग चलें।" सोनेलाल को भी यह प्रस्ताव ठीक लगा और घर के ज़रूरी, जो फटे-पुराने कपड़े-लत्ते थे, सो समेटे और गठरी बाँधकर रात को ही निकल पड़े। सोनेलाल को लगा कि कुछ पूँजी-पसार तो हाथ में है नहीं, लेकिन कारीगरी वाले औज़ार तो पास हैं ही। ज़रूरत हुई तो इन्हीं को बेचकर एक-दो दिन पेट चलाएँगे। पत्नी ने सारे औज़ार एक बोरी में बाँध लिए। घर के पुराने बर्तनों में से एक फूल का लोटा था, जिसे सोनेलाल ने अपने पिता की पहचान के रूप में सँभाल रखा था। उसको स्टेशन के पास वाले दुकानदार को बेचकर दोनों देश के लक्ष्मी-पतियों की नगरी बम्बई (अब मुम्बई) पहुँच गए। बम्बई की सुन्दरता व सजावट भी सोनेलाल को कोई साहस या शीतलता नहीं दे पा रही थी। ज़्यादा-से-ज़्यादा घबराहट या जलन ही उसके भीतर उठ रही थी। फिर भी किसी तरह सड़क के एक फुटपाथ पर अपने जैसे सैकड़ों लोगों की सोई हुई ज़मात के बीच बैठे-बैठे दोनों ने रात काटी। दूसरे दिन सुबह उनको यह पता लग गया कि किस चौराहे में लोग मज़दूर तलाशने आते हैं।

सोनेलाल और उसकी पत्नी भी उन्हीं मज़दूरों की पंक्ति में बैठ गए। वहाँ कई सेठों के ग़ुलाम व कई सेठ ख़ुद मज़दूर चुनने के लिए पहुँच गए। सभी हट्टे-कट्टे नौजवानों, औरतों व पुरुषों को वे ले गए, पर सोनेलाल व सोनेलाल की पत्नी को देखते ही भाई लोग मजाक उड़ा रहे थे। काम के लिए कोई नहीं चुन रहा था। ऊपर से ताना मार रहे थे कि ये गुलाबी मोजेवाले क्या काम करेंगे! इसी तरह बैठे-बैठे सोनेलाल का सारा दिन बीत गया, कोई काम नहीं मिला। भूख, पीड़ा, अकुलाहट नहीं जा सकती है। अपमान उनको कितना सता रहा था, कहा नहीं जा सकता। वे लौटकर दोबारा उसी फुटपाथ पर आ गए। नींद आना तो दूर, उनसे बैठा तक नहीं जा रहा था। दोनों पीड़ा और करुणा के सागर में डूबने-उतराने लगे। उस सोई हुई रात में दोनों एक-दूसरे से लिपट गए थे। दोनों को अपने बचपन की श्रम-विमुखता बेतरह याद आई। दोनों को यह भी याद आया कि यह दुनिया उनके लिए नहीं बनी है। बूढ़े, अपंगों के लिए यहाँ कहाँ स्वराज है? स्वराज है मात्र पैसे वालों के लिए।

सोनेलाल की पत्नी कहीं काम न मिल पाने पर इस दुनिया से ऊब गई थी। उसने कहा, "तुम कहते थे कि इस दुनिया में काम करने से बेहतर है मर जाना, पर अब काम करने को तैयार होने पर भी काम न मिल पाने से हम क्यों नहीं मर जाते?" यह सुनते ही सोनेलाल के शरीर में जैसे ज्वाला भभक उठी। वह कई दिनों का भूखा था। तपाक से उठ खड़ा हुआ। बोला, 'तुम मेरी धर्मपत्नी हो। सही समय पर सही सलाह दी। तुम्हीं इस बलिदान में मेरा साथ दोगी। चलो दे-दें चुनौती हम इस दुनिया में, इस दुनिया की भलाई की बात करनेवालों को। चलो उठा लें अब अपने पुरखों की कमाई से ही बचे-खुचे पैसों से ख़रीदे गए कारीगरी के औज़ार, जो इस पूँजीवादी व्यवस्था में बड़ी-बड़ी मशीनों व दुकानों के मुक़ाबले हमारा पेट पालने के भी काम नहीं आए। पर आज हमारी मौत के हथियार बनकर काम आ जाएँ।" उसने पत्नी के हाथ में निहान दे दिया और अपने हाथ में बसूला उठाकर कहा—"हे मेरी सहधर्मिणी, एक साथ वार करना है एक-दूसरे के सीने पर।"

व्यक्तिवादी स्वतंत्रता की, श्रम-विमुखों की व्यक्तिवादी दुनिया का नाम लो और दे दो यह बलिदान, यहाँ जीना हराम है। दोनों एक साथ बम्बई की सड़क के फुटपाथ पर ढेर हो गए। बम्बई की सुबह फिर गाजे-बाजों के साथ शुरू हुई। फुटपाथ पर पड़ी हुई इन दो लाशों की कोई चर्चा विशेष रूप से कहीं नहीं हुई, क्योंकि यह मामला महज ख़ुदकुशी का था, हत्या का नहीं।

[सन् 2015 में प्रकाशित 'नई राह' कहानी-संग्रह से]

प्रेम की छान्ही

गाँव के महतो की लड़की नरबदिया थी ही इतनी सुन्दर कि वह अपने ग़रीब परिवारों व उस कोरियाने मुहल्ले के गंदे व छोटे-छोटे घरों के बीच अपनी उस छोटी-सी ही अवस्था में किसी घूरे पर उगे गेंदे के पौधे जैसी दिखती थी। जब वह अचानक अपने घर से निकलती तो देखनेवालों को लगता कि जैसे पूरनमासी का चाँद निकल रहा हो। नरबदिया का रूप-सौन्दर्य सबको मुग्ध तो किए ही था, लोगों को सोचने पर भी मजबूर किए रहता था कि आख़िर नरबदिया ही महतो बाबा की सारी सन्तानों में से अकेली इतनी सुन्दर कहाँ से पैदा हुई! जबकि महतो के अन्य सभी लड़के महतो के ही रूप-रंग के अर्थात् काले रंग और अनगढ़ चेहरे वाले हैं। महतो उस समय गाँव का खादी बुननेवाला बहुत अच्छा कारीगर था। पूरे क्षेत्र में लोग उसकी ही बुनी खादी पहनते थे। वह खादी की परदनी, चादर, पल्ली, अँगौछी और कुर्ती के लिए भी सफेद तथा रंगीन चौकड़िया, सभी तरह की खादी बुना करता था। इसीलिए महतो का घर एक तरह उन दिनों किसी दुकान की तरह ही था। कोई न कोई आदमी उसके घर पर कुछ लेने के लिए जाता-आता ही रहता था।

इधर नरबदिया की उमर जैसे-जैसे बढ़ रही थी, महतो के घर की दुकान की ग्राहकी भी उसी अनुपात में अधिक बढ़ रही थी। भाई लोग नरबदिया की सूरत निहारने के लिए एक चादर या अँगौछी लेने के बहाने चले आते थे। फिर कुछ लें या न लें, पर कपड़े उलटते-पलटते नरबदिया के इधर-उधर काम से निकलने पर उसके चेहरे को चुपके से ऐसे देखते, जैसे कोई नववधू परदे की आड़ से ही कभी-कभी अपने जेठ का भी चेहरा झाँक ही लेती है।

कुछ दिनों के बाद ही महतो इस संसार में नहीं रहा। उसके लड़के भी खादी बुनते थे, पर वे उतनी सुन्दर नहीं बुन पाते थे। दूसरे, समय के परिवर्तन के साथ बाहरी बाज़ारियों के व्यापार में टेरीकाट, टेरीलीन जैसे सुन्दर चिकने और टिकाऊ तथा सस्ते कपड़े आ जाने से गाँवों में अब खादी पहनने व ख़रीदनेवाले नहीं रह गए। धीरे-धीरे गाँवों में खादी बनने और बेचने का काम बन्द हो गया। महतो के परिवार

वालों ने भी अपना वह पुराना धन्धा छोड़ दिया। अब महतो की घरवाली महतइन दाई, उसकी लड़की नरबदिया व उसके लड़के-बहू सभी किसानों के खेतों में मज़दूरी करने जाने लगे। महतइन दाई लोगों की खेती के ही कामों, जैसे कटाई, ढुलाई, निराई आदि का कूता ले लेती थी और उसी गाँव के दूसरों मज़दूरों को भी शामिल कर लेती थी।

यह सब देखकर गाँव के बेरोज़गार लड़के, जो हाई स्कूल या हायर सेकेंडरी स्कूल में फ़ेल हो जाने से अपने घरों में रहने लगे थे और घर के छोटे-मोटे काम भी करने लगे थे या गाँव में ही कहीं बैठकर ताश खेलने लगे थे, वे जाकर महतइन दाई से कहते, 'ऐ दाई, हमको भी अपना कूता में मिला लो। हम लोग करें तो क्या करें। सरकारी नौकरी-चाकरी मिलती नहीं। चलो, हम भी यही काम करेंगें।' यद्यपि इन मज़दूरी करने की इच्छा प्रकट करनेवालों की घरेलू हालत ऐसी नहीं थी कि ये दूसरों की मज़दूरी करने जाएँ। पर दिन भर ये नरबदिया का सुन्दर चेहरा निहारते रहने की लालसा में ही महतइन के कूता में शामिल होने के लिए अपनी कमर कस रहे थे।

इधर, गाँव में जहाँ सुनो यही चर्चा थी कि 'सुना हो, गाँव के उइ कइएक मुरहा जउन अपने घरन मा अपने हाथे से पानी औंज के नहीं पियत रहे, गाँव की परछइयन मा बैठे वहै तासैं फेंटत रहत रहे, ओई सब महतइन के कूता मा शामिल होइके, घाम अउ दउंगरा के परबाह न कइके, काँदौ-कीचर मा गड़े-गड़े धान कै निदाई करैं जात हे, सिर्फ़ वहै नरबदिया के पीछे लगे रहैं की लालच मा।' तभी वहीं एक सज्जन बोले, 'बड़े दद्दा, चली यहै अच्छा भा कि एही बहाने बेकार बइठे लड़िका काम मा तो लगगे।' इस पर बड़े दद्दा बोले, 'काम करे करे मा अन्तर होत है। कउन काम आदमी का निकम्मा बनाय देई और कउन काम आदमी का आदमी बनाय देई, या देखैं का चाही। काम तो ग़ुलामौ करत हैं रातौं-दिन, पै रहत उइँ ग़ुलामैं हैं। काम ता पूजा-पाठ करैं वाल्यो कुछू-न-कुछू करतै रहत हें। पै उइँ खात-कमात दूसरेन के माथे हैं। ता सुना हो मुकुन्दीलाल, पुरान जमाना चाहे भगवान भरोसे अइसै-तइसै चलि आओ होय, पै अब या लोकतंत्र का नओ ज़माना बिना सोचे-विचारे भला कइसे चली।'

इस पर मुकुन्दी ने कहा, 'दद्दा, पुरानों की बात नहीं, इस ज़माने में भी यही पढ़ाया-सिखाया जाता है कि काम खेलने के बहाने करो। काम मनोरंजन के साथ-साथ करो। और जहाँ तक सम्भव हो स्त्रियाँ व पुरुष साथ-साथ काम करें, तभी काम सफल होते हैं।' तो बड़े दद्दा ने कहा, 'मुकुन्दीलाल, यह क्यों नहीं कहते कि आजकल तो यह भी समझाया जा रहा है कि सारे काम विदेशी पूँजी में व विदेशियों के मलकत्तम में होंगे। तभी देश की उन्नति होगी और तभी हमारे देश में आए इस लोकतंत्र व स्वतंत्रता संग्राम सेनानियों के बलिदान से आए स्वराज

को पूरी सफलता मिलेगी। अब इस पर कौन क्या कहेगा भाई। जिसका मुँह बड़ा है, कहे जो कहे। जिसके हाथ में सत्ता है, करे जो करे।'

मुकुन्दीलाल ने सफाई दी, 'दद्दा, एसे न होय। मैं कह्यों है कि ई लड़िका ठीक हैं जे नरबदिया के पीछे काम तो करैं लाग।' तो बड़े दद्दा बोले, 'मुकुन्दी भाई, या संसार एही ख़ातिर है कि यमा मनई कउनौ न कउनौ काम करत है। जे संसार मा आयकै कउनो काम नहीं कीन्हिस वह मनई मनई कहावैं का हकदार नहिं आय औ मनई या संसार मा प्रेमय करत है। भाई या संसार प्रेम करैं का संसार आय। कबीर कहिन हीं कि 'ढाई आखर प्रेम के पढ़ै सो पंडित होय' और तुलसी कहिन कि—'प्रेम ते प्रकट होंहि भगवाना'। पै ध्यान देने की बात यह है कि काम किए जाएँ और काम फ़ायदे के लिए किए जाएँ। पर बहुत फ़ायदा होने पर भी ऐसा कोई भी काम हमें जीवन में नहीं करना चाहिए जिससे हमारा भविष्य ख़राब हो। हमारा समाज ख़राब हो। इसी तरह प्रेम है। प्रेम ज़िन्दगी की सबसे बड़ी रसमयता है। बिना प्रेम के किसी भी जीवधारी की ज़िन्दगी नीरस है। परन्तु मनुष्यों का प्रेम क्या होता है, इसकी परिभाषा तो हमारे सन्तों ने ही स्पष्ट की। और यही सन्दर्भ मुकुन्दी भाई हमारे हिन्दी साहित्य के रीतिकाल में लिखा गया है। उनको अगर कोई पढ़ने-सुनने लगे तो मज़ा आ जाता है। परन्तु वह सारा साहित्य दरबारी व अन्धकार काल का साहित्य माना गया। जबकि भक्तिकाल का साहित्य, जो दैव विश्वासी साहित्य है, क्योंकि उसमें प्रेम की उस व्यापकता का स्वरूप भी है, जिसके द्वारा इस लोक में, जीवन में मनुष्य का जीवन बना करता है। वह केवल भोग व मज़ा ही नहीं, निर्मल भी है। मुकुन्दी भाई, हमारे देश में लोकतंत्र आने के बाद लोगों की समझ में अपने फ़ायदे और प्रेम की परिभाषा दोनों गड़बड़ा गई है।'

बहुत सही कहेन दद्दा बहुत सही। सबने एक स्वर से स्वीकारा। तभी बड़े दद्दा कहने लगे, 'नरबदिया का स्वभाव वैसे बहुत मानवीय है। वह केवल रूप से ही सुन्दर नहीं, उसका दिल भी बड़ा है। अपने गाँव में कोई ऐसा न होगा जो उससे नाराज़ हो, सिर्फ़ ईर्ष्यालुओं को छोड़कर।' तो वहीं बैठे कुछ हँसोड़ लोगों ने कहा, 'का कहित हयन बड़े दद्दा, जो वा कहूँ रातौ के अन्हियारे मा निकर परै ता बूढ़े, जवान अउ लरिकबन की आँखिन के साम्हूँ उजियार होई जात है।'

नरबदिया का विवाह पड़ोस के ही एक गाँव में हो गया था। विवाह की पसन्द उसकी माँ महतइन ने की थी, जिसने ठीक महतो के रूप-रंग वाला एक सीधा-सादा लड़का चुना था। नरबदिया के रूप का ख़याल उसने नहीं किया। नरबदिया काजे गमने में तो दो-चार दिन ससुराल गई। फिर उसने ससुराल जाना बन्द कर दिया। उसका अपने गाँव से ही बहुत गहरा लगाव था। वह अपने मायके में ही

माँ के साथ मेहनत-मजूरी करके खाती-जीती रही। वह जिस मुहल्ले में रहती, शाम को वहाँ इतने दरबारी आते कि नरबदिया के घर के पास उन लोगों के बैठने की जगह न रहती। कोई इस पगरा पर, कोई उस पगरा या चौतरिया पर बैठ जाए। इनका जमावड़ा कातिक माह के कुत्तों के जमाव जैसा ही दिखता। अन्तर इतना ही था कि ये कभी एक-दूसरे को काटते नहीं थे, बस भौंकते-गुर्राते रहते थे।

इस भीड़-भाड़ को न तो नरबदिया के भाई-भौजाई पसन्द करते थे, न मुहल्ले वाले। परन्तु इन शोहदों से कुछ कहने की हिम्मत किसी में नहीं थी। कुछ दिनों के बाद नरबदिया का पति भी यहीं आकर रहने लगा। थोड़े ही दिनों बाद नरबदिया की बीमार बूढ़ी महतइन दाई संसार से चल बसी। अब नरबदिया का अपने पति के साथ मायके में रहना मुश्किल हो गया, लेकिन वह गाँव छोड़ना नहीं चाहती थी। उसने अपने उन सभी प्रेमियों से एक दिन कहा, 'आप सब मिलकर मेरा एक मकान अपने ही गाँव में बनवा दो। कहीं ऐसी जगह, जहाँ आप सब लोग आएँ; तो कम-से-कम आराम से बैठ सकें।' यह सुनते ही लोग चुप हो गए। कुछ मज़े-मज़े में मुस्काने लगे तो कुछ उठकर बाहर चले गए। कहने लगे, 'देखो न, साली अपने को देवी समझती है। सब कोई चन्दा जोड़कर अब इसका मन्दिर बनवाएँ। भाई, इसके लिए कुछ करें भी तो बदनामी ही है। लोग हँसेंगे कि हम लोग उसका घर बनवा रहे हैं। लोग कहेंगे कि ये सारे लफंगे हैं।' कुछ कहने लगे, 'कुलटा, बड़ी चालाक़ है। सोचती है कि हम लोग अगर उसका सुन्दर चेहरा ताकते हैं तो उसके काम भी करें। यह विचार नहीं करती कि अगर हम देखते हैं तो तुम भी तो हमारा चेहरा देखती हो। हमारी ताकाझाँकी का वह हमसे मुआवज़ा लेना चाहती है!'

आख़िरकार नरबदिया को किसी से कोई सहायता नहीं मिली। एक दिन उसके पति ने हारकर उससे कहा—'हियन हमारे पासे मा हरवाहिन के नाम पर ता पैसा मिल जात है पै चिन्हारी-जनारी के नहीं चलय काहू के हियन, तुम्हीं सब चीन्हत-जानत हैं, ता मोरे काम के बद मा तुम कोहू से पैसा उठाय ल्या। हम आपन घर कहूँ बहिरे बनवाय लेब, ता हुअन दोनों जन सुत्तई परान रहब, हियन सबके बीच मा बड़ा डाँटा टइया है।'

नरबदिया ने एक बड़े किसान से शर्त पर पैसा उठा लिया। उसी किसान ने अपनी बैलगाड़ी से उसकी घर बनवाने में मदद की। यह देखकर उसके पति ने उससे कहा, 'या दुनिया मा सिर्फ़ जायदात गहन रखिके या कि नौकर होइके काम करैं की बद मा पैसा मिलत है। कोऊ खाली प्रेम मा पैसा नहीं बाँटै। वैसे चाहे जे बनो रहै बड़ा चतुर वित्तमंत्री और बनाए रहै दुसरेन का चूतिया। पै मैं गामैं मा रहिके या सब जानत समझत हो।'

नरबदिया अपने इस घर में रहने लगी। उसके तीन बच्चे भी हो गए और काम-मज़दूरी करते हुए समय जात नहिं लागहिं बारा। उसके बच्चे बीड़ी बनाने का काम भी करने लगे थे। उसका पति जीवन भर दूसरों की मज़दूरी करता रहा, नरबदिया भी दूसरों के खेतों में मज़दूरी ही करती रही। इधर उसका शरीर वात-विकार के कारण कुछ नरम रहने लगा। कुछ दिनों बाद वह लंगड़ी होकर लाचार हो गई। इस बीच उसके लड़कों का काज-ब्याह हो गया और नई बहुओं के आने से रोज़ ही चखचख मची रहती थी। उसका पति भी जल्द ही संसार से चला गया। लड़के आपस में एका नहीं रख पा रहे थे। नतीजतन अपनी-अपनी सुविधा के अनुसार वे बीवियों को लेकर बाहर निकल गए। नरबदिया सबसे छोटे लड़के के साथ रहने लगी। छोटी बहू इस घर को भी कुछ पुराने बाद-व्यवहार में, कुछ बकाया क़र्ज़ के बदले साहूकार को सौंपकर अपने मायके के पास एक गाँव में रहने चल दी। उसके साथ नरबदिया को भी जाना पड़ा, क्योंकि यहाँ रहने के लिए घर ही नहीं बचा था। परन्तु नई जगह जाकर भी नरबदिया की बहू से नहीं निभी।

एक दिन जब छोटा लड़का बहू को लेकर किसी काम से ज़िला मुख्यालय सतना गया तो वह उस घर से भाग आई और पैसों के अभाव में एक बस कंडक्टर की बिनती-चिरौरी करते हुए अपने गाँव लौट आई। फिर पुराने प्रेमियों की खोज में निकली। परन्तु उनमें से कितनों ने अगर उसे देखा भी तो आँख बचाकर छिप गए। नरबदिया भूखी-प्यासी मुकुन्दीलाल भाई के दरवाज़े से निकली। उसे देखते ही उन्होंने ज़ोर से चिल्लाकर उसे बुलाया। उसका दुख-सुख सब सुना जाना। उसे अपने दरवाज़े में ही रोक लिया। रात को अपनी बहुओं को समझा-बुझा कर खाना भी दिलवाया। दूसरे दिन भी बड़ी देर तक वह उनके ही दरवाज़े पर ठहरी रही। उसके पुराने प्रेमीजन बात करने भी नहीं आए।

यद्यपि नरबदिया के प्रति आकर्षण मुकुन्दीलाल के मन में भी बचपन से ही था। इसलिए वह बड़े के दरबार में भी उसकी कुछ न कुछ चर्चा कभी न कभी उठाते ही रहते थे। पर मुकुन्दीलाल के भीतर वह साहस कभी नहीं रहा कि सामाजिक मर्यादा की परवाह किए बिना भी अपनी इच्छा का कोई काम कभी कर डालें। इसीलिए वे मन में उत्कंठा पाले हुए भी नरबदिया से मिलने-जुलने कभी उसके घर में नहीं गए। नरबदिया का छोटा लड़का उसको ढूँढ़ता हुआ, दोपहर तक मुकुन्दीलाल के दरवाज़े पहुँच गया। मुकुन्दीलाल ने अपने लड़के-बहुओं से उसको भी खाना दिलवाया। शाम को वह अपनी माँ को लेकर चला गया। पर वह अब उस बहू के साथ शान्तिपूर्वक नहीं रह पा रही थी तो उसके लड़के ने नरबदिया के लिए झोपड़ी छान्ही सड़क के पास ही नदी के किनारे बनवा दी।

वहीं कुछ आटा-दाल उसे दे देता था। बाक़ी दूसरों से भी माँग-जँचकर वह अपनी ज़िन्दगी चला रही थी। इधर नरबदिया के मुकुन्दीलाल के घर पर उस रात रहने के बाद से ही गाँव में खुसुर-पुसुर चर्चाएँ चलने लगी थीं कि नरबदिया है। बाक़ी प्रेमी तो अब अगल-बग़ल के ठहरे। असली एक-दूसरे के दिल के निकट तो मुकुन्दीलाल और नरबदिया ही थे। इसकी परीक्षा उसी दिन हो गई, जब वह आई और उन्हीं के यहाँ ठहरी।

यह ख़बर जब मुकुन्दीलाल के लड़के, बहुओं ने सुनी तो उनके मन में भी मुकुन्दीलाल के प्रति फ़र्क़ बढ़ने लगा। इसकी सफ़ाई तो मुकुन्दीलाल अपनी ओर से कुछ दे नहीं सकते थे। शंका, सो शंका। बैर को जड़ जमाने के लिए काफ़ी होती है। मुकुन्दीलाल की पत्नी का बहुत पहले ही निधन हो चुका था। अब मुकुन्दीलाल को अपने घर में वह सम्मान नहीं मिलता था, जो पहले मिलता था। गाँव वाले तो दूसरों को मूर्ख बनाकर ही अपने मनोरंजन के प्रसंग तैयार करते रहते हैं। मुकुन्दीलाल ने गाँव वालों को भी अपने को उपहास्यास्पद समझने की आशंका से सोचा कि इस गाँव घर में रहना ठीक नहीं, जहाँ अपना पुराना मान-सम्मान घटने लगे। वो बिना किसी को बताए घर से निकल गए। लड़कों के नाम एक चिट्ठी डाल दी कि मैं तीर्थ यात्राओं में हूँ। तुम लोग परेशान मत होना। मुकुन्दीलाल कई तीर्थों में गए भी। कई बाबा साधुओं से बातचीत की तो उन्हें लगा कि ये लोग न तो प्रेम के बारे में समझते हैं, न वैराग्य के। इनके पास मात्र बड़े-बड़े आडम्बर ठाठ-बाट और ढोंग हैं। मुकुन्दीलाल जिस महन्त व बाबा के पास जाएँ, वह उनकी शंकाओं का समाधान तो कम करता, उनसे सेवा व बेगार करवाना चाहता था, जो मुकुन्दीलाल ने कभी किया नहीं और न उनसे हो सका। वे घूमते फिरते-फिरते उसी गाँव की उसी सड़क से निकले, जिसके किनारे पर ही नरबदिया की छान्ही झोपड़ी खड़ी थी।

सड़क से अकेले पैदल निकलते हुए जैसे ही नरबदिया ने देखा, ऐसी दौड़ लगाकर वह उनके पास आई कि जैसे वह कभी लंगड़ी थी ही नहीं। वह प्रेम की उछाल में दादा भाई, दादा भाई कहते विभोर हो गई। उसे अपनी कोई सुध-बुध नहीं रही। वह लिपट गई। मुकुन्दीलाल के हृदय में भी प्रेम की सिहरन या उत्फुल्लता हुई। उन क्षणों में जैसा सरस और प्रगाढ़ प्रेम का अनुभव उनको हुआ, वैसा तो अपने जीवन में उस समय भी नहीं हुआ था, जब उनकी पत्नी का विवाह उनके साथ हुआ था और वह उनसे पहली बार मिली थी। मुकुन्दीलाल बेहोश तो नहीं थे, पर उनका भी सारा शरीर शिथिल हो गया था। वे दोनों एक-दूसरे से कुछ इस तरह लिपट गए थे, जिसकी अनुभूति का उदाहरण गोस्वामी तुलसीदास के उस भक्ति प्रेम से ही समझ में आ सकता है कि, 'परे चरन नहिं उठत उठाए।' जब कुछ क्षण बीते और नरबदिया भी होश में आई, मुकुन्दीलाल भी सँभले। दोनों एक-दूसरे का

हाथ पकड़े हुए उस छान्ही के अन्दर चले गए, जहाँ काँस जैसी घास, कुछ कुटी हुई सुतली, सूमा बरे हुए पड़े थे।

नरबदिया ने कहा कि दादा भाई! कुछ दिन आप सबकी मज़दूरी करके मैंने जीवन चलाया। कुछ दिन पति लड़कों की कमाई खाई। कुछ दिन यहाँ भीख माँगकर भी ज़िन्दा रही। पर अब अन्तिम क्षणों का यह सहारा है कि काँस कुछ लोगों से अधियाँ में मँगा लेती हूँ। इसके सूपा बनाकर आधे उन्हें दे देती हूँ और आधे बेचकर अपनी रोटी-लँगोटी का प्रबन्ध करती हूँ और निश्चिन्त जी रही हूँ। मुकुन्दीलाल ने कहा, "नरबदिया अब आधे सूपा भी तुम्हें न देना होगा। काँस मैं काट लाऊँगा, तुम सूमा बरोगी, सूपा बनाओगी और हम दोनों मरते दम तक साथ-साथ इसी छान्ही में जिएँगे।"

[सन् 2015 में प्रकाशित 'नई राह' कहानी-संग्रह से]

सुदर्शन गौंटिया

सुदर्शन गौंटिया शानदार आदमी थे। उनका क़द लम्बा, सीना चौड़ा, भुजाएँ बलिष्ठ और चेहरा हँसमुख था। अपने ज़माने के वह रईस पुरुष थे। उनके सिर पर हमेशा प्रभावशाली साफा बँधा रहता था, कोशे का या फिर रेशमी साफा। उनके पैरों में गाँव के बने झब्बादार (जूते) रहते थे। सुदर्शन गौंटिया की आवाज़ भी इतनी ज़ोरदार थी कि उनकी ललकार चार गाँवों तक सुनाई दे।

गौंटिया जी स्वाभिमानी भी थे। उनके पीछे चार-छह लोग अवश्य ही लगे रहते। कोई सुपारी, तम्बाकू की थैली टाँगे रहता, कोई उनका छाता ढोता। उनका मुख्य व्यवसाय खेती ही था। उनकी ब्यौहरगती का धन्धा भी पायसे के दस-बीस गाँवों तक फैला हुआ था। ब्यौहरगती में वे सवाई की ब्याज और बाढ़ी तो लेते ही थे, पर जब कोई उधार माँगने आए तो अनाज के मामले में कुरई, खाँड़ी की अगौखी तथा नपाई-जुखाई और रुपयों के मामले में पाँच फ़ीसदी लिखाई-पढ़ाई के पहले ही काट लिया करते थे। सुदर्शन गौंटिया का कोई घरेलू नौकर नहीं होता था। हल चलानेवाले पाँच-सात हलवाह, तेल मालिश करने के लिए एक नाऊ अवश्य रहता था। घर के भीतर का सारा गोबर-पानी उनके घर की लड़कियाँ, औरतें ही किया करतीं थीं। अनाज की कई बखारें और खउँड़ी उनके यहाँ भरी रहतीं थीं। जब हल चलाने न जाएँ तो अनाज निकालने-भरने का काम वहाँ हलवाह किया करें। मवेशियों की रखवाली और गाय चराने के लिए अलग बरेदी तथा सिर्फ़ भैंसें चराने के लिए दूसरा बरेदी लगा रहता था।

गौंटिया जी के यहाँ दरबार करने के लिए दूसरे गाँवों से तो बहुत लोग आया करते थे, पर गाँव में मौजूद उनके पट्टीदार और दूसरी जात के लोग उनके यहाँ बहुत कम आते-जाते थे। बाहर से आनेवाले लोग सिर्फ़ उनकी झूठी प्रशंसा व चापलूसी ही किया करें। गौंटिया के हाली-मवाली छोटे किसानों के साथ कुछ मनमानी व ज़बरदस्ती भी किया करते थे। चौकीदार व पटवारी भी गौंटिया जी का विरोध नहीं कर पाते थे। उनके यहाँ बाहर से आनेवालों का स्वागत-सत्कार हमेशा से ही बढ़िया होता था। अगर कोई दोपहर तक रुक जाए तो फिर वह बिना खाना खाए नहीं जाने दिया जाता था। यही हाल उनका बियारी के समय का था। रात में

यदि कोई द्वार पर मौजूद है तो उसे वे बियारी करा के ही भेजा करते थे।

गौंटिया जी अपने दरवाज़े के बड़े उदार रहे पर अपनी ब्यौहरगती में एक पैसा व दाना छोड़ने में महाकंजूस और कठोर थे। खेत बोने के लिए यदि कोई उनके यहाँ से बीज, बाढ़ी ले तो वह उससे तीन महीने के बाद ही सवाई वसूल लेते थे। अगर इस अवधि से आगे वह निकल जाए यानी इस रबी से दूसरी तिमाही हो जाए तो वे बाढ़ी पर भी बाढ़ी लगा देते थे। अपने गाँव के छोटे किसानों व ग़रीब भाई-पट्टीदारों को वे कभी अपनी बराबरी का नहीं मानते थे। उनके साथ उनका वैसा ही व्यवहार हुआ करता था, जैसे कि वे सब उनके पौनी-परजा ही हों। पूरे गाँव की तीन-चौथाई खेती की ज़मीन गौंटिया जी के ही क़ब्जे में थी। उस गाँव में एक घर ठाकुर का भी था। पर वह खेती-धन्धा कुछ न करते थे। इसी तरह दो घर ब्राह्मणों के थे। पर वे भी खेती-धन्धा नहीं करते थे। उस गाँव के ठाकुर, ब्राह्मण परिवार और बारी, ढीमर, धोबी, नाऊ, बरगाही, कोटवारों के परिवार गाँव की खेती पर ही गुज़र-बसर करते थे। साथ ही वे लोग गौंटिया जी और ठाकुर साहब के घर की अरदली करते रहते थे। लोहार, बढ़ई, सोनार, कोरी, कुम्हार, चमार जाति के परिवार भी यद्यपि अपने-अपने धन्धे करते थे, पर उनके व्यापार व काम का क्षेत्र अपने गाँव, पड़ोस तक ही रहा। आमदनी-उत्पादन खेती ही थी। कहने को तो गाँव के मालिक ठाकुर साहब थे, पर उनका सारा खाना-ख़र्च किसानों की बाढ़ी, तिहाई पर निर्भर था। गाँव की अधिकांश ज़मीन गौंटिया जी के ही क़ब्ज़े में थी तो उनकी ही खेती पूरे गाँव के लोगों को समेटे हुए थी। और जब सबकी जीविका गौंटिया जी की खेती ही थी तो उन्हीं का दबदबा भी था। ठाकुर साहब का खाना-ख़र्च जब केवल भाग तिहाई भर से नहीं चलता था, तब वे गौंटिया जी से ही ऋण, बाढ़ी लिया करते थे।

इधर जब स्वराज का आन्दोलन चला और लोग झंडा लेकर गाँव में आने लगे तो उनको भी गाँव में ठहरने, सभा करने और खाने-पीने का गौंटिया जी से ही सहारा मिलता था। ठाकुर साहब खिसियाए तो बहुत, पर गौंटिया जी को इसी से स्वाभिमान था कि पौनी-परजा से लेकर सरकारी मुलाज़िम तक उनके ऊपर ही आश्रित हैं। उन्हीं की खेती की बदौलत खाते, जीते हैं। ठाकुर के लड़के भी इसी कारण कभी-कभार उनसे दादागिरी किया करते थे। अब स्वराज की चहल-पहल शुरू हो गई थी। जो लोग झंडा लिए घूमते थे, वे भाषण भी देते कि जब स्वराज आएगा तो समाज में सबको सुख-सुविधा बराबर की मिलेगी। कोई छोटा-बड़ा, ऊँच-नीच नहीं रहेगा। यह सुनकर ठाकुर के साथ-साथ गौंटिया जी का भी ख़ून खौल उठता था। पर उन झंडाधारियों का नेता गौंटिया जी को अकेले में यह भी दिलासा देता था कि भाषण पेलना अलग बात है, स्वराज बहुमत की वोटों से ही आएगा...और बहुमत मिलने से रहा, यह समाज इतनी जल्दी नहीं बदलता। जब भगवान चाहेगा तभी यह बदलेगा, क्योंकि सारी मर्यादा तो भगवान की ही बनाई हुई है।

यही वो गुप्त मंत्र व षड्यंत्र था, जिससे देश के पूँजीपतियों ने भी स्वराज के आन्दोलन का विरोध नहीं किया जबकि स्वराजी बराबर यह भाषण देते रहे कि ये राजा-महाराजा, सामन्त, तालुकदार ग़रीब जनता का ख़ून चूस रहे हैं। स्वराज आने पर ये निर्मूल हो जाएँगे। आज़ादी लाओ पूरी समानता पाओ। और सुनाते थे कि गाँव के इन ठाकुर पवाईदारों का भी ज़मीन पर अधिकार शेष न रहेगा। यह सुनकर गौंटिया जी बहुत ख़ुश होते थे। सप्ताह भर उन स्वराजियों को खिलाते-पिलाते, स्वागत-सत्कार करते थे। कभी-कभी उनके साथ गाँव में घूमा भी करते थे।

दिन बीतते गए। परिस्थितियाँ आगे बढ़ीं। देश को स्वराज मिल गया और राजाओं के अधिकार समाप्त हुए। पवाईदारी खत्म हुई। 'जो जोते उसकी ज़मीन'—सबसे कहा गया और पवाईदारों से ज़मीन छुड़ा ली गई। परन्तु पूँजीपतियों से पूँजी नहीं छीनी गई और भूमिपतियों से भूमि भी नहीं छुड़ाई गई, फिर भी गौंटिया जी स्वराज ज़िन्दाबाद बोलते रहे। गौंटिया जी अपने दरबार में कहते कि भाई यह आज़ादी तो जैसे नया भिनुसार है। ये राजा ठाकुर हम किसान-मज़दूरों को चूसे जाते हैं। परन्तु गौंटिया जी आज़ादी आने के बाद भी यह कभी नहीं सोच सके कि क्या वह ख़ुद अपने से छोटे लोगों को, मज़दूरों को नहीं चूस रहे!

गौंटिया जी इससे तो बड़े ख़ुश थे कि खेती के कामों के लिए मशीनें आ गईं, बिजली आ गई और सड़कें बन रही हैं। विज्ञान की उन्नति से जो नई-नई सुविधाओं का विकास हो रहा था, वह पूँजी-पैसे वाले गाँवों में रहते हुए भी प्राप्त कर रहे थे। जो घट रहा था, वह था—मज़दूरों और श्रमजीवियों के छोटे-छोटे धन्धे, जिनके ग्राहक न गाँवों के बड़े-बड़े भूमिपति खेतिहर रह गए थे, न शहरों के उद्योगपति व व्यापारी। इसीसे मज़दूर व कारीगर गाँव छोड़-छोड़ शहरों को भागने लगे। गाँव उजड़ने लगे, परन्तु गाँवों के जंगल, मैदान सब इन तरह-तरह की मशीनों के जरिए उद्योगपतियों, ठेकेदारों द्वारा उजड़ने लगे। अब गौंटिया जी को गाँवों में बेगार करनेवाले ग़ुलाम और सस्ते मज़दूर नहीं मिल पा रहे थे तो उनको इस आज़ादी पर गुस्सा आने लगा।

गौंटिया जी अपने दरबार में कहने लगे, 'चनपुरिया जी, अपना पंचे तो य झंडा मटकाय-मटकाय के लगत है कि हमार खेती-धन्धा छोड़वाइ देबै, अब खेती के कामौ मा कउनौ मजूर रहा नहीं चाहय। अब मैं आँखिन देख रहे हऊँ कि सबै कोऊ बिना काम धन्धा करे, बिना पसीना बहाएन कमाई कर लेंय चाहत हबै। अब अइसन लग रहा हबै कि कुछू दिन म खेतिउ, धन्धा शहरन के ब्यौपारिन करवइहैं।' चनपुरिया जी ने जवाब दिया, 'गौंटिया जी, पैसा-पूँजी की कमाई तो सिर्फ़ नम्बर दो के धन्धे से ही बढ़ती है और पसीने की कमाई से असली आत्मनिर्भरता आती है। या आज़ादी पामैं से अबै एखर मर्यादा अउर कानूनौ क लोग नहीं मानैं ता भउसा ता मचबै करी।' इतने में गौंटिया जी के दरबार में कहीं से भटकता हुआ एक नेपाली कन्धे में झोला लटकाए आ पहुँचा और गौंटिया जी व चनपुरिया जी के प्रसंग को

सुनकर बोला, 'बेईमानी से कमाई बढ़ती है, इसी से सारा ज़माना उस ओर भाग रहा है। पर भाई जी, बहुत कुछ अभी सुनने-समझने की ज़रूरत है कि यह आज़ादी महान है, मूल्यवान है। बढ़ती बुराइयों को इसके साथ न जोड़ो। आज़ादी का पूरा फल पाने के लिए भागो नहीं, दुनिया को बदलो। पर इतना ज़रूर है कि पैसे के बिना कोई काम नहीं हो सकता। पैसा मनुष्यता के पीछे लगाया जाता है। अगर पैसे के पीछे मनुष्य लग गया तो फिर उघरे अन्त न होय निबाहू।'

मगर गौंटिया जी तो हमेशा स्वतंत्रता के आन्दोलनकारियों की सहायता करते रहे हैं और राजा ठाकुरों का विरोध करते आए हैं। गौंटिया जी के ही गाँव का एक क्रान्तिकारी नवयुवक बोला, 'हाँ, हमारे गौंटिया जी ठाकुरों और राजा-बादशाहों का विरोध तो करते हैं, पर अपने स्वार्थवश करते हैं। वे छोटे, ग़रीब श्रमजीवियों के हित में यह विरोध नहीं करते। तब भी सुराजी कहते हैं कि स्वराज बिगड़ों को बनाने के लिए है। अरे भाई, सबल तो पहले से ही सबल रहे हैं।' नेपाली बाबा ने कहा, 'नौजवान बहुत सच कह रहा है, यह आज़ादी धन्ना सेठों के लिए तो नहीं ले आई गई है। देश के हरिजन, आदिवासी, भूमिहीन, बेरोज़गार, मज़दूरों के लिए ही ज़रूरी थी। उनके लिए ही तो लाई गई है। पर अभी पूरी आज़ादी कहाँ आई?' यह सुनकर गौंटिया जी जलभुन गए और मुँह फुला कर बोले, 'मोरे समझ मा नहीं आबै कि या आजादी कइसन होत हबै। केत्ती बार मा आबत ही। का ओहू के कइयक टुकड़ा होत हे।' नेपाली बाबा गौंटिया जी की भावना को भाँपकर अपना झोला लटकाए हरिजन टोला की ओर चल दिए। परन्तु गौंटिया जी ने नेपाली बाबा को सुनाकर कहा, 'बाबा जी दोपहर हो गई है। आप बिना नहाए-खाए हमारे दरवाज़े से न जाइए। हमारी नाक न कटवाइए।' नेपाली बाबा की बातें तो गौंटिया जी को सुहाती नहीं थी, पर वे अपने दरवाज़े पर उन्हें इसलिए ठहरने देते थे कि वे इसको अपने धनवान होने की शान समझते थे। उनका यह विश्वास था कि नून-पानी का अहसान तो कंजड़ भी मानता है, फिर ये तो समाजसेवी आदमी हैं। समय आने पर इस खाए-पिए का कुछ ख़याल रखेंगे ही।

एक दिन सुबह-सुबह गौंटिया जी जब सो कर उठे तो देखा कि फटी-पुरानी पिछौरी पहने रमुआ कुम्हार उनके दरवाज़े के आस-पास फैला चारा-उजार समेट कर जलाता हुआ आग ताप रहा है। उसकी सूरत सुबह-सुबह देखकर गौंटिया जी भुकुर ही गए। उसके द्वारा आगे झुक कर जोहार करने यानी उसकी राम-राम का भी कोई जवाब उन्होंने नहीं दिया और डपटकर उससे पूछा, 'क्यों रे? काहे बड़े सकारे से दुआरे मा आय गए?' तो उसने हाथ जोड़कर जवाब दिया, 'मालिक! अपना के घर के भइया हरें मोर दुई ठै मुर्गा काल सोनेलाल से पकड़वाय लई आए हमैं, उन्हीं का बेंच के मैं अपने टोरवा-टोरिया का जड़ावर बनबामैं का सोचे रहे हौं। ससुर ठिठुरे जात हैं।' गौंटिया बोले—'त तैं सारे, सकारे-सकारे तगादा करैं

आय गए। मुर्गा लई आए होईहैं ता दइहैं न तोही दाम, काहे कहूँ उईं भागे जात हे, औ येखर हमसे का मतलब। अब सारे तैं या सुराज सुनकै थोड़कौ संकोच नहीं करते।' यह सुनकर रमुआ बेचारा निराशा में डूबा हुआ मुँह लटकाए लौट गया। उसकी आवाज़ ही नहीं निकल रही थी। पर उसके दिल में खौल रहा था कि यह बड़ा आदमी है या राक्षस है। गाँव के सभी लोग यह सुनकर आपस में कह रहे थे कि इतनी ज़बरदस्ती तो राजा-सामन्ती ठाकुरों के ज़माने में भी नहीं थी।

कुछ दिन बाद गौंटिया जी के घर उनके रिश्तेदार आए तो उन्होंने अपने चेरबादार उसी सोनेलाल को कुछ पैसे देकर अंडे मँगवाए। उसने अंडा विक्रेताओं से यह कहकर कि गौंटिया जी का हुकुम है कि पाँच-पाँच अंडे हर एक विक्रेता से ले आओ, उनका दाम भी नहीं चुकाया। उसने समझाया कि छोटे भइया जी का हुकुम है कि हमारे रिश्तेदार हैं तो गाँव में सबके रिश्तेदार हुए। जबकि ये रिश्तेदार ऐसे नवयुवक थे जो गाँव में घूम-घूम कर लोगों की लड़कियों, पतोहुओं से अमर्यादित अठखेलियाँ और छेड़खानी भी किया करते थे। यद्यपि उनका अत्याचार सबको दुखी करता था, पर सामने खुलकर विरोध करनेवाला कोई नहीं था। गौंटिया जी का विरोध गाँव में सिर्फ़ कानाफूसी तक ही सीमित रहता था। लोग आपस में कहते थे कि यह आज़ादी सिर्फ़ पूँजी वालों की मनमानी के लिए ही आई क्या? अब ईमानदारी, परोपकार करनेवालों का नामोनिशान ही न रहेगा क्या? सयाने लोग कहने लगे कि इनका न्याय भगवान के घर पर ही होगा भइया! 'अधरम कर धन होत है बरिस पाँच अउ सात, बरिस बारहे ते रहें जड़ा मूल से जात।' गौंटिया जी के नाती, जो शहरों में पढ़ते थे, वे अकसर छुट्टियाँ बिताने जब अपने कई साथी लोगों को लेकर गाँव आते तो ये रंगारंग समारोह होते ही रहते। कभी-कभी तो देवेन्द्रनगर से नाचनेवाली सुन्दर-से-सुन्दर और नौजवान कंजड़ियाँ बुलाई जातीं। साथियों के स्वागत में यह सब गाँव वाले देखते तो उनके लड़के-बच्चे भी मेहनत करने और पढ़ाई-लिखाई करने से ज़्यादा इनकी रंगरलियों का ही अनुकरण किया करते। गौंटिया जी के दरवाज़े पर वृन्दावन की रासलीला करनेवाली मंडली भी बुलाई गई, जिसने यहाँ महीनों भगवान कृष्ण की लीला के बहाने ग्रामीणों को रासलीला प्रेमी बनाया। जिससे गाँव वाले भी गौंटिया परिवार से नाराज़गी को कुछ-कुछ भूल गए।

गौंटिया जी के तीन लड़के थे। बड़ा लड़का हायर सेकेंडरी परीक्षा में फ़ेल हो जाने पर शहर में ही रहकर ठेकेदारी करने लगा था और वहीं एक अच्छा-सा बँगला बनवाकर रहने लगा था। उसका सारा परिवार भी वहीं चला गया। छोटा लड़का, जो भोपाल पढ़ने गया था, एक विदेशी कम्पनी में नौकरी पाकर विदेश चला गया। उसने वहीं किसी विदेशी लड़की से शादी भी कर ली। सिर्फ़ उनके मँझले लड़के का ही परिवार गाँव में रह गया था, जो खेती-पाती की निगरानी करता था। उसके

भी तीन लड़के और तीन पतोहू थीं, जो गाँव में ही रह रही थीं। सुदर्शन गौंटिया का परिवार अब कोई हल जुता किसान का परिवार नहीं रह गया था। उनके सम्बन्ध बड़े-बड़े व्यापारियों, अधिकारियों, ठेकेदारों, राजनीतिज्ञों से हो गए थे। उनके ख़िलाफ़ शिकायत सुननेवाला कोई नहीं था। विरोधी काफी पिछड़ चुके थे। लेकिन गौंटिया परिवार के प्रति गाँव और आस-पड़ोस में ईर्ष्या फल-फूल रही थी।

अब उनके घर में ही पच्चीस-तीस सदस्य हो गए। उनमें से जो बालिग़ होते थे, वे सभी मनमौजी, स्वच्छन्दतावादी, अभिमानी होते जाते थे। न किसी पर किसी का कोई नियंत्रण था, न मर्यादा व सामाजिक परम्परा का कोई असर बाकी रहा। अपने हाथ से कोई काम करना, अब लगभग सभी के लिए हेठी जैसा हो गया था। मेहनत करनेवालों से इनकी दूरी भी बढ़ गई थी। यहाँ तक कि इनके जो लड़के गाँव में रहकर खेती का काम देखते थे, वे शहरवासी होकर इनसे अछूतों जैसा व्यवहार करने लगे। वे शहर में रहते हुए कोई न कोई व्यापार करते थे, इसलिए उनका रहन-सहन पूरी तरह शहरी हो चुका था। वहाँ उनके सुन्दर-सुन्दर बँगले बन गए थे, महँगे कपड़े पहनते थे और फ़ैशनेबल वाहनों में चलते थे।

लेकिन गौंटिया जी के मँझले लड़के का परिवार गाँव में ही रहा। शहर वाले पारिवारिक प्रभाव के कारण अपने कारोबार की बढ़ोत्तरी के लिए गाँव से सस्ते मज़दूर ले जाया करते थे। वे शहर की चालाकियाँ, अपना व्यापार चलाने के नुस्खे भी सीख चुके थे। ठगी, कालाबाज़ारी के दाँव-पेंच जान गए थे। किस बैरियर या चुँगी नाका से माल निकासी करना है, किसे रिश्वत देनी है, कहाँ सेटिंग करनी है, कौन-सा माल ख़रीदना है, कब उसे बेचना है, कहाँ कितना सट्टा लगाना है, इस सब में माहिर थे। कितने ही मजलूमों को तो वे पीट भी देते थे। जबकि गाँव में सुदर्शन गौंटिया दरवाज़े पर बैठे-बैठे चापलूसों के सामने अपने दिल के छाले फोड़ा करते, 'बीतिन त गा वा जमाना जब ईं मजूरन का केवल डेढ़ पइला जवा मिला करै, औ ठकुरहा दबाव मा सारे चू से चां न करो करैं। अब त रोज-रोज मजूरी बढ़ावा, पै उतनेऊ पर अघात साँस ल्याहैं। रोज नेतागिरी करिहैं। चिल्लइहैं कि बड़े मनई बड़ा अन्याव करत हमैं। अइसन जमाना बदला कि काहू के मरजादा न रहिगै। गोस्वामी जी ठीकै आय कहिगे हमैं—झूठइ लेना झूठइ देना, झूठइ भोजन झूठ चबेना।'

यह सब कहते सुनाते गौंटिया जी आहत कम और गौरवान्वित ज़्यादा महसूस करते थे। पुराने ज़माने के संस्मरण लगातार सुनाते रहते। वे जानते थे कि ज़माना बदल गया है, पर उनके रहन-सहन, संस्कारों, रीति-रिवाजों व व्यावहारिक सोच-समझ में बदलाव नहीं हुआ था। उनके पास रहनेवाले लड़के का पूरा परिवार खेतों में काम करता था। औरतें गोबर-पानी करती थीं। अरी बइया, मोरी जिज्जी, मोर दइउ, हमार दादू आदि उनके आम सम्बोधन थे। लरिका मनसेरू खेत-खलिहान और मवेशियों की देख-रेख का काम करते थे। फटे-पुराने या कुछ गन्दे कपड़े पहने रहते

थे। मगर उनका ही शहर जा पहुँचा परिवार फैशनेबल कपड़े पहने, चश्मा लगाए, ठाठ-बाठ से रहता और उन्हें देख-देख के यहाँ रहनेवाले नाती-नातिनें भी व्याकुल रहते। वे भी सप्ताह या पन्द्रह दिन में सिनेमा देखने शहर चले जाते, क्योंकि उस समय गाँव में टेलीविजन न था।

गौंटिया जी पुराने ज़माने की बातें भी बताया करते थे, 'भाई, य आजादी आमैं के पहिले चाहे हमारे ठाँय सब कुछू धरा होय, ईं ठाकुरन के परिवार भले हमरिन खेती से पलैं, पै मौके-विमौके हमहीं का इनके साम्हूँ पैलगी-दंडवत करयँ का पड़त रहा है। अब भले उनके घर कइती कोऊ न झाँखै। ईं ठाकुर साहब पहले हिन्दू महासभा में रहे। अब जनसंघ के हो गए हैं। घर की लेई-पूँजी टूट चुकी है। खेती की जो कुछ ज़मीनें इनके नाम थीं, उन्हें वे भी धीरे-धीरे बेच रहे हैं। वइसे कहा तो भइया अब गाँव मा कोहू का गुजर नहीं होइ रहो, अब गाँवन के मजूर सब शहर भाग रहे हैं। हमारै लड़िका ठीक ठहरे, जे पहिलेन से शहर भाग गे हमैं। गाँव की हालत हर तरह से बिगड़ रही है, जहाँ सात पीढ़ियों तक सम्मिलित परिवार में रहते थे, वहीं अब कोई एक घर भी ऐसा नहीं रह जा रहा कि जिस घर में कोई पुतऊ अपनी देवरानी-जेठानी के साथ निबाह कर सके। हर मियाँ-बीवी अपने अलग-अलग चूल्हों पर खाना पकाना चाहते हैं। अब य जमाने मा केवल हमारै घर अइसन है, जहाँ खेती मा लगे लपटे होंय के कारण अबै एकै जगह चूल्हा जलत है, लड़का-बच्चा हेइन आवत जात रहत हें, परन्तु या हमहूँ जानित हयन कि भितरै-भीतर इनहूँ के मन मा ईर्ष्या सुलगत रहत ही।'

चनपुरिया जी ने सहानुभूतिपूर्वक कहा—'गौंटिया जी, मैं आपके दरवाज़े पर पड़ा-पड़ा अब यही सब अध्ययन करता रहता हूँ।' गौंटिया जी सावधान होकर बोले, 'चनपुरिया जी, जद्यपि मैं समझत हौं कि य ईर्ष्या एक दिन पक्का फूट पड़ी। खटापटी होए बिना न रही, पै का बताऊँ मोंही अपने हाँथे बनाई गृहस्थी के टुकड़ा करत और बरबाद करत नहीं सोहाय, एहीं से या सब टरकत रहत है। मैं जानत हऊँ, कि मोरे न रहे के बाद महाभारत होई। औ मोही यहै चिन्ता रहत ही। चनपुरिया जी, अगर मोरे रहत य किसानौ का कउनौ संगठन न बन पाओ त का होई?' चनपुरिया जी ने हाँ में हाँ मिलाई—'अब का कही गौंटिया जी, कुछ कहत नहीं बनै। आधे से जादा बड़े किसान तो सब शहर भाग गें, सबका अपनै-आपन स्वार्थ देखाथै।' इस पर गौंटिया जी कुछ सोचने लग गए। तभी चनपुरिया जी ने अपनी तुलसी की माला सरकाते हुए भड़ास निकाली, 'य नेपाली ता जैसे हमारी छाती का पीपर होइगा है, रोज मजूरन का उकसावत है कि तुम आपन मजूरी बढ़बावा, अउर छोट किसानन का या कहके बहकावथै कि ईं बड़के किसान जे भूमिपति हमैं, येऊँ एक मेर से पूँजीपतिन आँय, तुम्हरे हित श्रमजीविन के बिना संघर्ष करें अब हल न होइहैं। वा ईं पंचन का गाँव से शहर लई जायके कामौ देवाय देत है औ भेड़कावत हबै कि अबै

तुम्हार स्वराज नहीं आबा, तुमहीं एखे खातिर जिउ-जान से लड़ैं का पड़ी, जबकि य स्वराज सबके खातिर आबा रहा।'

गौंटिया जी ने गहरी साँस लेकर कहा, 'बड़ी मुश्किल है चनपुरिया जी, लागत है कि आगे चलके हमार पंचन केर खेती न करी होई। घर के नाती-नतुर अब खेती-पाती के काम नहीं करैं चाहैं। रहिहैं शहर मा जाय-जाय, काहे कि येऊं पंचे पढ़-लिख लिहिन हीं। औ चनपुरिया जी, हमारे परिवार मा एक और बड़ी समस्या हबै कि केवल एकै लड़का का परिवार ह्यन रहत है, जउन खेती के काम देखत करत हबै। दुई लड़िकन के परिवार शहर मा रहिके आपन आधाधुन्ध कमाई करत हैं, औ आपन रहन-सहन सब बनाए हमैं, अच्छे कपड़ा पहिनत हैं, अच्छे वाहनन म चलत हैं, हियन जे हैं उईं फटे पुरान कपड़ा पहिने सर्दी, गर्मी बरसात के संकट झेलत सहत, काम करत हैं और उईं जब अगहन, बैसाख हियन तफरी करैं अइहैं, त खेत के एक-एक दाना का हिसाब इनसे मगिहैं। कइहैं कि पुरखाती जमीन म तो हमार हिस्सा बराबर के है। अपने कमाई का एक ध्याला इन्ही न दइहैं और इनके य मेहनत का कौनो हिसाब नहीं। अब हेउन के लड़िका पुतऊ खिखियात हैं औ कहत है कि हम या साझे की खेती मा लूंड़ा लगाय देब। या घरौ बखारी गिराय देब। कहे से कि येहूं मा उइं एक दिन हिस्सा बटवउबै करिहैं।' यह सब कहते-कहते गौंटिया जी अकबकियाय पड़े, 'न कोऊ हमरी बुढ़उती का ख्याल करैं, न हमका कोऊ भागवत बाल्मीकि सुनबावैं, न तीरथ बरत करावैं। सब अपने-अपने कमाई मा लगे हैं।' तब चनपुरिया जी बड़े धार्मिक हाव-भाव से कहने लगे, 'गौंटिया जी, लागत है कि अब आगे के जमाने में ई धर्म-कर्म रहिन न जइहैं।'

ठीक इसी समय कहीं से घूमते-फिरते झोला लटकाए नेपाली बाबा पहुँच गया और हँसते हुए बोला—'चनपुरिया, क्या कह रहे हो कि आदमी बिगड़ रहे हैं और धर्म-कर्म नहीं हो रहे जबकि यह तुम्हारे धर्म-कर्म प्रचार अब पहले से ज्यादा हो रहे हैं। तुम कहते हो कि विज्ञान आदमी को बिगाड़ रहा है। परन्तु सच्चाई तो यह है कि आदमी ही विज्ञान को बिगाड़ रहा है, आदमी को विज्ञान नहीं। बल्कि आदमी को तुम आदमी बनाना नहीं सिखा रहे हो और इन धर्मों की पोगापन्थी व अन्धविश्वास में भटका कर तुम्हीं उन्हें बिगाड़ रहे हो।' चूँकि गौंटिया जी भी वहीं बैठे थे तो चनपुरिया तमतमा गया, 'ए सुन नेपाली, तुमको इस भारतवर्ष में जगह नहीं है। तुम धर्म का विरोध करते हो, नास्तिक हो। हमारा देश धार्मिक देश है! ठीक है।' नेपाली शान्ति से बोला, 'चनपुरिया जी, आप गुस्सा थूक दो। मानवता, दयालुता और ईमानदारी से सोच-समझ के बोलो कि यह स्वराज, हर मनुष्य की मनुष्यता को अपनाकर सबके साथ निष्पक्ष न्याय की दृष्टि से बराबरी का हक दिलाने और मनुष्य को मनुष्य बनाने के लिए आया है। किसी को किसी दास व ग़ुलाम न रहने देने के लिए आया है। मनुष्य को मनुष्य का विश्वास मानने को और अन्धविश्वास

मिटाने के लिए आया है। क्या तुम्हारे ये धार्मिक प्रचार मनुष्य के हित में हैं? तुम हमको जो कहना चाहो कहो, नास्तिक कहो चाहे राक्षस कहो, चाहे मनुष्यता का दूत कहो। हम लोग उन राजनीतिक जीवों की तरह नहीं हैं जो केवल सत्ता, पद व पैसा प्राप्त करने के लिए आज कांग्रेसी कल सोशलिस्ट और परसों जनसंघ के समर्थक बन जाएँ। हमारा उद्देश्य तो इस अन्धविश्वास और ग़ुलामी की भावना व तुच्छ सरकारों वाले समाज को बदलना है।'

चनपुरिया जी बोले, 'पहले गाँवों के लिए, गाँव के किसानों और उनकी खेती के बारे में सोचो, फिर समाज और धरती-आकाश बदलते रहना।' नेपाली बोला, 'सुनो चनपुरिया, अभी तुम्हीं कह रहे थे कि मैं मज़दूरों को बहका रहा हूँ और गौंटिया जी कह रहे थे कि ये मज़दूर सब शहर भागे जा रहे हैं तो हमारी खेती डूब जाएगी। यह सही है कि बिना मज़दूरों के खेती नहीं हो सकती और ज़्यादातर किसानों का धन्धा यह खेती ही है। तो यह क्यों नहीं समझते कि खेती में मज़दूरों और किसानों का बराबर का योगदान है। तो क्यों न इस खेती में मज़दूरों की हिस्सेदारी रहे या उससे उनको इतनी मज़दूरी मिले कि उनके परिवार भी किसानों के परिवारों की तरह ही जी-खा सकें। अभी तो किसान छोटा हो या बड़ा अपने को स्वामी और मज़दूरों को गुलामों जैसा ही देखता-समझता है, क्योंकि उसके भी संस्कार सामन्ती सभ्यता से ही बने हुए हैं।'

इतना कहकर नेपाली ने मुस्कुराते हुए चनपुरिया के कन्धे पर हाथ रख दिया और धीरे से कहा कि भाईसाहब हम मज़दूरों को भड़का या भटका रहे हैं या नहीं इसकी सफाई तो मैं बाद में दूँगा, किन्तु यह जानना उससे ज़्यादा ज़रूरी है कि किसान और मज़दूरों को आपस में लड़ाने की चाभी किसके हाथों में है। चनपुरिया व्यंग्यात्मक हो उठा, 'हाँ-हाँ ठीक कहते हो नेपाली, हमारे हाथों की चाभी तो सन्दूकों और तिजोरियों में होती है और लोगों को आपस में लड़ाने की चाभी तो तुम्हारे हाथों में है।' यह सुनकर सबने ठहाका लगाया। ठहाकों के बाद नेपाली ने कहा, 'बहुत सही चनपुरिया, तिजोरियों की चाभियाँ तिजोरी मालिकों के हाथों में होती हैं, चनपुरिया और नेपाली के हाथों में नहीं। जो सारे सुख-साधन अभी तिजोरी वालों के यहाँ क़ैद हैं, उनको सबकी भलाई के लिए खुलवाना ही सबकी समानता वाली आज़ादी होगी।'

यह बहस सुनकर गौंटिया जी ने अपने कपाल पर हाथ रख लिया और कमरे के अन्दर जाना चाहा तो नेपाली ने उनको ही सम्बोधित करके कहा, 'गौंटिया जी, घबराइए नहीं, अब आप अपने को पहचानिए। आपकी खेती सबको जीवनदान देनेवाला श्रमजीवियों का धन्धा है, दलालों का नहीं। अब श्रमजीवियों और श्रम के मालिकों को एक हो जाना चाहिए। तभी वे इन सामन्ती ठगों से राजनीति चलानेवालों का पर्दाफ़ाश करके सत्ता के हक़दार हो सकते हैं।' यह सब सुनकर

चनपुरिया जी के भीतर उथल-पुथल मच गई। उन्हें भी यह लगने लगा था कि पूँजीपतियों के दरवाज़े में टुकड़े तोड़ते हुए वास्तव में सबके लिए समानता वाला स्वराज नहीं आ सकता।

चनपुरिया जी उसी दिन से अपना बिस्तर समेट कर गौंटिया जी के दरवाज़े से भाग गए और नेपाली तो अपना झोला लटकाए फिर कहीं आगे बढ़ गया था। गाँव की चौपालों में उस दिन सभी जगह यही चर्चा हो रही थी कि आज गौंटिया जी के दरवाज़े पर विश्वव्यापी राजनीति की चर्चा हो रही थी और उसी समय गौंटिया जी के सम्मिलित परिवार के आँगन में भाई-भाई के स्वामित्व व पूँजी के बँटवारे का हड़कम्प मचा हुआ था। लोगों को पता लग गया था कि शहर वाले अपने दल-बल के साथ पुश्तैनी बगीचे में लगे महुए के पेड़ कटवा रहे हैं। उनसे सीधे लड़ने की हिम्मत भी किसी में नहीं है। क्योंकि वे शहर के बड़े-बड़े गुंडे, दादा लोगों को अपने साथ लेकर आए थे। उनके पास कारतूसी बन्दूकें भी मौजूद थीं।

गाँव में बसे परिवार के पास हथियारों के नाम पर लाठी, कुल्हाड़ी, फरसा, बाना, बल्लम, हँसिए वगैरह ही थे। मँझले भाई के लड़के ग़ुस्से में आ गए कि शहर वाले चाचा और भाई लोग दादागिरी करके हमारे गाँव से पेड़ ही नहीं काट ले जा रहे, बल्कि उनकी नाक भी काटे लिए जा रहे हैं। उनकी माँ और परिवार की औरतें उन्हें पकड़ कर रोती थीं, रोकती थीं और कहती थीं कि ले जाने दो, हमको कोई महल-अटारी नहीं चाहिए। हम तो मात्र अपने लड़कों, मनसेरुओं के साथ अपनी ज़िन्दगी चाहती हैं। कुछ औरतें छाती पीटते, गुहार लगाते हुए सुदर्शन गौंटिया के पास भी जाती हैं। कहती हैं, चिल्लाती हैं कि तुम्हारे जीते जी ही यह सारी ज़बरदस्ती हो रही है। यह अन्याय है। तुम्हारी सेवा-सुश्रुषा हम गाँव में रहनेवाले परिवार ने की। उन्होंने तो शहर में जाकर पैसा कमाया और मज़ा लूटते रहे। सुदर्शन गौंटिया उनके सामने गिगिंयाता है, 'का करौं, मोहीं लइ चला ओही महुआ के बगइचा मा औ जलाय डारा ओई लकड़ियन मा। मोर बात अब का कोऊ सुनत है, मैं न जानै अबै कउन-कउन दुर्दशा देखिहौं।'

यह चर्चा आसपास के गाँवों में फैल गई कि सुदर्शन गौंटिया जितनी शान से जिए, उतनी दुर्दशा आपन आँखिन से अपने घर की देख रहे हैं। कुछ लोग कह रहे थे कि बुरा तो हो रहा है, पर यह तो उनके ही कर्मों का फल है। कुछ कहते कि अच्छा हो रहा है। हरामी ने लूट तो लिया पूरे पायसे को। ज़िन्दगी भर लूटा ग़रीब लोगों को। वही हरामी अब प्रयागराज कल्पवास करने जाया करता है। तो कुछ हँसोड़ लोग कहते हैं कि साला अपने ही बगीचे की लकड़ियों में जल जाए तो क्या बात हो! कुछ लोग विषय बदल कर बोले कि भाई शहर वाले सब ले जाएँगे। इनका कुछ न किया-धरा होगा। गाँव वाले कोसते हैं कि अब इन्हें भगवान ही देखेगा और इन सालों का नाश हो जाएगा।

इसी बीच समाजसेवक नेपाली फिर आया और बोला—'भाई, मैं तो तुम लोगों से हमेशा कहता हूँ कि काली कमाई का धन पूरे परिवार का दिल काला बना देता है। इसीलिए भले आदमियों को काली कमाई के धन से बचना चाहिए।' इस पर कुछ स्कूली लड़कों ने उसका प्रतिवाद किया, 'बाबा, आप कभी इस दुनिया को नहीं निहारते। यहाँ जितने लोग भी धनवान बनते हैं, वे सब काली कमाई के बूते ही बने हैं। चाहे आप अमेरिका को देख लो, चाहे इंग्लैंड को।' वहीं बैठा एक बूढ़ा आदमी बोला, 'ठीक कहते हो दादू, हमरे गाँव के कईयक बड़े मनई हेईंन से धनवान भे हैं। लेकिन जब उइ पंचे पइसन कै ब्याज-बाढ़ी, घूसखोरी, दलाली और ग़रीब व निर्बलन की जाघा-जमीन का अतिक्रमण करिन हीं त अब कुछ भोगवौ करैं।' नेपाली गम्भीर होकर बोला, 'मुझको गर्व है कि गाँवों के नवयुवक भी भाग्यवाद के अन्धेरे से निकलकर लौकिक स्तर पर इतना तो समझ गए हैं कि काली कमाई का धन व्यक्तिगत पूँजी के रूप में इकट्ठा होता है। ई हमारे गाँवन के बड़े मनई तबहिन धनवान भे हैं जब उईं काली कमाई कीन्हिन, चोरी-डाका भले नहीं डारिन पै चोरी-डाका का धन रेहन-गहन मा एइन पंचे खपाइन, पचाइन हीं।'

नेपाली ने कहा, 'मेरे नौजवान भाइयो, बुराई के इन पौधों को अब सिर्फ़ पहचानिए ही नहीं, इन्हें उखाड़िए भी। श्रम करनेवालों को सहारा दीजिए। वे चाहे किसान हों या मज़दूर, उनमें श्रमजीवियों की एकता की भावनाएँ जगाइए। देखिए, पूँजीवादी गढ़ बहुत मजबूत हैं। भले ही उसके अपने भीतर अन्तरद्वंद्व हों, उससे टकरानेवालों का सीना और भुजाएँ मजबूत होनी चाहिए।' कुछ नवयुवक नेपाली से पूछ बैठे, 'क्यों बाबा, यह साफ़-साफ़ बताओ कि इस लड़ाई में हमको किसका साथ देना चाहिए?' नेपाली बोला, 'अभी साथ देने का मौका ही कहाँ आया है। पूँजीवादी समाज पूरी तरह सम्पन्न और संस्कारों से लेकर पूँजी और हथियारों से लैस है। उसके भीतर सिर्फ़ उसके ही अन्तरद्वंद्व मौजूद हैं। सर्वहारा और पूँजीहीन श्रमजीवियों को अभी अपना सब कुछ तैयार करना है। तभी वे अपना कोई एक मोर्चा बना सकेंगे। उन्हें अपनी लड़ाई की तैयारी में पूँजीवाद के अन्तरद्वंद्व को ऐसी हवा देनी है कि धनपशु आपस में टकरा जाएँ। इस टकराव के बादल उनके भीतर से ही घुमड़ रहे हैं। मुझे तो विश्वास है भाइयो कि तुमको उनसे नहीं लड़ना पड़ेगा। वे आपस में ही लड़ेंगे, देर-सबेर। लड़ना उनका स्वभाव है। वे केवल तभी एकजुट होते हैं, जब उन्हें ग़रीब का शोषण करना होता है या कि शोषण के विरुद्ध लड़नेवालों से लड़ना होता है। सम्भवतः ऐसे ही प्रसंग तो गौंटिया जी के परिवार में भी चल रहे हैं। अपने कुछ पट्टीदारों को, जिनसे कुछ साल पहले गौंटिया जी ने अपना बँटवारा कराया था, सही हक़ नहीं दिया।'

कुछ लोगों ने कहा, 'बाबा, अब गौंटिया जी से पट्टीदारों को लड़ने की भी कोई ज़रूरत नहीं है। ख़ुद उनके घर के भीतर ही लड़ाई होनेवाली है।' जब किसी

ने कहा कि उनका एक लड़का तो भगवान रजनीश का भक्त हो गया है तो बाबा ने कहा, 'वे चाहे रजनीश के भक्त बनें, चाहे किसी गुरुदेव के। पैसा और अपने व्यक्तिगत स्वामित्व के लिए जरूर लड़-भिड़ जाएँगे, इसमें संशय नहीं।' एक सयाने ग्रामीण ने कहा, 'बाबाजी ने ठीक कहा है कि ये सब बाहर संसार में त्याग की बातें करते हैं और भीतर ख़ुद के प्रभुत्व व पैसों का जुगाड़ ही लगाते हैं। तभी तो इनके पास अटूट पैसा हो जाता है।' तो गाँव के एक बूढ़े ने कहा कि गौंटिया का बड़ा लड़का ख़ुद शहर में कमाता रहा और यहाँ से भी गल्ला-सामान वहाँ ले जाकर ख़र्च बचाता रहा और बढ़िया मकान बनवाकर पैसा भी जमा कर लिया। छोटा लड़का भी बाप से रुपये झटककर किसी कम्पनी में नौकरी करने इंग्लैंड चला गया है। सिर्फ़ इस मँझले लड़के का परिवार ही यहाँ की खेती-पाती, गोरू-बछेरू में लगा रहा, मगर उसके लड़के-नाती यहीं रहकर भी गाँव वालों के साथ दादागिरी करते रहते हैं। गौंटिया के हाथ-पाँव जब से थके हैं, बुढ़ापा आया है, दिखाई-सुनाई कम देने लगा है और उनकी पत्नी घर की मालकिन भी नहीं रह गई, तब से घर का कोना-कोना खंडहर हो गया है। यहाँ कुछ गाय-भैंसें और बाग-बगीचे बचे हैं तो उनको भी शहरवाले लिए जा रहे हैं।'

एक सज्जन कहने लगे कि यार यह बहुत बड़ा अन्याय है। गाँव के परिवारों के लोग शहरों में जाकर मकान बनवा लेते हैं। वहीं रहने लगते हैं और वे अपनी कमाई से अपने परिवार भी वहीं रख लेते हैं। वे घरवालों को अपनी कमाई तो देते नहीं। घरवाले यहाँ रहकर, गर्मी-सर्दी सहकर, फटे गन्दे कपड़े पहनकर, काँदा, गोबर, मिट्टी में खेती का काम करते हैं या ढोर, मवेशियों की रक्षा या रखवाली करते हैं। उनके परिवार न शौक़-शान से रह पाए, न खा-पी पाए। परन्तु खेती-कमाई या अन्न-गल्ला जब पैदा होता है तो वे उसका हिस्सा बँटवाने आ जाते हैं। कहते हैं कि यह घर, खेती-ज़मीन सब पुरखाती साझे की है। एक नवयुवक बोला, 'वही सच है। जो बाबा नेपाली कह रहा था। श्रमजीवी और श्रम का शोषण होता है।'

बूढ़े होते जा रहे गौंटिया जी भी घर के पिछले कमरे में पड़े-पड़े यही सोच रहे थे कि जो लोग जिम्मेदारी के साथ खेती-पाती, घर-गृहस्थी के काम करते हैं, वही बेचारे ठगे जाते हैं, लूटे जाते हैं। हमारे परिवार के ही जो लोग शहर चले गए, अपनी पूरी गृहस्थी बना चुके। यहीं से पैसा ले जाकर अपनी अच्छी-खासी नौकरी लगवाई, बड़ी तनख़्वाह उठाकर मौज मार रहे हैं। सिर्फ़ मँझले का परिवार यहाँ गाँव में बरेदी बना रहा और पूरी जाघा-ज़मीन भी वे इसे नहीं देनेवाले हैं। उनको अपना हिस्सा बँटवा लेना है। जबकि इसने ही खेती की देखभाल की। उनके सहयोग के बिना ही अपनी गृहस्थी सँभालता रहा, पर इसको भविष्य में कुछ न मिलेगा। सिर्फ़ अपना हिस्सा ही ठीक से पा जाए वही बहुत है। क्योंकि शहर में रहनेवाले लड़के जबरा तो हैं ही, उन्हें हिस्सा बाँट में भी मनमानी करना है।

इधर मँझले के परिवार वालों ने भी सोचा कि शामिल-शरीक बने रहने पर अभी कुछ अन्न, गल्ला घर में रखा है। साधन वाहन, ट्रैक्टर, ट्राली सब मौजूद हैं। कुछ जुगाड़ करके गाँव के बाहर सड़क किनारे एक मकान तो बनवा ही लिया जाए, वरना हिस्सा बँटते ही यह वाहन-साधन भी न रहेगा। तो उन्होंने सड़क के किनारे अपनी जो ज़मीन थी, उसमें मकान बनवाने के लिए नींव खुदवाई। वहाँ ईंट-पत्थर डलवाए। कुछ अनाज-गल्ला बेचकर पैसे जुटाए। घर की औरतें भी मँझले को समझा रही थीं कि अगर बाहर कोई मकान न बनवाया तो ये फुटहे-कच्चे घर बँट जाने पर हम लोग रहेंगी कहाँ। उन्होंने कुछ छिप-छिपा कर, कुछ जाहिर तौर पर निर्माण-कार्य में हाथ बँटाना शुरू कर दिया। यह ख़बर शहर वाले बड़े लड़के को पड़ोसी गाँव के उन नवयुवकों ने दी, जो उसके लड़कों व नातियों के दोस्त बन गए थे। इन्हीं चुगलख़ोरों ने शहर के उस परिवार को उकसाया कि मँझला भाई बगीचे के बीच लगे पेड़ बेच रहा है, आपको उसमें कुछ नहीं मिलेगा। आप महुए के पेड़ कटवा कर उनके गर्डर बनवाइए। ये लोहे से कम मज़बूत नहीं होते। बड़ा मुनाफ़ा होगा।

इन्हीं लोगों ने यह आग भी सुलगाई कि घर का चावल और गेहूँ बेचकर सड़क के किनारे बन रहे उस बँगले में मँझला भाई पैसा फूँके जा रहा है। यह ख़बर पाकर बड़ा भाई अपने लड़कों और गुंडों के साथ फिर से पल्लेदारों और ट्रक का प्रबन्ध कर गाँव आ धमका। उसने देखा कि बूढ़े पिताजी बाहर के एक कमरे में पड़े कराह रहे हैं। लेकिन उनसे न ख़ुद उसने प्रणाम किया, न नाती-पोतों ने जाकर पूछा कि बब्बा जी आपको क्या तकलीफ़ है। वे सीधे पल्लेदारों को लेकर उस अन्न-भंडार की ओर पहुँच गए, जहाँ पचीसों साल पुराना चावल सुरक्षित रखा हुआ था। बिना किसी से पूछे वे लोग बखारियों के चावल पल्लेदारों से बोरों में भरवाने लगे। जेठ की यह हरकत देखकर मँझली बहू ने भीतर से ही कहा, 'दादाभाई, अपना या का करवाइत हयन। अपने मँझले भाई का बोलवाय तो लेई।' बड़े भइया ने आवेश में कहा, 'चुप रह, ये बखारी तेरे बाप की नहीं है। हमारे हिस्से की है। तुम जिस तरह से मनमानी गल्ला बेच लेती हो, हम भी किसी से बिना पूछे ही सारा चावल निकलवा ले जाएँगे। बोलवाय ले तैं अपने जउने बाप का बोलबावैं का होय।'

जेठ की ये अपमानजनक बातें सुनकर मँझले की औरत ने भी कुछ तीखा जवाब दे दिया। इस पर जेठ के बड़े लड़के ने तैश में आकर मँझली चाची को एक डंडा जड़ दिया। नाती-नातिन रोते हुए दौड़कर वहाँ पहुँच गए, जहाँ मँझला मकान बनवा रहा था। माजरा समझते ही वहाँ मौजूद घर के सारे लोग और तीन-चार मज़दूर सब्बर, कुल्हाड़ी, गैंतियाँ और लाठियाँ लिए भागे चले आए और चावल की बखारी के अन्दर जा पहुँचे। शहर से आए कुछ लड़के और गुंडे घर के बाहर खड़े ट्रक पर रह गए थे। वे भीतर की ओर लपके कि ये लोग उनके पिताजी को मार न पाएँ। परन्तु मँझली बहू, जिसको जेठ ने कुलाँचें मारी थीं, दौड़ी और दरवाज़े में भीतर से

ताला लगा दिया। अब अन्दर-ही-अन्दर पहले वाक्‌युद्ध हुआ और जब गर्मा-गर्मी बढ़ गई तो मँझले के लड़कों ने बोरों में चावल भर रहे पल्लेदारों को पीटना शुरू कर दिया। इस पर शहर वालों ने अपने छुरे और तमंचे निकालने की कोशिश की। तभी मँझले के मज़दूर साथियों ने एक-एक सब्बर उनके सिर पर जमा दी। बड़े भाई की जम कर पिटाई हुई तो उन्होंने खिसियाकर एक छुरा मँझले को घोंप दिया। अब मँझले के लड़कों ने भी बड़े चाचा के पेट में शब्बर आर-पार कर दी। मँझले तो बेहोश होकर धरती पर पड़ा था। परन्तु घर के अन्दर घुसे शहर से आनेवाले लोग भी जीवित नहीं बचे। चावल धूल जैसा चारों ओर फैल गया था। बाहर ट्रक ड्राइवर ने जैसे ही हल्ला-गुल्ला सुना, ट्रक लेकर भागा। बीचबचाव करने की कोशिश में मँझले के घर की लड़कियाँ भी ख़ून से लथपथ हो गई थीं।

दरवाज़ा खुला तो बाहर तमाशबीनों की भीड़ लग गई। चारों तरफ रोवाँ-रीहट मची हुई थी। गाँव में कोहराम मच गया। कोई कुछ सोच नहीं पा रहा था कि क्या करें, क्या न करें। किसी ने कहा कि लाशों को निकालकर बाहर रखवा दें। तो किसी ने कहा कि फँस जाओगे तुम भी, पुलिस की तहक़ीकात के बिना कोई कुछ मत छुओ। गाँव के चौकीदार से कहो कि वह थाने में जाकर रिपोर्ट करे। किसी ने कहा कि ड्राइवर ने भागकर रिपोर्ट की ही होगी। किसी ने कहा कि क्या पता वह थाने गया या नहीं गया। यह सूचना देना चौकीदार की जिम्मेदारी है। ट्रक ड्राइवर उस ट्रक को मालिक के दरवाज़े पर खड़ा करके अपने घर चला गया होगा। जितने मुँह उतनी बातें!

आख़िरकार, रिपोर्ट होते ही पुलिस पूरी गारद लेकर पहुँच गई। अब वहाँ मँझले के दो लड़के ही बचे थे। मँझला तो बखार की ज़मीन पर बेहोश पड़ा था। मौका पाते ही उसके मज़दूर गाँव छोड़कर सटक गए थे। पुलिस ने दोनों लड़कों को अपनी गाड़ी में बन्द कर दिया और लहूलुहान मँझले को सीधे अस्पताल भिजवाया। बखार में पड़ी सभी लाशों को भी उठवाया गया और औरतों को गिरफ़्तार करके घटनास्थल का पंचनामा किया गया। पिछले कमरे में एकदम अनजान पड़े थे गौंटिया जी। लेकिन जब पुलिस ने उनसे बयान लेना शुरू किया तो वह इस क़दर रोए कि बेहोश हो गए। कुछ देर बाद जब होश में आया तो चीख़े—'मुझे जेल में बन्द करो। इन हत्याओं का ज़िम्मेदार मैं हूँ। मैंने जिनके लिए यह गृहस्थी बनाई, वही आपस में लड़ कर मर गए।'

होश में आने पर गौंटिया जी बस इतना ही कहते थे—'अरे मोर दइउ, बड़ा बेजा भा'—और बेहोश हो जाते थे। पुलिस ने उनके पास दो होमगार्ड छोड़ दिए और आगे की कार्रवाई शुरू की। घर की औरतों से थाने में बयान लेने के बाद गाँव के सरपंच को बुलाया गया और कुछ लोगों की जमानत करवाकर उन्हें घर भेज दिया गया। इस भयंकर घटना के बाद गाँव में ही नहीं, पूरे पायसे में सन्नाटा पसरा हुआ

था। लोग किसी से कुछ न कहते थे कि बुरा हुआ या भला हुआ। सुदर्शन गौंटिया, जिसके जीवन, रुतबे व शान की कोई बराबरी नहीं कर पाता था, उनके बारे में आज लोग यही कह रहे थे कि ऐसी विपत्ति यहाँ कभी किसी के सिर नहीं आई। उनके दरबारी लोग ही कहने लगे कि सब अपने कर्मों का फल पाते हैं। जो जैसा बीज बोएगा, वैसी ही फ़सल आएगी। 'बोया पेड़ बबूल का तो आम कहाँ से होय।'

पुलिस ने लाशों का पोस्टमार्टम कराने के बाद गौंटिया के भाई-पट्टीदारों को बुलाकर कहा कि ले जाओ और इन्हें उसी बगीचे में जला दो, जिसके कारण ये मर मिटे। गाँव के चुगलख़ोरों का कहीं अता-पता न था। मँझले लड़के की हालत कुछ सुधर रही थी। उसके पेट का ऑपरेशन हुआ था, उसे हफ़्ता भर अस्पताल में ही पड़े रहने को कहा गया। उसके लड़कों को तो जेल में बन्द कर दिया गया था। अब इस सूने घर में उनका कोई रिश्तेदार-ब्योहारी भी नहीं आ-जा रहा था। लोग डरते थे कि वहाँ रहने पर पुलिस उनको गवाही देने के लिए न पकड़ ले जाए। इस पचड़े में कौन पड़े।

एकान्त में रोते-बिलखते गौंटिया जी भी जल्द ही चल बसे। अब उनके दरवाज़े पर कोई नहीं पहुँचता था। चौकीदार और होमगार्ड गौंटिया जी के मरते ही लौट गए थे। जब गाँव वालों को पता लगा कि सुदर्शन गौंटिया की लाश दो दिन से उनके कमरे में ही पड़ी सड़ रही है तो बोले कि चलो उसे जला दिया जाए। लेकिन गौंटिया से ईर्ष्या करनेवाले कह रहे थे कि इसने हमको ज़िन्दगी भर सताया है, हम लोग इसे मरने पर ही सता लें। अभी उसकी लाश पड़ी रहने दो, साले को पाँच दिन सड़ाएँगे, तब ले जाकर जलाएँगे। पुराने बैर का बीज हम बाढ़ी सहित चुकाएँगे।

[सन् 2015 में प्रकाशित 'नई राह' कहानी-संग्रह से]

जय भवानी

भवानी बाबू पुरानी अंग्रेज़ी सरकार के ही कर्मचारी थे, बहुत छोटी पोस्ट और बड़ा झंझटी काम। दुनिया भर का बवाल भवानी बाबू के सर पर सवार रहता था। किसी के घर में यदि बहू, बेटों आदि के निजी झगड़े भी होते थे तो भाई लोग भवानी बाबू को ही सुनाने आते। यही आशा करते कि पटवारी होने के नाते वे उन्हें अवश्य निपटवा देंगे। फिर उस ज़माने में पटवारी के सिवा गाँव में कोई ख़ास सरकारी कर्मचारी होता भी नहीं था—न ग्राम सेवक, न समिति सेवक, न स्वास्थ्य सहायक, न ये बालवाड़ी की महिला कल्याण शिक्षिकाएँ। सरकार से जनता के जो भी सम्पर्क हों, उन सबका सेतु पटवारी ही होता था। यहाँ तक कि लोगों की चिट्ठियाँ भी गाँव के पटवारी ही ले आया करते थे। पटवारी का मददगार सिर्फ़ चौकीदार था। सारे विभागों के आदेशों की तामीली पटवारी करवाते।

भवानी बाबू पटवारी तो थे मगर किताबें पढ़ने के अव्वल दर्ज़े के शौक़ीन थे। छोटी-मोटी कविताएँ व कहानियाँ ही नहीं, बंकिम चन्द्र, शरद चन्द्र, प्रेमचन्द आदि के बड़े-बड़े उपन्यास भी वे पढ़ते ही रहते थे। उनके पटवारी वाले बस्ते में ही दो-तीन मोटे उपन्यास बँधे रहते थे। वे कहा करते थे कि मैं कोई भी उपन्यास एक या दो रात में ही पूरा पढ़ लेता हूँ।

वैसे भवानी बाबू को राजनीतिक चस्का बिलकुल न था। वे नेतागिरी की बातों से भी चिढ़ते थे। स्वभाव से ऐसे रईस कि मुँह में हमेशा पान दबा रहता था। चेहरा गम्भीर, बोली वाणी बहुत मधुर। कभी किसी से कोई अकड़ नहीं। काफी किताबें पढ़ लेने के बाद उनकी जानकारी भी बहुत गहरी हो गई थी। पर न जाने क्यों वे ज़्यादा बोलना और अपनी जानकारी के सम्बन्ध में कुछ लिखना पसन्द नहीं करते थे। इस तारतम्य में जब भी मेरी उनसे कोई बात हुई तो उन्होंने तपाक से कहा, 'मास्टर साहब, सब माथापच्ची है। मैं तो अपने आनन्द के लिए पढ़ता हूँ। मैं उलझना नहीं चाहता।'

भवानी बाबू पहले पूजा-पाठ भी बहुत किया करते थे। पर जैसे ही उनका साहित्यिक अध्ययन बढ़ा, उन्होंने स्वयं पूजा-पाठ छोड़ दिया। कहने लगे कि साहित्य वास्तव में आदमी को रास्ता दिखाता है। लोग साहित्य पढ़ते नहीं, इसीलिए

ज़माने को ठीक से समझते नहीं। दुनिया के तमाम धन्धों की शिक्षा तो अन्य विषयों से मिल सकती है, पर जीवन जीने की कला तो साहित्य ही सिखाता है। वह आगे बोले—'यद्यपि आधुनिक साहित्य में यथार्थ का जो विस्तार मिलता है, कुछ लोग इसे ही सारी प्रगतिशीलता समझ बैठते हैं, पर असलियत यह नहीं है। साहित्य हमेशा भावना के सहारे चला है और चलेगा। सवाल है उस विशेष भावना के निर्माण का, जिसमें धरती पर बसनेवाले सभी लोगों को जोड़ा जा सके, जिसके द्वारा लोगों को इस पुरानी धार्मिक भावना से उबारकर नए उत्साह, नए सम्पर्क व सम्पूर्ण मानवीय अस्तित्व की पहचान व एकता की ओर मोड़ा जा सके।'

ये धीर-गम्भीर बातें करते हुए भी भवानी बाबू में विद्वता की ज़रा भी ऐंठन नज़र नहीं आती थी। सच मानिए तो भवानी बाबू बहुत बड़े चिन्तक थे। पर वे अपनी बातें सभी को हर समय सुनाने या जल्दी-जल्दी कुछ लिखकर प्रकाशकों की तलाश करने की फिराक़ में कभी नहीं रहे। वे बताया करते थे कि एक बार किसी दौरे में वे अपने अफ़सर नायब तहसीलदार के साथ गाँव गए। रात में जब खा-पीकर दोनों आराम करने को लेटे तो भवानी बाबू उपन्यास पढ़ने लगे। नायब साहब एक नींद मार चुके थे। जब जागे तो देखा कि पटवारी जी अब भी उपन्यास पढ़ रहे हैं। उन्होंने आश्चर्य जताया, 'पटवारी जी! आपकी उम्र तो अब उपन्यास पढ़ने की नहीं रही, पर आप कमाल करते हैं जो सारी रात रसिकराग में ही डूबते-उतराते रहते हैं।' कुछ क्षणों तक तो भवानी बाबू ने अपने अफ़सर का लिहाज किया। थोड़ी देर चुप रहे। फिर बोले, 'साहित्य के प्रति बड़ा ग़लत अन्दाज़ है साहब। साहित्य में जीवन की रंगीनी भी होती है, पर साहित्य का असली सार-तत्व तो जीवन की रचना है। इसका अर्थ समझे बिना कोई सामाजिक रचना के काम क्या खाकर करेगा। हमारे इस रेवेन्यू विभाग की ज़िम्मेदारी निभाने में यह बात सबसे अहम है साहब!' इस पर तहसीलदार ने कहा, 'पटवारी जी! हमारा-तुम्हारा तो दिनभर का यही काम है, समाज की झंझटों को सुलझाना, है न? हमें अब इस काल्पनिक समाज को साहित्य में क्या पढ़ना है। हम तो ज़िन्दा समाज को ही पढ़ते हैं और इसी में परेशान हो जाते हैं। हमें-तुम्हें तो रात में राहत मिलनी चाहिए ताकि इन झंझटों-बवालों से हटकर कुछ मौज-मस्ती कर सकें। है न पटवारी जी! पत्थरों को पत्थरों से नहीं टाला जा सकता।'

पटवारी बोले, 'साहब, यह ठीक है कि पत्थरों को पत्थरों से नहीं टाला जाता, पर पत्थरों को फूलों से भी नहीं टाल सकते। पत्थरों को टालने के लिए लोह-सब्बर ही चाहिए। और वह कौन है, जो इस मिट्टी में ही मिले लोहे को लोहे का सब्बर बना देता है। उस श्रमिक का सम्मान होना चाहिए, पर यह तो दूर की बात है। अभी तो लोग इस दुनिया को सिर्फ़ वेश्या की भाँति भोगना चाहते हैं। इन्हें यह दुनिया अभी अपनी पत्नी जैसी भी नहीं लगती, जिसके प्रति कुछ जिम्मेदारियाँ भी निभानी होती हैं। यहाँ तो साहब आजकल धर्म को भी, जो कभी त्याग-बलिदान, परस्वार्थ

व परलोक की कामना करता था, सब अपने अहंकार, स्वार्थ की पूर्ति और सत्ता व सम्पत्ति कमाने का ही जरिया मान रहे हैं।' नायब तहसीलदार ने इस दार्शनिक किस्म की चर्चा में ज्यादा देर अपनी नींद खराब करना वाजिब न समझते हुए सिर्फ़ इतना ही कहा, 'आजकल तो अफ़सरों ने नाक में दम कर रखा है पटवारी जी! क्या कहते हो, कहते ही रहोगे।' और ख़ुद खर्राटे मारने लगे।

मगर भवानी बाबू पटवारी पुनः भीष्म साहनी का *तमस* पढ़ने लगे और मन ही मन सोचते जा रहे थे—'देखिए तो, यह अपना ही समाज है, जहाँ इस उपन्यास की सीख लोगों को देखने व समझने नहीं दी गई। राजनीतिक दलों ने इसका तीखा विरोध किया। हम शहरों की बात क्या करें, गाँवों के मोहल्ले-मोहल्ले में भी यही सब कुछ घटित हो रहा है। अभी सबने आँखों से देखा कि गणेश चतुर्थी वालों की ज़िद के कारण ताजिया का जुलूस नहीं निकल सका। उन लोगों का कहना था कि यह हिन्दुस्तान है; पाकिस्तान नहीं। यहाँ तो हिन्दू संस्कृति का ही प्रचार होगा, न कि इस्लामी संस्कृति का। बहुत हुआ, अब हमें धर्म के मामले में बढ़त बनानी है।

भवानी बाबू ने गहरी साँस लेकर याद किया—'उनको हम लोगों ने किसी तरह समझा-बुझाकर राजी किया था, हिन्दुओं को और मुसलमानों को भी। जुलूस निकलवाने को भी मना किया। क्या करें, क्या न करें। सरकार की भी बलिहारी है कि एक तरफ तो सारे धर्मों की जय बोल रही है, सारे धर्मों के ठेकेदारों को प्रोत्साहित कर रही है, धर्मों की जय बोलनेवालों को इनाम बाँट रही है। दूसरी तरफ हम लोगों (पटवारी, तहसीलदारों) को हुकुम देती है कि साम्प्रदायिकता को रोकिए। कोई घटना होने पर यदि दो-चार सिपाही बुला भी लिए जाते हैं तो वे भी धर्म-प्रेम के चलते अपने-अपने धड़ों की मदद करते हैं। झंझट में तो वही फँसता है जो इस धर्मनिरपेक्षता को वास्तव में अंगीकार करता है। उसके प्रसार की दिशा में काम करना चाहता है। यहाँ तो अफ़सर हो या सिपाही, किसान हो या व्यापारी, हिन्दुस्तानी बाद में होता है। वह पहले हिन्दू होता है या मुसलमान।' यही सोचते-विचारते भवानी बाबू का मन उपन्यास पढ़ने से उचट गया और वे भी अपनी खाट में लेटकर करवट बदलने लगे।

सवेरा हुआ। नींद खुली तो चौकीदार कहने लगा कि पटवारी जी अबकी बार अपना का समझाउब-बुझाउब कारगर न होई। लड़ाई कै य तयारी चारों तरफ से पूरी होइ चुकी है। वइसे तो ताजिया का जौन जुलूस नहीं निकल पाया रहा, उससे सारे मुसलमान पहले ही गुस्से मा भरे हैं। परसों उनका मिलादुन्नवी त्योहार होये वाला है। भवानी बाबू ने आगे याद किया—'चाय-नाश्ता करके हम और हमारे नायब साहब गाँव में निकले तो देखा कि देवी जी का जो एकाध चबूतरा गाँव के किसी कोने में हुआ करता था और जिसकी सब एक समान धार्मिक भाव से पूजा किया करते थे, आज जगह-जगह दुर्गाओं के तम्बू तने हुए थे। किसी की दुर्गा जी

शेर पर सवार तो किसी की दैत्य पर, किसी की हंस पर तो किसी की तो उल्लू पर, कुछ की दुर्गा जी शंकर जी के साथ बैल पर भी सवार दिखाई गई थीं। एक मोहल्ले की दुर्गा जी तो गधे पर सवार ही बनाई गई थी।

चौकीदार यह ख़बर भी पहले ही सुना चुका था। अफ़सर ने पूछा, 'क्यों पटवारी जी! ये दुर्गा जी को गधे पर दिखाने की क्या तुक है?' तो मैंने अपनी समझ के अनुसार जवाब दिया, 'साहब, पता चला है कि हर जाति वालों ने अपनी-अपनी दुर्गा जी अलग-अलग बैठाई हैं। सबको दुर्गा जी से अपना-अपना कल्याण चाहिए, गौरव चाहिए, अपने-अपने धन्धे की उन्नति चाहिए। शेर पर सवार दुर्गा जी तो उस वनवासी जीवन की दुर्गा हैं, जब लोग जंगलों में रहा करते थे। उन सबको शेर से ख़तरा होता था तो वे अपनी आदिशक्ति के उसी शेर को नियंत्रित करते दिखते थे। फिर जब आदमी को आदमी से ही ख़तरा पैदा होने लगा, कुछ आदमी दैत्य हो गए, कुछ देव हो गए तो लोग अपनी आदिशक्ति की पूजा उसको दैत्यों के सीने पर चढ़ाकर करने लगे। पर अब तो सबको अपने-अपने धन्धों की उन्नति चाहिए। अब तो लोकतंत्र है और उन्नतिशील युग है तो सब लोगों ने अपने-अपने धन्धों के प्रतीकों के साथ दुर्गा जी की मूर्तियाँ बनवाई हैं। देखिए, सेठ-साहूकारों ने उल्लू पर सवार देवी दुर्गा की पूजा करना ही ठीक समझा, क्योंकि उन्हें तो संसार के उल्लुओं से ही लाभ कमाना है। किसानों ने सोचा कि हमारा कल्याण बैल से है। हमारे शंकर भगवान बैल पर थे तो हमारी दुर्गा भी उसी पर रहेंगी। जब सबने जब अपने-अपने ढंग से दुर्गा बनवाईं तो इस कस्बे के धोबियों ने अपनी दुर्गा जी अपने बड़े काम के जीव गधे पर ही बनवा लीं।' तहसीलदार ने हँसकर कहा, 'ठीक कहते हो पटवारी, दुर्गाओं का सम्बन्ध धन्धों से है और हमारे धन्धे से जुड़े काम भी इन दुर्गाओं को आना ही चाहिए। इस वाले धर्म का सार आपने बहुत बढ़िया से बताया।'

पटवारी ने हामी भरी, 'हई है साहब, धर्म से जो कल्याण होने की बात कही गई हैं, वह कुछ इसी बहाने से तो होती है। प्रत्यक्ष रूप से तो कोई धर्म धुरन्धर, चाहे इस्लाम का हो, चाहे ईसाई का हो, चाहे हिन्दू का, कभी कोई यंत्र ईजाद नहीं करता, कोई नया आविष्कार नहीं करता और न ही किसी असली परोपकारी उद्यम की नींव डालता। बल्कि सारे धर्म यही बताते हैं कि इस जगत को मिथ्या मानो और संसार का सब कुछ त्याग दो। फिर भी संसार भर के पूँजीपति धर्म को अपने हित में बहुत महत्त्वपूर्ण मानकर प्रचार-प्रसार करवाए जा रहे हैं। पटवारी जी, इक्कीसवीं सदी में भी क्या यह बात साफ़ समझ में नहीं आएगी कि इस धर्म के भीतर क्या राज़ छुपा है? पूँजीपति जैसा चालाक वर्ग भी, जिसे अपने हित के बारे में करीब-करीब सारी जानकारियाँ होती हैं, धर्मों को बहुत मानता है जो स्पष्ट रूप से कहते हैं कि

धन-दौलत मत जोड़ो।' पटवारी ने कहा, 'साहब, धर्म का राज़ यही है कि इसकी किताबों में जो लिखा होता है, जो उपदेश सुनाए जाते हैं, उसका ठीक उलटा काम किया जाता है। आजकल धर्मवीर तो वे होते हैं जो धार्मिक ढोंगों के अनुसार चलते हैं। जैसे आजकल के शंकराचार्य, मुल्ला-मौलवी या दलाई लामा आदि जिन्हें इस संसार में नोबेल पुरस्कार तक मिलता है। वैसे तो धर्म की सबसे बड़ी सीख यही है कि दुनियादारी छोड़ो, लेकिन ऐसे कितने लोगों के नाम धार्मिकों में गिने जाते हैं, जो दुनियादारी छोड़ देते हैं, भौतिक सुखों को त्याग देते हैं?'

तहसीलदार ने सहमति जताई, 'ठीक कहते हो पटवारी, इन सारे धर्मवालों के साथ हमको भी धर्मवान ही बनना है। पटवारी, सच मानो देश की सरकार भी इसी तरह अपनी दाल गला रही है। वह धर्म के इस रहस्य को अच्छी तरह समझती है।' पटवारी ने कहा, 'साहब, देश में जो होता है, सो होता है। आज इस गाँव में भी शाम तक दंगा हो जाने का अन्देशा है।' तहसीलदार ने निश्चिन्तता से कहा, 'अजी पटवारी, तुम बेकार सारी किताबें पढ़ते रहते हो। क्या समझते हो, तुम भी अपने गाँव की सरकार हो। ज़रा राजनीति को समझो? अगर यहाँ दंगे-झगड़े नहीं होंगे तो हमारी दाल कैसे गलेगी। चलो हमको सबको यहाँ से चलना है, और दो-दो रुपये के नोट हर जगह चढ़ाने हैं।'

भवानी बाबू अपने अफ़सर की मंशा भाँप कर चुप हो गए और किराने की एक बड़ी दुकान से सौ रुपये के छुट्टा पचास नोट मँगवा कर तहसीलदार को सौंप दिए। तहसीलदार सारे गाँव की दुर्गाओं पर दो-दो के कई नोट चढ़ा आए। पूरे गाँव में रेवेन्यू अफ़सर की जय-जयकार होने लगी। किसी के मन में यह नहीं उभरा कि तहसीलदार आख़िर किस काम के लिए यहाँ आया था और उसने क्या किया? जबकि सरकार ने तहसीलदार का दौरा यहाँ साम्प्रदायिक झगड़े रुकवाने के लिए ही करवाया था। मिलादुन्नवी का त्योहार तो तीसरे दिन था। दुर्गा निकालने का दिन अलग था। पटवारी ने सुझाव दिया, 'हुजूर मेरी एक राय है। यदि सुनी जाए।' तहसीलदार ने कहा, 'बताओ?'

'इन दुर्गाओं के जुलूस न निकालने की मुनादी करा दी जाए।' पटवारी ने अपने को बुद्धिमान मानते हुए कहा तो तहसीलदार ने फटकार लगा दी—'पटवारी, तुम तो नौकरी से ही निकाल देने के लायक हो। क्या नालायकी की बात कर रहे हो। यह भी नहीं समझते कि धर्म पर कोई प्रतिबन्ध नहीं लगाया जा सकता।' पटवारी बेचारा चुप हो गया और तहसीलदार की हर बात में यस सर! यस सर! करने लगा।

अब गाँव में चहल-पहल बढ़ गई थी। गाँव के सारे ठाकुर अपनी दुर्गा जी के पास खड़े जय भवानी! जय भवानी! कर रहे थे तो सारे ब्राह्मण अपनी दुर्गा जी के पास

खड़े जय परशुराम जी! की बोल रहे थे। पिछड़ी जाति के लोगों की भी अपनी-अपनी दुर्गा थीं। यक्ष प्रश्न यह था कि जुलूस में किस जाति की दुर्गा जी आगे चलेंगी। इस पर ब्राह्मणों ने कहा कि उनकी दुर्गा जी सबके आगे चलेंगी। ठाकुरों ने कहा कि दुर्गा जी तो हमारी ही आगे चलेगी, क्योंकि परम्परा तो यही रही है कि गाँव का कोई भी जुलूस उत्सव सबसे पहले हमारे ही दरवाज़े पर होता है। आप सब लोग आज़ादी पाकर अपना जुलूस अलग-अलग कर चुके हैं, पर भाई, पीछे तो हम नहीं रहेंगे। चलेंगे आगे ही।' ब्राह्मण बिगड़ गए, 'हमको सब कुछ मंज़ूर है, पर ठाकुरों के पीछे-पीछे रहना हमको मंज़ूर नहीं। भाई, भारतीय परम्परा में तो हमारे पाँव सभी पूजते चले आ रहे हैं। हम लोग श्रेष्ठ हैं और हम सभी जातियों के गुरु हैं।' गाँव के धोबियों का दावा था—'भाई, इस गाँव में हमारी संख्या सबसे ज़्यादा है और लोकतंत्र में तो बहुमत का ही आदर होता है। इसलिए हमारी दुर्गा जी आगे चलेंगी।'

यूँ तो सभी जातियों के लोग अपने-अपने दावे पेश कर रहे थे, पर ज़ोरदार टक्कर ठाकुरों और ब्राह्मणों के बीच ही नज़र आ रही थी। ग़ुस्सा ब्राह्मणों को भी बहुत आ रहा था। उन्होंने अपने लाठी-डंडे तथा परशुराम जी वाले फरसे मँगवा लिए थे। ठाकुरों ने भी अपनी सभी मुर्च्यानी जंग लगी तलवारें निकाल लीं और अपनी क्षत्रिय महासभा की गुप्त संगोष्ठी कर डाली। इस सभा से उनके साथ हमेशा रहनेवाले बारी, बरगाही, ढीमर, राव, चौकीदार सभी बाहर कर दिए गए। यह जानकर ब्राह्मणों ने इस मौक़े पर अपनी अक़्ल लगाई कि ठाकुर लोग यद्यपि हैं कम, पर लड़ने में माहिर होते हैं। इसलिए हो सकता है कि अपने हाथ दिखा जाएँ और भारी पड़ें। पिछड़ी जातियाँ हमेशा ठाकुरों के पीछे ही रहती आई हैं। छुआछूत मानने के कारण ये लोग ब्राह्मणों से छरकते रहे। पर क्षत्रिय महासभा की गोपनीय बैठक करके इन्होंने अच्छा मौका दिया है। चूकना नहीं चाहिए।

कुछ होशियार ब्राह्मण तत्काल धोबियों के पास गए और बोले, 'भाइयो! बहुमत तुम्हारा है। यह लोकतंत्र है। अब तुम्हारी दुर्गा ही आगे-आगे चलेगी। हम तुम्हारे पीछे रहेंगे और जो तुम्हारे ऊपर हमला करेगा, उसके ख़िलाफ़ हम आप लोगों का साथ देंगे।' धोबियों ने अपनी दुर्गा जी के जुलूस में काफी गधे इकट्ठा कर लिए थे और अस्त्र-शस्त्रों के नाम पर बस कपड़ा पीटनेवाली मोंगरी हाथों में लिए हुए थे। धोबी लोगों का जुलूस जैसे ही आगे बढ़ा, ठाकुरों ने देखा तो उन्हें ताव आ गया। यह ख़याल नहीं रहा कि वे किस ज़माने में और क्यों श्रेष्ठ थे। उन्हें ज़रा भी ध्यान न था कि अपने जातीय संगठन की बदौलत वे कभी श्रेष्ठ नहीं थे। वे उस ज़माने में भी इसीलिए श्रेष्ठ थे कि वे अपने देश, राष्ट्र व राष्ट्र की महान जनता के लिए हमेशा ही समर्पित रहते थे। इस ज़माने में इन्हें अपने गौरव की रक्षा हेतु किसके साथ कैसे समर्पित रहना है, इसका इल्म ही नहीं था। उनका सिर्फ़ यह मानना था

कि वे मात्र अपनी तलवार की बदौलत श्रेष्ठ थे। इसीलिए वे अपनी पुरानी तलवारें भाँजते हुए दौड़ पड़े। कितने ही धोबियों के गधों के सर धड़ से अलग करते हुए वे जय भवानी! जय भवानी! चिल्ला रहे थे।

गाँव में चारों ओर से हल्ला मच गया था। सर्वत्र मारो, काटो का शोर ही सुनाई दे रहा था। लोग ऐसे घमासान में कूद पड़े थे कि ख़ुद ही नहीं समझ पा रहे थे कि कौन इस तरफ़ है और कौन उस तरफ़ है। जो जिसे पीट सकता था, वह उसे ही पीटे पड़ा था। इस भीड़ में लोग ठाकुरों को ज्यादा पहचान लेते थे, क्योंकि वे जय भवानी! जय भवानी! बार-बार चिल्ला उठते थे। इस मार-काट में अनगिनत लाशें बिछ गईं। तहसीलदार चुपचाप किवाड़ बन्द करके घर में घुस गया। आनन-फानन में पुलिस बुलाई गई। लेकिन जब तक पुलिस आई, तब तक कितनों के ही मर जाने के बाद झगड़ा अपने आप शान्त हो गया था। इस झगड़े को उन मुसलमानों ने भी शान्तिपूर्वक अपनी आँखो से देखा जो हिन्दू-मुस्लिम झगड़े के अन्देशे में बाहर से बुलाए गए थे। इसमें जानें भी ज़्यादातर उन्हीं नौजवानों की गईं, जो चालाक नहीं थे, जो स्वाभिमानी थे। भागे नहीं। धर्म के व जाति के प्रचारक हो-हल्ला मचते ही आगे बढ़ने के बजाय घरों में दुबक गए थे।

रात को पुलिस गाँव के हर घर में घुस गई और मदद के लिए तहसीलदार वहाँ मौजूद ही था। गाँव के सारे पैसे वालों को पकड़-पकड़ कर अपने ढंग से पैसे बटोर लिए गए। ये तमाम धर्म धुरन्धर अपनी आबरू की रक्षा रिश्वत देकर कर रहे थे। अपराधी और दंगाई केवल वही ग़रीब लोग बनाए गए, जो पैसे नहीं दे सकते थे। वे नौजवान भी इस लिस्ट में आ गए, जिनमें सिर्फ़ धर्म बचाने का जोश था। उनमें यह समझ और चालाकी नहीं थी कि उनसे यह जय भवानी! जय भवानी! भी कुछ लोग अपना धन्धा चमकाने और ख़ुद को सुरक्षित रखने के लिए ही करवा रहे हैं।

सेवानिवृत्त पटवारी भवानी बाबू अब याद करते हैं—'परशुराम के परशुधारियों ने भी इस झगड़े में काफी अक़्ल से काम लिया था, जो पीछे से ही ज़ोर लगाते रहे। वे न आगे आए और न अपने प्राण गँवाए। सबसे ज़्यादा क़त्ल और नुकसान तो उन धोबियों और गधों का हुआ, जो जुलूस में सबसे आगे हो गए थे।'

[सन् 2015 में प्रकाशित 'नई राह' कहानी-संग्रह से]

मुनइयाँ

लकड़ियों का बोझ सिर पर लादे, कुछ ढूँढ़ती, अपने अलग-बग़ल झाँकती हुई, उस शहरनुमा कस्बे की गलियों में धीरे-धीरे डग भरती मुनइयाँ मन ही मन बिसूरती चल रही थी। उसके गोल चेहरे, मझोले क़द, गोरे रंग, गठीले बदन व गम्भीर मुद्रा में एक-दो-चार के नहीं, अनेकों के दिल दफ़्न हुए जा रहे थे। उसकी धोती के सैकड़ों छेद, झूलते चीथड़े (बलरा) भी मनचलों के मनबहलाव के काम आ रहे थे। उन्हें दया नहीं आ रही थी। क्या कहने उन सौन्दर्य-प्रेमियों के, जिन्हें मुनइयाँ की ग़रीबी की नग्नता और उसके नंगे शरीर के अंश भी उपहास-स्रोत नज़र आ रहे थे!

पर मुनइयाँ के मन का भय तो अपने तन के कपड़े बदलने तक ही सीमित था। यही उसकी महत्त्वाकांक्षा थी। उसकी सारी कल्पनाएँ आषाढ़ के बादलों की भाँति इसी के लिए उमड़-घुमड़ रही थी। आज वह लकड़ियों का बोझा दूसरे दिनों की अपेक्षा कुछ अधिक ही बाँध ले आई थी ताकि आज उसे छह की जगह दस रुपये मिल जाएँ। तभी तो वह उपभोक्ता भंडार से पन्द्रह रुपये वाली धोती ले पाएगी। अभी तो उसकी गाँठ में केवल पाँच का नोट है, बाज़ार की चालीस रुपये वाली छींट की धोती तो कभी उसे ख़रीद नहीं पानी है। इसी काम के लिए आज सुबह ही उसने अपनी बूढ़ी सास से हँसते हुए कहा था—'दीदी आज भर न खा, उपासे रहिजा, तीं सगली लकड़ियाँ मैं बेंच कै आपन तन ढकैं का एक ठै नई धोतिया त लेत आऊँ, अपनी पूँजी मा त अबै ईं पाँचै रुपिया हैं।'

बुढ़िया की आँखों में आँसू छलछला आए थे, हिचकियाँ बँध गई थीं। रुँधे कंठ से उसके शब्द निकले—'बहू! बहू!! तैं मोर बहू न होही, तैं मोर बेटवा आही। मोर बेटवा इकलुता निकम्मा निकल गा। मैं तोरिन कमाई की रोटिन माँय जियत हौं, औ का जियत हौं बिटिया, मैं अब रोटिन का बरबाधै आय कर रही हौं। बहू, तैं मोर बहादुर बेटवा आही। खुद कमाय खाय रही हा और मोहूँ का खबाय रही हा। रात बिरात जब वा हरामिउ घरै आवत है, त ओहू के पेट मा तोरिन कमाई कै दुई रोटी तो आय जाती हैं, वा बेसरम तो आपन सब कमाई पी डारत है। वाखर कउन-कउन दुरगति न भै, रोजै तो वाखर सब सुनती हा। य संगत का असर आय, ईं अमीरन के ठाँय रहिकै, इनखर गुलाम होइकै भला कउन मनई बनौ है? पै तैं तो

मोरे परिबार कै रोसनी आही, भला तोर लाज ढँकैं के खातिर मैं आज कै रोटी काय आय, आपन जिनगी दै सकत ह्यौं! बहू! मैं आज रोटी न खइहौं, पै तैं बजार मा कुछू लइके पेटे मा खाय लए। आज गल्ला न लीन्हे, धोतिया जरूर लइ लीन्हे। मोर सगली इज्जत आय मोर-बहू, औ येही के द्याँह देखाय! और मैं देख देख जियत रहौं? वाह री मोर छाती...फट न गइतै!'

सास की बातों की सुध कर करके मुनइयाँ का दिल आत्मीयता से तो भरता ही जा रहा था, उसमें साहस भी हिलोरें लेने लगा था। उसे अपनी भूख-प्यास, सरदी-गरमी और सर पर रखे बोझे की गरुआई पूरी तरह बिसर गई। उमंग में भरी मुनइयाँ लकड़ियों का बोझा लादे एक व्यस्त चौराहे पर खड़ी हो गई। सभी को वह निहार रही थी, केवल इस इन्तज़ार में कि ऐसा कौन लकड़ी ख़रीदनेवाला आ रहा है, जो उसके बोझ की क़ीमत दस रुपये लगा सके। सुबह के दस बज चुके थे। यह समय दफ़्तरों की दौड़-भाग का होता है। इसीलिए उस चौराहे से सभी लोग तेज़ी से निकल रहे थे—अफ़सर, क्लर्क, चपरासी, शिक्षक, विद्यार्थी, किसान, मज़दूर, सब अपने-अपने काम की चिन्ता में दौड़े जा रहे थे।

उस समय लकड़हारिन की ओर वह लँगड़ा व्यक्ति भी नहीं निहार रहा था, जो हमेशा ही अनायास, राह-चलती लकड़हारिनों से मज़ाक़ करके, उनकी कुछ गालियाँ सुनकर स्त्री-पुरुष प्रसंगों की सरसता का आनन्द लिया करता था। उसे यही चिन्ता थी कि जो भीड़ इस समय गुज़र रही है, उसमें से शायद कोई उसकी तरफ दस्सी ही फेंक दे। वह भी आज उन्हीं लोगों के सामने बार-बार अपने हाथ फैला कर गुहार लगा रहा था, जिनके अन्याय और अत्याचारों से ख़फ़ा होकर उसने अपने विद्यार्थी जीवन में ही ग़रीब, मज़दूरों के हक़ की लड़ाई लड़ने का फ़ैसला कर लिया था। उसने अपनी तरुणाई में कई मालिकों व भ्रष्ट अफ़सरों की करतूतें उघाड़ी थीं। इसी के चलते उन अमीरों ने उसकी पिटाई अपने गुंडों से इस क़दर करवा दी कि उसे अपना एक पैर कटवाना पड़ गया था। और अब वही लँगड़ा होकर उन्हीं लोगों को दाता, दीनबन्धु और दयालु कहने पर मजबूर था, उनकी प्रशंसा के गीत गाए जा रहा था। मुनइयाँ भी अपनी लकड़ियों की कुछ अधिक क़ीमत पाने की आशा उन्हीं से लगाए हुए थी। बीच-बीच में जब चौराहे की भीड़ कम हो जाती तो लँगड़े की आँखें मुनइयाँ की ओर मुड़ जातीं और उसके मन में यह ख़याल आ जाता कि इस समाज व्यवस्था में उसे और मुनइयाँ को भी व्यक्तिगत स्वतंत्रता के सम्पूर्ण अधिकार प्राप्त हैं। यहाँ कुछ भूमि-स्वामी हैं, कुछ सम्पत्ति-स्वामी हैं, वहीं मुनइयाँ भी अपनी लकड़ियों की बोझ-स्वामी है।

काफी देर तक सर पर बोझा धरे-धरे जब मुनइयाँ ने देखा कि चौराहे पर लोगों का आना-जाना बहुत कम हो गया है और लकड़ियों के बारे में कोई पूछनेवाला नहीं तो वह थोड़ा आगे बढ़कर एक धर्मशाला के द्वार पर जा पहुँची। वहाँ स्थित

लक्ष्मीनारायण मन्दिर के चबूतरे से अपना बोझा टिकाकर खड़ी हो गई। उसने देखा कि धूप चिलक रही है, मन्दिर के पट खुले हैं, दर्शनार्थी आ-जा रहे हैं, मनौतियाँ कर रहे हैं, फूल-प्रसाद चढ़ा रहे हैं, प्रांगण में बँधी गायों को चारा खिला रहे हैं। मुनइयाँ ने मन ही मन सोचा होगा कि भगवान शायद अपने द्वार पर उसकी भी कुछ मदद करेंगे।

वह चबूतरे से टिके बोझे की अपनी लकड़ियों पर इस तरह हाथ रखे हुए थी, जैसे वही उसके भविष्य की आशा हो। मन्दिर में आने-जानेवाले कुछ भक्तों का दिल मुनइयाँ की चढ़ती जवानी के सामने लटपटिया जा रहा था। उनका ध्यान भगवान की ओर न होकर उसी की ओर खिंच जाता था। वे मुनइयाँ के सामने रुक कर अपनी ललकती आँखों से उसका चेहरा निहारते हुए लकड़ियों की कोई ज़रूरत न होने के बावजूद बड़ी मधुर आवाज़ में भाव-ताव करने लगे।

'बोलो, कितना लोगी इस बोझे का?'

'दस रुपये।'—वह धीरे से बोलती।

कुछ लोग उसका बोझा हिलाकर देखने लगते थे। चूँकि मुनइयाँ ने उसे मजबूती से थाम रखा था, इसलिए लकड़ियों का धक्का उसके शरीर पर लगता था। वह शरमा कर अपना सिर नीचे झुका लेती थी।

वे लोग मज़ा लेने के लिए फिर पूछते—

'बोलो! ठीक-ठीक बोलो!! क्या लोगी?'

उनकी हरकतों से खीझ कर, ज़रा मुँह फुलाकर वह बोलती—

'बता तो दिया न, दस रुपये।'

यह कहकर कि क़ीमत बहुत ज़्यादा है, एक-दूसरे को धकेलते हुए, आँख मार कर हँसते हुए वे लोग अपने-अपने घर चल देते थे।

मुनइयाँ ने देखा कि दोपहर के दो बज गए, लोगों की आवाजाही लगभग बन्द-सी हो गई। और यहाँ से उसकी लकड़ियों के बिकने की आस भी कम हो गई। उसने फिर से बोझे को सर पर रख लिया और बाज़ार की सड़क पर चल पड़ी। अपनी दुकानों या बरामदों में बैठे लोग हास्य-विनोद के चटखारे ले रहे थे। मुनइयाँ के गदराए तन का लालच उनमें से बहुतों को है। स्वाभाविक है, सुन्दर रूप और मीठी बोली किसे प्रिय नहीं होती। सवाल सिर्फ़ मर्यादा की सीमा का होता है। अगर ऐसा ध्यान नहीं, तब तो चुहलबाज़ी में ही चैन की वंशी बजा करती है।

अकेली मुनइयाँ को लकड़ी का बोझा लादे वहाँ से निकलता देख ज़्यादातर लोग उसे बुला लेते थे।

'लाओ, लाओ! क्या लोगी?'

'दस रुपये!'—वह कहती जा रही है।

नौजवान हँसते हुए कहते हैं—

'कुछ लकड़ियों की क़ीमत और कुछ अपनी?'

मुनइयाँ लोगों का मज़ाक़ सुनते-समझते हुए भी, अपनी सूखी लकड़ियों जैसी ही, अपनी भावनाओं को मनाती हुई बोझ सँभाले हुए आगे बढ़ना चाहती है। लोग उसे छेड़ते हैं, 'रुको, रुको! ठीक बताओ न, कितना पैसा लोगी?'

'बताय त दिह्यौं बाबू जी!'—वह कुछ बेमन से भयभीत स्वरों में कहती है।

पर लोग अपनी मस्ती में ही तन्मय होकर उससे ठिठोली किए जा रहे थे—'ख़ूब चालू हो, आसमान में उड़ रही हो। पाँच रुपये का बोझा यहाँ गली-गली में बिकता है, और तुम्हारे बोझे की क़ीमत दस रुपये हो गई? उसमें और काहे की क़ीमत जोड़ रही हो?'

मुनइयाँ किसी को बिना जवाब दिए ही आगे बढ़ जाती है। दो-चार क़दम चलने पर एक बूढ़ा सामने आ जाता है, और कहता है—'मान जाओ, दे दो, परेशान न हो, एक बोझे की क़ीमत इस कस्बे में छह रुपये ही है। यह मुम्बई नहीं है।'

'दाऊ साहब! मैं लकड़ियाँ त जादा बाँध कै लै आई हौं।'—उसने विनम्रतापूर्वक जवाब दिया।

'तो क्या हमने कहा था कि तुम ज़्यादा बाँध कर ले आना? फिर यहाँ लेनेवाला भी तो कोई हो, समझी!'—ठाकुर साहब ने नसीहत दी।

'दाऊ साहब! बड़ी मेहनत परत ही, ठीक दुई दिन लग जात हें।'—उसने अपने लिए सहानुभूति पैदा करने की कोशिश की।

बूढ़े ने बीच में ही रोक कर कहा, 'मेहनत न करोगी तो क्या पालना झूलोगी? अरे, अब वह ज़माना ही बदल गया, जब हम लोग गट्ठर के गट्ठर रखवा लिया करते थे और कहते थे कि भाग यहाँ से! वह जंगल सरकारी है, जहाँ से तुम लकड़ियाँ काट लाती हो। जंगल तुम्हारे बाप का नहीं है।'—ठाकुर साहब अपने रुतबे के साथ बोले जा रहे थे।

मुनइयाँ अपनी आशा के विपरीत उत्तर पाकर कुछ घबराई और अपना बोझा उठाकर तुरन्त आगे की ओर बढ़ गई। अब वह मुख्य मार्ग को छोड़कर एक सँकरी गली में दाख़िल हो गई। दिन ढलता जा रहा था। आशा क्षीण होती जा रही थी। उसकी नई धोती ख़रीदने की मनोकामना भी जैसे अँधेरे में धँसती जा रही थी। पर वह बोझा सँभाले, ऊँची-ऊँची दीवारों के नीचे बहती गन्दी नालियाँ फलाँगती हुई कस्बे के किसी सुनसान कोने में जा पहुँची। पास के ही मकान की खिड़की से पंडित सोनेलाल जी झाँक रहे थे। आजकल उनका पूरा दिन प्राय: शालिग्राम भगवान की पूजा में बीतता था। आयु पचपन को छू रही थी। उनकी पत्नी तीन-चार वर्ष पहले ही किसी बीमारी से चल बसी थीं। एक घपलेबाज़ी के चलते साल भर पहले सोनेलाल जी को शासकीय सेवा से हटा दिया गया था। उनकी गिनती नगर के धनिकों में होती थी। वह स्वभाव से हँसमुख और दरवाज़े के दिलदार आदमी

माने जाते थे। मुनइयाँ को हड़बड़ी में गुज़रता देखकर वह फौरन खिड़की से अपने बरामदे में उतर आए और अत्यन्त मधुरता से बोले—

'क्यों बाई? ये लकड़ियाँ लेकर कहाँ जा रही हो?'

उनके माथे पर लिपे चन्दन की ओर देखते हुए उसने जवाब दिया—'इन्हें बेचने लाई थी गुरु जी!'

'कितने में दोगी?'

'दस रुपये में।'

'दस रुपये ही लोगी? एक पैसा कम नहीं करोगी? कोई बात नहीं, चलो रख दो। कहाँ की हो?'—यह पूछते हुए सोनेलाल जी ने बिना किसी किच-किच के पूरे दाम देना मंजूर कर लिया।

मुनइयाँ ने राहत की साँस लेते हुए बोझे को सर से उतार कर बरामदे की भीतरी दीवार से टिका दिया और सोनेलाल जी बड़ी प्रसन्नता से लपककर उसके पीछे जाकर खड़े हो गए। अपने ही द्वार पर, एकान्त में गहरी संध्या के समय उस अत्यन्त गोरी और सुघड़ युवती को पाकर उस अधेड़ पुरुष का मन सिहर उठा। अपनी उम्र और सामाजिक प्रतिष्ठा का कुछ भी ख़याल न करते हुए सोनेलाल ने अपनी कुचेष्टा-पूर्ति का यह स्वर्णिम अवसर छोड़ना नहीं चाहा। वह मुनइयाँ के तन से सटते हुए लकड़ियों को अपने हाथ से सहलाते हुए बोले—

'लकड़ियाँ तो बहुत सुन्दर हैं तुम्हारी। कहाँ से लाती हो इन्हें? तुम भी तो बहुत अच्छी हो!'

'बहुत दूर जंगल मा जायँ परत है महराज!'—मुनइयाँ ने निस्पृह मुद्रा में कहा।

'अरे, इसमें तुम्हें क्या फ़ायदा होता होगा? कितने दिन लगते हैं एक बोझा लाने में?' उन्होंने सहानुभूति दिखला कर उसका दिल जीतने की कोशिश की।

'दुई दिन लग जात हें महराज, कुछू परता नहिं परै। पै आपन पेटौ त चलावैं का है।' वह हड़बड़ी दिखाते हुए बोली।

'तो फिर तुम यह धन्धा क्यों करती हो?' उन्होंने अपना दिल उड़ेल दिया।

'त का करी महराज! हमहीं गरीबन के लाने ह्यन कउन नौकरी-चाकरी बँधी धरी हवै?'

सोनेलाल ने अत्यन्त उदार भाव से कहा—'वाह! तुम्हें नौकरी की कमी है? तुम यहाँ कल से ही आ जाओ। यह सारा मकान अपना है। यहीं मौज से रहना और घर के मामूली कामकाज निपटा दिया करना।'

मुनइयाँ पढ़ी-लिखी भले ही नहीं थी, लेकिन अपनी छठी इन्द्री से उसने पहचान लिया कि महराज की यह बात अनुचित लग रही है। वह हलका मुँह फुलाकर बोली—'मैं आपन परिवार छाँड़ कै ह्यन कहाँ अइहौं महराज! मोहीं मोर पइसा दइ दीन जाय त मैं अपने घरै जाँव। अँधियार गहिरात जात है।'

‘पहले यह बोझा उठाकर हमारे आँगन तक तो पहुँचा दो।’—सोनेलाल ने ललचाई नज़रों से उसे देखा। उनके मन में सारी पंडिताई के ऊपर वासना नाचने लगी थी।

‘मैं सूने घर मा भीतर न जइहौं। तुम बताते कइसन हया!’—मुनइयाँ ने प्रतिवाद किया।

अपने कामावेग पर तुषारापात होते देख सोनेलाल की त्यौरियाँ चढ़ गईं—‘यहाँ कोई दूसरा आदमी दिखता है तुमको? क्या यह बोझा मैं स्वयं उठाकर ले जाऊँ? कैसी बात कर रही हो?’

माजरा समझ कर मुनइयाँ ने बोझा फिर से अपने सिर पर रखा और बाहर की ओर भागने की कोशिश करने लगी। इस पर सोनेलाल ने नया दाँव सोचकर उसका बोझा पीछे से पकड़ लिया और आत्मीयता दिखा कर बनावटी हँसी हँसने लगे। बोले—

‘अरे भवानी! नाराज़ काहे होती हो? चलो बोझा एक तरफ से पकड़ लो, दूसरी तरफ से मैं उठाए लेता हूँ। कृपा करके अन्दर रखवा दो। मेरा कोई धना-धोरी होता तो मैं तुम्हारी इतनी मिन्नतें क्यों करता?’

मुनइयाँ का निश्छल मन सोनेलाल के इस बहलावे की मोहगरी में मात खा गया। वह लकड़ियों को एक सिरे से पकड़ कर अन्दर ले जाने को राजी हो गई। दोनों ने बोझे का एक-एक सिरा उठा लिया और उसे अन्दर ले चले। लेकिन ज्यों ही वह आँगन वाले दरवाज़े के अन्दर हुई, सोनेलाल ने अपना सिरा छोड़ दिया और भागकर मुनइयाँ के गौराँगों को अपनी बलिष्ठ भुजाओं में जकड़ लिया। वह छटपटाने लगी और उसे अपनी कमज़ोर शारीरिक शक्ति का अन्दाज़ा लग गया। ताक़त में वह सोनेलाल से किसी हालत में नहीं जीत सकती थी। भले ही जंगल में उसने खूँखार जानवरों से ख़ुद को कई बार बचाया था। लेकिन वह उसकी सूझबूझ का कमाल था, ताक़त का नहीं। इसलिए उस श्रम-साधिका भारतीय नारी ने वहाँ भी अपनी स्थिति का सही अन्दाज़ा लगाते हुए अपना ब्रत मन से नहीं हारा, बल्कि उस संगीन स्थिति में तरकीब से काम निकालना उचित समझा।

उसने फौरन सोच लिया कि इस जानवर को पहले चारा डालना चाहिए, वरना यह पूरी फ़सल चर जाएगा। उसने अपने लक्ष्य के अनुरूप भाव-मुद्रा बनाकर धीरे-से सोनेलाल के कान में कहा—

‘एतना काहे हरिबरियाय रहेन हैं, मैं अब कहाँ भागी जात हौं। बाहर से सब बन्द कइके कोठवा के किमाड़ काहे नहीं खोल लेई? वहाँ निकहा अस गद्दा-पलंगौ बिछा होई। दुआरे से कउनौ आइ जई त का होई महराज?’

सोनेलाल को तो ऐसा लगा, जैसे कोई मकान मालिक किसी चोर को अपनी पूरे धन की गठरी सौंप रहा हो। उनकी सुकून से दैहिक सुख उठानेवाली कल्पनाएँ उछाल मारने लगीं। वह पिघलकर मोम हो गए। उनकी लालसा का कोई पारावार

नहीं था। वह मन ही मन सोचने लगे कि अब यह सुन्दरी सारी रात स्वेच्छा से उनके आलिंगन में पड़ी रहेगी। आख़िरकार उसे छोड़कर वह कोठे के किवाड़ खोलने चल पड़े। मजबूत देहयष्टि के बावजूद काम-वासना में वह लड़खड़ा रहे थे। उनकी शारीरिक-शक्ति जवाब दे रही थी। मन-मस्तिष्क पर चरम सुख उठाने का परदा पड़ गया था। वह किसी नशेड़ी जैसे प्रतीत होते थे। उन्होंने शीघ्रता से चाबी उठाई लेकिन कोठे के दरवाज़े पर जड़े ताले में वह चाबी ही नहीं लगा पा रहे थे।

उधर मुनइयाँ अपने स्वाभिमान और अस्मत को बचाने का मौक़ा तलाश रही थी। उसे अपने सयानों से सुनीं वे कहानियाँ याद आ रही थीं, जब गाँव की औरतों ने हँसिए और दराँतियों से डाकुओं की गर्दनें उड़ा दी थीं, हिंसक जानवरों के गले में लाठियाँ घुसेड़ कर मार डाला था। आज उसके साहस की परीक्षा थी। वह श्रमजीवी आदिवासी ललना एक और गौरवशाली इतिहास बनाने का मौक़ा कहाँ छोड़नेवाली थी! वह अपनी पूरी शक्ति समेट कर उठी और उसने कोठे का ताला खोलने की कोशिश में जुटे सोनेलाल की चेंथी पर अपनी लकड़-भंजन भुजाओं का ज़ोरदार रबदा जमा दिया। सोनेलाल का थूथन किवाड़ की साँकल के सामने था। गर्दन के पिछवाड़े मुनइयाँ का बजरंगबली जैसा मुक्का पड़ते ही उनका सिर किवाड़ों की कीलों से टकराया और उनके चेहरे से ख़ून की पिचकारियाँ छूटने लगीं। सामने के कई दाँत ज़मीन पर आ गिरे। देखते ही देखते सोनेलाल कटे हुए वृक्ष की तरह गिर पड़ा और बेहोश हो गया।

अब मुनइयाँ लकड़ियों का बोझा वहीं छोड़कर, उसी फटी-चिथड़ी धोती में अपनी अर्धनग्न काया को छिपाती हुई, 'जान बची तो लाखों पाए' के भाव से जंगल की ओर सरपट भागी जा रही थी। उसे शहर के अँधेरे को अभी बहुत दूर तक चीरना शेष था।

[सन् 2006 में प्रकाशित 'गाँवों की धूल से' कहानी-संग्रह से]

बाढ़

रमुआ रिफ़्यूजी कैम्प से पन्द्रह दिन बाद सटक कर अपने नदी किनारे खड़े मकान में जा पहुँचा। उसने जैसे ही जंग लगा ताला खोलकर घर के भीतर पैर रखा, भक्क से घुटने तक कीचड़ में धँस गया। चूँकि रमुआ ने अपने घर की दीवारों को पुरसा भर ऊँचाई तक गढ़वा पत्थरों से जोड़ा था, इसीलिए करिहाँ तक पानी भर जाने के बावजूद उसका घर गिरने से बाल-बाल बच गया था। पर घर रहने लायक हरगिज़ नहीं था। नदी का पानी उसके घर में नरदा से होकर घुसा था और उसी रास्ते से बह भी गया। पर कई दिन पानी भरा रहने से फुट भर ऊँची रेत और मिट्टी घर के भीतर जमी हुई थी। उसके घर का सारा अनाज, जो माटी की डहरी-कुठुलियों में भरा था, सड़ चुका था। उसकी साल भर की कमाई या पूँजी, जो पाँच-सात बोरों में भरे चने थे, सारे-के-सारे फूल कर अँकुरा गए थे। घर के भीतर सड़ चुकी चीज़ों से घर में सर्वत्र मार दुर्गंध ही दुर्गंध फैली हुई थी। मरे हुए जीव-जंतु उसके नंगे पैरों से टकरा रहे थे।

अचानक बाढ़ आने पर रमुआ व उसका परिवार केवल कपड़े-लत्ते, लोटा-थाली और कुछ झोले-पेटियाँ लेकर ही भाग पाए थे। भय यह था कि यदि जल्दी नहीं निकले तो गाँव और उसके घर के बीच नदी की धारा घुस जाने पर बाहर जाना असम्भव हो जाएगा। रमुआ का घर गाँव से एक किलोमीटर दूर नदी के किनारे पर ही तो है। आज वह पूरी तरह से निस्सहाय, बेबस, निराश हो कर अपने घर के सामने पड़े एक पत्थर पर मूँड़ अउँधाए बैठा है। उसके घर पहुँचने की ख़बर सुनकर गाँव-टोला के कुछ लड़के उसकी विपदा या फ़ज़ीहत का तमाशा देखने मात्र को पहुँच गए थे।

वे लोग रमुआ के घर में भरा कीचड़ देखते हैं। उसकी पूरी तरह तबाह हो चुकी गृहस्थी पर भी नज़र दौड़ाते हैं। उन सबके दिलों में करुणा कम, अपनी राय जताने की कुलबुली भीतर से उमड़ रही है। पर उसके मुँह पर कोई कुछ नहीं बोल रहा है, क्योंकि रमुआ ने किसी की ओर देखा ही नहीं। इससे उकता कर वहाँ से लौटते हुए सम्पन्न घर का एक लड़का बोला, 'देखो, ये साले इतने बेवकूफ़ होते हैं कि

जान-बूझ कर ग़लती करते हैं। क्या इसे यह पता नहीं रहा होगा कि जब नदी की धार या डूब में घर बनाएँगे तो बाढ़ आने पर एक-न-एक दिन तो डूबेंगे ही। पर अकसर ये बसेंगे नदी की भीठ पर ही। और जब सड़ेंगे, गलेंगे, बहेंगे तो फिर बैठ जाएँगे कपार पर हाथ धर के।' लड़के का साथी बोला—'जानते नहीं हो, इसमें भी इनकी चाल है कि बाढ़ में जब इनके घर गिरेंगे तो ये सरकार से सहायता ले लेंगे। ये तो चाहते ही हैं कि सरकारी पैसा इन्हें मिले। इतने पर भी ये बड़ी जातियों को गरियाते रहेंगे।'

यह सुनकर तीसरे लड़के ने प्रतिरोध किया—'तुम लोगों को तो हर काम में, हर हाल में राजनीति ही नज़र आती है। सयानों ने ठीक ही कहा है कि बोकरिया का जिउ जाय औ बिघवा कहै कि अलोन है। इसमें कौन-सी राजनीति है। ये बेचारे पुराने भूमिहीन, वहीं न बसेंगे, जहाँ सरकार इनको ज़मीन देगी या फिर जहाँ बसने के लिए इनको ख़ाली ज़मीन मिलेगी।' उसका साथी कहने लगा—'जिसकी जहाँ अद्धत या रोज़गार होगा, वह तो वहीं बसेगा।' इस पर सम्पन्न परिवार का एक लड़का, जिसके पिता सिंचाई विभाग में एस.डी.ओ. हैं, तपाक से बोला—'हमारी भी यहाँ खेती है और सुरक्षित रहती है। जबकि हमारा घर तो सतना शहर में बना है।' एक ग़रीब लड़के ने उसे सम्बोधित किया, 'सुनी भइया, सुनावै भर का तो सुराज हमहूँ का मिला है, त सुन तो लेई, हमारे देश के सुराज मा यहै त खासियत ही कि बाघ औ बकरी साथै साथ राखी जाती हैं। औ सगली य ईमानदारी बाघै से चाही। पै ज्याखर जउन सुभाव जाय ना जिउ से। यहै त दुक्ख है जउन रोओ जाय रहो है।' सम्पन्न घर के लड़के ने धूर्ततापूर्ण ढंग से कहा—'सीधे-सीधे बोल बे, यह कविता जैसी बातें हमारी समझ में नहीं आतीं। हम लोग तो कविता भी हँसने-हँसाने और अपने मनोरंजन के लिए ही सुनते हैं।'

ग़रीब लड़के ने बीच रास्ते में ही बैठकर जवाब दिया—'आप लोगों की खेती आपके देखने-ताकने से नहीं, आपके भय से सुरक्षित रहती है। आपके बब्बा गाँव के पवाईदार थे और आपके पिता सरकारी अफसर हैं। आपकी खेती सुरक्षित जगहों पर ही होती है। वहाँ ग़लती से भी किसी का जानवर घुस जाए तो गोलियाँ चल जाती हैं! मगर रमुआ जैसे भूमिहीनों को खेती की जो ज़मीनें सरकार से मिली हैं, वे सभी नदी कगारों, ढोंढ़, जंगलों, चिटकहनी, मसानों, चरागाहों, अखड़ौनियों या उन भठवा, पठारों में मिली हैं, जो गाँव वालों के मुफ़्त निर्वाह की खुल्ला ज़मीनें थीं। मेहनत मशक़्क़त करके उन ज़मीनों को खेती के लायक तो इन्हें ही बनाना पड़ा। भूमिहीन लोग वही हैं, जो गाँव के भूमिपतियों के मज़दूर और बन्धुआ भी हुआ करते थे। वही मज़दूर ख़ुद अपनी खेती करने लगे तो भूस्वामियों का काम ही नहीं चल पा रहा है। क्योंकि वे इन लोगों की मेहनत पर पलने और रहने-खाने

के आदी हैं। भूमिपतियों के मज़दूर जब उनके ही जैसे किसान होने की हैसियत दिखाते हैं तो वे इनसे चिढ़ जाते हैं। भूमिहीन अगर मेड़-बारी बनाकर अपनी खेती को न तार्के-राखें तो कुछ बचेगा ही नहीं। रमुआ का तब लौ नदी की धारै मा रहै क परी, जब तक हुअन की जमीन मा व खेती करी।'

उधर रमुआ अपने घर क हालै देख के अपने खेतबा की तरफ चल देत है। ओखे खेत का आधा से जादा हिस्सा तो नदी के रेती मा ढंकगा है। जइसे ओखे घर मा कचड़ा भरा है, वइसे खेतबौ मा पुरा है। वाखर फरो पको सगला उरदा नदी के नीचे तोपगा है। कुछ हिस्से पानी मा डूबे रहे से पत्ती दाना सब सड़गे हैं, परन्तु पौधे का डंठल खड़ा है। केवल एक-तिहाई से कम खेत का हिस्सा ऐसा है कि उरदा की पत्तियाँ लगी नज़र आती हैं। उनकी फलियाँ या घेंटी तोड़कर जब रमुआ देखता है तो जो पकी घेंटियाँ थीं उनके भी दाने सड़ चुके हैं। कुछ दाने तो अँकुराए भी नज़र आते हैं। केवल उन घेंटियों में, जो पानी में डूबने के दिन तक हरी थीं, अब कुछ मरे-मरे दाने निकलते हैं।

रमुआ उरदा के वे बचे-खुचे पौधे उखाड़ कर घर के सामने पत्थर पर ला रखता है। जिन घेंटियों से दाने निकालने हैं, उनके सुखवाने का भी उसके पास कोई साधन नहीं है। निराश और हताश होकर वह शाम को फिर रिफ़्यूजी कैम्प में लौट जाता है। उरदा के उन चन्द दानों के लिए कैम्प से गैरहाज़िर रहने के कारण नेताओं व धनिकों द्वारा रिफ़्यूजियों को बँटवाई गई पूड़ी-सब्जी भी रमुआ को नहीं मिल पाई। वहाँ उसकी राह देख रही पत्नी ने अपने हिस्से की चार में से दो पूड़ियाँ उसको पकड़ा दीं। रमुआ की 'मार खा रोई नहीं' वाली आँखों ने घर और खेत का सारा अहवाल पत्नी को बिना बोले ही समझा दिया। दोनों ने दान में मिली उन पूड़ियों के टुकड़े एक तरफ रख दिए और दीवार की ओर मुँह फेरकर सिसकने लगे।

[सन् 2015 में प्रकाशित 'नई राह' कहानी-संग्रह से]

किसकी आज़ादी? कैसी आज़ादी?

राम सनेही भाई ने पुराने समय में यह स्वप्न देखा था कि उनका देश आज़ाद हो गया है। देश के सभी लोग इतने ईमानदार हो गए हैं कि देश में पुलिस और न्यायालय की कहीं कोई ज़रूरत ही नहीं रह गई है। जगह-जगह पर लोग बैठे बातें कर रहे थे कि अब तो हर कोई अपना-अपना राज ख़ुद करेगा। पंचायती राज लागू होगा। यानी अब न कोई राजा रहेगा, न कोई अन्यायी होगा, न कोई शोषक होगा। शोषक तो पुराने ज़माने के राजा और सामन्त लोग होते थे या कि दूसरे देशों के वे लोग, जो राजा व सामन्तों को जीतकर बादशाह बनते थे। भाई एक दिन यही स्वप्न गाँव के दरबारियों के बीच बैठे याद कर रहे थे।

इसी बीच एक दरबारी ने उनसे पूछ लिया, 'क्यों भाई! हमारे देश में भी तो किसी ज़माने में घरों पर ताले नहीं लगाए जाते थे।' भाई ने जवाब में कहा—'रहा होगा कोई ज़माना ऐसा भी। पर दोस्त, उसे हमने अपनी आँखों से नहीं देखा। हाँ, इतना तो हमने भी सुना व अपनी इन खुली आँखों से देखा है कि आज़ादी मिलने से पहले यहाँ का कोई खाता-पीता आदमी कभी चोर नहीं होता था। जो चोरियाँ करते थे, वे उचक्के, लफंगे लोग ही होते थे। ऐसा कहीं सुनने को नहीं मिलता था कि कोई शासक, न्यायिक, शासन का कर्मचारी-अधिकारी या राजा-सामन्त ही किसी का धन चुरा ले। तब सरकारी ख़ज़ाने में ख़यानत करना तो अपनी मौत को दावत देना ही होता था। भाई, वह सामन्ती ज़माना ही ऐसा था कि अपराधी का सर क़लम कर दिया जाता था। उस ज़माने में हत्या, गो-हत्या करने; यहाँ तक कि किसी अइरे-गइरे के साथ कुछ खा-पी लेने मात्र से ही व्यक्ति को सामाजिक व्यवहारों से अलहदा कर दिया जाता था। यार! तुम आश्चर्य करोगे कि उस ज़माने में यदि कोई किसी से क़र्ज़ लेकर उसे चुकता न करता था तो वह सभा-समाज के बीच बैठने में ख़ुद लजाता था। अपने उस क़र्ज़ न लौटानेवाले रवैये के कारण वह लोगों के सामने तक नहीं आ पाता था। वह ज़माना था कि जब लोकतंत्र नहीं था, तब भी समाज के लोग अपराधियों से घृणा करते थे। जबकि समाज सुधारने, बनाने व शासन चलाने की ज़िम्मेदारी समाज के सभी लोगों पर नहीं, सिर्फ़ राजा—बादशाहों की होती थी। और यह जो स्वराज या लोकतंत्र आया है, इसमें तो इस समाज

के हर आदमी को कहते हैं कि अपनी-अपनी ज़िम्मेदारी स्वयं सँभालनी है। यदि सबको यहाँ राजा होना है तो किसी राजा की भाँति प्रजा की सारी ज़िम्मेदारियाँ भी तो सबको निबाहनी ही होंगी।

वहीं बैठे बाबू साहब श्रीराम श्रीवास्तव ने चिढ़ कर कहा, 'यार, रहते हो धरती पर और बातें आसमान की करते हो। अब यह कहो कि आज़ादी पा जाने के बाद सबको यहाँ अपराधी ही बनना है और अपराधों को ऐसा सामाजिक परिवेश देना है कि लोग अपराध को अपराध जैसा मानें ही नहीं।' पंडित जयगोपाल जी बोले—'भाई, आजकल तो हर बड़े अपराधी को हर बड़े नेता के पास ही शरण मिलती है। देश में जितने भी बड़े-बड़े हत्यारे, स्मगलर, डकैत और अन्यायी हैं, वे सभी तो मंत्रियों, मुख्यमंत्रियों व प्रधानमंत्रियों से संरक्षित व उनके नज़दीकी लोग हैं। फिर मंत्रियों, मुख्यमंत्रियों व प्रधानमंत्रियों के गुरु भी ऐसे ही लोग होते हैं। इसीलिए इस लोकतंत्र के नेताओं की आस्था इन स्मगलरों, अपराधियों व प्रपंचियों से भिन्न कतई नहीं होती।' भाई मुस्कराने लगे—'अगर बड़े नेतागण इन अपराधियों को शरण न दें तो भइया, इन नेताओं के पाप व अपराधों को धर्म व अध्यात्म में घोलने, आशीर्वाद देने के बहाने जनता को इन नेताओं के पक्ष में बहकाने का काम कौन करेगा। क्या कोई सदाचारी, निष्पक्ष, निर्दोष, निर्लोभी, आदमी ऐसे काम कर सकता है?'

इसी समय गाँव की ओर से कुछ लोगों की भीड़ ज़ोर-ज़ोर से हरि-कीर्तन करती चली आ रही थी। बीच-बीच में खड़े होकर वे नारा लगाते थे—'मारेंगे मर जाएँगे, मन्दिर यहीं बनाएँगे।' और आगे बढ़ते जाते थे। इनके जाते ही आस-पड़ोस के कुछ मुसलमान राम सनेही भाई के पास आकर बैठ गए। उनमें जो ज़्यादा सयाना, पके बालों वाला आदमी था, अपनी दाढ़ी पर हाथ फेरता हुआ बोला, 'सुन लीजिए जनाब, हम हिन्दुस्तान में कोई धन कमाने तो नहीं आए। हम सभी जानते हैं कि धन कमाने भारत के लोग ही अरब देशों में जाते हैं और पहले भी जाते थे। हम मुसलमान लोग जो भारत में बसे हुए हैं, यहाँ हिन्दुओं के पिछड़ी जाति वालों की तरह ही पचानवे फ़ीसदी कंगाल हैं। जो हिन्दू यहाँ से अरब देशों में जाता है, वह पैसे वाला बनकर ही लौटता है। हिन्दुस्तानियों में पाँच फ़ीसदी लोग ही ऐसे होंगे, जो अरब देशों में जाकर रहे और फिर ग़रीब के ग़रीब ही लौटे। हम तो यहाँ इसी विश्वास पर टिके रहे कि हमारा हिन्दुस्तान दुनिया का सबसे असली धर्म प्रधान देश है। यहाँ दुनिया के सारे धर्मों को अपनी तरह फूलने-फलने की सम्भावना व गुंजाइश है। अरे मियाँ, जब भी कोई महान देश या व्यक्ति अपनी महानता के कारण दूसरों को भी अपने समान समझने लगता है, तभी तो उसमें बेमिसाल धर्मनिरपेक्षता, महानता व आत्मनिरपेक्षता आती है। उसी धर्म को ही तो महान कहा जाएगा, जो दूसरे धर्मों को भी अपने समान समझता है। जिस धर्म के लोग अपना धर्म माननेवालों के

सिवा अन्य धर्मावलम्बियों से घृणा व द्वेष करते हैं, उस धर्म को दुनिया का महान धर्म भला कैसे कहा जा सकता है? उस व्यक्ति को भी महान नहीं माना जाता, जो सिर्फ़ अपने घर-परिवार या मात्र अपने माँ-बाप का प्रशंसक होता है। महान तो यहाँ वही व्यक्ति हुआ है, जिसने सभी परिवारों को अपने परिवार के समान समझा और दूसरों के माता-पिता को भी बराबर सम्मान दिया है।'

एक मसख़रे नवयुवक ने मज़ाक करने का मौक़ा नहीं छोड़ा। बोला, 'क्यों मौलवी साहब! जब महान बनने के लिए दूसरे के परिवार की तरह और दूसरों के बाप को भी अपने बाप की तरह सम्मान देना चाहिए या समझना चाहिए तो क्या दूसरों की औरत को भी अपनी औरत की तरह देखना व मानना चाहिए।' इस पर मौलवी की भौहें तन गईं—'सुनो छोकरे! तुममें अक़्ल अभी कम है। धर्म को समझने में यही ग़लती सारी दुनिया में हो रही है। धर्म को कभी व्यक्तिगत स्वार्थ साधने व निजी ऐशोआराम की चीज़ नहीं मानना चाहिए। जिस औरत की बात तुम करते हो—कोई भी, किसी की औरत केवल शारीरिक भोग की मशीन नहीं है। हर औरत प्रेम, स्नेह, सुकुमारता, सेवा की वरदायिनी देवी या भंडार है। उसके अन्दर इन गुणों की उदारता केवल अपने पति के लिए ही नहीं, बल्कि अपने सारे परिवार, पुत्र, पिता, भाई, मित्र, पड़ोस व समाज के लिए मौजूद होनी चाहिए। तुम्हारी आँखें औरत के इस रूप की ओर भी खुलनी चाहिए। भारतीय धर्म की परिभाषा के अन्तर्गत ये सारी बातें आती हैं। जिस धर्म का भरोसा या गर्व दुनिया में बड़े-बड़े धार्मिक विद्वान करते हैं।'

इन बातों को बड़ी ख़ामोशी से सुनते हुए बग़ल में ही बैठा नूर मोहम्मद बोल उठा, 'सुनो चच्चा! आप चाहे जितनी ऊँची-ऊँची बातें करते रहो, दुनिया में फैले इन धर्मों में ऐसी बातें कहीं नहीं रह गईं। धर्म अपने अनुयायियों के लिए पुरखाती पानी बन गया है। इससे लोगों की आबरू और बनावटी शान जुड़ी है। कुछ लोग तो धर्म को अपने फ़ायदे के लिए जनता रूपी मछलियाँ फँसाने का बेहतरीन जाल समझने लगे हैं। झूठे आश्वासनों का चारा अलग से डाल देते हैं। चच्चा, जहाँ तक इन धार्मिक संगठनों की बात है—तो मैं तुर्की, सीरिया, ईरान, इराक़, पाकिस्तान, अफ़ग़ानिस्तान, ताज़किस्तान आदि की ख़बरें पढ़ता रहता हूँ कि ये मुस्लिम देशों में ही अपनी क़ौम की कितनी भलाई कर रहे हैं। ये लोग हर जगह धार्मिक एकता के नाम पर केवल लोगों की भावनाएँ उभार कर ख़ुद सत्ता पा लेने की तिकड़में भिड़ाते रहते हैं। ये सत्ता भी ठीक से नहीं चला पाते। जनता की उन्नति व बेहतरी तो दूर, आपस में लड़ाकर, मिटाकर सिर्फ़ मरने-मारने के लिए मजबूर कर देते हैं। ये नवयुवकों पर धर्म का मुलम्मा चढ़ाकर उनसे क्या-क्या ग़ुनाह नहीं करवाते। भारत में भी ऐसे ही धार्मिक संगठन—मुस्लिम लीग, आनन्दमार्ग, हिन्दू महासभा, खालिस्तानी, मिशनरी वाले आदि पर्याप्त हैं। सच पूछा जाए तो यह अपनों द्वारा

अपनों से ही सीधे विश्वासघात करनेवाली हरकत है। भोली-भाली जनता की धार्मिक भावना उभार कर किसी भी तरह अपना स्वार्थ सिद्ध करना तो इस ज़माने में डाका डालने जैसा ही है। भला इससे बुरा क्या होगा?'

इतने में ही गाँव की ओर भारी शोर-गुल उठता सुनाई दिया। चारों ओर भगदड़ मची थी। कुछ चिल्ला रहे थे, 'भागो-भागो, प्राण बचाओ। हिन्दू-मुस्लिम दंगा हो गया।' तो किसी ओर से आवाज़ आ रही थी—'सामने आओ, सामने आओ, इस्लाम ख़तरे में है।' कुछ नौजवान चीख़ रहे थे—'बोलो जय भवानी! जय सिरीराम! जय बजरंग बली की! हर हर महादेव!' परन्तु राम सनेही भाई, जिनकी उम्र 70 के ऊपर थी, इस भगदड़ में भी नहीं भागे। वहीं बैठे रहे। अब वे मरने से भी नहीं डरते। वे अपनी उसी धुन में सोच रहे थे कि आज़ादी के बाद के लिए क्या स्वप्न देखा गया था और यह कैसा यथार्थ सामने आ रहा है। इसी समय गाँव की ओर से भागती हुई एक बदहवास औरत आई। भाई को झिझकार कर बोली—'मरने को बैठे हो। कहीं छुप क्यों नहीं जाते!' परन्तु भाई ने उस औरत को बड़ी दिलासा के साथ अपने पास बुलाया—'तुम अभी मरने से न डरो, अभी तुम्हारी मौत नहीं है। वैसे यह ज़िन्दगी तो मौत से भी अधिक कष्टदायी है। मुझे यह तो बताओ कि बलबा हुआ कैसे?'

उसने बताया—'मैं मस्जिद के बग़ल में बने अपने घर पर ही थी। ये कीर्तन वाले उधर से ही निकले और ठीक मस्जिद के सामने खड़े होकर ज़ोर-ज़ोर से गाने लगे। बीच-बीच में नारा लगाते जाते थे कि 'मारेंगे मर जाएँगे, मन्दिर यहीं बनाएँगे।' उसी समय मस्जिद के भीतर कई मुसलमान लड़के नमाज पढ़ रहे थे। कुछ हिन्दू लड़के उनका ज़मीन पर बार-बार झुकना और उठना किसी तमाशे की तरह सुनते-देखते रहे। मीनार पर फँसा लाउडस्पीकर तेज़ था। बाहर से एक ने चिल्लाकर कहा—'क्या बहरा हुआ ख़ुदा!' इसके फौरन बाद ही मस्जिद की तरफ से कीर्तन वालों पर कुछ पत्थर आ गिरे। फिर क्या था! दोनों ओर से पहले तो जमकर पत्थर चले, फिर लाठियाँ निकल आईं। देखते ही देखते तमंचे, छुरे और फरसे नाचने लगे। मस्जिद के सामने की किराना दुकान में किसी ने आग लगा दी। कुछ देर बाद ख़बर आई कि हरिजन बस्ती में भी जगह-जगह आग लगा दी गई है।' इतना कह कर वह औरत बग़ल की गली में ग़ायब हो गई।

अब सारा गाँव सन्नाटे के साए में है। पुलिस भी आ गई। कर्फ़्यू लग गया। राम सनेही भाई जान रहे थे कि यह आषाढ़ी खेती यानी सियारी का मौक़ा है। लेकिन हल-ट्रैक्टर लेकर कोई खेतों की ओर नहीं जा रहा है। सारे गाँव में एक-दूसरे के प्रति बैर, आशंका, असुरक्षा, अविश्वास और भय गहरा गया है। वे समझ रहे थे कि हिन्दू-मुस्लिम झगड़ा तो महज बहाना था। जो लोग एक-दूसरे की जान ले रहे थे या मकान, दुकान और बस्तियाँ जला रहे थे, उनमें हिन्दू भी शामिल थे और

मुसलमान भी। वे कोई धार्मिक नहीं, बल्कि निजी दुश्मनी भँजा रहे थे। यह दुश्मनी किसी धर्म की वजह से नहीं, बल्कि इसलिए मन में छिपी हुई थी कि कोई किसी की ज़मीन-जायदाद हड़पना चाहता था, पर क़ानूनी तरीके से हार गया या माँगने पर किसी ने इच्छानुसार पैसे नहीं दिए थे या जब किसी ने मज़दूरों से अपना काम मुफ़्त में ही करवाना चाहा तो उन्होंने इनकार कर दिया या जब किसी ने किसी की बहू-बेटी से बलात्कार करना चाहा तो दूसरों ने हस्तक्षेप कर दिया या कोई दूसरे की सम्पन्नता लूट कर बिना मेहनत के अपने घर की कमियाँ दूर करना चाहता था। दंगाई माहौल बनाकर भाई लोग नया-पुराना हिसाब चुकता करने से नहीं चूके।

एक हफ़्ता बीत जाने के बाद कर्फ़्यू में ढील दे दी गई। इसके बावजूद भाई को गली में कोई मज़दूर आते-जाते नहीं दिखा। दुकानदार अपनी दुकानें नहीं खोल पा रहे। सब्ज़ी वालों के घर में रखी-रखी सब्ज़ियाँ सड़ गईं और सब्ज़ी खानेवाले नमक-रोटी खा रहे थे। स्कूली लड़के स्कूल पढ़ने नहीं जा पा रहे थे। सत्ता पर विराजमान सारे नेतागण एकता की महान राष्ट्रीय भावना बरकरार रहने, शान्ति बनाए रखने, अफ़वाहों पर ध्यान न देने का एलान और आह्वान कर रहे थे। भविष्य के कुछ नेता दोनों तरफ के धार्मिक संगठनों की रक्षा करने की प्रतिज्ञा कर रहे थे कि राम की धरती पर राम का ही मन्दिर बनेगा और मस्जिद भी वहीं बनेगी। कुछ कह रहे थे कि यह काम धर्माचार्य करेंगे। लेकिन राम सनेही को पता था कि हर तरफ के धर्माचार्यों ने हमेशा ही अपने धर्म के मुक़ाबले दूसरों के धर्म को कमतर बताया है। एक-दूसरे के प्रति घृणा फैलाई है। इन्हीं धर्माचार्यों ने वर्णाश्रम धर्म भी सँभाला है, जिसमें एक जाति के लोगों के सामने दूसरी जाति वालों को अछूत बनाया गया। दूसरे धर्माचार्यों ने अपने धर्म के अलावा अन्य धर्म को माननेवालों को काफ़िर बताया है।

भाई का एक पुराना परिचित पंडित गली में नज़र आया तो उन्होंने उसे पास बिठा लिया और हिकारत से बोले, 'देखा, अब ये धर्माचार्य मिल-जुलकर मन्दिर और मस्जिद दोनों बनवाएँगे, समाज में शान्ति व्यवस्था कायम रखेंगे और नेतागण संसद में बैठकर बस अपने तथा अपने साथियों के वेतन-भत्ते बढ़वाएँगे। दुनिया भर के व्यापारियों को अपने देश में सभी तरह के करों में छूट देकर भारी व्यापार करने के मौक़े देंगे। दलाली का धन्धा चलवाएँगे और उनमें अपने-अपने हिस्से पाएँगे। यही नेता चौक-चौराहों पर झंडा फहराएँगे और चिल्ला पाएँगे कि आज़ादी अमर रहे। फलाने नेता ज़िन्दाबाद! ढिकाने नेता ज़िन्दाबाद!' भाई को तैश में आता देखकर पंडित जी भी वहाँ से चलते बने।

राम सनेही भाई, जो गाँव के मामूली किसान रह गए हैं, उनके बब्बा 24 एकड़ में खेती किया करते थे। बाद के ज़माने में 10 एकड़ ज़मीन बची, बाकी पवाई उन्मूलन

के समय पवाईदारों ने छुड़ा ली। कुछ सरकारी और साहूकारों के क़र्ज़ चुकाने में चली गई। भाई के पास अब केवल 5 एकड़ ज़मीन बची है। उनके चार लड़के हैं। वे आज़ादी की इस दौड़ में धनी नहीं हो पाए। उनकी सामन्ती ज़माने की किसानी भी आगे नहीं बढ़ी। उनके लड़के सरकारी नौकरियों में जा नहीं पाए। ख़बर मिली है कि उनकी यह आज़ादी कुछ और आगे बढ़नेवाली है। उन्हें अब बिना लाइसेंस लिए खेती करने को न मिलेगी। अब सारे खेती के काम कंपनियों के आदेश से होंगे।

इसी आज़ादी के बारे में सोचते हुए वे अपने घर से निकले और सन्नाटे में डूबी हिन्दू व मुसलमानों की बस्ती के बीच पालथी मारकर बैठ गए। जैसे उनको अब अपनी मौत का कोई डर ही नहीं रहा। नूर मुहम्मद ने अपनी खिड़की से ही चिल्लाकर कहा—'चच्चा, अब अपने परिवार की मोह-माया से मुक्त हो गए क्या? डरते नहीं कि कोई मुसलमान आपको कहीं हिन्दू मानकर मार न डाले। अजीब माहौल है। कोई हिन्दू, मुसलमान पर या मुसलमान, हिन्दू पर यक़ीन ही नहीं कर रहा!' भाई ने जैसे कुछ सुना ही नहीं। वहीं बैठे-बैठे जैसे सो गए हों। आँखें मूँदे हुए ही बड़बड़ाने लगे—'यारो, हमने आज़ादी का स्वप्न देखा था, वह आ तो गई। परन्तु क्या ये आज़ादी का नाम लेनेवाले या आज़ादी की परिभाषा बतानेवाले सबके सब झूठे थे। क्या आज़ादी इस दुनिया का सिर्फ़ स्वप्न है, यथार्थ नहीं। या इस आज़ादी के नाम पर शासन करनेवाले उस आज़ादी के ही दुश्मन हैं, जो हर आदमी की समानता व सबके अधिकारों या सबकी भलाई के नाम से जानी जाती है। फिर यह आज़ादी जो आई है, कहाँ गई, किसकी है।'

गाँव में लगी धारा का उल्लघंन करने के आरोप में पुलिस वाले बूढ़े राम सनेही भाई को घसीट कर अपनी जीप में डालने लगे तो नूर मुहम्मद भी घर से निकल कर उनके गले से लिपट गया। बोला—'चच्चा, आज़ादी तो फिलहाल हमें पुलिस, धर्म और पैसे के ठेकेदारों से छुड़ानी होगी। चलो मैं भी जेल चलता हूँ।'

[सन् 2015 में प्रकाशित 'नई राह' कहानी-संग्रह से]

एकता

शिवशरण एक ऐसे गाँव का आदमी था, जिस गाँव में ज़रूरत से ज्यादा शान्ति थी। लोग बड़े भोले और भावुक थे। उस गाँव के लोगों में से यदि कोई एक रोने लगे तो सारा गाँव रोने लगे और गाँव का जब कोई गाने लगे तो सारे गाँव के लोग उसी की तर्ज़ पर वही गाना सोहर, नहछू, बनरा, कीर्तन, बाबा का गीत गाने लगें। उनकी यह मान्यता होती थी कि यदि कोई गीत गाता है तो, जो गीत यहाँ जन्म विवाह या अन्य संस्कारों में समय-समय पर गाए जाते हैं वैसा ही वास्तव में उनके यहाँ कोई मौक़ा आया होगा। उस गाँव के लोग यदि किसी तीर्थ यात्रा में जाएँ तो गाँव का हर घर कुछ बीमार बूढ़ों को छोड़कर सूना हो जाए।

उस गाँव के लोगों ने एक बार भगवान का भजन-कीर्तन करना शुरू किया तो पूरे साल लोग अपने-अपने काम-धन्धों की परवाह छोड़कर अखंड कीर्तन गाते रहे। उस गाँव में भिन्न-भिन्न तरह साधु-सन्त के आते रहे और वे उस गाँव की तारीफ़ में कहें कि भइया! आप लोग धन्य हो, धन्य। आप के गाँव में अभी सतयुग है। बाक़ी दुनिया में तो कलयुग का राज हो गया। उस गाँव की एकता और जीवन-प्रणाली को केवल सुनकर, बिना आँखों देखे कोई मुँहज़बानी कही किसी की बातों पर विश्वास ही नहीं कर पाता था कि इस वैज्ञानिक और पैसे वाली दुनिया में यहाँ अब भी वर्षों पूर्व की दैवीय भावना का पक्का विश्वासी गाँव-का-गाँव शेष है, जहाँ का हर नौजवान दाढ़ी और जटा बढ़ाए, चन्दन या रोरी का टपाका लगाए पीला कपड़ा ओढ़े हैं। वहाँ की बूढ़ी औरतें, बूढ़े हाथों में तुलसी की माला लटकाए हुए दिखती हैं।

ऐसा भी नहीं था कि उस गाँव में आजकल की स्कूली पढ़ाई कोई कर ही न रहा हो। वहाँ के कई लोग तो बी.ए. और एम.ए. थे। कई शास्त्री और साहित्य रत्न। परन्तु ये सब के सब अतीतगामी, जहाँ पढ़े-लिखे और ग़ैर पढ़े-लिखे लोगों के सोच-विचारों व व्यवहारों में कोई अन्तर नहीं था। ऐसा भी नहीं था कि उस गाँव के लोगों को काम, क्रोध, मोह, लोभ अहंकार सताते ही न रहे हों। पर वे इन सबको कुछ ऐसा ऊपर-ऊपर से दबाते रहे, जैसे कोई भूखा और जीवन भर मिठाइयों के लिए ललकता आदमी अपने रास्ते के अगल-बग़ल बाज़ार के होटलों में रखी मिठाइयाँ जीवन भर नहीं खा पाता।

एक बार इसी गाँव में एक सब-इंजीनियर आया और बोला—'सरकार आपके गाँव में सिंचाई के लिए एक बाँध बनवाना चाहती है और इसके लिए आपके गाँव की ज़मीन का चयन हुआ है। गाँव के सब लोग इकट्ठा हुए। सभा हुई, जिसमें शिवशरण बोले—'भाइयो! यह प्रभु की कृपा है कि हमारे गाँव में सरकार सिंचाई-बाँध बनवा रही है। हमारे खेतों को पानी मिलेगा और दुगुनी फ़सल होगी।' शिवशरण का यह भाषण सुनकर सभी प्रसन्न हुए। फिर गाँव के सरपंच साहब ने कहा कि भाइयो, बाँध तो बनेगा पर इसके लिए हम सबको मिलजुल के काम करना होगा। सबको इसमें श्रमदान भी देना ही देना होगा। इसके बाद सब-इंजीनियर साहब ने अपना भाषण सुनाया कि हे ग्रामवासियो! जो सर्वे हुआ है, उसमें बहुत से लोगों की खेती की ज़मीनें भी बाँध के भीतर ही आ रही हैं, जो आपको सरकार के नाम करनी होंगी। तभी बाँध बन सकता है। जिनकी ज़मीन बाँध के अन्तर्गत आएगी, उसका मुआवज़ा सरकार उनको नग़द राशि के रूप में देगी।

यह सुनते ही लोग कुछ सहमे, परन्तु कुछ बोले नहीं और अपने घर चले गए। मज़दूर अपने-अपने पड़ोसियों के साथ बैठकर कहने लगे कि इन बड़े आदमियों के मुँह पर हम लोग अब भी कुछ नहीं कह पा रहे। पर देखिए, ये बड़े लोग पुराने समय से यही कह कर कि भगवान की मर्ज़ी से सब हो रहा है, हम लोगों से बेगार करवाते रहे। अब भी जो काम सरकारी हिसाब में हो रहे हैं, वहाँ भी हमारी मज़दूरी ये लोग पूरी नहीं देना चाहते, इसीलिए श्रमदान माँग रहे हैं। भाई, अब ये सबको सुनाई दे रहा है कि सरकारी तनख़्वाहें ये लोग तो खाते ही हैं, सरकारी पैसों का घोटाला भी ये लोग ही करवा रहे हैं। और यह बाँध, जो इस गाँव में बँधना है तो कहते हैं कि गाँव के भूखे-नंगे मज़दूरों से भी श्रमदान ले लो, और भाषण दे रहे हैं कि आज़ादी सबको मिली है।

तो भइया, अगर आज़ादी मिली है तो इतनी आज़ादी हमारे बस की है कि जिसे चाहे हम लें-लें और यहाँ से भाग चलें कहीं जंगल में, जहाँ बेर, मकुइया, महुआ, चेरबा, तेंदू खाते रहेंगे। इनकी इस दमबाज़ी से तो बचेंगे। सो, उसी गाँव के वे किसान लोग अपने-अपने घरों में जाकर कुछ यों सोचने लगे कि देखिए, यह सिंचाई का बाँध किसी के फ़ायदे का है तो किसी के नुकसान का भी। बाँध में ज़मीन किसी और की डूबेगी, सिंचाई किसी और की होगी। ऐसा अन्याय तो भाई राजाओं के राज में भी नहीं हुआ कि जिनकी ज़मीनें जा रही हैं, वे भूमिहीन हो रहे हैं। सरकारी मुआवज़ा न जाने कब मिले। आजहिं मरे काल को ज्ञानी। कुछ फ़ायदे ले रहे हैं तो कुछ मज़ा मार रहे हैं।

दूसरे दिन सब-इंजीनियर जब गाँव में आया तो गाँव में कोई किसान या मज़दूर नहीं मिला। जब कहीं से ढुँढ़वाकर उसने किसानों से बाँध में मदद करने को कहा तो वे कहने लगे—इंजीनियर साहब, हमारी समझ में नहीं आता है कि

गाँव के लोग सरकार को ज़मीन दें तो कैसे दें। हमारे यहाँ ज़मीन देने की कोई परम्परा ही नहीं रही। हमारे यहाँ जब स्वराज नहीं था, तब भी ज़मीनें सरकार या राजा साहब ही देते थे। और जब यह स्वराज आया तो तमाम भूमिहीन, हरिजनों, आदिवासियों को ज़मीन सरकार ही बाँटती है। अब सरकार ही हमारी ज़मीन ले ले और हमें भूमिहीन बना दे, यह हमें मंज़ूर नहीं है। बिना सिंचाई के ही हम अपने बाप-दादा के ज़माने से खाते-कमाते आए हैं और खाते रहेंगे। अगर आप यहाँ सिंचाई-बाँध बनवाना ही चाहते हैं और चाहते हैं कि उसमें सबका भला हो तो पहले ऐसा क्यों नहीं करते कि सिंचित और उपजाऊ बनाने के लिए सभी से उनकी ज़मीनें ले लें। फिर सबको उचित लाभ बाँट दें। हालाँकि कहते तो पहले यही रहे कि जब हमारा रामराज आएगा तो किसी से कुछ लेंगे नहीं, देंगे ही देंगे।

यह सुनकर सब-इंजीनियर ने कहा, 'भाई साहब, यह सब मैं नहीं कर सकता, मैं सिर्फ़ उतना ही काम कर सकता हूँ, जितना कि योजनानुसार सरकार ने मुझे सौंपा है।' तो एक नौजवान ने पूछा कि क्या सरकार ने आपको किसी का पेट पालनेवाली ज़मीन इस सिंचाई के बाँध में डुबो देने के लिए कहा है? तो इंजीनियर ने कहा, नहीं भाई, मैं किसी कि ज़मीन डुबाना नहीं चाहता। परन्तु किसी-न-किसी की ज़मीन तो बाँध में आएगी ही। इंजीनियर ने समझाने की कोशिश की—'सुनिए, सार्वजनिक काम के लिए त्याग तो करना ही होता है। परन्तु जब सार्वजनिक काम पूरा हो जाता है तो उससे किसी-न-किसी तरह भला सब का होता है।' तब शिवशरण ने आगे बढ़कर कहा, 'आप इस घमंड की बात को तो छोड़िए कि संसार में कोई सबका भला कर सकता है। सबका भला करनेवाला तो एक ही है, भगवान, जो संसार में रहता नहीं। और संसार में आज तक कोई ऐसा नहीं हुआ, जिसने सबका भला किया हो।' इंजीनियर ने कहा, 'आप गाँव में सब से ज़्यादा समझदार हैं, आपकी ज़िम्मेदारी है कि गाँव की उन्नति हो। यह सोच लीजिए कि गाँव में यदि सिंचाई का बाँध बन गया तो खेती दुगुनी हो जाएगी।'

इस पर शिवशरण बोला, इंजीनियर, तुम भी तो पढ़-लिखकर ही इंजीनियर हुए होगे। पर मैं नहीं समझ पाता कि तुम क्या समझते हो? भला परमेश्वर की कृपा के बिना कोई पत्ता हिल सकता है। फिर कौन होते हैं हम-तुम किसी की खेती दुगुनी करानेवाले? वह तो वही है, जो राई को पर्वत और पर्वत को राई की तरह बना सकता है।

यह सुनकर इंजीनियर लाजवाब हो गया और शिवशरण को अपना गुरु मानकर प्रणाम करके चल दिया। सब-इंजीनियर लौट रहा था। रास्ते में एक गाँव के नेताजी को कहीं से यह ख़बर लग गई थी कि तीन लाख का सिंचाई-बाँध मंज़ूर हुआ है श्रीरामपुर के लिए; पर श्रीरामपुर के लोग उसे स्वीकार नहीं कर रहे हैं। नेताजी को

कई दिनों से नींद नहीं आ रही थी। वे सोच रहे थे कि यही तीन लाख की स्कीम अगर उनके गाँव के लिए मंजूर हो जाती तो 10-20 हज़ार रुपये उनकी जेब में भी आ जाते। पर स्कीम तो श्रीरामपुर के लिए है, जहाँ की पंचायत सरकारी पैसे ख़र्च करने में डरती है। इतने में सब-इंजीनियर उनको दिखा और वे दौड़कर उसे अपने घर लिवा लाए। बोले, 'इंजीनियर साहब, आप निराश कैसे दिख रहे हैं?'

इंजीनियर ने कहा, 'आपके क्षेत्र में तो योजना अगर मंज़ूर होकर भी आए तो काम पूरे नहीं होते हैं। इसलिए निराश हूँ।'

नेता जी बोले, 'इंजीनियर साहब, चाहे जिस पार्टी की सरकार रहे, पर इन भजन करनेवालों की एकता के चलते कोई काम पूरे नहीं होते। इन भजन-मंडलियों का इतिहास बहुत पुराना है। इनसे धरती के कोई काम नहीं हुए। अगर आपको इस इक्कीसवीं सदी में भी कहीं काम करवाना है तो आपको यहाँ किसी-न-किसी नेता को पकड़ना होगा।'

सब-इंजीनियर ने कहा, 'आख़िर लोगों का सहयोग और गाँव की ज़मीन बाँध के लिए चाहिए ही।' तो नेता ने कहा, 'यह ज़माना न गाँव का है, न गाँवों की ज़मीन और जनता का। ज़माना है सिर्फ़ पैसे का। इस ज़माने में दाम करे सब काम। इंजीनियर साहब जाओ और सरकार को सूचना भेजो कि काम शुरू है। तीन लाख सरकारी रकम निकालो, जहाँ से निकलती हो। आजकल का शगुन आप यही जान लें कि जहाँ कोई नेता किसी काम के लिए मिल गया तो काम सिद्ध समझो।' इंजीनियर नया-नया ट्रेनिंग करके ही यहाँ चला आया था। कुछ कहने की हिम्मत नहीं कर पा रहा था। नेताजी उसे अकेले अपने कमरे के अन्दर ले गए और बोले, 'काम आप मुझे सौंपिए, काम कैसे होगा, यह मैं बताता हूँ। किस ठेके में किसका नाम, लिख लीजिए। आप सरकार को ज़मीन और बाँध का नक़्शा-ख़सरा भेजिए। अगर पहले ही भेज चुके हैं तो उसे कैंसिल मत करना। हमको आप रुपये लाकर दो। हम यह सिंचाई-बाँध कुल दो लाख में बनाएँगे। एक लाख में बीस हज़ार रुपये, आप मुझे खुले आम दो। बाँध कहाँ बनेगा। उसका कौन मिस्त्री, कौन मज़दूर होग यह मेरी ज़िम्मेदारी है। आप सिर्फ़ बाँध देखिए। अपने अफ़सरों को दिखाइए और उन्हें यही बताइए कि योजना के मुताबिक़ काम कर रहे हैं।'

सब-इंजीनियर ने कहा कि हो-हल्ला तो गाँव से ही होगा। तो नेता ने कहा कि जिसे हल्ला करना है, वही जब काम करवा रहा है तो कैसे होगा? तो सब-इंजीनियर ने कहा कि योजना श्रीरामपुर की है और आप फरचट्टपुर के हैं तो इसमें एकता कैसी हो पाएगी। जब श्रीरामपुर जैसे गाँव में ही सिंचाई-बाँध के लिए एकता नहीं हो पाई, जहाँ की एकता पूरे जिले में मशहूर है। नेता जी ज़रा आँख तरेर कर बोले कि क्या चाहता है यार तू ! सारी ज़िम्मेदारी मैं तुम्हारी ले रहा हूँ। काम मैं करवा रहा हूँ और नाम तुम्हारा और तुम्हारे अफ़सर का हो रहा है। उस पर तुम्हें अस्सी

हजार छोड़कर केवल बीस हजार रुपये में मैं राज़ी हूँ। इसीलिए कि मैं गाँव का हूँ और गाँव अभी पिछड़े हैं। तुम नहीं मानते हो जाओ, जैसे ही मंजूरशुदा योजना फ़ेल हुई तो हम तुम्हारी शिकायत राजधानी तक करेंगे कि इसकी अयोग्यता के कारण काम नहीं हो पाया। तो तुम कहीं अपनी ये नई-नई नौकरी से भी हाथ न धो लेना!

यह धौंस सुनते ही सब-इंजीनियर को पसीना आ गया और वह बोला कि हे महान! मैंने अपने जीवन में सतयुगी गुरु श्रीरामपुर के शिवशरण को मान लिया है तो कलयुगी गुरु आप को। यदि परलोक की सद्गति का रास्ता शिवशरण दिखा सकते हैं तो इस लोक की सद्गति का रास्ता आप ही पकड़ा सकते हैं। लीजिए, इस बाँध के निर्माण का भार आपके सिर व हाथों में मैंने छोड़ दिया। मैं सिर्फ़ सरकारी ख़ज़ाने से रकम निकालकर आपके कर्मठकारों तक पहुँचा दूँगा। इस पर नेता जी बोले, 'ठेकेदारी के कामों को सरकार से पास करवाने का ही तो हमारा उद्देश्य था।'

कुछ और सोचता-विचारता सब-इंजीनियर बड़े ही आत्मीय, आग्रह से बोला कि हे नेताजी! फिर भी श्रीरामपुर की जनता का सहयोग हमको कैसे मिलेगा? तो नेता ने सपाटे से कहा—'यार? तुमको यदि श्रीरामपुर की जनता का इतना ही डर है तो तुमको एक हज़ार रुपये अपने उन अस्सी हज़ार रुपयों में से ही निकालकर श्रीरामपुर की कीर्तन मंडली को राम मन्दिर के लिए सौंपना होगा। और मैं पाँच सौ रुपये अपने उन बीस हजार रुपयों से निकालकर वहाँ के सरपंच से सारे काग़ज़ों में विधिवत उसकी तस्दीक करवा लूँगा। यह बाँध भी तो श्रीरामपुर की ही गठरिया में बँधवाना है। वहाँ से कुछ पानी श्रीरामपुर की ओर बहाव में जाएगा, कुछ फरचट्टपुर के खेतों में भी, बाक़ी तो वहाँ के जंगली जानवर पिएँगे और जय मनाएँगे। आजकल तो भाई ऐसे-ऐसे बाँध भी बनते हैं जो ज़मीन पर होते ही नहीं। यह बाँध तो सबको दिखेगा और किसी के खेत की ज़मीन भी इसमें नहीं फँसेगी। फिर इसमें किसी को आपत्ति ही क्यों होगी। रही मज़दूरों की बात तो मैं उन्हें दस-पाँच रुपये कम मज़दूरी पर ही काम में लगाए रहूँगा। उनसे श्रमदान भले नहीं मागूँगा। वे ख़ुश हो जाएँगे। किसी से दान या भिक्षा माँगने का ज़माना अब गया। आजकल जो दान करते भी हैं तो वे अज्ञान में फँसे लोग होते हैं, जो यह विश्वास करते हैं कि दान-धर्म में हमने जो दिया, वह हमें अगले जनम में दस गुना मिलेगा। यह दस गुने का लालच भी तो व्यापार ही है।'

इसके बाद फरचट्टपुर के उन नेता जी ने बाँध का काम चालू करवा दिया। यह ख़बर जैसे ही श्रीरामपुर के लोगों को लगी, उनमें उठा-पटक मच गई। अपने यहाँ की योजना दूसरे के यहाँ चली गई। अपनी शान भी गई और काम भी गया। कोई कहे कि तुमने बाँध नहीं बनने दिया, क्योंकि तुम्हारी ज़मीन बाँध में आती थी। सिंचाई हमारी अधिक होनी थी। तुम हमारा भला नहीं चाहते। कोई कहे कि उस

परिवार के सरपंच हैं तो अपना नाम चलवाने के लिए बाँध बनवा रहे थे, परन्तु जब शिवशरण के दद्दा वहाँ सरपंच थे तो यह योजना नहीं लाई गई, क्योंकि नाम उनका हो जाता। गाँव के किसानों के नौजवान लड़के ज़्यादातर यही कह रहे थे कि कुछ नहीं, पूरी बदमाशी यहाँ के मज़दूरों की है। सारे संगठन बनाकर जंगल भाग गए थे। इनको तो अब गाँव में बनी-मजूरी करने के लिए भी न रहने दिया जाए, जाएँ सारे जंगल में।

श्रीरामपुर के लोगों में अब रोज़ आरोप-प्रत्यारोपों की झड़ी लगी रहती थी और सबके मन में लोभ, मोह, स्वार्थ, ईर्ष्या की हिलोरें उठ रही थीं। वहाँ आए दिन वाद-विवाद होता ही रहता, क्योंकि वहाँ के लोगों को स्वयं एक अच्छा आदमी होने का कभी कोई आभास ही नहीं कराया गया था। वे तो भगवान भरोसे जीवन जीनेवालों में से थे। और जब उन्होंने देखा कि उनके आगे आई थाली कोई दूसरा खिसका ले जा रहा है तो वे इसका दोष भगवान को तो दे नहीं सकते थे, इसलिए आपस में ही एक-दूसरे पर खीज-खीज कर ग़ुस्सा उतार रहे थे।

अब उन सब में एक ऐसा विश्वास पनप गया था कि वे फरचट्टपुर के नेता से चिढ़ने के बावजूद उससे दुश्मनी नहीं करना चाहते थे। श्रीरामपुर के लोगों में डर, आत्मग्लानि और आत्मनिराशा बढ़ती ही जा रही थी। इसकी भी ख़बर फरचट्टपुर के नेता जी को थी। बाँध का हिसाब-किताब भी अब पूरा होनेवाला था। मज़दूरों के झुंड-के-झुंड वहाँ जमे रहते थे। बाँध में मिट्टी पड़ रही है। नेताजी के कारिंदे किसी का नाम हाज़िरी रजिस्टर में लिखते हैं, किसी का नहीं लिखते। परन्तु बेरोज़गारी के शिकार लोग सिर्फ़ इसी आशा से काम करते रहे कि जिन बड़े आदमियों के यहाँ उन्होंने जनम भर बेग़ारी की, वे मज़दूरी ही नहीं देते थे। ये सात दिन में कम-से-कम पाँच दिन की ही दे देंगे तो बहुत है।

एक दिन फरचट्टपुर के नेताजी उसी सब-इंजीनियर को लेकर श्रीरामपुर पहुँचे और गाँव के सभी लोगों को बुलवाया। एक सभा की और भाषण देना शुरू किया—'भाइयों, मैं आप सबका पड़ोसी हूँ। आप सबकी सेवा करना मैं अपना धर्म मानता हूँ। सुना है कि इधर जब से कलयुग का प्रभाव बढ़ा है तो सारी दुनिया की बात छोड़िए, श्रीरामपुर जैसे पवित्र ग्राम में भी जैसे अधर्म प्रवेश कर रहा है। हमारे भाइयों के दिलों को तोड़ रहा है। तो इन सबको अब भी महात्मा तुलसीदास की इस पंक्ति में ध्यान लगाना चाहिए, इसी में सबका आपका और हमारा भला है—'मन मधुकर पन तुलसी रघुपति पद कमल बसैहौं।' (विनय पत्रिका, 105/3) और भाइयो ये इंजीनियर साहब आपके गाँव में ही नहीं, आपकी सीमा पर बाँध बनवा रहे हैं। और आप सबकी भावनाओं का आदर करते हुए आपके गाँव के इस कीर्तन-मंडल को हरिभजन या श्रीराम मन्दिर के लिए एक हज़ार की राशि दान स्वरूप दे रहे हैं। और आप सबसे प्रार्थना कर रहे हैं कि आप अपने मन से

सारे ईर्ष्या, द्वेष, छल-प्रपंच, भेदभाव छोड़कर एक सुदृढ़ एकता कायम रखिए। हम सब आपको यह भेंट समर्पित कर सरपंच साहब के यहाँ चाय पिएँगे।' सब-इंजीनियर ने एक हज़ार रुपयों से भरी थैली सारे लोगों के सामने ही शिवशरण को पकड़ा दी, जिस पर मंडली वालों ने जमकर तालियाँ बजाईं। इसके बाद नेताजी जब सरपंच के घर पहुँचे तो भीतर जाकर उनके नाती के हाथ में मिठाई खाने के नाम पर पाँच सौ रुपये पहले ही रख दिए। चाय पीने के बाद उन्होंने अपने सारे काग़ज़ात सरपंच की ओर बढ़ाए, जिन पर उन्होंने ख़ुशी-ख़ुशी विधिवत हस्ताक्षर कर दिए। इस तरह सबकी एकता सम्पन्न हो गई।

[सन् 2015 में प्रकाशित 'नई राह' कहानी-संग्रह से]

कथेतर

धर्मनिरपेक्षता और हम

मित्रो! दुनिया में मनुष्य के लिए सबसे ज़्यादा ख़तरनाक और मानवता की सबसे बड़ी दुश्मन साम्प्रदायिकता है, जिसे हम आप सब स्वीकारते हैं और इसके प्रभाव से बचने का निदान भी हम सब जानते हैं कि वह धर्मनिरपेक्षता ही है। इसीलिए धर्मनिरपेक्षता के ही हम आप सब प्रचारक हैं। इसका प्रचार आज़ादी आने के साथ ही शुरू हो गया था, पर यह हमें अपनी बेबसी के साथ ही कहना पड़ रहा है कि आज़ादी आने के बाद हमारे इस भारतीय समाज में साम्प्रदायिकता घटी नहीं है, चाहे इसे जातिवाद या एक-दूसरी जातियों के भेदभाव के रूप में देखें या धार्मिक उत्थान व हर धर्मों के प्रचार-प्रसार में। मन्दिर-मस्जिद निर्माण में देखें या उनके विवादों में।

गाँव-गाँव में, जहाँ गँउखेर की केवल एक चौतरिया हुआ करती थी, वहाँ अनेक तरह के और अपने-अपने मोहल्लों के या जातियों के देवता और देवियाँ बिठाई जा रही हैं। अनेक प्रकार के भगवान ही नहीं, कई तरह के तांत्रिक चमत्कारी बाबा बैरागियों की संख्या भी बढ़ रही है, जो लोगों को आए दिन अन्धविश्वास का शिकार बनाते हैं। दूसरी ओर केवल हम लोग ही नहीं कह रहे हैं कि हम धर्मनिरपेक्ष हैं; हर राजनीतिक दल के लोग भी धड़ल्ले से कह रहे हैं कि वे धर्मनिरपेक्ष हैं, परन्तु यदि कोई समाज की वास्तविक सच्चाई बयान करे तो अभी इस उनसठ वर्षीय आज़ादी (यह लेख लिखे जाने का समय—सम्पादक) के बावजूद धर्मनिरपेक्षता 'हवाईफायर' ही बनी हुई है। आख़िर क्यों? जबकि धर्मनिरपेक्षता किसी भी लोकतांत्रिक समाज की राष्ट्रीयता तथा भावनात्मक एकता और भारतीय लोकतांत्रिक समाजवादी समाज-संरचना के लिए अनिवार्य आवश्यकता है।

धर्मनिरपेक्षता हमारे लिए क़ीमती वस्तु की तरह महज सौग़ात या कोई भेट-वस्तु नहीं है, यह हमारी जीवन-साधना है। यह हमारे लिए वैसी ही सर्वकल्याणकारी, मनोमस्तिष्क में बसनेवाली भावधारा है, जैसे कि राजतंत्रीय व्यवस्था में धर्म सभी के दिलो-दिमाग़ में बसता था। धर्मनिरपेक्षता हमारे लिए कोई कोट-पैंट नहीं है कि कभी इसे उतार लें और कभी पहन लें। यह मानवीय लोक-जीवन की वही भावधारा है, जो मानव के दिलो-दिमाग़ से परावलम्बन, दैवीय विश्वास, भाग्यवाद,

रहस्यवाद तथा संसार को मिथ्या माननेवाली और मनुष्य को अकिंचन माननेवाली परालौकिक व अमानवीय भावनाओं को हटाकर लोक विश्वास, मानवीय अस्तित्व बोध तथा पस्पर सद्भाव, सहिष्णुता व साहस जगाती है। यह सच्चाई है कि मनुष्य में भाग्यवाद, परावलम्बन व दैवीय विश्वास के रहते सामन्ती व साम्राज्यवादी विचारधाराओं को ही ताक़त मिलती है—फूट डालो, राज करो का मौका मिलता है।

पुराने शासकों के कार्यकाल में धर्म, जिसके तहत यहाँ लम्बे समय से सामाजिक भावना जगाने के कार्य होते रहे हैं, उनसे साम्राज्यवादी ताक़तों के स्वार्थी संस्कारों की भी पुष्टि होती है। नया लोकतंत्र पूँजीवाद में लिपटकर आया है। चूँकि पूँजीवाद पुरानी सामन्ती व्यवस्था का ही विकसित एवं नया स्वरूप है, इसलिए वह ख़ुद अधर्म पर चलते हुए भी धर्म का निरन्तर प्रचार करवाता रहता है, धार्मिक आयोजनों की प्रत्यक्ष-अप्रत्यक्ष फ़ंडिंग करता है और साम्प्रदायिकता के तले कुचलकर लोकतंत्र को लोकहितैषी और असली स्वरूप में सामने नहीं आने देता।

इसी से बचने के लिए सच्चे लोकतंत्र में धर्मनिरपेक्षता ज़रूरी है। इस बात को हमारे महान स्वतंत्रता संग्राम सेनानियों व संविधान निर्माताओं ने भली-भाँति समझ लिया था। इसीलिए उन्होंने लोकतंत्र के लिए धर्मों की जगह धर्मनिरपेक्षता को बुनियादी चीज़ करार दिया। हमें भी अब यही सोचना है कि धर्म नहीं, धर्मनिरपेक्षता ही क्यों? और ये धर्म उपयोगी क्यों नहीं है?

1. क्या इसलिए कि हमें सारे धर्मावलम्बियों को सन्तुष्ट रखकर केवल उनसे वोट लेना है? या कि हमें धर्मों को नहीं, धर्मनिरपेक्षता को इसलिए स्वीकारना है कि लोकतंत्र के अनुरूप जनभावना धर्मों से नहीं, धर्मनिरपेक्षता से निर्मित हुआ करती है।
2. धर्म हमको इसलिए भी नहीं स्वीकारने हैं कि लोकतंत्र में हमें मनुष्य के दिलो-दिमाग़ में लोक विश्वास जगाना है, जबकि हर धर्म के उपदेश हमें लोक को मिथ्या बताकर परलोक की ओर प्रेरित करते हैं।
3. लोकतंत्र में धर्म इसलिए भी वरेण्य नहीं होने चाहिए कि हर धर्म मनुष्य को अकिंचन, दास, परावलम्बी व असमर्थ साबित करता है, जबकि धर्मनिरपेक्षता मनुष्य को आपसी सद्भाव, भाईचारा, सह-अस्तित्व, स्वावलम्बन, समाजसेवी व समाज सुधारक बनने-बनाने व सीखने-सिखाने का अवकाश व अवसर देती है। परिणामस्वरूप एक सचेत व जागरूक नागरिक का परिष्कार होता है।
4. धर्मों से ही अन्धविश्वास, रहस्यवाद, भाग्यवाद व सम्प्रदायवाद को जन्म व आधार मिलता है और मिलता रहेगा।

5. धर्म का सबसे बड़ा महत्त्व यह है कि उसके भीतर आस्था का स्थान है और इस आस्था को विश्व भर में भगवान कहते हैं। किन्तु यह भगवान भी उन्हीं धर्मों में ही माना गया है, जो सबके प्रति निष्पक्ष रहते हैं व समान रूप से कल्याण करते हैं। भगवान से हमेशा कल्याण का भरोसा किया जाता है। परन्तु यह भरोसा पूरा ही हो, ऐसा भगवान से यहाँ निश्चित नहीं है। परन्तु विज्ञान-सम्पन्न वैचारिकता के साथ नई-नई भौतिक उपलब्धियों के रूप में लोगों को सुलभ होने वाली इस लोकोन्मुखी धर्मनिरपेक्षता से केवल भरोसा नहीं, प्रत्यक्ष लाभ ही मिला करता है।

यह सच्चाई है कि धर्म व्यक्तिगत नहीं होता, उसका विश्वास काल्पनिक होता है, पर है वह सामाजिक संरचना का ढाँचा ही। इसलिए धर्मनिरपेक्षता को अब एक धर्म के रूप में स्वीकारना होगा और इसकी आस्था में—जो सबके कल्याण की कल्पना मात्र नहीं, यथार्थ उपलब्धियों की गारंटी है, वह समतावादी, समाजवादी समाज की संरचना ही है, जिसका प्रत्यक्ष लाभ इस आज़ादी के रूप में सबके सामने है। इसलिए अब धर्मनिरपेक्षता को सारे धर्मों का समन्वय व सबके प्रति सद्भाव मात्र ही न समझकर उन पुराने धर्मों का विकल्प व लोकतंत्र का धर्म समझना होगा, और यह कोई अनोखी मान्यता नहीं है। हमेशा हर भूखंड में समय के अनुरूप धर्म बदलते रहे हैं। अन्तर सिर्फ़ यही है कि तब के सारे धर्म परलोकोन्मुखी ही रहे हैं, जबकि अब लोकजीवन की कल्याणकारी रचना होनी है। संसार में हर धर्म का अपना-अपना ख़ेमा था, परन्तु धर्मनिरपेक्षता को केवल एक प्रान्त, एक देश या एक भूखंड में ही नहीं, सारे विश्व में एक मनुष्य को दूसरे मनुष्य से जोड़ने का काम ही करना है।

यह भी स्वीकारना होगा कि जब दुनिया में छोटे-छोटे राष्ट्र होते थे तो वहाँ की राष्ट्रीयता वहाँ के लोगों में थी। अब जबकि हमारी आस्था अलग और राष्ट्रीयता अलग है तो राष्ट्रीयता ही ग़ायब होने लगी...और आस्था भगवान के विश्वास से हटकर पैसे के विश्वास से जुड़ गई है। इसलिए हमें अब अपनी धर्मरिपेक्षता को लोगों के बीच आस्थाविहीन या आस्था से अलग नहीं कहना होगा। बल्कि यह एक ऐसी आस्था होगी, जो विश्वस्तर पर सभी के लिए, सभी जगह कल्याणकारी होगी।

परन्तु यह भी सच्चाई है कि हमारी आस्था जिस दिन हमारे दिल में धर्मनिरपेक्षता का रूप लेगी, उसी दिन से वह धर्मों के मोह, उनकी पहचान व मूल्यांकन को नज़रअन्दाज़ कर देगी, उन्हें पीछे छोड़ देगी, तभी वह खरी धर्मनिरपेक्षता कहलाएगी।

धर्मनिरपेक्षता धर्मों का समूह नहीं, सारे धर्मों से तटस्थ होने की प्रक्रिया है और

हम धर्मों को आस्था का पर्याय नहीं मान सकते हैं। आस्था धर्मों का प्राण रही है, इसलिए कि उनमें सबके कल्याण की आशा और कामना निहित थी। अब, जबकि हमारा कल्याण या हमारा सम्बन्ध प्रत्यक्ष रूप से धर्मनिरपेक्षता के साथ संसार में हो रहा है तो जो धर्मों में कल्पना या भरोसा मात्र था, वह प्रत्यक्ष जीवन की उपलब्धियों में सुलभ हो रहा है। हम ख़ुद को विज्ञान-चेतना सम्पन्न, लोक-धर्मी, लोकतांत्रिक युग का नागरिक मान रहे हैं, इसके बावजूद अगर हमारी चेतना व आस्था पारलौकिक व सामन्तकालीन युग की ही बनी रहे, हम पंडे-पुरोहित, मुल्ला-मौलवी, रब्बी-पादरी वगैरह और धर्मों के पाखंडों की उलझनों में सच्चाई खोजते रहें तो क्या हमारी सारी समझदारी गैर-समझदारी कहने लायक ही नहीं होगी?

[सन् 2007 में प्रकाशित 'हम और हमारा स्वराज्य' निबन्ध-संग्रह से]

हम और हमारा स्वराज्य

शोर तो चारों ओर है कि कुछ बदल गया और सबके मुँह से यही सुना जा रहा है कि वर्ष बदल गया, सदी बदल गई, सहस्राब्दी बदल गई। शायद सदी या सहस्राब्दी भी सामाजिक मान्यताओं के आधार पर अपनी समय—सीमा में वैसे ही बदल जाया करती है, जैसे बारह महीने बाद वर्ष बदल जाते हैं। सदी व सहस्राब्दी अपने बदलते क्षणों में कोई कमाल करें ही, ऐसा कोई सुनिश्चित नियम नहीं है। दिन व रात भी रोज़ बदल जाते हैं। इनके बदलने का शोर व औपचारिकता ज़्यादा नहीं होती, इसलिए कि ये रोज़-रोज़ ही तो बदलते हैं। अर्थशास्त्र का नियम है कि क़ीमत दुर्लभता से बढ़ती है। सवाल है कि मनुष्य जाति के लिए आख़िरकार सबसे अधिक दुर्लभ क्या रहा है तो शायद इसका उत्तर यही है कि संसार में आदिमकाल से जो चीज़ सभी को मयस्सर नहीं रही, वह है—स्वराज्य।

मनुष्य जाति की सुख-सुविधा और भलाई की चर्चाएँ व आश्वासन तो हमेशा से होते आए हैं। कभी यह मनुष्य सुखी हुआ है और कभी दु:खी, पर उसे जो यह स्वराज्य मिला है, वह उसके सामाजिक विकास की एक दुर्लभ प्राप्ति, अनुपम उपलब्धि है। यह सबके लिए सबसे अधिक दुर्लभ रहा है और अब भी दुर्लभ है। यह सभी को पहले से ज्ञात भी नहीं है। पहले मनुष्य पराधीनता को ही अपनी मर्यादा, अवधारणा व सही सामाजिक व्यवस्था समझता रहा है। इसी से मनुष्य को पहले से ही जीवन की मूलाधार आस्था भी पराधीनता का दैवीय विश्वास ही आदमी की आस्था स्वीकार होती रही है और उस समय में वह उपयुक्त भी रही। पर यह स्वराज्य जो इस सदी या सहस्राब्दी की ही उपलब्धि है, यह मनुष्य जाति के लिए केवल आकर्षक, मोहक व मौज-मस्ती ही नहीं है। संसार में मनुष्य के लिए उसके अस्तित्व व उसकी मानवीय महानता और विकास की सामाजिक परिणति भी है। एक प्रादुर्भाव है, जो मनुष्य को मनुष्यता से परिचित कराने की अद्वितीय साधना का फल है।

यह अपनी उपलब्धि का स्वराज्य है, जिससे जन-जन को परिचित होना अनिवार्य है। यही स्वराज्य हम भारतवासियों को सन् 1947 से प्राप्त हुआ और उसका प्रभाव हमारे सामने जो इस अर्धशती में आया उससे यही कहना उचित

प्रतीत होता है कि स्वराज्य तो हमको मिला, पर हम स्वराज्य से नहीं मिले। हमको स्वराज्य पाने का अवसर मिला, परन्तु स्वराज्य को हमने यह अवसर व वातावरण नहीं दिया कि स्वराज्य हमारे दिलोदिमाग़ में समा जाए। हमने स्वराज्य से सिर्फ़ लाभ लेना चाहा या प्रसाद स्वरूप जो मिल जाए, उसका उपभोग करना चाहा। पर यह नहीं चाहा कि हम स्वराजी मनुष्य बनें और नवजीवनदाता स्वराज्य को अपने जीवन में अपना लें और समाज में उन परिस्थितियों का निर्माण करें, जिनसे स्वराज्य को अपनी जड़ें जमाने को ज़मीन मिलती है। हम स्वराज्य की तारीफ़ में भी राम धुनों जैसे गीत ही गाते रहे हैं। स्वराज्य को आम जनता के लिए उपयोगी व क़ीमती बताने के बावजूद यह समझाने से बचते रहे हैं कि इसे हमको ही चलाना और विकसित करना है। ग़ुलामी के समय निर्मित सामन्ती व विदेशी संस्कारों, मान्यताओं, रीति-रिवाजों के चलते हमारी समझ, विश्वास व आस्था ज्यों-की-त्यों बनी हुई है।

हमने इस सदी व सहस्राब्दी के अपूर्व परिवर्तन का आभास भी नहीं किया। जबकि स्वतंत्रता व परतंत्रता वाले समाज में मनुष्य की अवधारणा तथा उसकी रीति-नीति, मान्यताओं को भी एक-दूसरे से विलोम परिवर्तन की आवश्यकता होती है, क्योंकि स्वतंत्रता तो परतंत्रता की विलोम सामाजिक संरचना है। मगर केवल अँग्रेज़ों के हाथ से भारतीय लोगों के हाथों सत्ता आ जाने को ही हमने अपना स्वराज्य समझ लिया। उनके क़ानून, रीति-रिवाज व पूरे-के-पूरे व्यवहार व शासकीय ढाँचे को स्वीकार करते हुए, उनका ही दिया हुआ लोकतंत्र व शिक्षा-पद्धति भी हमने स्वीकार कर ली। उन्होंने बताया कि पूँजीवादी व्यवस्था में पूँजीविकास की प्रतिस्पर्धा को ही लोकतंत्र कहते हैं। हमने मान भी लिया और यह भी स्वीकार कर लिया कि लोकतंत्र तो अमेरिका और ब्रिटेन में ही है! यह भी समझाया गया कि हमको अमेरिका से ही लोकतंत्र और ब्रिटेन से ही संसदीय प्रणाली सीखनी चाहिए। उसी रास्ते पर चलते हुए आज जब हम विषमता, बेरोज़गारी और आतंकवाद से संक्रमित होते हैं, जब देखते हैं कि सम्पत्ति के पीछे अपनी ही औलाद सारे मानवीय रिश्ते ताक पर रखकर माँ-बाप को भूल जा रही है, पैसों के लालच में हर आदमी हैवान बनता जा रहा है तो हम वही पुराना राग अलापने लगते हैं—'देख तेरे संसार की हालत क्या हो गई भगवान, कितना बदल गया इनसान!'

यद्यपि स्वराज्य के सम्बन्ध में पूर्व चिन्तकों, विचारकों व समाजशास्त्रियों का स्पष्ट मत रहा है कि लोकतंत्र या स्वराज्य एक ऐसी भौतिकवादी व समूहवादी सामाजिक व्यवस्था है, जिसमें प्रत्येक मनुष्य को समानता, निष्पक्षता, न्यायपूर्ण, सर्वांगीण विकास का अवसर मिलता है और जिसमें मनुष्य पराधीनता, अज्ञानता, अन्धविश्वासी शिक्षा तथा भाग्यवादी मान्यताओं की परम्परा का उन्मूलन करते हुए मनुष्य की ज़िम्मेदारी मनुष्य को ही उठाना है, यह सीखता है।

सच में, 21वीं सदी के द्वार पर पहुँचकर हमारे लिए जो सबसे बड़ी समस्या या चुनौती सामने है, वह शायद अपने स्वराज्य की सुदृढ़ता, विकास व उसकी सुरक्षा ही है। क्योंकि भारतीय मानते थे कि इस स्वराज्य के आने पर हमको अपनी धरती पर ही स्वर्ग प्राप्त हो जाना था, पुरानी अवधारणाएँ, मोक्ष व परम पद की अभिलाषा भी स्वराज्य से ही साकार हो जानी थी, क्योंकि स्वराज्य का दूसरा नाम मुक्ति भी है।

तो क्या इन अनेक विदेशी कम्पनियों की स्वतंत्र बाज़ार स्पर्धा से या कि विज्ञान की असीम समृद्धि से इस धरती पर स्वराज्य हम जैसे रहनेवाले प्रत्येक जन को सुलभ हो रहा है? यहाँ दिन दूनी-रात चौगुनी बढ़ती महँगाई में आधे से अधिक जनसंख्या की बेरोज़गारी से और प्रकृति प्रदत्त पानी और हवा में दिन-प्रतिदिन बढ़ते प्रदूषणों के बीच रहते हुए हमें अपना स्वराज्य मिल रहा है? बेरोज़गारी का शिकार श्रमिक जब अनेक तरह के मिष्ठानों, फलों, कपड़ों, क्रीम-पाउडर व आभूषणों की सजी-सँवरी दुकानों को निहारते हुए, अपनी जेब टटोलते हुए दैनिक मज़दूरी की तलाश में दिन-भर फिरता रहता है और शाम को भूखे पेट अपने बाल-बच्चों की भूख मिटाने के लिए बिना सब्ज़ी, नमक, तेल और आटा लिए ही घर लौटता है तो क्या वह स्वराज का सुख उठा रहा है? यह स्वराज, जिसकी अर्धशती हमने बिता दी, जहाँ बढ़ते विज्ञान, उद्योग, आवागमन के साधन तथा सूचना तकनीक की धूम है, जहाँ पूँजी-सम्पन्न लोगों के लिए टट्टी-पेशाब की सुविधाओं से लेकर सोचने-विचारने के कामों तक की मशीनें बन चुकी हों, वहाँ अधिकतर लोगों को निश्चिन्त भाव से भूख मिटाने को नमक-रोटी पाने तक की सुविधा उपलब्ध नहीं है। फिर ऐसा समाज मानवता, समानता, स्वतंत्रता, न्याय युक्त कहलाने का हक़दार कैसे है? क्या वहाँ की सामाजिक व्यवस्था विकसित कही जाएगी?

अगर किसी समाज में ऐश्वर्य व समृद्धि भरपूर हो लेकिन मनुष्यों के जैसे मनुष्य न हों या जिस समाज के अधिकांश लोग अमानवीय, स्वार्थी, लालची—पाखंडी, धोखेबाज, धूर्त बन रहे हों तो क्या हम कह सकेंगे कि उस समाज में स्वराज है? उसकी धरती पर स्वर्ग है? स्वराज आने के पूर्व जो आश्वासन आम जनता को मिला था, वह सबकी सुरक्षा करने और सबको भेदभाव रहित समानता का वातावरण देने का ही तो रहा है। इस धरती पर जनता का संवैधानिक शासन इसीलिए तो चाहिए, वरना फिर राज्य यानी स्टेट की आवश्यकता ही क्या है?

हमारे स्वराज की इस अवधि में, जो चीज़ें उत्तरोत्तर बढ़ी हैं और बढ़ती ही जा रही हैं, वे विषमता, घृणा, अधिनायकवाद और आतंकवाद ही तो हैं, जो स्वतंत्रता व मनुष्यता दोनों की दुश्मन हैं। पुराने सामन्ती ज़माने में किसी एक इलाक़े में केवल एक ही सामन्त की ओर से आतंकवाद छोड़ा जाता था, पर अब स्वराज पाने पर घर-घर, गाँव-गाँव से आतंकवाद हुँकार रहा है, जो जैसे चाहे, जहाँ चाहे, किसी की भी सम्पत्ति, ज़मीन छीन ले, चाहे जिसे पीट दें। अगर व्यक्ति के पास पैसा-पूँजी

और पहुँच नहीं है तो उसे कहीं से कोई न्याय मिलनेवाला नहीं है। घर-परिवारों में भी सम्पत्ति के बँटवारों और ग्राम पंचायतों के चुनावों में स्थानीय शासन की प्रभुता के लालच से भाई-भाई और बाप-बेटे, अदालतों में व खेत-खलिहानों में आमने-सामने खड़े लड़ते-मरते हैं।

आतंकवादी इस व्यवस्था में वैसे ही फल-फूल रहे हैं, जैसे पुराणों में कहा गया है कि एक रक्तबीज को मारने जब कोई जाता था तो कई रक्तबीज उसके रक्त की बूँदों से ही उत्पन्न होते जाते थे। इस समय देश व धरती का कोई कोना नहीं बचा है जहाँ पूँजीवादी व्यवस्था न हो और आतंकवाद न हो। हमारे भारतवर्ष में केवल नक्सलवादी ही आतंकवादी नहीं हैं। चाहे जिस प्रदेश में देखिए, हर जगह तरह-तरह के आतंकवादी मौजूद हैं—कोई सम्प्रदायवादी है तो कोई जातिवादी तो कोई भाषावादी। धर्म या क्षेत्रवाद के नाम पर न जाने कितने नामों से दिन-प्रतिदिन कश्मीर की तरह नए-नए आतंकवादी पैदा हो रहे हैं और इन्हीं के हाथों में सत्ता भी केन्द्रित हो रही है।

जबकि दुनिया में ऐसी सामाजिक व्यवस्था वाले भी देश हैं, जहाँ आतंकवाद सिर ही नहीं उठा पाता, जैसे कि चीन, क्यूबा, वियतनाम वग़ैरह। पिछले दशक तक अनेक जातियों व धर्मों वाले कई गणतंत्रों से गठित सोवियत समाजवादी रूस की मिसाल यही है कि वहाँ समाजवादी व कम्युनिस्ट प्रशासन में कोई क्षेत्रवाद व आतंकवाद नहीं उभरा था और उसके बिखरने के बाद चेचन्या में आतंकवाद मिटाए नहीं मिट रहा था। इसका मूल कारण यही है कि आतंकवाद रूपी रक्तबीज केवल सिर काटने से नहीं मरता। उसे मारने के लिए उसका रक्त ज़मीन पर नहीं गिरने देना चाहिए। इस धरती पर आतंकवाद की जननी बेरोज़गारी, साम्प्रदायिकता और आर्थिक विषमता को जगह नहीं दी जानी चाहिए। इसके जनक पूँजीवादी व्यवस्था के संरक्षक लोग और वे अमानवीय देश ही हैं, जो कहते हैं कि समाजवादी व्यवस्था में मानवाधिकारों का संकट बना रहता है।

इनके द्वारा सफ़ेद झूठ फैलाने की वजह यह है कि समाजवादी व्यवस्था में पूँजीपतियों को लगातार मुनाफ़ा बढ़ाने के साथ-साथ उच्छृंखलता व साम्प्रदायिकता फैलाने की खुली छूट नहीं मिलती। स्वराज पाने के बाद हमारे सामने भी सिद्धान्तविहीनता का संकट रहा है। इसके फलस्वरूप समता, समन्वय और समाजवाद का दिखावा करते-करते आजकल अधिकतर लोग पूँजीवाद के पक्षधर हो चले हैं। इसीलिए ये लोग यहाँ न तो आर्थिक समानता की कोई पृष्ठभूमि तैयार कर पाए और न ही भावनात्मक एकता बन पाई। ऐसा कोई स्वरूप व आधार भी स्थापित नहीं हो सका, जिससे हम अपने लोकतंत्र व स्वराज को अपनी महान कल्याणकारी सामाजिक व्यवस्था समझें।

हम अब भी गोरों को सत्ता से हटा देने मात्र को स्वराज माने बैठै हैं। जबकि स्वराज के लिए जो रीति-रिवाज, नियम व आस्था-संस्कार चाहिए, उनका कोई

अता-पता ही नहीं है। न ही हम उन्हें जनता तक पहुँचा रहे हैं। उलटे भ्रमपूर्ण और पुराने सामन्ती युग के संस्कारों को, जिनमें दासता परालम्बन, दैवीय विश्वास व अन्धविश्वास को ही बल मिलता है, सांस्कृतिक कार्यों के नाम पर फैला रहे हैं। इसी वजह से उस लोकतंत्र में, जहाँ धर्मनिरपेक्षता को पनपना चाहिए था, वहाँ अनेक धर्मसंगठन, पाखंडी बाबा और महन्त, कलियुगी भगवान व भगवतियाँ पैदा हो रही हैं। अपने कल्याण की आशा में जनता उनके पीछे ही भीड़ लगा रही है। इसके कारण भारत में लोकतंत्र और मानवीयता की जड़ें जमने के बजाय उखड़ रही हैं।

स्वराज की वह अवधारणा, जिसकी गूँज हमारे राष्ट्रीय कवि बालकृष्ण शर्मा 'नवीन' की पंक्तियों में थी—'हम मानव को मुक्त करेंगे, यह उद्घोष हमारा है'—विलुप्त हो गई है। जबकि हमें उस अनुगूँज को सुनकर यह समझने की ज़रूरत है कि हमारे प्यारे स्वराज व आज़ादी की सुरक्षा, न तो परमाणु बमों के परीक्षण व विस्फोट से होनी है, न सैन्य शक्तियों के अस्त्र-शस्त्रों के प्रदर्शनों से, न इन बहुराष्ट्रीय कम्पनियों की बाज़ार-स्पर्धा से और न ही तकनीक से। इस धरती पर स्वराज अपने असली रूप में तभी आ पाएगा, जब एक मनुष्य का खरा विश्वास दूसरे मनुष्य के प्रति बनेगा। याद रहे—वह मनुष्य ही है, जो इस स्वराज का मात्र उपभोक्ता ही नहीं, बल्कि सारी सृष्टि का नियन्ता व रचयिता भी होता है।

आदिकाल से मनुष्य अपनी जिस जिजीविषा के बल पर संसार को रचता, बनाता आया है, उस लौकिक प्रक्रिया का नाम है—श्रम। समाज की अवधारणा में जब तक इस आदि स्रष्टा के श्रम का शोषण बरकरार रहेगा, इसके साथ धोखाधड़ी व छल-प्रपंच होता रहेगा। जब तक नक़ली श्रेष्ठता व असली सत्ता इस समाज-श्रम विरोधी, भोगवादी वर्ग के कब्ज़े में रहेगी, तब तक स्वराज की पुष्टता, विकास, निष्पक्षता व न्याय की बातें खोखली ही साबित होती रहेंगी। स्वराज जैसी अमूल्य उपलब्धि भी इस मनुष्य जाति को बकवास जैसी लगने लगेगी। आतंकवाद, मिथ्याचार व अराजकता के दम पर सत्ता व स्वामित्व हासिल कर लेना स्वाभाविक हो जाएगा। और यह सब स्वराज पाने के बावजूद हमारे ही हाथों सम्पन्न हो रहा है। इस सहस्राब्दी की सबसे बड़ी चुनौती, विडम्बना और सबसे विचारणीय सवाल भी यही है, जिसका जवाब इस स्वराज के हक़दार, अलम्बरदार व अपने को नेता, विचारक, साहित्यकार, लेखक, कवि या कलाकार माननेवालों को जनता के सामने प्रस्तुत करना है।

[सन् 2007 में प्रकाशित 'हम और हमारा स्वराज्य' निबन्ध-संग्रह से]

आज़ादी के बाद हर क्षेत्र में साम्प्रदायिक उभार क्यों?

समाज में बढ़ती साम्प्रदायिकता न तो अनायास है, न ही दैवीय गतिविधियों का परिणाम है। जनता का साम्प्रदायिक कार्यक्रमों में ज़्यादा-से-ज़्यादा भाग लेना दक्षिणपंथियों की राजनीतिक लोलुपता और बिना ज़मीनी संघर्ष किए मात्र भावनात्मक औज़ारों के सहारे ही सत्ता कब्ज़ियाने की कवायद का परिणाम है। देवी-देवता या साधु-सन्त न तो विदेश से आए हैं, न आधुनिक विज्ञान की खोज हैं। भारत को आज़ादी मिलने के बहुत पहले से ही ये मौजूद रहे हैं। परन्तु इनके आयोजनों में इतनी अधिक सज्जा-धज्जा और भयंकर भीड़-भाड़ पहले नहीं देखी जाती थी।

कुलबुला कर उत्तर देनेवाले शायद कहेंगे कि न पहले इतनी जनसंख्या थी, न लोगों के पास इतने साधन सुलभ थे, जो इस देश को आज़ादी मिलने पर या विज्ञान के प्रसार से मिले हैं। इनकी बदौलत यह सज्जा-धज्जा और भीड़-भाड़ होती है। अब सवाल उठता है कि साधनों की बढ़ोत्तरी से और आज़ादी या स्वराज्य के आने पर क्या उन गतिविधियों को बढ़ना ही चाहिए था, जो यहाँ बढ़ी हैं? और जिनके परिणामस्वरूप, साम्प्रदायिकता का उभार यहाँ ज़्यादा बढ़ा है। अगर ऐसा नहीं होना चाहिए था तो उसके लिए कौन दोषी है, और क्यों? अगर कोई कहता है कि इनके बढ़ाने के प्रयास थोड़े किए गए हैं, ये तो अनायास बढ़ी हैं तो यह कहनेवालों को यह भी बताना होगा कि आज़ादी के बाद तो विश्वास, पारस्परिक सामूहिकता, भौतिक संरचना का विश्वास, प्रत्येक में एक-दूसरे के प्रति उदारता, सच्चाई-ममत्व, आदमी में आदमीयत (मानवता) क्यों नहीं अनायास बढ़ीं। वरन् ये तो पहले के समय की तुलना में घटी हैं, जो इस आज़ादी में स्वराज्य के लिए अनिवार्य हैं।

एक बार यह मान लिया जाए कि आख़िर ईश्वर की मर्ज़ी भी कोई शय होती है, यह अनादि शक्ति है, वह जैसा चाहती है वैसा ही संसार में होता है—'जेहि जस रघुपति करहिं जब सो तस तेहि छन होइ' (बालकांड, 124क)—तब यह भी मानना होगा कि ईश्वर तो कभी किसी का न बुरा चाहेगा, न करेगा; करेगा तो अच्छा ही। और अगर कोई अपने पापों का फल भोगता है तो बुरा तो कोई एक व्यक्ति होगा, पूरा समाज नहीं। फिर सामाजिक व सामूहिक संकट समाज में सबको ही

क्यों और कैसे आते हैं? भगवान इनके निवारण में क्यों निकम्मा हो जाता है? इन चिन्ताओं की पृष्ठभूमि में पहुँचने पर ही शायद यह आदमी को स्पष्ट हो जाना चाहिए कि सारे सामाजिक प्रभाव किसी के सौभाग्य या दुर्भाग्यवश नहीं आते। इनके लिए मनुष्य/मनुष्यों के क्रियाकलाप ही ज़िम्मेदार होते हैं, जहाँ किसी भी तरह जब जैसा सामूहिक वातावरण उसके पूर्व या पृष्ठभूमि में तैयार किया जाता है। उसका ही प्रतिफल उसे वर्तमान के रूप में मिलता है। इसका तो फिर यही निष्कर्ष है कि मनुष्य ही अपने वर्तमान में अपना भविष्य रचता है। यही कर्म फल या कर्म योग (गीता) का भी सन्देश है। सिर्फ समय-समय की भाषा व व्यवस्था ही अलग होती है।

हमारे समाज में जो भी अध:पतन या गिरावट आई है, उसमें केवल साम्प्रदायिक दुर्भावना ही नहीं, आचरणहीनता, अविश्वास, अमर्यादा, स्वार्थ, अहम और ईर्ष्या भी विशेषकर बढ़ी है। इसके लिए केवल नेताओं को ही दोषी नहीं ठहराया जा सकता। इस पतन के लिए सामाजिक संरचना में शामिल वे सभी लोग जिम्मेदार हैं, जिनकी बदौलत समाज सदा से बनता-बिगड़ता व सँभलता आया है। बहुसंख्यक समाज श्रमजीवी जीवन जीते हैं, वे भी यद्यपि इस समाज को रचते हैं, पर वे यह नहीं जानते कि उनके क्रियाकलापों की बदौलत ही समाज का भावी स्वरूप कैसा हो जाएगा? यह मर्म तो बुद्धजीवी जानते हैं। इसमें जो भूल होती है उसके लिए वास्तव में वही दोषी होते हैं।

यदि आज़ादी आने के समय ही आम जनता को जता और बता दिया जाता कि किसी आज़ाद या लोकतांत्रिक समाज में व्यवस्था-निर्माण व सामाजिक रचना की ज़िम्मेदारी उसके नागरिकों की ही होती है तो नतीजे दूसरे होते। जबकि राजतंत्र, सामन्ती व ग़ुलाम समाज में यह ज़िम्मेदारी ईश्वर की मानी जाती थी। इससे भाग्यवाद, परावलम्बन व मनुष्य की भावना में दास प्रथा की ही पुष्टि व परिपक्वता होती थी। वास्तव में स्वराज्य पाने के समय से ही यदि यह सावधानी बरती जाती तो भारतीय लोगों के दिमाग़ में आज़ादी के कई दशक बीत जाने के बाद भी इतना बड़ा अन्धविश्वास व सम्भ्रम अब तक नहीं बना रहता और उन्हें न ये दिन देखने को मिलते। आतंकवाद और साम्प्रदायिक संकट इस रूप में हमारे सामने नहीं उभर पाता।

दूसरी महत्त्वपूर्ण घटना यह है कि हमारे भारतीय समाज को वर्तमान लोकतंत्र की प्रेरणा यूरोप के उन्हीं देशों से मिली है, जहाँ से हमारे यहाँ साम्राज्यवाद आया था। इसलिए हमने अपनी आज़ादी या लोकतंत्र की परिभाषा भी आमतौर पर उनके ही बताए अनुसार मान ली कि—यह लोकतंत्र पूँजीवाद में ही होता है—यही मान्यता व प्रभाव कई देशों में प्रचारित है। इस सम्बन्ध में यदि कोई अपना विवेक लगाए तो उन्हीं यूरोपीय विचारकों के मत हैं जिन्होंने लोकतंत्र या स्वराज्य के सिद्धान्त

गढ़े हैं। हाब्स, लॉक, रूसो वगैरह ने कहा है कि स्वतंत्रता समानता की पर्याय है। बिना समानता के स्वतंत्रता नहीं होती और समानता के बिना स्वतंत्रता नहीं आती। तो लोगों की समझ में यह सहज ही आ जाना चाहिए कि अगर किसी समाज व देश की राजनीतिक व आर्थिक व्यवस्था, पूँजीवाद से जुड़कर चलेगी तो तय है कि समानता नहीं आएगी। क्योंकि मालिक और मज़दूर की सामाजिक व आर्थिक स्थिति में अन्तर पुराने स्वामी और सेवक के अन्तर से भी कहीं अधिक ही होता है और एक-दूसरे के प्रति पूँजीवाद में ज़िम्मेदारी तो न के बराबर हो जाती है। जबकि सामन्ती व्यवस्था में तो सेवकों की ज़िम्मेदारी को ही उनका स्वामी व सामन्त अपनी आबरू से जोड़कर प्रभुता मानता रहा है।

पूँजीवादी संस्कारों के प्रभाव में निजी पूँजी और धन-सम्पत्ति को लेकर बाप-बेटे तक सदैव लड़ते-झगड़ते ही रहते हैं। राष्ट्रीय और अन्तरराष्ट्रीय स्तर पर देखिए—अमेरिका जैसा तथाकथित सभ्य राष्ट्र, जो लोकतंत्र का ठेका लिए हुए है, अपने मुक़ाबले किसी भी अन्य राष्ट्र को बढ़ने नहीं देता। जापान, पाकिस्तान, अफ़ग़ानिस्तान या इराक़ जैसे अपने कई पिछलग्गू राष्ट्रों को उसी ने बिगाड़ा। जबकि लोकतंत्र में कोई भी समाज-व्यवस्था केवल सत्ता पाने या पूँजी हथियाने के लिए ज़रूरी नहीं मानी जाती। सामाजिक व्यवस्था की ज़रूरत मनुष्यता के पनपने और राष्ट्र को समृद्धशाली बनाने के लिए ही होती है।

यदि किसी व्यवस्था में संसाधन व सम्पत्ति के कारण मानवीय आचरण नष्ट हो रहे हैं तो क्या उसे ही लोकतंत्र स्वराज्य या आज़ादी कहना चाहिए। जबकि यह सच्चाई है कि भारतीय समाज के अधिकांश संचालक व विद्वान भी यही कह रहे हैं कि संसार में पूँजीवादी लोकतंत्र मनुष्यता नहीं पनपने देता, फिर भी वह मनुष्य की व्यक्तिवादिता या व्यक्ति का बहुत बड़ा समर्थक व अलम्बरदार होता है। वह व्यक्ति के विकास का बहुत बड़ा समर्थक व अलम्बरदार होता है। वह व्यक्ति के विकास में ही समाजोत्थान समझता है। परन्तु वह यह क्यों भूल जाता है कि मनुष्य एक सामाजिक प्राणी है, जिसका सम्पूर्ण विकास समाज व समूह में ही सम्भव है। जैसा कि महाकवि जयशंकर प्रसाद ने कहा है—

अपने में ही सब कुछ भर, कैसे व्यक्ति विकास करेगा।
यह एकान्त स्वार्थ भीषण है, अपना नाश करेगा॥

अत: व्यक्तिवादी विकास पर आधारित समाज व्यवस्था ही विषमता व असन्तोष को पनपाती है, जिससे आतंकवाद हमेशा इस साम्प्रदायिकता व क्षेत्रीयता की गोद में बैठकर पनपता है। साम्प्रदायिकता का धार्मिक स्वरूप ठीक उसी तरह बनावटी है, जैसे पूँजीवाद में धार्मिकता होती है। पूँजीवाद का विश्वास भी कभी ईश्वर और धर्म पर नहीं होता और न वह धर्म की उन पुरानी मान्यताओं

को मानता है, जो अपनी आन्तरिक शक्ति से समाज व समूह के आचरणों की एकता बनाती है या सृष्टि रचना का ढोल-पोल ढाँचा सुझाती है। वह सिर्फ़ धर्मों के बाह्य आडम्बरों के प्रचार-प्रसार की सहायता मात्र इसलिए नहीं करता या करवाता है कि आमजन इनसे जुड़कर एक-दूसरे धर्म वाले से ईर्ष्या व झगड़ा करते रहें, भाग्यवाद पर भरोसा करते रहें और मानवीय अस्तित्व को न समझें, न स्वीकारें। ऐसा वह इसलिए करता है कि साम्प्रदायिकता का जोश-ख़रोश हमेशा लोगों के मन में अन्धविश्वासी और क्षेत्रीय भावनाओं के लिए पैदा होता रहे। इसकी उलझन में लोगों को फँसाकर पूँजीवाद व साम्प्रदायिक शक्तियाँ आर्थिक स्रोतों या बाज़ारों को अपने कब्ज़े में बनाए रखती हैं और अपना क्रूर मुनाफ़ा बढ़ाने का निरन्तर प्रयास करती रहती हैं।

साम्प्रदायिकता का संकट पूँजीवादी देशों में या उनके सम्पर्क वाले देशों में ही पनपता है। सभी को यह मालूम है कि रूस में जब तक पूँजीवादी देशों का सम्बन्ध अलग रखकर शासन व्यवस्था चलती रही, वहाँ किसी प्रकार की साम्प्रदायिक शक्तियाँ नहीं उभर सकीं। हिटलर के रूप में सीधे साम्राज्यवादियों को ही भले ही उस पर चढ़ाई करनी पड़ी। तथ्य है कि सन् 1924 से 1980 के बीच रूस में साम्प्रप्रदायिक झगड़े नहीं हुए, जबकि सन् 1980 में जब वहाँ से समाजवादी सत्ता को उखाड़ा गया तो वहाँ वे पुराने मस्जिद, गिरजाघर सभी सुरक्षित मिले और यही स्थिति अभी तक चीन में है। वहाँ साम्प्रदायिक शक्तियाँ सिर नहीं उठा पा रहीं बल्कि बाहर ही भाग रही हैं। वहाँ आर्थिक सामाजिक विकास दिनोंदिन बढ़ता हुआ नज़र आ रहा है। रूस में, जहाँ पूँजीवादियों के रिश्ते जुड़े और उनकी राय-सलाह सत्ता व वहाँ के समाज में स्वच्छन्द रूप से पहुँची तो वहाँ पर भी चेचन्या वगैरह से साम्प्रदायिक शक्तियाँ उभरने लगीं।

साम्प्रदायिकता का जन्म यद्यपि धर्म व धार्मिक मान्यताओं से ही होता है। वह क्षेत्रीयता का भी सहारा लेती है। पर उसका पूर्णतया पालन-पोषण पूँजीवाद करता है, जो पुराने साम्राज्यवाद का नया स्वरूप है। साम्प्रदायिकता के उन्मूलन के लिए पूँजीवादी व्यवस्था को ही सर्वप्रथम धरती से उखाड़ना होगा। संसार में पूँजीवाद के रहते व उसके सहयोग से धरती के किसी भी भू-भाग का साम्प्रदायिक संकट, चाहे वह कश्मीर का हो, इराक़ व अफगानिस्तान का हो, चेचन्या का हो, अरब राष्ट्रों का हो, अफ्रीकी राष्ट्रों का हो या कि स्वयं अमेरिका या यूरोप का ही क्यों न हो, दूर नहीं हो सकता।

यह सच्चाई है कि सामन्ती समाज व्यवस्था या कि राजतंत्र में धर्म जब विशेष रूप से प्रतिष्ठित थे, उनके समय में सम्प्रदायों को इस तरह विस्तार करने में प्रबल होने का अवसर नहीं मिलता है, जितना इस पूँजीवाद में साम्प्रदायिक शक्तियों को धन-जन और वैज्ञानिक शिक्षा व साधनों की सहायता मिल रही है

और पूँजीवादी सरकारें उन्हें मुहैया करा रही हैं या अपने मत बढ़ाने के लिए जाति, धर्म व अन्धविश्वासी तत्त्वों को शह दे रही हैं। पुरानी समाज-व्यवस्था में श्रमजीवी वर्ग इन धार्मिक व साम्प्रदायिक कार्यों से नहीं जुड़ा था। किसान, मज़दूरों में धर्म इस क़दर प्रचारित नहीं था और अब भी सच्चाई है कि साम्प्रदायिक शक्तियों का उन्मूलन तभी होगा, जब जनभावना में श्रम की श्रेष्ठता व उसके महत्त्वपूर्ण योगदान का सम्मानजनक स्थान व प्रतिष्ठा हो जाएगी और धार्मिक पाखंडों की समाज से विदाई हो जाएगी।

[सन् 2007 में प्रकाशित 'हम और हमारा स्वराज्य' निबन्ध-संग्रह से]

धार्मिक आस्था बनाम धर्मनिरपेक्ष आस्था

अतीत की समस्त सामाजिक व्यवस्थाओं में जिस प्रकार धर्म सर्वत्र मानवीय, भावनात्मक एकता व आस्था का सार्वजनिक ढाँचा रहा है, ठीक वैसे ही इस नई लोकतांत्रिक समाज-व्यवस्था के ढाँचे की भावनात्मक शक्ति व आस्था का नाम ही धर्मनिरपेक्षता है।

धर्मनिरपेक्षता किसी आधुनिक फैशन व सभ्यता का नाम नहीं है, न ही वह बोल-चाल के मुहावरों के अन्तर्गत आती है कि जिसका प्रभाव सिर्फ़ कुछ बताने, समझाने या किसी दिखावे से पूरा हो जाए। धर्मनिरपेक्षता तो आगे आनेवाले मानवीय अस्तित्व के संसार की आस्था है और उसे यही बनना है।

आस्था तो वही है, जो लोकजीवन की क्रियाओं और भावनाओं का परमप्रकाश होती है। परन्तु प्रकाश भी वही है, जो सबको रास्ता दिखाता है। प्रकाश, जो जनजीवन को प्रभावित करता है, सबके लिए उजाला करता है। वही जनजीवन की प्रत्येक गतिविधि के लिए केन्द्रित पावर हाउस व प्रेरणा-स्त्रोत भी है। शब्दों के समूह में धर्मनिरपेक्षता यद्यपि अभी तक की राजतंत्रीय समाज-व्यवस्था का स्पष्ट प्रधान लक्ष्य कभी नहीं रही, इसीलिए लोगों को अब भी अजीब-सी लगती है। परन्तु धार्मिक आस्था का आज तक किसी को प्रत्यक्षीकरण भी नहीं हुआ क्योंकि जीवन में जो आस्था हमारे लिए पूरक होती है, वह भाववाचक संज्ञा ही होती है।

यह मनुष्य की आस्था ही है, जिस पर समाज का प्रत्येक सदस्य मुग्ध, समर्पित व विश्वस्त होता है। इसी से तो सभी लोग अपनी-अपनी आस्था के प्रति सदैव मरने-जीने को तत्पर रहते हैं। लिखित प्रमाणों व इतिहास के अनुसार आस्था का स्थान तो अब तक धर्मों के भीतर ही रहता था। धर्म के साथ ही समाज के सारे नियम, आचार-व्यवहार, नैतिकता, आचरण, रीति-रिवाज, उत्सव, त्योहारों को भी जोड़कर देखा समझा व मनाया जाता रहा है।

मानव समूहों में जैसे—पंडितों (ब्राह्मणों), पादरियों व मुल्लाओं का महत्त्व रहा, वैसी ही हमारी भावनाओं में इन धर्मों की मान्यताएँ महत्त्वपूर्ण रहीं। यद्यपि यह पहले भी सर्वत्र, एक स्वरूप व एक नियम-व्यवहार में नहीं रहते थे। पृथ्वी के हर भूखंड में वहाँ की भौगोलिक व सामयिक वातावरण आवश्यकताओं के अनुरूप

ये भिन्न रहे। किन्तु हर धर्म की आन्तरिक शक्ति व मूलभावना या कि मूलभावना की मान्यता का आधार या आवलम्बन ईश्वर ही रहा। सिर्फ़ वही सारे धर्मों की एकता को भी बनाता रहा है। परन्तु प्रत्येक धर्म में ईश्वर रहस्य में ही अवतारवाद की मान्यता से प्रकट होता है।

ईश्वर को जानने समझने और इसकी शरण में जाने व रहने की प्रेरणा व उपदेश की शिक्षा सभी धर्मों के द्वारा सभी को दी जाती रही, परन्तु ईश्वर कभी न कहीं किसी को मिला, न मिलने की सम्भावना है। और उसके सम्बन्ध में कोई यह कह सकता कि मैं जैसा मानता जानता हूँ, ईश्वर वैसा ही होता है। फिर भी सभी धार्मिक जन ईश्वर को ही सर्वहितकारी और सभी का कल्याणकर्ता मानते, स्वीकारते हैं। मगर इसे कौन कैसे जाने? यह समस्या भी हमेशा रही है, और है। पर क्या मंजिल यही होगी कि हम अपने कान, आँख बन्द करके किसी पहाड़ की चोटी पर बैठकर वैराग्य के नाम पर संसार से मुँह फेर लें। जो ईश्वर संसार का कल्याणकर्ता है, उसकी शरण में जाकर उसके भक्त वैरागी बनकर उसके संसार को ही छोड़ दें। हम पलायन करके जीवन की सक्रियता से निष्क्रिय हो जाएँ या फिर अपने पुराने विचारकों और सन्तों की वाणियों में—'सार-सार को गहि रहे थोथा देय उड़ाय'—के बताए रास्ते पर चलकर अपने विवेक व निर्णय का उपयोग किसी एक निष्क्रिय व सत्य की खोज के लिए करते चलें। यह कोई मनगढंत नई बात नहीं है। पुराने कथनों में ही कहा गया है कि ईश्वर की प्राप्ति धर्म के रास्ते पर चलने से ही होती है। हमारा धर्म अपने समाज की जनकल्याणकारी क्रिया-विधियों व सांस्कृतिक चेतना के रूप में ही न्यस्त होता है। परन्तु इन्हीं धर्मों में यह भी कहा गया है कि यह ईश्वर ही सब कुछ है, उसके सिवा और कुछ भी नहीं होता है।

ईश्वर कण-कण में है। ईश्वर सर्वव्यापी है। ईश्वर न जन्म लेता है, न मरता है। ईश्वर को न समझ पानेवालों के लिए तो दीपक तले अँधेरा है। इसी ईश्वर के लिए प्रह्लाद ने कहा था कि 'मुझमें, तुझमें, खड्ग में, खम्भ में—जहाँ देखो, तहाँ राम!' तो गुरु वशिष्ठ ने कहा—'सो सुखधाम राम अस नामा, अखिल लोक दायक बिश्रामा॥' (बालकांड, 196/3) इसी ईश्वर के सम्बन्ध में सगुणोपासक गोस्वामी तुलसीदास जी कहते हैं—'ईश्वर अंश जीव अबिनासी, चेतन अमल सहज सुख रासी॥' (उत्तरकांड, 116ख/1) सच में, हमारा ईश्वर वही है, जो सबका कल्याण करनेवाला हो और सबका रक्षक हो। ईश्वर की शरण में हम सबको इसीलिए जाना है कि संसार में सबका कल्याण उसके द्वारा निष्पक्षता से होता है। अत: इसी से क्या यह भी निष्कर्ष नहीं निकलता है कि जहाँ सबके कल्याण की सम्भावना न हो, वहाँ ईश्वर नहीं होता। जहाँ भेदभाव हो, वहाँ ईश्वर हो ही नहीं सकता।

ईश्वर को जानने-समझने के लिए यह भी बताया गया है कि जैसे कण-कण की जानकारी से कोई भी क्रमश: सारे जगत की जानकारी पा सकता है, वैसे ही

समस्त जीवों के लिए कल्याण करने की भावना व सेवा से ही समस्त जीवों की जानकारी होती है। ईश्वर के बारे में अनेक धर्मों या शास्त्रों में यही बताया गया है कि संसार में ईश्वर है और यह संसार ईश्वरमय ही है। ईश्वर की इसी पहचान के निमित्त गोस्वामी तुलसीदास जी कहते हैं—'ईश्वर जीवहिं नहिं कछु भेदा। बारि बीच जिमि गावहिं बेदा॥' अर्थात् वेदों का मत भी यही है कि ईश्वर और जीव का अन्तर कुछ वैसा ही है, जैसा कि पानी और पानी की लहर, जो उसी से उठे फिर उसी में घुले और वहीं शब्द हहराए धारा का स्वर। इससे तो यही सिद्ध होता है कि ईश्वर को कहीं और नहीं, अपने आपमें ही खोजना होगा, पहचानना होगा। इन सारे मतों व संकेतों से जाहिर होता है कि भगवान और मनुष्य को साथ-साथ ले आने का प्रयास ही भक्ति है, जो ईश्वर और मनुष्य को एक ही डोर में बाँधती है। यही आस्था है। मनुष्य और मनुष्य की आस्था को हमें आधुनिक परिप्रेक्ष्य में समझना-परखना होगा। यही सारे सन्त-साहित्य का मत है। यही आधुनिक भावनात्मक एकता के लिए अनिवार्य आवश्यकता है।

इसी भक्ति को सामाजिक और मनोवैज्ञानिक ढंग से समझाते हुए आचार्य रामचन्द्र शुक्ल कहते हैं कि श्रद्धा और प्रेम के संयोग का नाम ही भक्ति है, जिससे हमें आस्था का सूत्र मिलता है। जैसे कि श्रद्धा + प्रेम = भक्ति और भक्ति + कल्याण = आस्था होती है। यह विश्वास ही किसी भी समाज में बिना किसी धर्म व सम्प्रदाय का कोई पल्ला पकड़े भी मानवीय जीवन में आस्था का स्थान ले लेगा। आस्था ही ईश्वर का पर्याय होती है। आस्था और ईश्वर के विभेद समझाने के लिए भक्ति और धर्म के भेद को भी जानना होगा। इससे आस्था को समझने का मार्ग सुगम होगा। सर्वविदित ही है कि ईश्वर से किसी एक व्यक्ति का सीधा सम्बन्ध भक्ति है तो ईश्वर से ही लोगों का समूहबद्ध या सार्वजनिक सम्बन्ध धर्म माना जाता है। एकताबद्ध होकर भी किन्हीं कारखानों, खेतों व विभागीय कार्यालयों के लोग इसी वजह से किसी एक धर्म के नहीं होते हैं। वैसे ही भक्ति पूरी तन्मयता, त्याग और साधनापूर्वक किया गया अपने ही कल्याण की आस्था है, जो मनुष्य की व्यावहारिक सीमा में होती है। यह सांसारिक और सार्वजनिक भी होती है...और जो इसी क्रम में मनुष्य की समझ और सामर्थ्य-सीमा से बाहर होता है, वही ईश्वर है।

अतएव यह कहना अप्रासंगिक न होगा कि ईश्वर की अनुरूपता की परिधि—रहस्य, पारलौकिक विश्वास और भाग्यवाद की ज़मीन पर ही घिरी हुई मिलती है, जिसकी उपज अज्ञानता, मानवीय-विवशता, असमर्थता और पराधीनता की स्थिति में होती है। यह स्थिति डूबते को तिनके का सहारा भले ही हो, मनबोधी हो, बिना प्राप्ति का सन्तोष हो, पर संसार की क्रियाशीलता और सर्जना के लिए इस लोकतांत्रिक संसार के काम की कभी नहीं होती। यह स्थिति हमेशा परलोक की दुहाई देती है, पर इसके भीतर लोक की ज़रूरतों की पूर्ति सदा असम्भव और अप्राप्य ही रही है।

वर्तमान समाज के लिए परलोक की नहीं, लोक की ज़रूरत ही पहली और प्रत्यक्ष आवश्यकता है। आज के लोक-जीवन में आगे बढ़ने के लिए भाग्यवाद वाले सुधार की ज़रूरत नहीं है। मानवीय अस्तित्व व पुरुषार्थ को सरल व समृद्ध बनाने की ज़रूरत है। लोकतंत्र में लोक के भीतर मानव-श्रम व कर्तव्य को उसका महत्त्व व सफलता मिलने तक समाज को आगे की दिशा में ले जाना ज़रूरी है। इसमें दो राय नहीं कि लोकतांत्रिक समाज या लोक-जीवन में पराधीनता का नहीं, स्वाधीनता का; भाग्य का नहीं, कर्तव्य का; परलोक का नहीं, अपने ही लोक में सफलता, सत्य और सुख मिलने का विश्वास करना अनिवार्य है। उसके लिए ही प्रयत्न व खोज करनी है। संसार की उन्नति, अवनति, निर्माण व विनाश को केवल दैवीयकृपा या प्रकोप मानकर निष्क्रिय नहीं बैठना है। मनुष्य को ही इन सबके भौतिक प्रभावों व कारणों की जानकारी उपलब्ध कराना है। मानवीय कर्तव्यों की पूर्णता व अपूर्णता के कारणों को जाँचना-परखना है। दैवीय, भाग्यवादी, अन्धविश्वासी मान्यताओं की अवधारणाओं को निर्मूल करने तथा मनुष्यों की सुरक्षा-समृद्धि के प्रति अपना विश्वास बनाए रखने के लिए धर्मों के ढाँचों में मौजूद अनेकानेक, सांस्कृतिक क्रियाकलापों की नवीन संरचना करना, हर प्रकरण को सुधारना व सँवारना ही पर्याप्त नहीं होगा बल्कि उनमें अपने अनुरूप, लोकतांत्रिक तरीकों में फिट होनेवाले अंश शामिल करने होंगे।

चूँकि मनुष्य की चेतना व विश्वास एक-दूसरे के अतिसन्निकट हैं। ऐसा होना ही नहीं है कि हमारी क्रियाएँ अलग हों और विश्वास अलग। ऐसा होना भी एक तरह की विवशता, परालम्बन व तानाशाही ही होगी। अतएव सच्चे लोकतंत्र के लिए यहाँ जिस सांस्कृतिक परिवर्तन की आवश्यकता है; वह धर्मों के ढाँचे में नहीं बल्कि धर्मनिरपेक्षता की संरचना करते हुए, जन-सांस्कृतिक क्रियाकलापों के संस्कारों से ही सम्भव है। किसी भी नई संरचना के लिए या नया समाज बनाने के लिए उसके सांस्कृतिक क्रियाकलापों के स्वरूप में ही नहीं, बल्कि उसके उद्‌देश्य और मर्मों में भी परिवर्तन होता है। यदि किसी समाज का धार्मिक प्रभाव सशक्त है तो वह समाज और उनके नागरिक कभी धर्मनिरपेक्ष नहीं हो सकते। धर्म समाज की भावनाओं का स्रोत ही नहीं, उसकी भावना व विश्वास का सम्बल होता है। यह निरा पाखंड है कि कोई राजनीति में धर्मनिरपेक्ष रहे और निजी जीवन, व्यवहारों में धर्मसापेक्ष। राजनीति के काम करनेवालों के हृदय में भी धर्मनिरपेक्षता को लेकर इच्छाशक्ति, लगन, सच्चाई और दृढ़ निश्चय का होना ज़रूरी है।

इसी क्रम में यह भी ध्यान रखना होगा कि समाज रचना में कोई क्रिया सक्रिय व गतिवान तभी होती है, जब इस दिशा में काम करनेवाले उसके प्रति विश्वास, साहस, शौर्य, स्वार्थ, त्याग और दिली इच्छा रखते हों। आस्थाविहीन क्रियाएँ, योजनाएँ व सामाजिक आन्दोलन अन्धेरे में ही भटकते रहते हैं। आस्था को किसी एक धर्म तक

या कि धर्मों की सीमाओं तक ही सीमित नहीं रखा जा सकता। आस्था, श्रद्धा, प्रेम व कल्याण के विश्वास को लेकर किसी व्यावहारिक क्रियाकलाप का अवलम्बन हर विकल्प के साथ लिया जा सकता है। जैसे कि भिन्न-भिन्न धर्मों की भिन्न-भिन्न आस्थाएँ पहले से ही होती आई हैं। उदाहरण के लिए—हिन्दू धर्म वालों की आस्था भगवान राम, कृष्ण, शंकर, हनुमान में है। मूर्ति पूजा में है। जबकि इस्लाम धर्म वालों की आस्था ख़ुदा में है। मूर्ति पूजा में नहीं है। सिख धर्म की आस्था गुरुग्रन्थ साहब में है। ईसाई ईसा मसीह को अपना सर्वस्व मानते हैं। पारसी अग्नि की पूजा करते हैं आदि। हिन्दुओं में ही दलित वर्ग, आदिवासी और पिछड़ी कही जानेवाली जातियों के ग्रामीण समाज की आस्था भूत-प्रेत, मसान, मेडु वाइया, डँउका, संन्यासी जैसे अपने देवताओं के प्रति रही है।

आस्था निर्गुण, सगुण, अरूप, स्वरूप जैसे अवलम्बों के प्रति सदैव से ही होती चली आई है। इस तारतम्य में विचारणीय यह है कि लोकतांत्रिक समाज या वैज्ञानिक युग के नागरिकों की आस्था, परावलम्बन व रहस्यवाद और केवल आश्वासनों की पुष्टि व सन्तोष देनेवाले अवलम्बन, पुराने धर्मों के परलोक व नरक-स्वर्ग के साथ होनी चाहिए या भौतिक मानवीय शक्तियों के प्रति, जिसे हम मनुष्य का मनुष्य में निहित प्रेम और सौहार्द कह सकते हैं। इसका अस्तित्व पुराने धर्मों व परलोक में नहीं, इस लोक या इस धरती के मनुष्यों की धर्मनिरपेक्ष भावना में ही है। क्योंकि यह हम भलीभाँति जानते-समझते व देख चुके हैं कि पुराने भिन्न–भिन्न धर्मों के बीच विवाद व ईर्ष्या है। उनके प्रचार-प्रसार में संघर्ष व झगड़े होते ही आए हैं और आगे भी होंगे, पर धर्मनिरपेक्षता का माहौल बनाने पर इस तरह के झगड़ों व साम्प्रदायिक विवादों का अन्त अपने आप हो जाएगा।

यह भी हम अपनी ही आँखों से देख रहे हैं कि धर्मों की चर्चा, प्रतिष्ठा एवं प्रसाद अन्धविश्वासों की ही पनपती प्रक्रिया है, जबकि धर्मनिरपेक्ष, वैज्ञानिक समाज संरचना की जानकारी हमारे ज्ञान, समझ व उपयोगी व्यवहारों की कुशलता को बढ़ाती है। लोकतंत्र के लिए राष्ट्रप्रेम, मातृभूमि का प्रेम ही प्रधान होता है। इसका सम्बन्ध हमारी धारित्री पृथ्वी से है, जिसके लिए राष्ट्रीय विचारक एवं भारतीय शास्त्रों के अध्येता वासुदेव शरण अग्रवाल का कहना है कि भूमि के भौतिक स्वरूप के प्रति हम जितना ही परिचित होंगे, उसकी महिमा-गरिमा को उतना ही अधिक मानेंगे, हमारी राष्ट्रीय भावना की जड़ें उतनी ही गहरी होती चली जाएँगी।

फिर धर्मनिरपेक्षता महज हमारी भावनाओं व विश्वासों तक ही सीमित नहीं रह गई है, बल्कि इक्कीसवीं सदी में यह हमारे लोकतांत्रिक जीवन में, राष्ट्रीय व अन्तरराष्ट्रीय स्तर के सम्बन्धों, उपयोगों व व्यवहारों के लिए भी अति आवश्यक हो गई है, जो हमारी भौतिक उपलब्धियों, साधनों, सुविधाओं व बाधाओं से सीधे परिचित कराती है। जबकि पुरानी ईश्वरीय व दैवीय आस्था के अनुसार सब अपने

आप प्राकृतिक ढंग से होने या घटने पर मानो भयभीत बनकर, मन भरमाने के लिए या केवल सन्तोष मानकर जीने के उपाय बताती रहीं, जो धर्मों में घटित होता रहा है। लोकतंत्र की संरचनात्मक भावना की उत्पत्ति मनुष्य के अस्तित्व व भौतिकता से ही होती है। इसमें स्थूल साधन व सुविधाएँ नई-नई आवश्यकताएँ होती हैं। इसमें मानवीय रुचि, विश्वास और नवीन आस्था की भी ज़रूरत होती है। मनुष्य का विश्वास और भावनाएँ जब इन पुरानी धर्म-प्रधान, आसमानी, काल्पनिक व अन्धविश्वासी भावनाओं से अलग होकर नई संरचना के लिए धरती से जुड़ेंगी तो उनके मुताबिक ही मानवीय रीति-रिवाजों की व्यवहारिक प्रक्रियाएँ सम्पन्न होंगी। उन्हीं के अनुसार नागरिकों के संस्कार बनेंगे, तभी इस लोकतंत्र की जड़ें हमारी धरती पर गहरी होंगी।

हमारे लोकतांत्रिक समाज के सामने सबसे महत्त्वपूर्ण सवाल यह है कि क्या समाज के पुराने प्रचलित विभिन्न धर्मों के समन्वय, सम्मिश्रण या उनके आपसी सद्भाव को ही धर्मनिरपेक्षता कहते हैं? या फिर इन सभी पुराने धर्मों व इनके क्रियाकलापों से अलग, सापेक्ष या निरपेक्ष रहने को धर्मनिरपेक्षता कहा जा सकता है। क्या इस सवाल को पूरी तरह निष्पक्ष और मोहरहित होकर स्वीकार नहीं करना चाहिए? अगर हम इसे सर्वप्रथम हल नहीं करते तो क्या हमारे उद्देश्यों की पूर्ति के लिए किए जानेवाले ग़लत-सलत प्रयोगों और उपायों में ही सारा समय व शक्ति बर्बाद नहीं होती रहेगी?

पक्ष-विपक्ष और निष्पक्ष ये तीनों शब्द अपने स्पष्ट और अलग-अलग अर्थ रखते हैं। इनके अर्थ एक ही नहीं हैं। इनकी स्थितियाँ भी अलग-अलग होती हैं। हमारे पुराने मनीषियों को, जिन्होंने अपने लोकतंत्र के लिए धर्म के विकल्प में इस धर्मनिरपेक्षता को स्वीकार किया है, वे इन तीनों शब्दों के अर्थों से अनभिज्ञ नहीं थे। वे हिन्दी भाषा के भी अच्छे जानकार थे। वे भली-भाँति समझते थे कि सदियों के दौरान इन धर्मों की पूरी प्रक्रियाएँ, मान्यताएँ कैसे निर्मित व विकसित हुई हैं। इनके ढाँचे जिस प्रकार के बने, वे उस सामन्ती युग की भावना, ज़रूरत व सीमित भावनात्मक एकता के अनुरूप ही रहे हैं। वे ढाँचे इस लोकतांत्रिक समाज में किसी भी तरह उपयोगी नहीं ठहरेंगे। इसीलिए उन्होंने धर्म के साथ निरपेक्षता भाव जोड़कर व्यापक धर्मनिरपेक्षता को अंगीकार किया होगा।

इस तारतम्य में वास्तविकता यही है कि सबके मन में घुसी धर्म के प्रति यह पक्षधरता, जो पुराने सामन्ती समाज की अपनी ज़रूरतों के अनुसार अत्यन्त महत्त्वपूर्ण रही, उसका भय और मोह छोड़ना सहज नहीं है। आस्था की यही असलियत और महिमा है। इसीलिए तो सूरदास जी ने अपनी गोपियों के मुख से उनके अपने इष्ट व परम श्रद्धेय (भगवान श्रीकृष्ण) के लिए कहलवाया था—'ऊधौ मन न भये दस बीस, एक हुतो सो गयो श्याम संग, को आराधै ईस।'

अत: आस्था या हमारा विश्वास भी केवल एक ही ओर ठहर सकता है। इसमें कोई संशय नहीं कि धर्मनिरपेक्षता ही लोकतंत्र व धरती की महिमा के लिए उसकी उपयोगिता व सुन्दरता का यथार्थपूर्ण विश्वास है, जबकि सारे धर्मों में दार्शनिकों ने एकमत से इस संसार को निस्सार, नाशवान और मिथ्या ही कहा है। यहाँ तक कि धर्मनिरपेक्षता का परलोक, स्वर्ग-नरक या आसमानी सत्य से कोई सरोकार नहीं है। धर्मनिरपेक्षता का सत्य संसार ही है और संसार में ही धर्मनिरपेक्षता की ज़रूरत है। इसे इसी लोक के लोगों के दिलों में अपना स्थान बनाना है। हालाँकि इसके भी प्रमाण कम नहीं हैं कि पुरानी मान्यताओं में अतिशयोक्ति और रहस्य की भरमार है। धर्म की पुष्टि करने और उसे समझाने में भी इसका प्रभाव है। फिर भी संसार में सदोपदेश, नैतिकता, संयम, नियम, आचरण आदि सभी धर्म समाजों के सीखने के माध्यम रहे हैं। युग और समय के अनुरूप समाज में अब वही स्थान इस धर्मनिरपेक्षता को देना है। वैज्ञानिक सोच के साथ सड़े-गले धर्मों का विरोध करना, उनके पुराने तर्कों व मान्यताओं को बदलना तो इसका अहम उद्‌देश्य और कार्यभार होगा ही, जैसा कि प्राचीन ज्ञान-ग्रन्थ श्रीमद्‌भगवद्‌गीता में बताया गया है—'वासांसि जीर्णानि यथा विहाय नवानि गृह्णाति नरोऽपराणि। तथा शरीराणि विहाय जीर्णान्यन्यानि संयाति नवानि देही॥2.22॥' अर्थात् जिस तरह मनुष्य जीर्ण वस्त्रों को त्याग कर नए वस्त्र धारण करता है, उसी तरह जीर्ण शरीर को त्याग कर जीवात्मा नई देह धारण कर लेती है।

हालाँकि इसे मानने में लोगों का पुनर्जन्म और परलोक पर विश्वास हो सकता है पर धर्मनिरपेक्षता में हमें जहाँ मानवीय विश्वास, मानवता पर ही विश्वास ज़माना है, परलोक से लोक की ओर मुड़ना है, वहीं गीता का उक्त श्लोक नहीं वरन् 'कर्मण्येवाधिकारस्ते मा फलेषु कदाचन' (2.47) को ही ध्यान में रख कर वैज्ञानिक मान्यता को स्वीकारना होगा। सारे भौतिक पदार्थ जैसे द्रव-द्रव में, गैस-गैस में, ठोस-ठोस में विलीन हो जाते हैं, उसी प्रकार इस शरीर को भी भौतिक पदार्थों में, प्राणों को गैसों में यहीं विलीन हो जाना है। प्राण वस्त्रों की भाँति शरीर बदलते रहेंगे यानी जैसे ये प्राण कोई ठोस रूप में हों—इसे मानना, समझना इस वैज्ञानिक युग में अव्यावहारिक और अज्ञानता है। यह मान्यता धर्मों में भले रही हो, धर्मनिरपेक्षता के साथ नहीं चलेगी। शरीर भी धर्म है, जिसके सही सलामत रहने पर उसमें ईश्वर (प्राण) रहता है और शरीर के बिगड़ जाने पर उसके भीतर प्राण का रहना सम्भव नहीं है।

अत: इसी से प्रमाणित है कि अगर मनुष्य को लोकतंत्र की ओर बढ़ना है तो उसे धर्म की नहीं, धर्मनिरपेक्षता की वैसे ही ज़रूरत है, जैसे कि प्रत्येक राष्ट्र व समाज को किसी भी दशा में राष्ट्रीयता या भावनात्मक एकता की ज़रूरत होती है। तो उसी भावना को आस्था कहा गया, जो सबको एक सूत्र में जोड़ती है। वही

निष्पक्षता से सबकी भलाई करने की आश्वस्ति होती है और इस भावनात्मक एकता की परिणति व उद्देश्य पराधीनता में नहीं, स्वाधीनता में निहित है। यही सारे धर्मों से ऊपर उठकर धर्मनिरपेक्षता की कोटि में आएगी। इसमें भी दो राय नहीं होगी कि स्वाधीनता के संस्कार, रीतियाँ, क्रियाएँ, रिवाज, मान्यताएँ पराधीनता के संस्कारों, रीति-रिवाजों व मान्यताओं से अवश्य ही भिन्न होंगे, तभी वे भावी समाज को उसके अनुरूप बदल पाएँगे। इस तथ्य की ओर गम्भीरतापूर्वक ध्यान देने की आवश्यकता है कि यह मान्यता गलत है कि बिना सांस्कृतिक क्रियाकलाप व मान्यताओं के बदले लोगों के लिए परिणाम बदल जाएँगे। संसार के संस्कार ही मनुष्य को बनाते बिगाड़ते हैं। यह मानना ग़लत है कि नैतिकता, आचरण, सद्व्यवहार, उदारता, सेवा, भावना या परोपकार केवल धर्मों की ही पूँजी या प्रॉपर्टी है। पराधीन समाज में इन सारे सद्गुणों, संस्कारों, त्योहारों को धर्म के साथ जिस तरह जोड़ा गया था, उन्हें धर्मनिरपेक्षता के साथ भी उसी तरह से जोड़ा जा सकता है।

धर्मनिरपेक्षता को लेकर भारतीय परिप्रेक्ष्य में यदि कोई सोचता है कि यह कोई नया शब्द है, नई उक्ति है, भारतीय संस्कृति में इसकी कोई ज़मीन नहीं है तो यह केवल समझ का फेर होगा। हमारी धर्मनिरपेक्षता न कोई विदेशी मान्यता है और न ही अंग्रेज़ी शब्द सेकुलर का महज भावानुवाद। यह धर्मनिरपेक्षता भारतीय साहित्य व परम्परा की वह शाश्वत व अन्तर्निहित सूझ या प्रेरणा है, जिसका हिन्दी साहित्य के भक्तिकालीन कवि, निर्गुण या ज्ञानमार्गी शाखा के सन्त कबीर की वाणी में आज़ादी के लगभग पाँच सौ वर्ष पहले ही स्पष्ट उभार हो गया था। कबीर ने मानवता का वैश्विक भावनात्मक मेल होने की नींव डाली थी।

धार्मिक आस्था व धर्मसापेक्षता के रहते ही भिन्न-भिन्न धर्मों के बिलगाव, उनके रहस्यमयी उद्देश्य व अन्धविश्वासी प्रपंचों की भूलभुलैया या चमत्कारों का बोल-बाला रहा है। इसी से उन सभी समाज-व्यवस्थाओं में मनुष्य-मनुष्य के बीच विषमता, भेदभाव, दैन्य—दुर्बलता, दास्य—भाव (ग़ुलामी) किसी न किसी रूप में मौजूद रही है। सामन्ती समाज व्यवस्था में दास-दासियों का होना, साम्राज्यवादी अर्थव्यवस्था में औपनिवेशिक ग़ुलामी और पूँजीवादी व्यवस्था में मज़दूरों का बने रहना यह बताता है कि ये सभी श्रमजीवी वर्ग को हमेशा आश्रित व अधीन बनाए रखनेवाली एक जैसी परम्परा की समाज-व्यवस्थाएँ रही हैं। इसके विपरीत केवल इस लोकतंत्र की ही मान्यता है, जिसमें मानवीय अस्तित्व, समानता सभी को एक-दूसरे के समान सामाजिक दर्ज़ा व राजनीतिक अधिकार देने व सत्ता में सबकी समान भागीदार की योजना की बात सामने लाई जा रही है और उसे पूरी करने की गारंटी दी जा रही है। इसी से स्पष्ट है कि सामन्तवाद से ही साम्राज्यवाद बढ़ता है और साम्राज्यवाद से उपनिवेशवाद। उपनिवेशवाद से ही पूँजीवाद तथा पूँजीवाद से संरक्षणवाद और ट्रस्टीशिप।

अगली कड़ी के रूप में बाज़ारवाद व भूमंडलीकरण—नवउदारवाद, ग्लोबल विलेज, नि:शस्त्रीकरण आदि की आड़ में अपनी विषमतापूर्ण आर्थिक व्यवस्था की सुरक्षा करने को आगे बढ़ रहे हैं, लेकिन हैं सभी एक ही थाली के चट्टे-बट्टे। यह पूरी तरह भ्रम है कि पूँजीवाद में या पूँजीवाद से लोकतंत्र का विकास होता है या पूँजीवाद में ही लोकतंत्र हो सकता है। पूँजीवाद—व्यवस्था में तो विषमता, विवशता, दीनता, पराश्रय सभी कुछ सामन्तवादी व्यवस्था से भी अधिक मजबूत हो जाते हैं। हालाँकि सामन्ती साम्राज्यवादी शोषण के विरुद्ध सोचते हए कुछ मार्क्सवादी विचारकों ने भी यह अनुमान किया था कि पूँजीवाद में जो श्रमजीवियों को संगठन बनाने व समूह में आने का अवसर मिलेगा तो उनका अगला प्रयास मार्क्सवाद की ओर जाएगा। पूँजीवाद से ही सबको समानता व सबके समान अधिकारों वाला लोकतंत्र आएगा। उनका वह अनुमान भी काल्पनिक सिद्ध हुआ। पूँजीवाद में पूँजी की जो होड़ होती है, आर्थिक बाज़ारू प्रतिस्पर्धा की, वह हर मनुष्य में व्यक्तिवाद और व्यक्तिवादी स्वार्थों को बढ़ाती है। सामूहिक जीवन के प्रति उत्तरदायित्व का संकल्प लेनेवाला लोकतंत्र या समानता के प्रयासी साम्यवाद की भूमिका पूँजीवादी समाज से नहीं बनती। उलटे सामन्ती व्यवस्था के सामूहिक परिवारों के बिखरने, टूटने की परिस्थितियाँ बन जाती हैं।

यद्यपि लोकतंत्र और साम्यवाद में कुछ नज़दीकी रिश्ते हैं। साम्यवाद आर्थिक परिस्थितियों व जीवन की भोगवादी ज़रूरतों की विषमता से पहले निपटना चाहता है और भाववादी समस्याएँ, संस्कृति, शिक्षा व मानवीय इच्छा व आस्था की समस्या को बाद में सुलझाने का प्रयास करता है। जबकि अब तक का लोकतंत्र मनुष्य को पहले ही बिना आर्थिक स्थितियों को सुधारे ही समता, स्वतंत्रता व सत्ता के अधिकार देने को कहता है। जबकि सच यह है कि पुराने संस्कारों के रहते यह लोकतंत्र अपनी जड़ें ज़मीन पर कभी नहीं जमा पाएगा। खरा लोकतंत्र जब भी आएगा तो तय है कि सर्वप्रथम साम्यवादी तरीके से शोषकों से निपटने के बाद ही ज़मीन पर पाँव जमा पाएगा।

साम्यवादी व्यवस्था में धर्मनिरपेक्षता को सबसे पहले स्थापित किया जाता है। इससे मनुष्य अन्धविश्वासों और शोषण के समय उपजी हीनता, अमानवता, ग़रीबी-बीमारियों से उबरकर अपनी समानता को सँभालने के क़ाबिल बन जाता है। इस समानता की जड़ें अगर हम भारतीय साहित्य में तलाशें तो निश्चय ही अप्रत्यक्ष रूप से उसमें निरन्तर विकास परिलक्षित होता है। जैसे स्वामी रामानन्द के शिष्य कबीर ने उनकी भक्ति-परम्परा को धारण करते हुए उसमें निर्गुण ब्रह्म की मान्यता को आगे बढ़ाया, जिसमें सभी की भावनात्मक एकता सम्भव थी। उन्होंने धर्म शब्द व धर्म-ग्रन्थों में बताए गए सारे आडम्बरों को निरर्थक बताते हुए घोषणा कर दी—'पोथी पढ़-पढ़ जग मुआ, पंडित भया न कोय। ढाई आखर प्रेम का, पढ़े सो

पंडित होय।' कबीर के बाद महत्त्वपूर्ण कवि सूरदास हुए हैं, जिन्होंने कबीर के प्रेम को केवल बातों में नहीं, समाज के लोगों के जीवन-व्यवहारों में दिखाना चाहा। उन्होंने प्रेम को उस सीमा तक पहुँचाया, जहाँ जाति-पाँति, कुल, मर्यादा, सब पीछे छूट जाते हैं। प्रेम को असीम विश्वव्यापी स्वरूप में इस उदार स्थिति तक दिखाया कि कृष्ण जैसे महान रूपवान मनमोहन का प्रेम अनेक गोपियों से ही नहीं, अत्यन्त कुरूप वृद्धा कूबरी से भी होता है। प्रेम के ही विरोध में संघर्ष यानी *महाभारत* भी सम्भव है। उन्होंने यह लोकजीवन का ही संकेत दिया है।

हमारे भक्तिकालीन सन्तों ने भी धर्मों के आडम्बरी स्वरूप से अलग होकर मनुष्य जाति को लोकोन्मुखी बनाने के प्रयास किए हैं, पर वह समय परावलम्बी समाज व्यवस्था का था तो उसका भी दबाव उन पर हावी था। इसलिए भक्ति का सिद्धान्त मानवीय प्रकृति को वैराग्य की ओर नहीं, सेवा की ओर मोड़ता है। और इसका भी संकेत देता है कि आस्था का ढाँचा हमेशा एक जैसा नहीं रहता। वह बदलता रहता है। जैसे कबीर भक्तिकाल के ही हैं, पर उनकी मान्यता में इन सारे धर्मों के ढाँचे केवल प्रपंच और पाखंड हैं। उनकी आस्था निराकार निर्गुण ईश्वर में है, जो सारी मानव जाति के लिए निर्विवाद और स्वीकार्य है। सूरदास ने इसे कल्पना व अनुमान से आगे मनुष्य के रूप में ही, प्रेम की व्यापकता के जरिए बताने का प्रयास किया। वहीं तुलसीदास ने राजतंत्रीय समाज में राजा व प्रजा के बीच निर्वाह हो जानेवाले व्यवहारवाद को अपनी भक्ति व आस्था के ढाँचे में फिट किया और दास्यभाव को अंगीकार किया।

सच तो यह है कि इन महान सन्त और भक्त कवियों के दौर में लोकतंत्र था ही नहीं। यह युग परलोक व दैवीय विश्वास का समय था, जिसके भीतर उन्होंने अपनी क्षमता व कुशलता दिखाई है। पर यह तो साबित ही कर दिया है कि आस्था के स्वरूप समयानुसार बदलते रहते हैं। जो लोग इन धर्मों की स्थिति को अपरिवर्तनीय या शाश्वत समझते हैं, वे भोले या कायर हैं। फिर लोकतंत्र तो एक ऐसा परिवर्तन है जो सृष्टि-रचना को लेकर मानवीय विश्वास में आमूल-चूल परिवर्तन चाहता है। पुराने समय में भावनात्मकता, एकता व राष्ट्रीयता के जो दायरे राष्ट्रीय सीमाओं के अनुसार सीमित थे, उनको भी व्यापक संसार से जोड़कर नया बनाना चाहता है। ऐसी दशा में यहाँ व्यावहारिक यथार्थ और सत्य है कि भावनात्मक एकता का स्वरूप, धर्मनिरपेक्ष ही होना चाहिए।

धर्मनिरपेक्षता की परिभाषा व समझ ऐसी होनी चाहिए, जो लोकोन्मुखी और वैज्ञानिक बुद्धिसम्मत ही नहीं, वरन् उससे भी आगे की हो। तभी वह समय सापेक्ष हो सकती है और धर्म के सारे प्रपंचों व पाखंडों को नकार सकती है। वैसे, धर्म के सम्बन्ध में आधुनिक समय के एक विचारक मुद्राराक्षस ने अपने एक लेख में, जिसमें वे

आधुनिक समय के सम्बन्ध में पुराने धर्मशास्त्रों की समीक्षा कर रहे थे, लिखा था कि लोग जिस *मनुस्मृति* ग्रन्थ को अत्यन्त दकियानूसी मानते हैं, उसके ही चौथे अध्याय में कहा गया है—

धर्मध्वजी सदा लुब्धः छाद्मिको लोक दम्भकः।
वैडालव्रतिको ज्ञेयो हिंस्रः सर्वाभिसंधकः॥ (195)

(अर्थ : जो धर्मात्माओं का चिह्न धारण करके स्वयं को धार्मिक प्रसिद्ध करता है और छिप कर पाप के आचरण करता है, वह धर्मध्वजी कहलाता है। जो ब्राह्मण धर्मध्वजी है, जो दूसरों का धन हरण करने की ताक में सदा लगा रहता है, जो छली-कपटी और लोकवंचक व हिंसक है, जो सबकी निन्दा करता है, उसे वैडालव्रतिक 'बिलाव जैसी वृत्ति वाला' कहते हैं—सम्पादक)

अतः इस लोकतंत्र में अब तो धार्मिक आस्था की जगह धर्मनिरपेक्षता को ही लेनी है।

[सन् 2007 में प्रकाशित 'हम और हमारा स्वराज्य' निबन्ध-संग्रह से]

शिष्ट और लोक का यांत्रिक भेद निरूपण

हमारा युग विज्ञान का युग है। आगे परमाणु युग और कम्प्यूटरी युग होने जा रहा है। इसी को हम यांत्रिक युग कहते हैं। इसमें कोई अतिशयोक्ति नहीं। इसे ही यांत्रिक सभ्यता की संज्ञा देकर अगर नई सभ्यता का कोई प्रचार-प्रसार होता है, जिससे समाज में नई चेतना, नए व्यवहार और नए समाज की पूरी रचना हो जाए तो वह भी अपनी तरह का नया शिष्ट समाज होगा; बशर्ते उसका स्वरूप व ब्यौरा सांगोपांग होना चाहिए। पर अभी जो वर्तमान समाज है वह अपनी पूर्व परम्पराओं से कुछ ऐसा बँधा है, जिसमें काल्पनिक विश्वास भरे पड़े हैं और उसी को अभी लोक माना जाता है। इस लोक शब्द को पूर्णरूपेण भौतिक समझा जाता है। जबकि लोक शब्द का तात्पर्य केवल इस धरती से पूरा नहीं होता। लोक में धरती, मनुष्य, जीव-जन्तु और इन सबके प्रति व्यवहार, विश्वास और ज्ञान का समुच्चय होता है। इस ज्ञान की गतिविधि अपनी परिस्थितियों से प्रभावित सूझ व अनुमान से किसी परलोक की एक परिकल्पना कर लेती है।

आनेवाले समय में कब, कैसा परिवर्तन होगा या जो परिवर्तन घटित हो रहा है—यह अभी छिपा हुआ है। गम्भीरतापूर्वक विचारणीय यह है कि शिष्ट और लोक की जो संज्ञा समाज में बतौर मात्र एक साधन के मौजूद है, इसीलिए यांत्रिकी की स्थिति वर्तमान लोक या शिष्ट समाज में पूर्णरूपेण स्वीकार्य नहीं है। अभी वे दिन दूर हैं जब यह यांत्रिकी यहाँ के शिष्ट समाज में लोक स्वरूप स्वीकार हो जाएगी। आजकल तो लोग एक तरफ यांत्रिकी दुनिया से सुसज्जित या उसकी उपलब्धियों से लाभान्वित हो रहे हैं, वहीं दूसरी ओर वे महज अन्धविश्वासों व साम्प्रदायिक मान्यताओं से ही ग्रसित नहीं है बल्कि पूरी शक्ति व साधनों के सहारे साम्प्रदायिक क्रिया-व्यवहारों व स्रोतों को उत्तरोत्तर बढ़ाते जा रहे हैं। ऐसे लोगों को शिष्ट व सभ्य समाज का प्रतिनिधि माना जा रहा है। यहाँ की लोक परम्पराओं का संरक्षक भी उन जैसों को ही माना जा रहा है। क्या यह दिग्भ्रमित करनेवाली, अन्तर्विरोधी या सन्देहात्मक स्थिति नहीं है?

रूसी विचारक, कथाकार, उपन्यासकार मैक्सिम गोर्की ने कहा था कि विज्ञान ने मनुष्य को आसमान में चिड़ियों जैसा उड़ना सिखाया, समुद्रों में मछलियों जैसा

तैरना सिखाया, परन्तु उसने इन्हीं मनुष्यों को इस धरती पर मनुष्यों जैसा चलना नहीं सिखाया। उनकी यह उक्ति विज्ञान की उपलब्धियों से असहमति प्रकट नहीं करती बल्कि मनुष्य की सम्पूर्ण आवश्यकताओं की पूर्ति करनेवाले आधुनिक स्रोत 'विज्ञान' को प्रमाणित ही करती है। हालाँकि वैज्ञानिक उपलब्धियाँ विध्वंसक अस्त्र-शस्त्रों तक ही नहीं, बिजली, वाहन से लेकर कम्प्यूटरों और इंटरनेट के जाल निर्माण करने तक का सफर तय कर चुकी हैं। इन्हें समझते हुए निश्चित तौर पर नहीं कहा जा सकता कि यह वैज्ञानिक यांत्रिकी गतिविधि अभी कितना आगे जाएगी। क्या कभी वह मनुष्य की शरीरी रचना के साथ-साथ उसकी बौद्धिक व मानसिक संरचना की किसी ऐसी मंजिल तक जा पहुँचेगी, जहाँ यांत्रिकता के सहारे ही मनुष्य की नैतिकता व आस्थाएँ उसके हित व कल्याण का भरोसा रखते हुए भौतिकता के इसी लोक के प्रति प्रतिबद्ध हो जाएँगी, जैसा कि अभी वे परम्परागत दैवीय विश्वास व धर्मों से जुड़ी हुई हैं। क्या यह गतिविधि स्वयं ही ऐसी भौतिक यांत्रिकी का निर्माण कर लेगी, जो लोक कल्याणकारी होते हुए मानवीय आस्था और विश्वास का विकल्प बन जाए?

यद्यपि इससे अब कोई अधिक समय तक असहमत भी न बना रहेगा, क्योंकि ये सारी वैज्ञानिक प्रक्रियाएँ ही हैं, जिनकी बदौलत मनुष्य वे सारी सुख-सुविधाएँ भोग रहा है, जिन्हें पाने की कल्पना वह कभी इस संसार में नहीं करता था। शिष्ट और लोक का अन्तर खोजते हुए संसार में ही हमें मुख्य रूप से यह विचार करना चाहिए कि क्या यह शिष्ट लोक की ही विशिष्टता है या कोई अलग रहस्यमय इकाई है? जैसे कि जन साधारण का समाज लोक है और शिष्ट वे हैं, जो भौतिक साधनों से सम्पन्न हैं। परन्तु भारतीय समाज की दार्शनिकता में तो शिष्ट या विशेष जन या ज्ञानी वही माना जाता रहा है जो भौतिक साधनों के उपभोग की परवाह ही नहीं करता था। परन्तु नवीन यांत्रिकी के फैलाव के साथ ही एक ऐसा मानवीय समाज बनता गया, जो भौतिक साधनों की सम्पन्नता व उपलब्धियों के बाद ही शिष्ट या सभ्य होने की संज्ञा पाता है।

यह साफ़ नज़र आ रहा है कि स्वतंत्रता व समानता के हामी इस संसार में भी यांत्रिकी की सारी उपलब्धि उन्हीं के लिए उपयोगी व कल्याणकारी है, जिनके पास पैसे का स्वामित्व है। पूँजी-पैसा विहीन बहुसंख्यक मनुष्य श्रमिक होकर अभी ग़रीबी में जी रहे हैं या नई यांत्रिकी के विकास की उपलब्धियों से उसी तरह वंचित हैं, जैसे वे इस यांत्रिकी के विकास से पहले जी रहे थे। उन्हें इक्कीसवीं सदी में भी यही समझाने-बताने की कोशिश की जा रही है कि यह अभाव, ग़रीबी और साधनहीनता वे अपनी तक़दीर या भाग्य खराब होने के कारण ही भोग रहे हैं। उन्हें अगर इस शिष्ट समाज में जीना-रहना है तो वे बहुत थोड़े में सन्तुष्ट रहें, वरना उन्हीं के श्रम और कौशल से निर्मित यह यांत्रिकी उन्हीं को मिटाने व दबाने के काम भी

आ जाएगी। इसके फलस्वरूप दुनिया के अनेक देशों—जैसे अफ़ग़ानिस्तान, इराक तथा इनके पहले वियतनाम में लोगों ने अंजाम देखा-सुना ही है और पिछले दिनों लेबनान में देख रहे हैं।

दूसरी बात यह है कि मनुष्य यदि अपनी उन्नति व शिष्टता को विध्वंस की दिशा में लगाता है तो इस यांत्रिकी का उपयोग व परिणाम विध्वंसकारी ही सिद्ध होगा। लेकिन क्या वह मनुष्य या समाज शिष्ट कहे जाने योग्य है, जो मनुष्य होकर भी मनुष्य के लिए न बना हो। जिस यांत्रिकी की सहायता से मनुष्य को अपनी धरती पर ही स्वर्ग नज़र आ रहा है, उसे यदि कोई कहता है कि विज्ञान ने मनुष्य को विनाश के कगार तक पहुँचा दिया तो क्या यह सही कथन है? या कि सही कथन यह होगा कि मनुष्य की दुष्प्रवृत्ति ने ही सृजनकारी विज्ञान व यांत्रिकी को विध्वंस के दरवाज़े तक पहुँचा दिया है।

भारतीय समाज में जिस द्रुत गति से यांत्रिकी का विकास हो रहा है, वह प्रशंसनीय है। शिक्षा और संसाधनों की परवाह न करते हुए लोग मशीनरी की समझ से अपने आप यांत्रिकी के साथ जुड़ रहे हैं। पहले गाँवों में जो लोग बैलगाड़ी चलाना भी नहीं जानते थे, उनके लड़के व लड़कियाँ मोटर दौड़ा रही हैं और बिजली के ट्रांसफार्मर सुधार रही हैं। दसवीं कक्षा की परीक्षा में बार-बार फ़ेल होने के बावजूद कितने ही लड़के गाँवों में ही बिजली की मोटरें, ट्रैक्टर, मोटरसाइकिलें, ट्रक और जीपें सुधार रहे हैं। उन्हें न तो किसी मैकेनिक गुरु या मशीन की सैद्धान्तिकी वाले प्रोफ़ेसर के पास जाना पड़ा, न वे किसी इंजीनियरिंग कॉलेज में भरती हुए। उन्होंने अपने पास-पड़ोस के लोगों से अपनी मित्रता व परस्पारिकता की बदौलत अपनी श्रम साधना के बल पर ही यह विशेषता या दक्षता पा ली, और यही विशिष्ट का सामान्यीकरण होना कहलाता है।

भारतीय सामाजिक इतिहास में भी इसके अनेक उदाहरण भरे पड़े हैं। गाँवों में कोई लोहार (लोहे का काम करनेवाला) और सोनार (सोने का काम करनेवाला) या कुम्हार (मिट्टी का काम करनेवाला) या बढ़ई (लकड़ी का काम करनेवाला) या बसोर (बाँस की टोकरियाँ, डलियाँ बनानेवाला) या श्रम से जुड़ा कोई भी धन्धा करनेवाला किसी गुरुकुल या विद्यालय में नहीं जाता था। परिवार में रहते हुए अपनी पारिवारिक परम्परा से या किसी पास-पड़ोस के गुणी कारीगर के सान्निध्य में लोग बड़े-बड़े गुणी व कुशल शिल्पी बन जाया करते थे। कपड़े बनानेवाले हमारे कोरी भाई अपने करघों की सहायता से ही विश्व प्रसिद्ध मलमल बना लिया करते थे, जिसकी विदेशों में धूम थी। श्रमिकों और कारीगरों का यही कौशल यांत्रिकी की जननी या परम्परा रही है। इसे भूलकर हम विदेशी यांत्रिकी को, विज्ञान की शिक्षा को जिस चामत्कारिक रूप में स्वीकार रहे हैं, उसमें हमारी हेठी, ग़ुलामी व परतंत्रता

की ही पुष्टि होती है। यदि हमें अपना नया समाज व वैज्ञानिक दृष्टिकोण वाला शिष्ट समाज बनाना है तो उसके लिए हमें उन पुरानी कलाओं और स्वाभिमान को ध्यान में रखकर अपनी यांत्रिकी का निर्माण करना होगा, जो अभी तक दर्शनशास्त्रों के संरक्षण में मौजूद रहती थी। हालाँकि वे दर्शनशास्त्री श्रम व कलाओं को इस संसार के प्रति कोई ख़ास जिम्मेदार नहीं मानते थे, वरन् वे मनुष्य को भाग्यवादी, ईश्वरपरस्त, निष्क्रिय, अकिंचन, लाचार व दास ही बनाते रहे। इस दृष्टिकोण और प्रक्रिया को हमें बदलना ही होगा।

वैज्ञानिक यांत्रिकी की दुनिया वाली शिष्टता में और पुरानी शिष्टता में ख़ास अन्तर और उसकी प्रमुख विशेषता यह भी होगी कि वैज्ञानिक यांत्रिकी का परिणाम तो तभी निकलेगा, जब उसकी हर क्रिया व कारणों का संयोजन नियमित व मर्यादित ढंग से होता रहे। उसमें स्वछन्दता, मनमानी, भउसेबाजी की गुँजाइश किसी के लिए भी कभी न रहे। ऐसे में भूल या ग़लती के लिए कभी क्षमा व सिफारिश का अवसर भी नहीं होता। यांत्रिकी के परिणाम किसी को ग़रीब-अमीर व छोटा-बड़ा होने के आधार पर प्रभावित नहीं करते। क्या ये शिष्ट और लोक के यांत्रिक जीवन-व्यवहारों के लिए महत्त्वपूर्ण निर्देश नहीं हैं, जो हमारे आनेवाले लोकतांत्रिक समाज के भी अनुरूप हैं? यांत्रिकी का सबसे महत्त्वपूर्ण योगदान आधुनिक सभ्यता के निर्माण में है। परन्तु हमारी यह आधुनिक सभ्यता लोकजीवन के अनुरूप है या विपरीत, यह जानना-पहचानना शिष्ट और लोक के यांत्रिक भेद-निरूपण की पहली आवश्यकता है। यह यांत्रिकी गाँव-गाँव से लेकर विश्वसत्ता के अन्तरराष्ट्रीय मंचों पर किस-किस रूप में और कहाँ, कैसा प्रभाव छोड़ती है? अपनी दख़लअन्दाज़ी कैसे करती है? इसका व्यापक विवरण भी भेद-निरूपण के अन्तर्गत आता है, जिसे इस सीमित आलेख में रख पाना सम्भव नहीं।

फिर भी इसकी पहचान करने हेतु वर्तमान सामाजिक सभ्यता के औज़ार कैसे निष्प्रभावी हो रहे हैं, कुशल मज़दूर, कारीगर, दस्तकार और शिल्पी बेरोज़गार व असहाय कैसे हो जाते हैं, इसके संकेतों को भी शिष्ट और लोकयांत्रिकी के विकास के तारतम्य में ही जानना-समझना है। इसे लोकजीवन की शिष्टता में जानना-समझना लोक की सभ्यता के लिए परम आवश्यक है।

जब गाँवों में चावल निकालने की बड़ी-बड़ी मिलें नहीं हुआ करती थीं तो धान की दराई के लिए लोग मिट्‌टी के कोनइता बना लेते थे। लकड़ी का मूसल बनता था। पत्थर के टुकड़े में कांड़ी बना ली जाती थी। उसमें कूटकर दाल और चावल साफ़ किए जाते थे। अनाज पीसने के लिए पत्थर की छोटी-छोटी चक्कियाँ होती थीं, जिन्हें हाथ से घुमाकर आटा निकाला जाता था। वैसे तो ये चक्की, कोनइता अधिकतर औरतें ही चलाती थीं, पर आवश्यकतानुसार पुरुष भी इन्हें

चलाते थे। दूध-दही से मक्खन निकालने के लिए लकड़ी की मथानी होती थी, जिसके द्वारा किसी बड़े मटके या परछी में दूध या दही डालकर उसे मथानी से मथा जाता था। तेल निकालने के लिए भी लकड़ी का बना कोल्हू ही होता था, जो बैल नाँधकर घुमाया जाता था। तेल निकालनेवाले को तेली कहते थे। इसी प्रकार लकड़ी और रस्सियों के द्वारा करघा बना होता था, जिससे कोरी लोग तरह-तरह के कपड़े बुनते थे।

किसानों की खेती के हल, जुए, पहिए सभी कुछ लकड़ी के ही बने होते थे, जिनसे जुताई-बुवाई और माल ढुलाई का सारा काम लोग अपने आसपास उपलब्ध लकड़ी-पत्थरों के औज़ारों से ही करते थे। कभी युद्ध भी लकड़ी के डंडों व पत्थरों की शिलाओं के सहारे हुआ करते थे। उस ज़माने में लाठी भाँजना व चलाना एक प्रकार की कला थी। यह समाज के आदमी के विकास की यांत्रिकी थी, जिसको अब पुरातत्व में ही खोजना पड़ेगा। समय के साथ धातुयुग में यंत्रों का विकास कुछ अधिक हुआ। यंत्रों की सहायता से समाज की सभ्यता व साधन-सामग्री तो विकसित हुई ही, मनुष्य की सक्रियता व बौद्धिकता का विकास भी निरन्तर होता गया। मनुष्य की उद्यमिता के दम पर हमारी दुनिया पाषाण युग से होती हुई वैज्ञानिक युग और अब कम्प्यूटर-इंटरनेट तथा कृत्रिम बौद्धिकता (एआई) युग तक आ पहुँची है। इस यांत्रिक उड़ान का सबसे अधिक और महत्त्वपूर्ण जो प्रदेय है, वह यही है कि मनुष्य के काल्पनिक देवत्व की क्षमता, चमत्कार आदि को भी इस विज्ञान और यांत्रिकी ने समझा दिया कि ऐसे कार्य भी मनुष्य के हाथों ही पूरे हो सकते हैं।

एक दृष्टि से यांत्रिकी का यह स्वरूप प्राचीन कला-संस्कृति की रक्षा करने तथा पुराने कलाकारों व कारीगरों की जीविका बचाने के लिए भी ज़रूरी रहा है। अगर इन्हें विनष्ट न किया जाता और यांत्रिकी को पूँजीपतियों व धनिकों के निजी विकास के लिए नहीं सौंपा जाता तो अब तक देश की अर्थव्यवस्था पूरी तरह स्वावलम्बी, सफल और सम्पन्न नज़र आती। शहरों व गाँवों के लोग अपने धन्धों में पूरी तरह कुशल व आत्मनिर्भर हो जाते। वे बेरोज़गार व उत्पीड़ित न होते। सामूहिक प्रशासन में व्यक्तिवाद व पूँजीवाद का मोह या लोभ-लाभ नहीं रखना था और भ्रष्टाचार मुक्त प्रशासन बनाने के लिए सम्पत्ति के स्वामित्व को लेकर समाजवादी व्यवस्था करने की ज़रूरत थी, जिससे समता का निष्पक्ष स्वरूप समाज में पनपता।

कुछ लोग अकसर कहा करते हैं कि यांत्रिकी व मशीनों ने मनुष्य को आलसी बना दिया है। पहले आदमी पचासों मील पैदल चल लेता था, अब गाँवों के किसान-मज़दूर छोटी-सी यात्रा भी बिना वाहन के नहीं करते। गाँवों में सारा चावल, दाल, आटा, तेल अपने श्रम की बदौलत तैयार हो जाता था, लेकिन खेत-खलिहानों में

कटाई, ढुलाई वाले काफी मेहनत के काम करनेवाली गाँव की वे औरतें अब घर में सुबह-सुबह हाथ से चक्की नहीं घुमातीं, भले ही वे सिर पर बोरी रखकर कई किलोमीटर दूर स्थित आटा चक्की या तेल मिल तक पैदल चली जाएँ। मशीनों से काम करवानेवालों का तर्क यह होता है कि यह युग ही पैसे और समय की क़ीमत करने का है। जितना समय घर में गेहूँ पीसने के लिए लगेगा, उतने में दूसरे काम करके ज़्यादा पैसा कमाया जा सकता है। बिजली वाली चक्की में गेहूँ पिसा लेना उन्हें हर दृष्टि से सस्ता सौदा मालूम पड़ता है।

मशीन या यांत्रिकी का विकास व उपयोग न तो मनुष्यता के ख़िलाफ़ है, न मनुष्यों की इच्छा के प्रतिकूल। पर इस मशीनी विकास से जीवन-स्तर का, रहन-सहन के साधनों का चाहे जितना अधिक विकास हुआ हो, साधन सम्पन्नता से मनुष्य अपने को चाहे जितना भी अधिक सुखी, सभ्य व शिष्ट मान रहा हो, परन्तु वास्तव में निजी स्वार्थों के चलते उसके लोकजीवन में असुरक्षा, असावधानी, कामचोरी के ख़तरे, आतंकवाद, बेरोज़गारी और अति चतुराई के रूप में जो चालाकी बढ़ी है, वह मनुष्य की उदारता, आज़ादी और नैतिकता के विरुद्ध है। हालाँकि इसके लिए विज्ञान व यांत्रिकी दोषी नहीं है क्योंकि इसका निर्माण और उपयोग तो मनुष्य ही करता है। यांत्रिकी को जिस काम के लिए तैयार किया गया, वह उसी के काम आई। चाहे उसे उद्योग-व्यापारों, कृषि-धन्धे के विकास में लगाया जाए या युद्धों, अस्त्र-शस्त्रों के निर्माण अथवा धार्मिक उत्थान में लगा दिया जाए। मनुष्य की नीयत विज्ञान और यांत्रिकी की नियति बन जाती है। यांत्रिकी का निर्माण मानव कल्याण की पहली आवश्यकता है, लेकिन मनुष्य के अन्दर यह आस्था व विश्वास मौजूद होना अनिवार्य है कि नियति, प्रकृति और परिस्थिति का निर्माण मनुष्य ही करता हैं, कोई और शक्ति नहीं करती। इसका निराकरण कबीरदास जी के इस दोहे ने लगभग पाँच सौ वर्ष पहले ही कर दिया था—

कबिरा सीप समुंद की रटे पियास पियास।
समुंदहि तिनका कस गिने स्वाति बूँद की आस॥

पुराने पंडित भले ही इस दोहे के तार आत्मा-परमात्मा से जोड़ते रहे हों, पर इसका लोकोपयोगी और ठोस अर्थ यही है कि मनुष्य का कल्याण व सुरक्षा देवी-देवताओं से नहीं होती। वह जिस संसार रूपी समुद्र या लोकजीवन को मिथ्या, तुच्छ या तृणवत् मान रहा है, उसी की ओर ध्यान देने से उसकी प्यास मिटेगी, आसमान के भरोसे बैठकर स्वाति नक्षत्र में गिरनेवाली ओस की बूँदों से प्यास नहीं मिटनेवाली। यही है लोकोन्मुखता।

मनुष्य को मनुष्य के लिए सोचना है। परस्पर प्रेम व विश्वास पैदा करना है। मनुष्य के लिए मनुष्य के द्वारा पैदा किए जानेवाले ख़तरों, छीना-झपटी,

ईर्ष्या-द्वेष-विद्रोह, एक-दूसरे पर आक्रमण करके पद-प्रतिष्ठा व सत्ता छीनने या अतिक्रमण करने की परिस्थितियों का उन्मूलन होना चाहिए। तभी दिन-रात विध्वंसात्मक प्रक्रियाओं में संलग्न रहनेवाला विज्ञान खुराफ़ात से फ़ुरसत पाकर मनुष्य की भलाई के काम कर सकेगा। जब यांत्रिकी व विज्ञान सामूहिक, सार्वजनिक उपयोग में आएँगे, तभी मनुष्य को यह आभास व विश्वास होगा कि विज्ञान मनुष्य को केवल मछलियों की तरह तैरना व चिड़ियों की तरह उड़ना ही नहीं सिखाता बल्कि यह धरती पर मनुष्यों को मनुष्यों की तरह चलना भी सिखाता है। लोकतांत्रिक संसार में शिष्ट होने या सभ्य बने रहने का साधन भी विज्ञान ही है, इसमें कोई दो-राय नहीं।

[सन् 2007 में प्रकाशित 'हम और हमारा स्वराज्य' निबन्ध-संग्रह से]

भारतीय लोकजीवन में पूजा-संस्कृति

भारतीय लोकजीवन में पूजा करने की प्रथा का महत्त्वपूर्ण स्थान है, हालाँकि इसका ज़्यादातर प्रचलन पहले यहाँ के सवर्णों में ही था। हरिजन, आदिवासी और पिछड़ी जातियों के लोगों ने सवर्णों की देखा-देखी इसे अपनाया, मात्र इस अभिलाषा में कि शायद पूजा करने से ही वरदान-स्वरूप ऐश्वर्य-प्रतिष्ठा और बड़प्पन हासिल हो जाए। फिर भी यह साफ़ नज़र आता है कि घनघोर दैव-विश्वासी पुराने समाज (सामन्ती युग) में भी श्रमजीवी वर्ग के अन्दर पूजा का प्रचलन या प्रचार-प्रसार नहीं था। अपने श्रम के बूते कमाकर खाने-पीनेवाले पूजा-पाठ नहीं किया करते थे। पूजा सिर्फ़ वही करते थे जो बिना श्रम किए ही अपने बौद्धिक प्रपंच-पाखंड या क्रियाकलापों से समाज को भयभीत बना कर, लोगों को झूठे आश्वासनों से धोखे में रखकर समाज में अपना श्रेष्ठ व सम्मानित स्थान बनाए रखना चाहते थे।

यद्यपि पूजा-संस्कृति, इसके विभिन्न रूपों तथा नाना प्रकार के आराध्य देवी-देवताओं की उत्पत्ति और विकास का एक लम्बा इतिहास है, जिसका सांगोपांग विवरण व विस्तार एक अलग खोज व वर्णन का विषय है। फिर भी पूजा का महत्त्व तो समाज में रहा ही है और आज भी है। पूजा का उद्देश्य सेवा-सत्कार से अपने उस देवता व आराध्य को प्रसन्न करना है, जिससे हम अपने कल्याण का भरोसा व विश्वास रखते हैं। लोग इसी लालसा में पूजा करते हैं कि वे इष्टदेव को मना कर वरदान प्राप्त कर लेंगे और अपनी मनोकामना की पूर्ति, धन-ऐश्वर्य, पद-प्रतिष्ठा व आभूषण-सम्पत्ति सभी कुछ पा जाएँगे।

पर सवर्ण लोग अपने पूजा-कार्यक्रमों में यहाँ की दलित, श्रमिक व पिछड़ी जातियों को शामिल नहीं किया करते थे, उन्होंने छूत-अछूत का भेदभाव भी बना लिया था। वे यह भी दावा करते थे कि उनको श्रेष्ठता व सफलता पूजा-पाठ करने और आराध्य देवताओं के वरदान स्वरूप ही मिली है। पूजन-हवन व देवी-देवताओं की कृपा व भाग्य से ही उन्हें सब कुछ मिलता है। तो यही ईर्ष्या व ललक श्रमिक व पिछड़ी जातियों के दिलों में भी उमड़ी। इनके बीच में जो चतुर-चालाक लोग मौजूद थे, उन्होंने अपने लोकजीवन में कुछ देवी-देवताओं

की कल्पनाएँ कर लीं, जैसे—डँउका, करुआ देव, दूल्हा देव, संन्यासी, मुँड़िया मसान, मेड़वइया, अघोरी, काली, भैरव, ख़बीस, बरम बाबा, भूत-प्रेत, डायन इत्यादि। उनकी पूजा तरह-तरह से करके अपनी इच्छाओं की पूर्ति हेतु उनसे वरदान माँगते रहे। उनसे दुआ, भभूत लेते रहे। अपने ही समाज व वर्ग के लोगों को डराते-भरमाते रहे। जगह-जगह पर स्थानीयता से जुड़े इनके नाम भी अलग-अलग होते हैं।

हालाँकि इसका प्रत्यक्ष लाभ न तो सवर्णों को अपने देवताओं की पूजा से मिलता था, न इन दलित जातियों को अपने भुतहा देवी-देवताओं की पूजा-भगत से मिला। सिर्फ़ झूठा भरोसा और उनका मन-बहलाव ही होता रहा। पूजा से दैवीय विश्वास और परावलम्बी भावना की पुष्टि होती थी। सामन्ती युग की व्यवस्था, जिसमें स्वामी व सेवक (दास) बना के रखना प्रमुख था, इस सामाजिक योजना के अनुरूप व अनुकूल ही थी। इसीलिए इस व्यवस्था में पूजा के विविध प्रकारों व रूपों का विकास हुआ। यहाँ तक कि सारे कर्मकांड व उसके रीति-रिवाज निभाने की विधियाँ इसी प्रकरण के अन्तर्गत आती हैं। इनको सामाजिक रचना व सामाजिक कल्याण की भावना के साथ घनिष्ठ रूप से जोड़ दिया गया। यह काम यहाँ के पंडा, पुरोहित, पौराणिकों ने बड़े-बड़े ग्रन्थ लिखकर तथा यज्ञों, हवनों, कीर्तनों के माध्यम से पूरे समाज में रचा-बसा कर किया। इसीलिए धर्मभीरु भारतीयों के मन में भय, भाग्यवाद, दैन्यता, पलायन और परलोक सुखों की पूरी सृष्टि बसी होती है। कालान्तर में पूजा के सामाजिक परिणाम यही निकले हैं।

इस प्रक्रिया से जो सामाजिक भावना लोगों में बनती है, वह परावलम्बी, परलोकी, भाग्यवादी और सामन्ती समाज के अनुरूप ही होती है। वह लोकतांत्रिक, लोकवादी या मानवीय अस्तित्व-बोध की बन्धुता, सहिष्णुता के अनुरूप कभी नहीं होती। इसीलिए उसमें न स्वराज की भावना होती है, न समानता की। उलटे पूजा-पाठ के छद्म प्रभाव में दूसरों को पूज्य व अपने से श्रेष्ठ समझने की भावना अवश्य ग्रहण की जा सकती है। सर्वसाधारण पुजारी कहते हैं कि वे इसलिए पूजा करते-करवाते हैं कि इससे उनकी आपत्ति कट जाएगी। चाहे वह बीमारी हो या ग़रीबी हो या किसी दुश्मन का संकट हो अथवा उनके द्वारा किए गए पाप। वे मानते हैं कि पूजा करने से हत्या, अतिक्रमण, शोषण, दमन, व्यभिचार, घूसखोरी, चोरी, धोखाधड़ी, दलाली या झूठ बोलने जैसे सभी तरह के पाप मिट जाएँगे। आराध्य के आशीर्वाद व प्रभाव से उन्हें संसार में विद्या, धन, यश, पद-प्रतिष्ठा सभी कुछ मिल जाएगा। उसकी खेती व उद्योग-धन्धे लाभ देने लगेंगे।

लोकतंत्र की थोड़ी-बहुत समझ रखने का दावा करनेवाले अन्य लोग कहते हैं कि वे मात्र अपनी मानसिक शान्ति के लिए ही पूजा करते हैं और सामाजिक रचना व भौतिक कल्याण के लिए उनके मन में वैज्ञानिकता प्रधान विश्वास है।

यही वर्ग कहता रहा है कि धर्म (जिसका शरीर संहिताओं और पूजा-कर्मकांड से ही निर्मित होता है) को राजनीति में नहीं घसीटना चाहिए। हालाँकि अपने व्यक्तिगत जीवन-व्यवहारों व घर पर वे पुजारी बने रहते हैं, धर्म की सत्ता स्वीकारते रहते हैं।

आज़ादी के बाद इन दो के अलावा या कि इन दोनों के बीच से ही तीसरा पुजारी समूह या धर्मध्वजी दल समाज में उठ खड़ा हुआ है, जो प्रत्येक प्रचलित धर्म की कोख से पैदा हुआ, पला-पनपा है। जैसे हिन्दू धर्म से हिन्दू महासभा, राष्ट्रीय स्वयंसेवक संघ, विश्व हिन्दू परिषद्, बजरंग दल आदि। इस्लाम धर्म से मुस्लिम लीग, जमायत-ए-इस्लामी, हुर्रियत कांफ्रेंस, अलकायदा, तालिबान वगैरह, और इसी तरह ईसाई धर्म से भी कैथोलिक व प्रोटेस्टेंट जैसे पंथ पैदा हुए हैं। समय, स्थानीयता व क्षेत्रीयता के अनुसार केवल अपनी पूजा-विधियों की भिन्नता के कारण विभिन्न धर्मों से तरह-तरह के सम्प्रदाय सदैव पैदा होते आए हैं। वे अपने-अपने स्वरूप को सर्वश्रेष्ठ बताते हुए आगे बढ़े हैं। इन संगठनों व दलों को ही साम्प्रदायिक कहा जाता है, जो ख़ास तरह की धार्मिक पूजा-विधियों के विशेष समर्थक व कट्टर होते हैं। जब ये अपने विकास का स्वच्छन्द मौका पाते हैं तो उसे ही अपनी आज़ादी समझ बैठते हैं। जैसे आरएसएस, विश्व हिन्दू परिषद्, शिवसेना वगैरह ने बाबरी मस्जिद विध्वंस करने में ही आज़ादी समझी। तालिबान ने बामियान में विशाल बुद्ध प्रतिमा को तोड़कर अपनी विजय व बहादुरी समझी।

यद्यपि बहुत पहले से ही विरोधी धर्म के प्रतीकों, पूजास्थलों, मूर्तियों को तोड़ा जाता रहा है। उस काल को मध्यकालीन इतिहास कहा जाता है। परन्तु हम यह भी जानते हैं कि मध्यकाल में अनेकानेक विकास के कार्य भी हुए हैं। जैसे बड़े-बड़े मन्दिरों, महलों व स्मारकों का निर्माण तथा कई महत्त्वपूर्ण ग्रन्थों का लेखन इत्यादि। यह भी एक बहुत बड़ी सच्चाई है कि विभिन्न धर्मों, तरह-तरह के भू-भागों में अलग-अलग धर्म व शासकों के रहते हुए भी, सबमें ईश्वर के एका का विश्वास एक जैसा ही रहा। इससे सबके कल्याण का भरोसा जुड़ा रहा।

ईश्वर ही पूजा संस्कृति का प्राण, प्रभु व मूलाधार है, जिसकी अनन्यता, अखंडता, सर्वव्यापकता तथा अनश्वरता पर सबका एक जैसा भरोसा रहा है। ईश्वर और धर्म में वही अन्तर है, जो धर्म और पूजा में होता है। पूजा का विधान धर्मों से ही है और धर्मों की पहचान उसकी क्रियाओं (पूजा) से है। इसी तरह हमें समझना होगा कि ईश्वर धर्मों में ही है और ईश्वरविहीन कोई धर्म ही नहीं है। यद्यपि कुछ धर्म अपने को अनीश्वरवादी कहते हैं, परन्तु उनमें भी पूजा-पाठ, मठ-मन्दिर हैं, वे भी ईश्वर की रहस्यमयता से जुड़ ही जाते हैं। जैसे जैन धर्म, बौद्ध धर्म। ये दोनों धर्म अनीश्वरवादी हैं। ये मूर्तिपूजा, यज्ञ, हवन और कर्मकांडों के विरुद्ध ही जन्मे और फले-फूले हैं। उनमें सम्यकता, अहिंसा, अपरिग्रह व संयम पर विशेष

ज़ोर दिया गया। परन्तु इनमें भी अगर पूजा-कर्मकांड के रूप में मन्दिर, मूर्तियाँ व अनुष्ठान आयोजित होते रहे हैं तो वे रहस्यवाद व अन्धविश्वास से मुक्त तो हो ही नहीं सकते। उलटे जितने धनवान जैनियों में हुए या कुशल दलाल उनमें से निकले, उतने किसी और धर्म वालों में नहीं निकले।

इसी तरह बौद्ध धर्म ने विशेष भेदभाव झेलनेवाली निम्न जातियों को साथ लेकर ब्राह्मणों के यज्ञ, हवन, कर्मकांडों का विरोध करते हुए शान्तिपूर्ण वाद-विवाद के माध्यम से अपनी शिक्षाएँ फैलाईं तथा तत्कालीन भारतवर्ष में स्तूपों, मठों, विहारों, स्तम्भों व शिलालेखों का निर्माण करवाया। परन्तु वहाँ भी सहजयानियों व महायानियों के बीच विधि-विधानों व मठों को लेकर तरह-तरह के विवाद व भ्रष्टाचार हुए हैं। भिक्षु-भिक्षुणियों के अमर्यादित आचरणों के अनेक उदाहरण मौजूद हैं। लब्बोलुवाब यह कि धर्म जब क्रियाओं या पूजा-विधियों से जुड़ता है तो उसमें पाखंड, प्रपंच व प्रलाप जुड़ ही जाते हैं। वैसे तो अभी तक यहाँ धर्म वही कहलाया है जो अपनी क्रियाओं से सामाजिक रचना का पूर्ण ज़िम्मेदार व ठेकेदार हो। इसके बावजूद लोग कहते हैं कि धर्म व्यक्तिगत जीवन में तो ख़ूब बना रहे, लेकिन सामाजिक व राजनीतिक जीवन में न रहे, क्या ऐसा सम्भव है? यह सवाल आज़ादी मिलने के इतने वर्षों बाद भी उलझा हुआ है और इस उलझाव का फ़ायदा हमेशा उन्हीं कट्टरपंथी समुदायों या साम्प्रदायिक संगठनों को मिलता है, जो दूसरे धर्म के विध्वंसक हैं और उस लोकतंत्र के भी पक्के दुश्मन हैं, जो लौकिक-भौतिक विश्वासों व प्रयासों से मानवीय अस्तित्व व पारस्परिक बन्धुता व सहिष्णुता का सर्जक होता है।

उपर्युक्त विश्लेषण से हम यह निष्कर्ष निकालते हैं कि धर्म का जो ढाँचा या शरीर हमें संसार में देखने को मिलता है, वह पूजापाठ व कर्मकांड ही है। और धर्म की जो आंतरिक शक्ति या स्रोत अथवा पावर हाउस कहें, वह ईश्वर है। धर्म में जो ईश्वर है उससे ही सबको अपने कल्याण व अपने लिए निष्पक्ष न्याय पाने का भरोसा है। वही धर्म में सांगठनिक एकता की महान शक्ति है, जिसे भावनात्मक एकता व आस्था भी कह सकते हैं। वह मनुष्य जाति के लिए सदैव आवश्यक है। धर्म की बाह्य क्रियाओं, पूजा-पाठ व उपदेशों में नैतिक आचरण व व्यवहारों की जो सूचनाएँ हैं, किसी समय वे भी मनुष्य जाति को मर्यादित समाज व सुख-शान्ति की व्यवस्था दिलाने के लिए ज़रूरी रही होंगी। अब भी हमें इन्हें अपनी पूजा-संस्कृति की पुरानी परम्परा से ही चुनना होगा, परन्तु सावधानी के साथ। अलोकतांत्रिक सामन्ती समाज के स्थान पर जनवादी स्वराज्य की दुनिया का सच्चा नागरिक बनने-बनाने के प्रयासों का तक़ाज़ा भी यही है, क्योंकि ईश्वर पर विश्वास न तो हमें लोकवादी विश्वास से जुड़ने देता है और न ही आत्मावलम्बी बनने का मौक़ा देता है।

इसी प्रकार पूजा-पाठ से न तो हमें अन्धविश्वास से छुटकारा मिलता है और न भाग्यवाद से। यह मनुष्य को किसी दूसरे मनुष्य के सहयोग व सहअस्तित्व से नहीं जोड़ता। ये कुछ स्थितियाँ हैं, जो हमें सोचने को विवश करती हैं कि अब मानवीय बुद्धि व समझदारी अपने आनेवाले समाज के लिए, अपनी नई पीढ़ी को लोकतंत्र के अनुरूप सही मनुष्य व नागरिक बनने के निमित्त उसे शिक्षा-दीक्षा दिलाने की कोशिश करे या फिर ईश्वराधीनता को ही समाज-रचना का लक्ष्य मानकर भगवान भरोसे पूजा, भजन या कीर्तन करती रहे। इन दोनों में से सही रास्ता चुनना अति आवश्यक है। आज़ादी के बाद हमारी सांस्कृतिक समझ व चेतना को लोकतंत्र का सही अर्थ, मनुष्य के प्रति मनुष्य की ज़िम्मेदारी, मनुष्य का प्रेम-विस्तार एवं मानवीय अस्तित्व-बोध से जुड़ी किसी आस्था का पाठ नहीं पढ़ाया गया। बहुमत की समझ व सर्वसाधारण की जानकारी में पूजा-पाठ ही मानव कल्याण की प्रक्रिया बनी रही। शायद इसी वजह से हमारे लोकतंत्र में भावनात्मक एकता व राष्ट्रीय भावना का ह्रास तो हुआ ही, पूजा-पाठ की अपनी-अपनी मान्यताओं को विश्वव्यापी बनाने की होड़ में आतंकवाद व साम्प्रदायिकता सर पर और मँडराने लगी।

अगर कहा जाए कि फिर विकल्प ही क्या था? हमारी पुरानी सांस्कृतिक प्रेरणा वाले किसी भी समाज का कोई एक दिमाग़ भी तो नहीं बनता। इसीलिए हमारे अब तक के आचार्यगण और शासक ही दोषी ठहरते हैं। पर ऐसा भी नहीं है, क्योंकि हमारी सांस्कृतिक परम्परा में कबीर जैसे सन्त भी हुए हैं, जिन्हें हम स्वीकारते हैं, पर समझते नहीं। उन्होंने इसी पूजा-संस्कृति को पाखंड, प्रपंच व त्याज्य बताया था। परन्तु भारतीय लोकजीवन में कबीरपंथी बनकर लोगों ने कबीर को ही पूजा-संस्कृति से व रहस्यवादी चमत्कार से जोड़ दिया है। यही भटकाव है। वैसे ही, जैसे यहाँ बड़ों की या सम्पन्न तथा शासकों की अनुकरण पद्धति भारतीय श्रमिक जातियों व वर्गों को भी पूजा-संस्कृति की ओर खींच ले गई। आर्थिक स्वतंत्रता व आत्मनिर्भरता के लिए जिस तरह बैंकों के क़र्ज़ या विदेशी ऋण के सहारे विकास करने की योजना व्यर्थ साबित होती है, ठीक उसी प्रकार दैवीय विश्वास व पूजा-संस्कृति के रहते भावनात्मक स्वतंत्रता और राष्ट्रीय एकता शेख़चिल्ली का ख़्वाब ही सिद्ध होगा। उन्नति की कल्पना केवल मन-ही-मन में रह जाएगी।

हालाँकि हम देख रहे हैं कि समाज में पारलौकिक धर्म व ईश्वरीय शक्ति का भरोसा व भय पूँजीवादी व्यवस्था के ऐतबार से भी व्यर्थ हो चला है। परन्तु चालाक़ पूँजीवादी ताक़तें और इस व्यवस्था के समर्थक लोकतंत्र के बहाने समाज में सदैव अपना बहुमत बनाए रखने और धन लूटने-बटोरने के लिए धर्मों का आदर व प्रचार-प्रसार करवाते रहते हैं। उन्हीं के अन्धविश्वासों को उनके दलाल, गुंडे व आतंकी कायम रखते हैं। ओसामा-बिन-लादेन इसका हालिया उदाहरण है। परन्तु पूँजीवाद तो साम्राज्यवादी ताक़तों का ही नया स्वरूप है। वह ऐसा करे तो इसमें

आश्चर्य की बात नहीं, लेकिन अगर धर्मनिरपेक्ष व समाजवादी लोग भी वोटों की ज़रूरत या लालच में पूजा-संस्कृति को अपरोक्ष रूप से ही सही, किसी भी प्रकार का सहयोग या समर्थन देते रहे तो क्या इस धरती पर कभी लोकतांत्रिक जनभावना पनप पाएगी? और क्या बिना लोकतांत्रिक भावना के अनुरूप समाज की भावना व आस्था बनाए लोकतंत्र टिक सकेगा?

अतः सबके लिए यही विकल्प बचा है कि पूजा-संस्कृति, जो ईश्वरीय आस्था का क्रियात्मक ढाँचा होती है, पाखंडी और धोखे वाली आस्था का पक्ष छोड़कर मनुष्य-केन्द्रित संस्कृति में श्रम को पूरा सम्मान दे। कबीरदास जी ने कहा भी है—

साधो सहज समाधि भली।
गुरुप्रताप जा दिन ते जागी, दिन दिन अधिक चली॥
जहँ जहँ डोलौं सो परिकरमा, जो कुछ करौं सो सेवा।
जब सोवौं तब करौं दंडवत, पूजौं और न देवा॥
कहौं सो नाम, सुनौं सो सुमिरन, खावौं पिवौं सो पूजा।
गिरह उजार एक सम लेखौं, भाव मिटावौं दूजा॥

[सन् 2007 में प्रकाशित 'हम और हमारा स्वराज्य' निबन्ध-संग्रह से]

वर्तमान चुनौतियाँ और प्रगतिशील लेखन

वर्तमान के बारे में यदि यथार्थ रूप से विचार करें तो लोगों के बीच भूख, ग़रीबी और उत्पीड़न से भी बड़ा और व्यापक संकट साम्प्रदायिकता का मौजूद है, क्योंकि इस अजाब का मूल स्रोत ईर्ष्या ही है। इसका प्रभाव केवल पूँजीपतियों या ग़रीबों तक ही सीमित नहीं रहता। यह प्रभाव किसानों, मज़दूरों, व्यापारियों, सरकारी कर्मचारियों, राजनेताओं के साथ-साथ कलाकारों व साहित्यकारों में भी व्याप्त होता है। साम्प्रदायिकता विधर्मियों में तो होती ही है, परन्तु धर्मावलम्बियों में कुछ ज़्यादा ही भरी होती है। पुराने समय में इसकी मात्रा कुछ कम हुआ करती थी जो अब बहुत ज़्यादा बढ़ चुकी है।

साम्प्रदायिकता का उन्मूलन करना वास्तविक लोकतंत्र के धरती पर पैर जमाने की पहली शर्त है और यही प्रगतिशीलता व लोकतंत्र की किताब का पहला पाठ भी है। यह बात किसी महान आदर्श जैसी लग सकती है, पर कोई भी आदर्श अपने यथार्थ का ही उच्चतम स्वरूप होता है। शीर्ष निबन्धकार बाबू गुलाब राय जी ने कहा है—'साम्प्रदायिकता जिन कारणों से उत्पन्न होती है, उनमें धर्म प्रमुख है क्योंकि सम्प्रदाय धर्मों की शाखा है। और सम्प्रदायों की साम्प्रदायिकता भी तभी ख़तरनाक होती है, जब इस पर ईर्ष्या सवार हो जाती है।'

हमारी प्रगतिशीलता की किताब का पहला पाठ साम्प्रदायिकता को समझ-बूझकर उससे जूझने-निपटने का होता है। यह हमारे लोकतांत्रिक जीवन की एक अहम ज़रूरत है और हमारे प्रगतिशील लेखकों के सामने चुनौती भी है। प्रगतिशील लेखकों और समझौतापरस्त, दरबारी, सरकारी लेखकों की परिस्थितियों में विशेष अन्तर होता है। इनकी पहचान कर उनसे निपटते-सुलझते हुए ही प्रगतिशील लेखकों को इस खाई का अनुभव हो पाता है। इसके कारण वे अपने चुनौतीपूर्ण जीवन में दरबारी, सरकारी लेखकों से भिन्न होते हैं। लेखक की जीविका का सवाल, लेखक का अपने स्वभाव व समझ के विपरीत अन्धविश्वासी लोगों के साथ रहने-जीने के सवाल, समालोचकों से सम्बन्ध बनाने का सवाल, थोथी प्रशंसा व लोकप्रियता पाने का सवाल या कि आर्थिक सवाल तो उन लोगों के लिए भी कठिन व चुनौतीपूर्ण होता ही है, जो दरबारी और सरकारी हैं। परन्तु प्रगतिशील लेखकों के सामने इन

सारी चुनौतियों के अलावा जो प्रमुख चुनौती होती है, वह यह है कि प्रगतिशीलता का उद्देश्य पूरा करने के लिए वर्तमान के अनुरूप ही नहीं, अपने भविष्य के लिए उपयोगी अंश इतिहास व अतीत से खोजना व उसमें भी सारवान व मूल्यवान तत्वों का चयन करना। क्योंकि परम्परा को ज़मीन से जोड़कर आगे बढ़ने का नाम ही प्रगतिशीलता है।

यह प्रगतिशीलता न विदेशी हो सकती, न आसमानी। यह धरती पर ज़िन्दगी की व्याख्या और धरती का साहित्य होती है। प्रगतिशीलता का उद्देश्य पूरा करने के लिए अपने इतिहास व अतीत से ऐसे तत्वों का चयन करना होता है, जो हमारे भविष्य की प्रेरणा में सहायक होते हैं; जो ग़रीब, दुर्बल, असहाय, अशिक्षितजनों के उन्नयन व हितों के अनुकूल होते हैं; जो श्रमिक, दलित व पिछड़े वर्ग के अधिकारों की पक्षधरता की पुष्टि करते हैं, और जो दैवीय नहीं, मानवीय अस्तित्व का बोध कराते हैं। परम्परा के दैवाधीन व परावलम्बी विश्वास से हटकर या कि निरपेक्ष होकर मानवीय श्रम के विश्वास व पक्षधरता में होनेवाला लेखन ही प्रगतिशील लेखन कहलाएगा। वहीं, धरती पर बसनेवालों के लिए कल्याणकारी व परम्परा की ज़मीन पर होनेवाला प्रगतिशील लेखन ही लोकतांत्रिक होता है। इसे जनता के लिए सरलतम और सहजग्राही बनाना सबसे बड़ी चुनौती है।

प्रगतिशीलता की एक सच्चाई यह भी है कि साम्राज्यवादी, सामन्ती संस्कारों व परम्परा की रूढ़ियों में लिथड़ा जो भी लिखा मिलता है, वह लेखन श्रमिक, दलित, सर्वहारा वर्ग के लिए उपयोगी नहीं होता। इसलिए सन्त कबीर ने अपने समय में (करीब पाँच सौ वर्ष पूर्व) ही खुल्लमखुल्ला लिखा और ललकारा है—

मेरा तेरा मनुवाँ कैसे एक होय रे
मै कहता आँखन देखी तू कहता कागद की लेखी
मैं कहता सुरझावनहारी तू राख्यो अरझोय रे॥

इसी सन्दर्भ में आधुनिक काल के महाकवि गजानन माधव 'मुक्तिबोध' की काव्य पंक्तियाँ हैं—'मैं तुम लोगों से इतना दूर हूँ / तुम्हारी प्रेरणाओं से मेरी प्रेरणा इतनी भिन्न है / कि जो तुम्हारे लिए विष है, मेरे लिए अन्न है।' इसका तात्पर्य यह है कि प्रगतिशील लेखन का उद्देश्य मूलरूप से सामाजिक संरचना का स्वरूप बदलना है, जो पुरानी समाज-संरचना की प्रथाओं, रूढ़ियों, रीति-रिवाजों से कुछ भिन्न, भेदभाव रहित, शोषण की भावनाओं से अलग, मुक्ति की भावनाओं वाला ही होगा। इसके लिए प्रथम या ज़मीनी चुनौती यही है कि प्रगतिशील लेखन जिनके लिए हो रहा है, उनके बीच इसे कैसे पहुँचाया जाए, कैसे उनकी समझ में लाया जाए।

प्रगतिशील लेखकों को उनके ही अनुरूप भाषा-शैली और विषयवस्तु चुनने के साथ-साथ इस लेखन के प्रचार-कार्यक्रमों की योजना भी बनानी होगी। यह

कोई छोटी-मोटी चुनौती नहीं है, क्योंकि नई समाज-संरचना करनेवाले प्रगतिशीलों के पास सहायता व संसाधनों का सदैव अभाव बना रहता है। अत: उनके समूचे मूल्यवान प्रदेय, श्रम व साधना को तभी सार्थक होना है, जब वे इसे एक कड़ी चुनौती मानकर पूरा करेंगे।

वर्तमान में प्रगतिशीलों के लिए शायद यह चुनौती प्रथम नहीं है कि वे पूँजीवादी प्रतिगामी लेखन, प्रयोगवाद, हालावाद, प्रतीकवाद व श्रृंगारी-विलासी आधुनिकता की दौड़ में शामिल हो जाएँ या उसकी प्रतिस्पर्धा में सिद्धहस्त होकर राजदरबारों के सम्मान प्राप्त करने या रहस्यवादी आसमानी उड़ानों में आगे निकल जाएँ। इन लोकतांत्रिक, प्रगतिशीलों के सामने सबसे बड़ी और विकट चुनौती यही है कि वे साहित्य और समाज के बीच बढ़ती दूरी व खाई को कैसे पाटें।

प्रगतिशील लेखकों के सामने चुनौती यह नहीं है कि वे नामचीन व बड़ा लेखक कहलाने के लिए वर्तमान में भी यूरोपीय साहित्यकार व विचारक मलार्मे की भाँति साहित्य के धुँधलके से निकलते प्रकाश की छवि को ही असली साहित्य मानें। प्रगतिशीलों को तो अपने वर्तमान के मुताबिक नवजागरण के उस लोकतांत्रिक प्रभात की ज़रूरत है, जो मानवीय शौर्य व साहस के सौन्दर्य की ऐसी ऊर्जावान किरणें सहज ही बिखेरें, जो ठंडे पड़ चुके, शिथिल सामन्ती संस्कारों के ख़िलाफ़ दबी-कुचली जनभावनाओं को जगाएँ और समतावादी स्वतंत्र समाज का साफ़ व सही रास्ता दिखा दें।

काव्य की क्लिष्ट व रहस्यमयी धरती खाए-पिए, मौज-मस्ती में डूबे ज्ञानियों को भले ही कोई रस प्रदान करती हो, अपना ख़ून-पसीना एक करके जीवन जीनेवाले श्रमजीवियों को उस साहित्य से कुछ नहीं मिलता। हमारा वर्तमान या स्वातंत्र्य, जिसे लोकतंत्र कहते हैं, मात्र पूँजीवादी धनाढ्यों को और धनी बनाने व आनन्द देने के लिए ही नहीं आया है, वरन युग-युगों से शोषित-पीड़ित उपेक्षित श्रमजीवियों को समानता देने व सुखी बनाने के निमित्त आया है, जिसके लिए तन-मन-धन से समर्पित जीवन जीने का संकल्प ही प्रगतिशीलता की पहचान है। यह संकल्प उठाने की चुनौती हम सबके सामने है।

वर्तमान में सभ्यता के विकास व प्रगति के नाम पर प्रचार-प्रसार के रूप में मीडिया का जो अतिसरल, सर्वसुलभ और मज़ेदार स्वरूप लोकजीवन के सामने आ रहा है, वह लोकतांत्रिक लोकजीवन की भावनाओं को निखारने के लिए नहीं, वरन पूरी तरह और उन्हें लथेड़ने का काम कर रहा है। यह प्रगतिशीलों या ग़रीब वर्ग का नहीं, जनता का भी नहीं, वरन पूरी तरह विलासियों-शोषकों के हित में काम कर रहा है। प्रगतिशीलों के हाथ में जनता को इसकी पहचान कराने की ज़िम्मेदारी है कि वह कौन है, जो यह सब करा रहा है। हमारे श्रद्धेय हरिशंकर परसाई जी ने एक जगह लिखा है—'आप चाहे कितनी ग़रीबी, महँगाई, अतिक्रमण, अन्याय,

बलात्कार की बातें अपने आलेख, कविता, कहानियों में करते रहो और भले ही इतनी करुणा दिखाओ, लिखो और करुणार्द्र होकर ख़ुद रो पड़ो। किन्तु यह कभी न कहना-लिखना कि कौन करा रहा है। तो तुम्हें इस पूँजीवादी समाज में कभी कोई संकट न आएगा'—प्रगतिशीलों को परसाई जी के इस व्यंग्य की चुनौती पर ध्यान देना होगा।

कुछ प्रचारक या विद्वान यह समझाते हैं कि साहित्य का राजनीति से कोई लेना-देना नहीं है। परन्तु वे भूल जाते हैं कि साहित्यकार रचनाकार व दिशादर्शक दोनों होता है। फिर यह लोकतंत्र, जो मनुष्य द्वारा मनुष्य के हित में बनता है, इसका प्रमुख पथ-प्रदर्शक साहित्यकार ही होता है। और यही साहित्यकार यदि राजनीति से अनभिज्ञ रहेगा...राजनीति पूरी सम्प्रभुता सम्पन्न होती है, जिसका शासन जनता के मत से ही बनता-बिगड़ता है...तो फिर साहित्यकार जनता को कौन-सी दिशा दिखाएगा। इसलिए ऐसी भ्रमित समझ से भी प्रगतिशीलों को सावधान रहना है। प्रगतिशील लेखन से जुड़े प्रत्येक लेखक को यह समझना और समझाना होगा कि प्रतिगामी लेखक इरादतन आम जन-मानस को बहकावे, भुलावे व भ्रम-भटकाव में रखना चाहता है, फिर चाहे उसका लेखन राजनीतिक हो या धार्मिक। वहीं प्रगतिशील लेखन जनता के उन भ्रमों और अन्धविश्वासों, जो प्रजा को परावलम्बी और राजा को प्रभु बनानेवाली समाज-व्यवस्था के लिए पैदा किए जाते थे, को तोड़ने, उखाड़ने के लिए ही किया जाता है। यह प्रगतिशील लेखकों के लिए कर्तव्यपरायणता का सवाल भी है।

उन्हें यह भी जानना होगा कि पुरानी साम्राज्यवादी या सामन्ती समाज-व्यवस्था का विचारक सामाजिक संरचना के प्रत्येक तत्व व अंग को अकसर अलग-अलग बताएगा। परन्तु प्रगतिशील वामपन्थी लेखक को अपने वैज्ञानिक भौतिकवाद की द्वंद्वात्मक संरचना के भावानुकूल या अद्वैतवाद के विकास में ही सृष्टि के प्रत्येक अंग को एक-दूसरे का पूरक समझना होगा। जीवन समस्त साधनों व कड़ियों का मिला-जुला स्वरूप होता है, जबकि वर्तमान में यह भी समझाया जाता है कि भौतिकवाद अलग है और अध्यात्मवाद अलग। राजनीति अलग है, समाजनीति अलग। साहित्य अलग है और हमारा सामाजिक जीवन अलग। ऐसे भ्रमों की आड़ में राजनेता अपने स्वार्थ तो सिद्ध कर लेते हैं, पर आमजन भटक जाता है, दिशाहीन व आस्थाविहीन हो जाता है। जैसे कि यह कहा जाता है कि हम अपनी धार्मिक आस्था को लोकजीवन में तो स्वीकारें, लेकिन राजनीतिक कार्यव्यवहारों में धर्मनिरपेक्ष बने रहें!

धर्मनिरपेक्ष होना लोकतांत्रिक आस्था का सवाल है, परन्तु धर्म को इस जीवन में व्यक्तिगत बताकर राजनेता सभी धर्मावलम्बियों के मत हासिल कर लेते हैं। हालाँकि धर्मनिरपेक्षता को अपनी आस्था का समर्पित विश्वास मानने से जनता में

भ्रम व भटकाव पैदा होता है क्योंकि व्यवहार में धर्म कभी व्यक्तिगत नहीं रहा। वह सदा सामाजिक होता है। यही कारण है कि आज़ादी के बाद जनभावना में राष्ट्रीयता बढ़ने के बजाय घट रही है और लोगों में लोक-कल्याणकारी आस्था की जगह पैसे का महत्त्व बढ़ रहा है, जो एक साधन मात्र है।

राजतंत्रीय व्यवस्था में धर्म के साथ राष्ट्रीय भावना चल रही थी। इसलिए कि उस युग के धर्म में भाग्यवाद के तहत देवी-देवताओं, प्रभुओं, ईश्वर आदि में ही सबके कल्याण का भाव और भरोसा निहित था। पर अब, जबकि हम अपने लोकतंत्र में पारलौकिक, भाग्यवादी अन्धविश्वासों को छोड़कर धर्मनिरपेक्षता के आधार पर मनुष्य के सभी कल्याण मनुष्यों के द्वारा ही समझते हैं तो हमें धर्मनिरपेक्षता को, इस नई आस्था को स्वीकार कर धर्मों का मोह छोड़ना होगा। धर्मनिरपेक्षता कोई कोट-पैंट नहीं है कि घर में उतार दें और दफ़्तर जाते वक़्त पहन लें। प्रगतिशीलों को इसे भी अपने लिए एक चुनौती मानना होगा। शब्दों के अर्थ बदल देना भी पूँजीवादी व्यवस्था का एक लक्ष्य है, क्योंकि इसके ज़रिए भी वह हमारी संस्कृति पर आक्रमण करती है। हिन्दी में निरपेक्ष शब्द का अर्थ हमेशा तटस्थ या अलग-थलग रहना ही होता है, इसका आशय सबको मिलाना व सद्भाव रखना कभी नहीं रहा। यह भी सच है कि हिन्दी का यह अर्थ उन महापुरुषों को भी मालूम था, जिन्होंने धर्मनिरपेक्षता शब्द को स्वीकारा।

इसी प्रकार एक अन्य शब्द है—उदारीकरण, जिसका उपयोग असहायों, ग़रीबों को अपना धन व सहयोग प्रदान किए जाने के अर्थों में होता चला आया है। पर अब यही उदारीकरण देश के जनोपयोगी सार्वजनिक उद्योग-धन्धों विदेशी कम्पनियों को कमीशन रेट पर दिए जाने के अर्थ में इस्तेमाल किया जाता है। इन साज़िशों को समझाने और इनसे सावधान व निरपेक्ष रहने की चुनौती भी प्रगतिशील लेखकों के सामने कुछ कम नहीं है। वास्तव में प्रगतिशील लेखकों के सामने प्रगतिशील क़दमों का रास्ता अभी सुविधा-सम्पन्न व किसी लाभ व पद की उपलब्धियों वाला नहीं है। मुख्यत: यह कठिनाइयों, त्यागों व संघर्षों का ही मार्ग है। हाँ, महत्त्वाकांक्षा पालना मनुष्य का स्वभाव है और जीवन की प्रगति के लिए वह कुछ अंशों तक मौजूद भी होनी चाहिए। परन्तु उसकी पूर्ति न होने पर हमारे दिलों में निराशा का उभार हो जाना प्रगतिशील आन्दोलन के वर्तमान मोड़ की एक ख़तरनाक प्रक्रिया है। जब कभी, जहाँ कहीं भी यह आन्दोलन लड़खड़ाया है, उसके पीछे यही निराशा और विचलन ही रहा है।

लोकतांत्रिक, धर्मनिरपेक्ष, समाजवादी समाज-रचना के निमित्त सन् 1936 में परम श्रद्धेय प्रेमचन्द जी व सज्जाद ज़हीर साहब के द्वारा संस्थापित संगठन प्रगतिशील लेखक संघ को हमारे अगुआ लोगों ने सत्ता, प्रशासन व पूँजीपतियों की किसी सहायता के बिना, बल्कि उनकी साज़िशों का विरोध करते हुए अब तक

चलाया है। हर प्रगतिशील लेखक को उनसे प्रेरणा लेने व सीखने की ज़रूरत उसी तरह है, जैसे कि एक प्रबुद्ध लेखक बनने के लिए अपने पूर्ववर्ती लेखकों को पढ़ना परमावश्यक होता है। साथ ही प्रगतिशील लेखन के विस्तार हेतु संगठन के बड़े संचालकों के सामने भी यह चुनौती रही है कि वे अपने निष्पक्ष व्यवहारों से सबको जोड़े रखें। क्योंकि प्रगतिशील साहित्य का उद्देश्य व्यक्तिगत समृद्धि मात्र नहीं है। यह तो मनुष्यों के द्वारा मनुष्यों का समाज रचनेवाला साहित्य है।

बात यह भी है कि प्रगतिशीलता के प्रमाणपत्र प्रलेसं के अधिवेशनों में नहीं बाँटे जाते। प्रगतिशील लेखकों का असली सर्टिफिकेट उनकी अपनी धरती की पहचान ही होती है। इसे चाहे वे कबीर को पढ़कर पहचानें या मार्क्स को। परन्तु उन्हें शंकराचार्यों से अवश्य निरपेक्ष रहना होगा। क्योंकि उन्हें यह याद रखने की भी चुनौती मिली है कि कोई कवि या लेखक केवल भगवान के बनाए नहीं बनता, बल्कि वह अपनी साधना व श्रमशक्ति के बूते ही सफल होता है। प्रगतिशील लेखन तो श्रम की ही आराधना है। जब श्रम किसी रचनाकार की आस्था बन जाता है, तभी उसकी प्रगतिशीलता सार्थक होती है।

आख़िरकार यह भी एक बहुत बड़ा सच है कि जब तक भारतीय समाज के लोगों के या नेताओं के दिलों में प्रगतिशील दृष्टिकोण नहीं बसता और ईर्ष्या का ही वास कायम रहता है, तब तक सच्चे लोकतांत्रिक धर्मनिरपेक्ष समाजवादी समाज के पैर इस धरती पर नहीं जम पाएँगे।

[सन् 2007 में प्रकाशित 'हम और हमारा स्वराज्य' निबन्ध-संग्रह से]

[प्रलेसं के हैदराबाद में आयोजित तेरहवें राष्ट्रीय महाधिवेशन की स्मारिका में अप्रैल 2003 के दौरान प्रकाशित।]

आपन लिहेन दिहेन, चल दिहेन

गाँव! गाँव! गाँव! गाँव को इस ज़माने में गवाही के धन्धे में लगा दिया गया है। किसी का काम अगर अटका है और उसे अपने को दूसरों के समक्ष सही प्रमाणित करना है तो वह अपने प्रसंग में गाँव को शामिल कर लेगा। गाँव अगर उसके पक्ष में खड़ा हो गया तो सफलता उसकी ओर झुकने लगेगी। चाहे उसे सांसद का चुनाव जीतना हो या विधानसभा या ग्राम पंचायत का, या फिर चाहे फ़ौजदारी का ही मामला क्यों न हो!

सरकार, नेता, अफ़सर, समाजसेवी—सभी गाँवों का विकास करने के लिए लाइन में लगे दिखाई दे रहे हैं। गाँवों के नाम पर ही योजनाएँ बनाई जा रही हैं। विचारक, लेखक, प्रकाशक भी गाँव के ही प्रसंगों को अपनाना चाहते हैं। शायद इसलिए नहीं कि ये सब गाँवों के प्रति समर्पित होकर बलिदान होना चाहते हैं, शायद इसलिए कि इन सबका गाँवों से कोई-न-कोई सरोकार जुड़ा है।

फिर भारत गाँवों का ही तो देश है। इस देश की अनेक विभूतियाँ गाँवों की हैं। अनेक महान विभूतियों को अभी गाँवों के नाम पर आगे बढ़ना है। विश्व की आदिम सभ्यता की कोख (जन्मस्थली) गाँव हैं। गाँवों को इस सभ्यता की जननी कहें या जनक, दोनों ही सही हैं और इसलिए गाँव दोनों पक्षों की गवाही के काम आते हैं। देखिए, संसार की बहुराष्ट्रीय कम्पनियाँ भी अब गाँवों की खोज में निकल पड़ी हैं। उनको गाँवों की बेहद ज़रूरत है। गाँवों से अब उनका भी प्रेम है। गाँव-गाँव में वे अपने कारख़ाने लगवाना चाहती हैं। हर खेत को वे अपना बना लेना चाहती हैं। गाँवों में अनेक प्रचारक अपने भिन्न-भिन्न रूपों में पहुँच रहे हैं। अपनी सुधार-सेवाओं की दुहाई दे रहे हैं।

दूसरी ओर हर जगह कुछ राष्ट्रवादी जन मिलेंगे, जो समस्त बाह्य सम्पर्कों से परहेज़ बताते हैं। वे अपने अतीत-गौरव में फूले रहते हैं, पर भविष्य में उन्हें अन्धकार-ही-अन्धकार दिखाई देता है। उनका कहना है कि अतीत में ही स्वर्णयुग था। लोग अपने गाँवों की उपलब्धियों व उत्पादनों पर पूर्णतः आत्मावलम्बी थे और अब भी जब तक गाँवों के लोग अपने गाँवों पर ही आत्मनिर्भर नहीं होते, उनकी स्वतंत्रता और उन्नति का कोई विकल्प नहीं है।

इस समय पूरे दमखम के साथ दोनों पक्ष अपने-अपने प्रभाव गाँव-गाँव में पहुँचा रहे हैं और गाँवों के लोग न मुद्दई बनना चाहते, न मुद्दालेह। वे सीधे-सच्चे गवाह की भाँति अपना रोल अदा कर रहे हैं। एक लम्बे अरसे से गाँव का जीवन बहुत कुछ इसी धक्कम-धुक्की के बीच धकेल रहा है, किन्तु समस्या यही है कि अपने आप ही यह धकेलता, चलता रहे, ऐसा भी सम्भव नहीं रहा। समाज में अनेक हाथ अब तो अपनी-अपनी ओर धकेलने के लिए आगे बढ़ चुके हैं। उनके तरीके भी अलग-अलग हैं। कुछ लोग इसी धक्कम-धुक्की को आगे बढ़ने की संज्ञा भी देते हैं। इस बेराह-बेतरतीबी को मंज़िल और दिशा भी कह लेते हैं। तो कुछ इसे अपनी भारतीय संस्कृति की उखाड़-पछाड़ व विश्रृंखलन भी कहते हैं। यह है क्यों? यह हो क्यों रहा है, गाँव वाले लोग इसे अपनी आँखों से देखते हैं। अपने कानों से सुनते हैं। पर वे कभी कोई इसकी विवेचना नहीं करते, क्योंकि गवाह कभी कोई विवेचना नहीं करता।

भारतवर्ष में हर गाँव गांधी जी के सपनों का भारत रहा है। हमारे राष्ट्रकवि मैथिलीशरण गुप्त ने ग्राम्य जीवन को ही राष्ट्रीय आदर्श माना है। गांधी जी ने गाँव के विकास के लिए एक ग्रामसेवक की कल्पना की थी और अब हर गाँव में ग्रामसेवक घूम रहे हैं। भले ही गाँव के बड़े लोग ही अब भी उनको पहचानते हैं। ग्रामसेवकों के अतिरिक्त भी गाँवों की उन्नति के लिए समिति सेवक, बालबाड़ी-शिक्षिकाएँ, महिला-कल्याण परिचारिकाएँ, स्वास्थ्य सहायिकाओं की सेवाएँ गाँव वालों को घर बैठे उपलब्ध कराई जा रही है। किन्तु करामात तो देखिए कि ये सेवाएँ भी गाँव वालों की ख़रीद-फ़रोख्त की नज़र से ही हैं।

शिक्षकों की सेवाएँ गाँव-गाँव को लगभग बीस-तीस वर्षों से लगातार मिल रही हैं, भले ही साक्षरता का प्रतिशत पैंतालीस वर्षों बाद अभी गाँवों में चालीस प्रतिशत भी नहीं है। लड़का उसी का पढ़ पाता है जो अपने घर में ट्यूशन पढ़वाए। ज़माना अब ऐसा नहीं रहा कि गाँव वालों को अपने हित-अहित की पहचान न हो, उन्हें ज़रूरत न महसूस होती हो। सच्चाई यह है कि वे अपने घरों में रहना चाहते हैं। साफ़-सुथरे कपड़े पहनना चाहते हैं। अच्छा भोजन चाहते हैं। बीमार को दवाइयाँ देना और बाल बच्चों को पढ़ाना-लिखाना चाहते हैं। उनमें से अधिकांश यह जानते हैं कि कौन न्यायी हैं और कौन अन्यायी। कौन काम करता है और कौन कामचोर है। वे आपस में यह सब बतियाते हैं तथा अपना आक्रोश व असन्तोष भी प्रकट करते हैं। किन्तु ख़ूबी यही है कि वे इन सारी बातों को अपनी ज़िम्मेदारी में नहीं लेते, अपनी प्रेस्टीज नहीं मानते, मात्र गवाहों की भाँति कहते-सुनते रहते हैं।

गाँवों के लोग अब भी यह महसूस नहीं करते कि सार्वजनिक कार्यकर्ता जो नुकसान या कामों में गड़बड़ी करता है, यह नुकसान या गड़बड़ी उनके ही काम

में हो रही है। इन सारे सार्वजनिक कार्यों का नुकसान उनके लिए आपत्तिजनक तब तक नहीं होता, जब तक कि किसी का व्यक्तिगत नुकसान उससे न जुड़ा हो। इसीलिए गाँवों में कार्यरत सामुदायिक कर्मचारी व्यक्तिगत सम्पर्कों का व व्यक्तिवादी हितों का ही अधिक ध्यान रखते हैं। कोई ग्रामसेवक हो या शिक्षक या बालवाड़ी शिक्षिका, संस्थाओं को चलाना उनके लिए उतना आवश्यक नहीं होता, जितना कि पंचायत प्रधान व प्रमुख जनों से सम्पर्क बनाए रखना।

गाँव का पटवारी किसी सार्वजनिक योजना को अपनी चिन्ता का विषय नहीं मानता और न जंगल का वनरक्षक जंगल की रक्षा की इतनी परवाह करता है, जितनी कि उसे अपने अफ़सरों व नेताओं की करनी होती है। गाँव के लोग भले गवाहों की भाँति यह सब देखते रहते हैं। किन्तु वे भले भी तो इसीलिए कहे जाते हैं कि अपनी स्वाभाविक तटस्थता के चलते कभी किसी तरह के अन्याय का विरोध नहीं करते। पता नहीं, तटस्थता का यह अर्थ इनको किसने समझा दिया है कि अन्याय को भी अन्याय न कहना तटस्थता होती है।

ग़ुलामी के उस युग में भी गाँवों के अन्दर एक सत्य या साक्ष्यबोध हुआ करता था, आत्मबोध भले न रहा हो। किन्तु अब वह साक्ष्यबोध भी या कि गवाही के सत्य का मूल्य भी लोग त्यागते जा रहे हैं। अब आदमी व्यावसायिक वृत्ति से जुड़ता जा रहा है। दुनिया की बहुराष्ट्रीय कम्पनियाँ अपने सांस्कृतिक पैग़ामों के साथ सिखाती हैं कि आदमी का लक्ष्य आदमी नहीं, पैसा है। इस पैग़ाम को वह सीख भी रहा है, किन्तु यह पैसा सबका नहीं, सबके लिए नहीं, केवल हमारा है। आनेवाली दुनिया का जैसे सारांश ही यही है।

गाँव-गाँव में अब यही धारणा जोर पकड़ रही है। गली-गली में भाई-भाई के बीच खेत की मेड़-पार के झगड़े-फ़साद लोगों के लिए ज़रूरी काम बन रहे हैं। पुराने समय वाली पुण्य की अवधारणा के दान, परोपकार, भक्ति, विनयशीलता, दीक्षा आदि तो अब व्यर्थ के काम माने जा रहे हैं। परन्तु अन्ध-आस्था, परावलम्बन के पुराने पारलौकिक विश्वास, धार्मिक ढोंग और पाखंड वैज्ञानिक उपलब्धियों को भी साथ लेकर जैसे दिन दूनी रात चौगुनी प्रगति पर हैं। आत्मनिर्भरता और मुक्ति का ख़याल ही लोगों की परिभाषा में स्वार्थ संचय के सामने विलुप्त हो चला है।

मानवीय आत्मबोध वाले जिस दायित्वबोध को स्वीकारा गया था, वह व्यावसायिक रस्साकशी में नाकारा हो गया। अब लोगों को धन-संचय और ज़ोर-ज़बरदस्ती के बिना अपना भविष्य ही अन्धकारमय दिख रहा है। हालाँकि धर्म के नाम पर जगह-जगह पर विभिन्न प्रकार के यज्ञ, अखंड कीर्तन, सत्यनारायण की पूजा, नए देवी-देवताओं का प्रचलन, भगवान कहे जानेवाले ओशो रजनीश के

प्रवचन, जय गुरुदेव के नारे, सत्य साईंबाबा के चित्र, ब्रह्मकुमरियों और गायत्री यज्ञ वालों के आयोजन आदि जगह-जगह धार्मिक भावनाओं को फैला रहे हैं। पर लोगों के दिल या कि गाँवों के ये जो भाई लोग हैं, धड़ल्ले से सत्यनिष्ठ मर्यादाएँ और पड़ोसी की सुख-दुख की भावनाएँ भूलते जा रहे हैं। गाँवों का समाज अब जिस ढर्रे पर चल पड़ा है, वह चिन्तनीय ही नहीं, विचारणीय भी है।

एक ठाकुर साहब थे जो भगवान रजनीश के बड़े भक्त थे, पढ़े-लिखे भी थे, बढ़िया अंग्रेज़ी बोलते थे। शहर के सेठ जी से उनकी गाढ़ी मित्रता भी थी। ठाकुर साहब की जो भी छोटी-मोटी ज़रूरतें होती थीं, उन्हें वे बिलाहिचक सेठ जी के यहाँ से भुना लेते थे। ठाकुर साहब के घर में सोने के आभूषण बहुत थे। उनमें वे अपने भाइयों को हिस्सा नहीं देना चाहते थे। उन्होंने चुपचाप सारे आभूषण उठा कर उस सेठ के यहाँ रखवा दिए और अपने भाइयों से कह दिया कि सख़्त ज़रूरत पड़ने पर उनको बेच दिया गया। जब भाइयों का बँटवारा हो गया तो कुछ दिनों बाद ठाकुर साहब अपने आभूषण वापस लेने गए। इस पर सेठ जी ने अपने मतानुसार सोचा कि माया तो सबके भोग की वस्तु है। भगवान सबको देते हैं। लेकिन किसको किस बहाने से देते हैं, यह बात अलग है। पर घर आई लक्ष्मी के लिए टटिया नहीं देनी चाहिए। जब ठाकुर ने अपने सगे भाइयों को उनके हिस्से के आभूषण नहीं दिए तो हम घर आए आभूषण ठाकुर को क्यों लौटाएँ? फिर इस लेन-देन की कोई गवाह-साख भी नहीं लिखी गई थी।

सेठ जी ने साफ़ झूठ बोल दिया कि ठाकुर साहब आपका कोई आभूषण हमारे यहाँ नहीं है। ठाकुर अपना-सा मुँह लेकर बैरंग लौट आए। कुछ दिनों बाद ही उनके घर खाने के लाले पड़ने लगे। उन्होंने अपने निजी सहायक से कहा कि बारी काका, हमारे किसान सहदेव लोधी के यहाँ से एक बोरा गेहूँ ले आओ, उसने हमारा खेत बो रखा है। उससे हमको हिस्सा मिलना है। जब फ़सल पक के आ जाएगी तो हम अपने हिस्से से उसका गेहूँ लौटा देंगे।

सहदेव के यहाँ से गेहूँ आ गया और जल्द ही ख़त्म भी हो गया। पर ठाकुर साहब की ज़रूरत और ग़रीबी तो जस की तस बनी हुई थी। जब फ़सल आई और खलिहान पर ठाकुर साहब अपना भाग लेने पहुँचे तो सहदेव लोधी ने हाथ जोड़ कर कहा—'मैंने आपके यहाँ एक बोरा गेहूँ पहुँचाया था, जिसकी बाढ़ी सहित मुझे सवाई बोरा गेहूँ मिलना चाहिए। परन्तु आपके भाग में इस उपज से तो एक बोरा गेहूँ भी पूरा नहीं निकलता। अब मैं आपके यहाँ क्या पहुँचा दूँ और कैसे अपना गेहूँ चुकाऊँ?' परन्तु वहाँ पर ठाकुर साहब ने अपनी घरू हालत के बारे में सोचते हुए यही उचित माना कि जब हमेशा धर्म-कर्म करनेवाले बड़े-बड़े सेठ धनी-मानी होते हुए भी धन के लिए सफ़ेद झूठ बोल जाते हैं तो हमारे घर तो भोजनों की आ पड़ी है! ठाकुर ने सहदेव से सीधे कह दिया कि न हम तुम्हारे यहाँ से गेहूँ ले गए, न

देंगे। सहदेव यह मामला अपने यहाँ के ग्राम न्यायालय, न्याय पंचायत में ले गया और उसी बारी काका को अपना गवाह बनाया, जो ठाकुर साहब के यहाँ बोरा भर गेहूँ उठा कर ले गया था।

जब बारी काका को गवाही देने के लिए पंचों के सामने बुलाया गया तो वह भी सब कुछ नज़रअन्दाज़ करते हुए अपना फ़ायदा-नुकसान सोचकर बोला—'हुजूर! हम ठहरेन पउनी-परजा। आपन लिहेन दिहेन, चल दिहेन। एसे जादा हम कुछू नहीं जानी!'

[सन् 2004 में प्रकाशित 'गाँवनामा' स्तम्भ लेख-संग्रह से]

ओतनिन तो तुम उत्यना साजन।
जेतनिन मा मोरी जाँघ न उँघरै॥

जब कोई गाँव की उन आपसी चर्चाओं को सुने, जो पेट-धन्धन से अलग उनकी गुरु-गुमान भरी भावधारा की बातें समेटे चलती हैं, कोई उन चर्चाओं को यदि तटस्थ भाव से स्वीकारे तो सारे गम्भीर दर्शन और विश्व की वह सारी राजनीति, जो शीतयुद्ध के ज़माने से चली आ रही थी, के सन्दर्भ भी उसमें जुड़ते-घुलते नज़र आते हैं।

पिछले दिनों कड़ाके की धूप ने गाँवों में हड़कम्प मचा दिया। लोगों को लगने लगा था कि सन अठहत्तर-उन्यासी का सूखा जनता पार्टी के राज्य वाले, देश में इन्दिरा गांधी के न रहने से, जैसे फिर इस क्षेत्र में इस वर्ष लौट आया। परन्तु सितम्बर के जाते-जाते एक पानी गिरा– लोगों ने अलसी की बुवाई जोरों से शुरू की। केवल उन्हीं जगहों पर, जहाँ नदी-नालों से सिंचाई करके गेहूँ बोया जाता था। पर अब लोग यथासम्भव गेहूँ नहीं बोना चाहते। इसलिए कि बाज़ार में गेहूँ का भाव सस्ता रहता है। गेहूँ की खेती करने से यहाँ उसकी कई बार की जुताई और सिंचाई व खाद का ख़र्च और चार रुपये किलो तक ही बड़ी मुश्किल से बाज़ार भाव मिलने पर किसानों को लाभ की बात कौन करे, उनकी लागत भी नहीं मिलती। जबकि बाज़ार में गेहूँ बमुश्किल दो रुपये किलो ही अभी हुआ है। इसलिए गाँव के किसान भी वर्तमान में लोगों को दुगना-चौगुना लाभ कमाते देख-सुनकर अपनी चर्चाओं में धड़ल्ले से हर जगह अपनी योजना सुना रहे हैं कि भाइयो अब गेहूँ उगाना कम करो। गेहूँ तो सिर्फ़ अपने खाने भर को उगाइए और व्यावसायिक फ़सलें—अलसी, सरसों, करायल वगैरह रबी में और सोयाबीन ख़रीफ़ में बोइए। इनका भाव हमेशा तेज़ रहता है क्योंकि इनका निर्यात होता है।

सोचिए, गाँव के भोले-भाले किसान जिनकी ज़िन्दगी का उद्देश्य और जिनकी सभ्यता संस्कृति में अतिथि सत्कार, सेवा व मेहनत करके ही कमाना, खाना, कभी पूर्ण समझदारी व लक्ष्य रहा है, वे ही पूँजीवादी व्यवस्था की आचरण व नीति से जुड़ते हुए कैसे व्यक्तिवादी, स्वार्थी और लाभ कमाओ के उद्देश्य से उसको स्वयं अपना रहे हैं। वे अपने आप भूलते जा रहे हैं कि भारतीय सभ्यता व दर्शनों का मत तो यही रहा कि सुख की परवाह मत करो, दूसरों की सेवा-सत्कार व भलाई में

बलिदान भी हो जाओ, मुख्यत: यही है हमारी संस्कृति। पर गाँवों के किसान अब यह भी नहीं सोच रहे कि गेहूँ की उपज पर राष्ट्रीय जीवन अवलम्बित है। गेहूँ और चावल का उत्पादन सम्पूर्ण राष्ट्र के भोजन का सवाल है। राष्ट्र की भूख का निदान यही है। अब देश का प्रत्येक होशियार और सजग किसान अपना लाभ कमाने की चिन्ता से ठीक उसी प्रकार चिन्तित हैं, जैसे दक्षिण अफ्रीका के सम्बन्ध में आर्थिक प्रतिबन्ध लगाने की स्थिति में ब्रितानिया की प्रधानमंत्री मारग्रेट थेचर चिन्तित रहती थीं या निरस्त्रीकरण के सवाल को लेकर अमेरिकी राष्ट्रपति रोनाल्ड रीगन।

एक किसान के घर के भीतर किसान की गृहिणी कुँआर महीने की भरपूर वर्षा के होने से अपने खेत को बीज पूरा करने के लिए उस मारग्रेट थ्रेचर की भाँति ही चिन्तित है, जिसे सारी दुनिया की राजनीति में अपने साम्राज्यवाद की लाज बचाए रखने की चिन्ता है। उस वर्ष किसानों ने वर्षा की कमी को देखते हुए भादों का महीना उतरते ही सरसों-अलसी की बोनी आरम्भ कर दी थी। संयोग कि बोनी होने के एक-दो दिन बाद ही ज़ोर का पानी बरसा और पानी के बहाव के कारण मिट्टी की मोटी परत जम जाने से खेतों में बोई अलसी के पौधे निकल पाना मुश्किल हो गया। किसान इसे अपनी भाषा में खेतों में छापा मार जाना कहते हैं। इसे ही बीजमारी कहा जाता है। इसके बाद सम्पन्न घरों के बड़े किसान तो अपने घरों में बीज होने से दुबारा बोनी करवा देते हैं, परन्तु उन किसानों के लिए यह बीजमारी बहुत-बड़ा संकट होती है, जो अपना खेत पहली बार ही बीज उधार लेकर या ऋण-बाढ़ी लेकर बोते हैं। उनके घरों में पहली बार बोने के लिए ही बीज घर में नहीं होता, अब दोबारा कैसे प्रबन्ध हो। ऐसी हालत में भारतीय किसान अपनी गृहिणी से कहता है, 'तुम मुझसे जो लुकाए-छिपाए या कोरचा किए रखे हो, वह दे दो। नहीं तो अब हमारे खेत बिना बोए ही रह जाएँगे।' अपने पति के इस संकट निवारण के लिए ही पत्नी अपने पास बचाए-छिपाए पैसे भी निकाल कर दे देती है और कहती है, 'हे साजन, आप उतने खेत को ही दुबारा बोने के लिए उकसवाइए या फिर से जुतवाइए कि जितने में बोने के लिए इन पैसों से ख़रीदा हुआ बीज पूरा हो जाए। इसके बाद इतने पैसे तो मेरी राय से बचे ही रहेंगे जितने से मेरी लाज ढँकने के लिए या मेरे पहनने के लिए एक साधारण धोती बाज़ार से आ सके, क्योंकि ये पैसे मैंने अपनी धोती के लिए ही बचाए थे।' इसे समझाने के लिए उसे अपनी गाँव की भाषा में कहना पड़ा—

ओतनिन तो तुम उत्यना साजन।
जेतनिन मा मोरी जाँघ न उँघरै॥

उसकी यह 'कान्ता सम्मतितयोपि देशयुजे' जैसी बात ठीक वहाँ भी ऐसी ही जमती है, जब भारत के प्रधानमंत्री राजीव गांधी उस समय तटस्थ राष्ट्रों के सम्मेलन

में हरारे जाते समय पहले न जाने क्यों लन्दन के हीथ्रो हवाईअड्डे पर उतरे थे। और उनके स्वागत में ब्रिटेन की तात्कालिक प्रधानमंत्री मारग्रेट थेचर हवाईअड्डे पर पहुँची थीं—जो एक अनोखी बात थी। क्योंकि ब्रिटेन का प्रधानमंत्री भारत को अपना उपनिवेश मानता रहा है, और भारत के लोगों को अपनी प्रजा। परन्तु मारग्रेट थेचर ने राजीव गांधी के स्वागत में जो उदारता दिखाई, उसके दो कारण थे। एक यह कि राजीव गांधी नेहरू परिवार के आकर्षक नवयुवक प्रधानमंत्री थे और यूरोपीय सभ्यता में प्रेम और सौन्दर्य का सम्मान करना मानवीयता है। दूसरे यह कि राजीव गांधी जिस हरारे सम्मेलन में जा रहे थे, वहाँ साम्राज्यवाद की गैर-बराबरी की साज़िशों व साम्राज्यवादी षड्यंत्रों की पोल खोलने के लिए ही हरारे सम्मेलन दुनिया के उन सारे देशों का हो रहा था, जो साम्राज्यवादी अधीनता व उपनिवेशों के अन्दर पूर्व में रहे थे।

साम्राज्यों द्वारा हमारे साथ हुए सारे शोषण व अन्यायों को यह नवयुवा प्रधानमंत्री भारत जैसे विशाल देश का प्रतिनिधित्व करते हुए कहीं पूरी तरह से नंगा न कर दे, शायद इसी उद्देश्य से मारग्रेट थेचर ने राजीव गांधी से मिलना आवश्यक समझा होगा। तभी तो साम्राज्यवाद की उस पुरानी परम्परा, कि ग्रेट ब्रिटेन का प्रधानमंत्री अपने उपनिवेशों के प्रधानमंत्रियों से मिलने अपने महलों से बाहर कभी नहीं निकलता था, को तोड़ते हुए जब मारग्रेट थ्रेचर भारत के प्रधानमंत्री ने अपनी प्रिय प्रासंगिकता के साथ लहा-बहा करके कुछ कहा होगा तो इसी भारतीय शब्दावली में कहा होगा—

ओतनिन तो तुम उत्यना साजन।
जेतनिन मा मोरी जाँघ न उँघरै॥

जाँघ न उँघरने का मतलब आबरू छिपाए रहने से होता है। आबरू के खुल जाने पर ही तो किसी को नंगा कहा जाता है। नंगे भी कई तरह के होते हैं। कुछ पैसे-पूँजी के बिना नंगे माने जाते हैं तो कुछ शरीर पर कपड़े न पहनने से नंगे होते हैं। कुछ असलियत का परदा उघरने पर नंगे होते हैं। परन्तु गाँव के ग़रीब किसान की वह गृहिणी बेचारी अपना तन ढँकने के लिए धोती न होने को ही अपनी जाँघ उँघरना मानती थी तो साम्राज्यवाद की शीर्ष नेत्री मारग्रेट थेचर भी अपनी पुरानी साज़िशों के उँघरने को अपनी जाँघ उँघरना समझ रही थी। इसलिए यहाँ दोनों की समस्याएँ केवल इसी वाक्यावली में अपना निदान पाती हैं।

[सन् 2004 में प्रकाशित 'गाँवनामा' स्तम्भ लेख-संग्रह से]

अमुआ की बउर-बउर लहराय।
मोरी कोलिन की ओली भरी जस जाय॥

बसन्त ऋतु आते ही गाँवों के वातावरण में फ़सलों, पेड़-पौधों में प्राकृतिक सुन्दरता आ ही जाती है। साथ ही, अधिकांश लोगों के चेहरों पर मुस्कान अनायास छलकने लगती है।

इसे कोई चाहे मौसम की सुन्दरता या शीतलता कहे या फ़सलों की आमदनी की पूर्व-बेला की ख़ुशी अथवा नए वर्ष के आगमन की बधाई कहे परन्तु यह सबको स्वीकारना होगा कि यह समय का प्रभाव है जो सभी पर अपना असर छोड़ता है। अपने-अपने समय का ध्यान सभी को होना चाहिए, यही तो उसकी समसामयिक पुकार होती है, सामयिक चेतना होती है। इसीलिए पहले से ही यह युक्ति प्रचलित रही है कि समय सदा बहुत बलवान होता है। समय को मत भूलिए।

किन्तु इसी समय को अन्धविश्वासी समाज में भाग्य का पर्याय मान लिया जाता है। उसी अन्धविश्वास के अँधेरे में पूरे समाज की मानसिकता व सामाजिक चेतना को फँसाया जाता है। उसी का परिणाम है कि आर्थिक सम्पन्नता और सभ्यता का अभिमान रखते हुए भी समय की स्थितियों का ध्यान रखना तो दूर, अपने यहाँ समय का नाम लेने के लिए बोले जानेवाले शब्द ही लोग भूले जा रहे हैं। समय की उस रचनात्मक शक्ति को पहचानना तो इनके लिए असम्भव ही होता जा रहा है। जैसे गाँवों के अशिक्षित या परम्परावादी समाज को अगर छोड़ दें तो शहरी समाज का शिक्षित वर्ग अब पल-विपल, घड़ी-पहर का कोई अर्थ ही नहीं जानता। अब तो उसे सेकंड, मिनट या घंटे की जगह आवर्स ही याद रहता है।

इसी तरह इस देश व समाज में शहरी वर्ग व शिक्षित नौकरशाहों द्वारा अब अपना नववर्ष भी फर्स्ट जनवरी से ही आने लगा है। उन्हें यह होश नहीं है कि वर्ष भी क्या केवल तुम्हारे काग़ज़ों और तुम्हारी बातों से ही आता है या इसके आने का सम्बन्ध यहाँ के मौसम, वातावरण और धरती से भी होता है। जो नववर्ष की बधाइयाँ दे रहे हैं, प्रफुल्लित हो रहे हैं, उन्हें ध्यान नहीं कि वे अपनी सांस्कृतिक जड़ें उखाड़ रहे हैं। लोगों को जब इस देश के अपने भू-खंडों के महीनों, दिनों,

तिथियों व वर्षों की मौसमी नवीनता व परिवर्तन का ज्ञान न रहेगा तो वे अपनी जन्मभूमि की गरिमा व सांस्कृतिक महत्त्व को कैसे पहचानेंगे। यहाँ के राष्ट्रपिता, जो स्वतंत्रता के अग्रदूत थे, का जन्म भी दो अक्टूबर को हुआ है। जैसे उस दिन कोई यहाँ भारतीय तिथि व वार रहा ही न हो। हालाँकि मैं इसे अनुचित नहीं मानता अगर सारे संसार के लोगों की एक ही बोली, भाषा व सांस्कृतिक चेतना हो जाए। पर ऐसी मान्यताएँ असम्भव जैसी ही होती हैं। जीवन की संरचना में काल्पनिक आदर्श व रहस्य का उतना योगदान नहीं होता, जितना वहाँ के वातावरण धरती, हवा, पानी की अपनी-अपनी विभिन्नता का होता है। दूसरी बात यह ध्यान में रखनी भी तो ज़रूरी है कि यह कहाँ तक उचित है कि एक साम्राज्यवादी भू-खंड की भाषा-संस्कृति सारे भू-खंडों की भाषा-संस्कृति व सांस्कृतिक चेतनाओं को निगल जाए और वे छोटे भू-खंड फिर भी अपनी स्वतंत्रता की माला जपते रहें, क्या यह सम्भव है?

यों तो इस मौसमी सुन्दरता का वर्णन प्रत्येक भूखंड के कवियों ने अपनी-अपनी तरह हमेशा किया है और उन्हीं से प्रेरित होकर वहाँ की साहित्यिक सांस्कृतिक चेतना सदा जीती-जागती आई है। जैसे अपने समय की मान्यताओं को स्वीकारते हुए मध्ययुग के रीतिकालीन महाकवि देव इस बसन्त की सुन्दरता का वर्णन करते हैं—

डार द्रुम पलना, बिछौना नव-पल्लव के,
सुमन झगूला सोहै, तन छबि भारी दै।
पवन झुलावै, केकी-कीर बतरावै देव,
कोकिल हलावै हुलसावै कर तारी ते॥
पूरित पराग सों उतारों करै राई-नोन,
कंज-कली नायिका, लतानि पुचकारी दै।
मदन-महीप जू को बालक बसन्त, ताहि,
प्रातहिं जगावत गुलाब चटकारी दै॥

इसी बसन्त के लिए कवि अयोध्या सिंह उपाध्याय 'हरिऔध' रचते हैं—'प्रसारिका लोचन सौरभ भरी बसन्त बासंतिकता बनान्त में' और छायावादी युग के प्रवर्तक महाकवि जयशंकर प्रसाद कहते हैं—

धीरे-धीरे हिम आच्छादन हटने लगा धरातल से।
लगीं वनस्पतियाँ अलसाई मुख धोतीं शीतल जल से॥

छायावाद के भीतर ही नवीन दृष्टिकोण को जन्म देनेवाले क्रान्तिकारी कवि सूर्यकान्त त्रिपाठी 'निराला' ने इसी बसन्त-शोभा का बयान करते हुए कहा है—

लता मुकुल हार गन्ध भार भर
बही पवन मन्द मन्दतर
जागी नयनों में चल यौवन की माया।
आवृत सरसी पर सरसिज उठे
केसर के केश कली के छूटे
स्वर्ण शस्य अंचल पृथ्वी का लहराया॥

इसी सुन्दरता के प्रति किसी एक नए कवि ने भी कहा—

डाली झूमी, कलियाँ फूलीं नहरों में चढ़ा नया पानी।
आया बसन्त, आई धरती पर जैसे फिर हो गई नवीन जवानी॥

कहने का तात्पर्य यह कि इन सारे कवियों की रचनाओं के भीतर जो सौन्दर्यबोध है, उससे सबका आशय प्रकृति के साहचर्य से इस मानव-विकास का सम्बन्ध है। स्थानीय भाषा व मान्यताओं के भीतर मानवीय आनन्द की झाँकी है। जैसे कामदेव रूपी राजा का पुत्र यह बसन्त कभी जंगलों की सुन्दरता का कारण बनता है, कभी हिमपात जैसे संकटों को पिघलाता है और कभी संसार की वनस्पतियों व जीवों को नई जागृति व नई चेतना देता है। 'निराला' के शब्दों में कहें तो बसन्त ऋतु केवल भारतीय सांस्कृतिक आन्दोलन की सारी सुगन्ध व धरोहर को लेकर सबको मीठी-मीठी मस्ती व सुगन्ध ही नहीं बाँटती, बल्कि यह भी साबित करती चलती है कि समय के साथ परिवर्तनशीलता ही समय की जवानी है, जीवन की जागृति है। यह पुराने संस्कारों से बँधे लोगों के हृदय-रूपी तालाबों में कमल के नए फूल खिलानेवाली वो ऋतु है, जिसका पराग व सुगन्ध सम्पूर्ण धरती के लिए सुन्दर, सुखद और सुनहली होती है।

इसी तारतम्य में लेखक को मुनउवाँ कोल की आदिवासी ज़िन्दगी की भी याद आती है, जिसके घर में उसकी लड़की को ब्याहने के लिए बारात आई हुई थी इसी फाल्गुनी मौसम में, जब पंडित पौराणिकों की मान्यता के मुताबिक शादी की लगन होती है। परन्तु मुनउवाँ तो किसी पंडित से सुदिन पूछने ही नहीं गया था। उसने अपनी लड़की की शादी के लिए सुअवसर इसी समय को इसीलिए समझा था कि इस समय की सर्दी-गर्मी कुछ इस अनुपात में होती है कि जिसे ग़रीब-अमीर सभी सुखदायी मानते हैं। इस समय साधनहीन लोगों को भी यह सर्दी-गर्मी नहीं सताती और इस से भी बड़ा कारण यह है कि मुनउवाँ के खेत का सरसों पक कर इसी समय उसके घर आया था, जिससे उसकी ग़रीबी इस समय उसके घर से भाग गई थी। उसने इसीलिए सोचा था कि वह इसी समय अपनी लड़की का सौभाग्य भर सकता है। अगर यह मौका चूका तो फिर कौन जाने कब, कैसा समय आ जाए!

मुनउवाँ पीढ़ियों से मज़दूर रहा है और अब इस आज़ादी के बाद वह भूस्वामी बनाया गया है। फिर भी उसकी आर्थिक हालत में, उसकी बचत में, उसकी पूँजी में कोई बदलाव नहीं आया। वह अब भी मज़दूरी ही करता है। अन्तर सिर्फ़ इतना है कि वह अब किसी किसान के घर बारहों महीने हलवाही न करके केवल कुछ दिनों खेती के कामों में उन्हीं किसानों के यहाँ मज़दूरी करता है और कुछ दिनों के लिए जहाँ कहीं सरकारी राहत कार्य खुलते हैं, वहाँ काम करने चला जाता है। इन्हीं कृषि कार्य के दिनों में किसानों के ही कृषि-साधनों की सहायता से वह अपनी तीन एकड़ ज़मीन भी जोत-बो लेता है। अपने खेत में इस वर्ष उसने सरसों बोई थी और आषाढ़ में उसी से पहले सामा बोया था, जिसका अन्न उसके भोजन-प्रबन्ध के लिए पर्याप्त रहा। मज़दूरी से ऊपरी ख़र्च चलाता हुआ अपने सरसों की आमदनी में वह अपनी बिटिया ब्याहना ही चाहता था। उसका ग़ुजर-बसर तो उसके श्रम और प्राकृतिक-फल पर ही निर्भर है पर उसका उराव भी प्राकृतिक प्रफुल्लता के साथ-ही-साथ उमड़ता है।

जब वह अपने आँगन में लगे हुए आम के पेड़ को बौराया हुआ निहारता है तो अनुभव करता है कि प्राकृतिक विकास का और मानवीय जीवन के विकास का असर एक ही जैसा होता है। प्रकृति व मनुष्य का कहीं घनिष्ठ सम्बन्ध है, शायद इसी से शादी-ब्याह के लिए इन्हीं दिनों को अच्छा मानते हैं। उन्हीं क्षणों में जब वह अपनी पत्नी को लड़की के ब्याह के नेगचार करते देखता है तो विभोर हो जाता है। वह ग़ैर पढ़ा-लिखा आदमी भी जैसे यह जान-समझ लेता है कि प्रकृति और मनुष्यों में ऐक्य है। इनके सम्बन्धों को भूल कर जब कहीं कोई समाज प्रकृति को ही विनष्ट करने लगता है तो वह केवल प्रकृति के पेड़-पौधे व वनस्पतियों को ही नहीं नष्ट करता, वह मानव जाति और उसके संसार के विनाश के लिए भी काम करता है।

मुनउवाँ अपनी आँखों से देख रहा है। मन में सोच रहा है कि मेरी पत्नी और मैं, जो यह अपनी पुत्री की ओली भर रहे हैं, उसका पाणिग्रहण संस्कार कर रहे हैं, इसका फल हमारी नई पीढ़ी की कामना ही है। जैसे कि इन आमों की लहराती बौरों में थोड़े दिनों में फल आनेवाले हैं और उसी उराव व मस्ती में वह भूलकर गाने लगता है—'य अमुआ कै बउर बउर लहराय। मोरी कोलिन कै ओली भरी जस जाय।' मुनउवाँ यद्यपि कोई व्याख्या नहीं कर सकता, क्योंकि वह पढ़ा-लिखा नहीं है, पर उसका आनन्द उस परम पद व गति तक पहुँच चुका है, जिसे परमानन्द कहते हैं। वह समझता है कि ये संस्कार ओली भरने वगैरह की विधियाँ जीवन सम्पन्नता और समृद्धि का ही बीजारोपण है। ये पीढ़ियाँ या परिवार भी इसी आम के वृक्ष की भाँति हमेशा फलती-फूलती रहेंगी।

इन महत्त्वपूर्ण संस्कारों के संकेतों के भंडार लोकगीत ही होते हैं। उनमें सांस्कृतिक धरोहरें बसती हैं। ग़ैर पढ़ा-लिखा समाज उनका विश्लेषण नहीं कर पाता है। पर वह

उन्हें हज़ारों वर्षों से सुरक्षित रखते हुए चला आ रहा था। परन्तु आधुनिक इक्कीसवीं सदी का समाज, जो अपने को वैज्ञानिक या तार्किक ज्ञान का दावेदार मानता है, उन्हें नष्ट करके किसी और तरह उन नए सांस्कृतिक संस्कारों की रचना नहीं कर पा रहा, जिनमें मानव जाति और प्रकृति के संरक्षण के सम्मिलित प्रयास हों, भावी समाज की रचना के संकेत मौजूद हों।

आधुनिक समाज या तो संस्कारविहीन 'दिशाहीन' उच्छृंखल हो रहा है या पुराने साम्राज्यवादी आचरणों की रीति-रिवाजों का नकलची मात्र बन रहा है। संस्कारों के बीच सोचना और विवेक लगाना ही वहाँ वर्जित है। ऐसी प्रक्रिया स्वीकारते हुए सभ्य मानव नहीं सोच पा रहा है कि जिन संस्कारों से समाज के मनुष्यों की रचना होती है, उनके बारे में जिसने सोचने-विचारने की मनाही की है, उसकी मंशा व साज़िश क्या रही होगी। भारतीय भू-भाग में बसन्त केवल शादी-ब्याह का सुन्दर मौका ही नहीं माना जाता बल्कि इन्हीं दिनों के बाद यहाँ नए वर्ष की शुरुआत हो जाती है। इन दिनों का प्रमुख त्योहार होली है, उसके रीति-रिवाज इन्हीं बातों के संकेत हैं कि हमारा आनेवाला मानवीय समाज कैसा होना चाहिए। उसमें मनुष्य जाति के लिए कैसी समानता, उन्मुक्तता, सदाचार, भाईचारा व स्वतंत्रता होनी चाहिए। हमें पुराने सारे राग-द्वेष, कूड़े-कचरे को सामूहिक रूप से समेट कर उनकी होली जला देनी चाहिए। इसी को पहचानकर निराला जी ने लिखा कि 'नवगति नवलय ताल छन्द नव, नवल कंठ नव जलद मन्द रव, नव नभ के नव विहँग वृन्द को, नव पर नव स्वर दे। वीणावादिन वर दे!'

[सन् 2004 में प्रकाशित 'गाँवनामा' स्तम्भ लेख-संग्रह से]

सावन पुलके सुन्दरी, कागा पुलकें कुँआर।
कातिक धान निहारिए, अगहन में कचनार॥

किसी अन्य महीनों में महिलाओं के पाँवों में मेहँदी लगे या न लगे, पर सावन के महीने में बिरली ही कोई ग्रामवधुएँ ऐसी होंगी, जिनके हाथों व पाँवों में मेहँदी की लालिमा न रची दिखे। मेहँदी के अलावा अन्य श्रृंगार भी जैसे, चूड़ियाँ, लाखें, कड़े, करधनी, अँगूठियाँ व जूड़ों में फूल महिलाएँ इन दिनों अकसर लगाए नज़र आएँगी। अपने भाइयों के हाथों में राखी भी बहनें इन्हीं दिनों में अर्थात् सावन के आख़िरी दिन को बाँधती हैं। विरहनी स्त्रियों के दिलों में वियोग भी इसी सावन में ज़्यादा उभरता है जिसका वर्णन अनेक कवियों ने किया है।

राखी बाँधने को तो यह भी माना जाता है कि राजपूतकाल में अकसर जब युद्ध जीतने के लिए घर से निकलते थे तो उनकी बहनें रक्षाबन्धन के रूप में अपने भाइयों की कलाइयों में राखियाँ बाँधा करती थीं। वही याददाश्त इस परम्परा के रूप में अब भी समाज में रक्षाबन्धन के नाम से चल रही है और इसी को ब्राह्मणों ने अपनी भिक्षावृत्ति के साथ जोड़कर रक्षाबन्धन अर्थात् सावन के महीने के अन्त में सबको राखी बाँधने लगे। पर यह राखी बन्धन सावन में ही बाँधा जाता है और दूसरे दिनों में नहीं। इससे कुछ सन्देह होता है कि इस राखी का प्रचलन अगर युद्धों में जाते समय रक्षाबन्धन बाँधने से ही हुआ होता तो यह सावन के महीने में ही क्यों होता? जबकि पुराने समय में सड़कों व आवागमन के साधनों की कमी के कारण बरसात के चार महीनों में यहाँ युद्ध-व्यापार और बाहर आना-जाना कहते हैं कि पूरी तरह बन्द रहते थे। उस समय युद्धों के लिए बाहर जाने का जब समय ही नहीं रहता था तो यह रक्षाबन्धन का त्योहार इन दिनों ही कैसे मनाया जाने लगा?

यह प्रसंग यथार्थ से नहीं जुड़ता, इसमें कल्पना या अन्धश्रद्धा का होना ही प्रतीत होता है। इसके मनाए जाने का कारण भी सावन के महीने का नारीजीवन की श्रृंगार-उन्मुखता ही प्रतीत होती है जिससे लगता है कि जब भोगोन्मुख वधुएँ अपने प्रेमी, पति को रिझाने के लिए अपने आप में सजती रही होंगी तो वहीं, बहनों के रूप में भाइयों को देखकर बन्धुत्व भाव से उत्प्रेरित होकर उनकी भुजाओं में राखी बाँधती रही होंगी। उनको भी सजाती रही होंगी। हमारे यहाँ के सभी त्योहारों की मान्यताएँ जीवन

की ज़रूरतों से तो ज़रूर जुड़ी रहीं, इसीलिए ये हमारे जीवन के भावपक्ष को हमेशा साधती-सुधारती रहीं। परन्तु जब से त्योहारों को मात्र ऐसा उत्सव माना जाने लगा कि इनमें बस मज़ा ले लो, इनका मतलब क्या है—इसके लिए माथापच्ची मत करो, या कि त्योहारों को भी देवी-देवताओं की कथाओं से जोड़ दो, तभी से त्योहारों में अन्धविश्वास व कुरीतियों के पनपने के अवसर अधिक आने लगे। जिसके दुष्परिणाम हमारे सामने होली, दीवाली या किन्हीं अन्य त्योहारों में सामने आते ही हैं। धार्मिक दृष्टि को त्योहारों से जोड़ लेने के कारण ही हिन्दू-मुस्लिम या मुस्लिम-ईसाइयों अथवा सिया-सुन्नियों या कैथोलिक-प्रोटेस्टेंटों के झगड़े बढ़ रहे हैं। हमारे देश में साम्प्रदायिक संगठनों की बाढ़ आ गई है। त्योहारों में भाई लोग, त्योहारों की सारी संस्कारी-महिमा व पवित्रता को न जाने कहाँ भुलाकर मस्ती से शराब पीते हैं, जुआ खेलते हैं, मनमानी करते हैं, जबकि ये सारे आचरण कदाचार व अपवित्र माने जाते हैं।

रक्षाबन्धन के दिन, ख़ासकर बुन्देलखंड में, कजलियों का त्योहार मनाया जाता है, उसमें पुरानी सामन्ती परम्परा की कथा पर विश्वास करते हुए यह माना जाता है कि जब बुन्देलखंड की कुँवारी लड़कियाँ अपने गाँव, शहर के समीप स्थित तालाब व नदी के घाटों पर अपनी कजलियाँ विसर्जित करने जाया करती थीं, तब दूसरे गाँवों, शहरों, देशों के या उन लड़कियों का अपहरण करनेवाले उन पर हमला करते थे और उठा ले जाते थे। उसी समय ये भाई लोग उनकी रक्षा की लड़ाई लड़ते थे। उसी संघर्ष की याद में रक्षाबन्धन होता है और उसी यादगार में कजलियों का त्योहार बुन्देलखंड में बड़ी धूमधाम से मनाया जाता है। मगर इससे ज़्यादा यथार्थ व व्यावहारिक यह प्रसंग लगता है कि बुन्देलखंड, जो मूल रूप से वन प्रदेश व कृषि-प्रधान क्षेत्र है, जहाँ के निवासी पहले कोई भी धन्धा-व्यवसाय नहीं जानते थे, कृषि-व्यवसाय की जानकारी उनको मानवीय विकास के रूप में ही हुई और इसी से जुड़ा एक मनोवैज्ञानिक खेल, जैसे कि लड़के-लड़कियाँ जीवन के व्यवहारों का अनुकरण करते हुए खेलते हैं, जैसे छोटे बच्चे घर बनाते हैं और डोल या भगवान की रथयात्रा अपने खेल-खेल में निकालते हैं, वैसे ही कृषि-प्रधान समाज होने के कारण यह फ़सल उत्पादन का खेल बुन्देलखंड के लोकजीवन में खेला जाता था और रबी व खरीफ की फ़सल के दाने—जौ और धान को गमलों में उगाकर सात दिन तक उनकी देखभाल करके उसे सावन के आख़िरी दिन निकाल कर सबके सामने प्रदर्शित किया जाता था कि किसने, कैसी फ़सल उगाई और उसी के अनुसार वे अपनी-अपनी कजलियाँ (खजलइयाँ) हाथ में ले-ले कर सबको दिखाते और शाबाशी पाते थे, आपसी प्रेम-मिलन का त्योहार भी वे खा-पीकर मनाया करते थे।

वास्तव में कजलियों का त्योहार कृषि-जीवन का त्योहार है, युद्धों का नहीं। परन्तु मध्यकाल में, जो सामन्ती युग था और सामन्तों की प्रतिष्ठा का दारोमदार युद्ध में ही था, इसे युद्धों की प्रासंगिकता से उसी तरह जोड़ दिया गया, जिस तरह

अन्य त्योहारों को दैवी मान्यताओं व कथाओं के साथ जोड़ा गया था। कजलियों की कथाओं को ज़्यादातर आल्हा-ऊदल की कथाओं से जोड़ा जाता है, पर इन कथाओं से यह भी स्पष्ट होता है कि कजलियों का त्योहार यहाँ इनके पहले से भी चलता आ रहा था। कजलियों के त्योहार में मध्यकाल के युद्धों का भी उतना महत्त्व नहीं माना गया, जितना कि इसमें नारी रूप-सौन्दर्य के अपहरण प्रधानता है और यह नारी-सौन्दर्य मोह चूँकि इसी वर्षा ऋतु या सावन के महीने में ज़्यादा उफनता है, इसीलिए यह त्योहार भी इसी ऋतु व महीने में मनाया जाने लगा। इस से भी प्रमाणित होता है कि त्योहारों का असली अंश या उद्‌भव मौसमी है। ऐतिहासिक, धार्मिक और राजनीतिक प्रभावों की छाप तो उनमें बाद में आरोपित होती चली गई।

यद्यपि यह भी सच है कि त्योहार, सांस्कृतिक सम्पदा के कोष होते हैं इसीलिए सांस्कृतिक मूल्यों के अनुरूप इनके संस्कारों को जानने-पहचानने के लिए ही इनमें भी लोकनायक की आवश्यकता होती है। परन्तु लोकनायक जिस समय का होगा वह उसी समय के जीवन व्यवहारों का प्रतिबिम्ब त्योहारों पर भी छोड़ेगा। परन्तु त्योहारों की आयु तो किसी भी लोकनायक की आयु से हमेशा लम्बी होती है, इसीलिए त्योहारों को मौसमी दृष्टि से स्वीकारना-सजाना ज़्यादा उचित है, अपेक्षाकृत इतिहास व धर्म के प्रभाव से जोड़कर देखने से त्योहारों का लोकजीवन से अटूट रिश्ता है और लोकजीवन का दारोमदार प्राकृतिक है। प्रकृति का स्वभाव परिवर्तनशीलता है, इसी आधार पर त्योहारों को रूढ़िग्रस्त व अन्धविश्वासी नहीं होना चाहिए। परन्तु धर्मों की सीमाओं में त्योहारों को भी ले आने के कारण उनका सारा आवरण रूढ़ियों, कुरीतियों से लद गया है। यह श्रावणी समय जिस तरह नारी हृदय के लिए पुलकावली से भरा हुआ होता है, चाहे उसे पति-प्रसंग में देखे या बन्धुत्व के रूप में, उसके लिए यह खुशियों का अवसर ही होता है। ठीक इसी तरह कौवों के लिए कुँआर का महीना होता है, जब कौवे ज्वार व मक्का के खेतों में मज़ा मारते नज़र आते हैं। इस महीने कौवों की प्रसन्नता के लिए लोगों के पुरखों की श्राद्धें भी होती हैं और किसी के श्राद्ध में पिंडदान के बाद कौवों को भोजन देना ज़रूरी होता है। इसीलिए कौवे बरसात के बाद कुँआर में ज़्यादा नज़र आते हैं और इसी महीने में वे बच्चे भी देते हैं। यह कौवों की प्रसन्नता का अवसर है, जबकि कातिक माह की सुन्दरता धान के खेतों की मेड़ों पर खड़े होकर निहारने से नज़र आती है, जैसे कि यौवन से भरी सुन्दरियाँ लज्जावश अपनी नज़र नीचे झुकाए रहती हैं, उसी तरह धान की सुनहली बालें इस समय झूल जाती हैं।

फूलों के फूलने-खिलने का भी अपना-अपना समय है, जैसे तुरुइया व गेंदा भले ही भादों में फूल जाएँ पर बेला में फूल बरसात के बाद ही आते हैं। इसी प्रकार कचनार, कौमुदी व कमलों के फूलों का समय हेमन्त ऋतु में ही होता है, जो अगहन माह में पड़ती है।

[सन् 2004 में प्रकाशित 'गाँवनामा' स्तम्भ लेख-संग्रह से]

जियत न परसे माँड़। मरे परोसे खाँड़॥

कुआँर के महीने में जब पितृ-पक्ष गाँवों में आता है तब एक ऐसा वातावरण बन जाता है कि लोग भाव-विभोर होकर परलोक को लोक में या लोक को परलोक में मान लेते हैं। सभी पुरुष इस तैयारी में होते हैं कि उनके पुरखे परलोक से लोक में आ रहे हैं, वे उनके स्वागत में अपने काम-धन्धे छोड़कर सरकारी नौकरी से भी छुट्टी मंजूर करवाकर अपने माँ-बाप या दादा-परदादा की श्राद्ध करने में तत्पर रहते हैं। सुबह-सुबह उठकर स्नान करके, कुशा हाथों में लेकर चावल, तिल के साथ पुरखों को पानी देने नदी, तालाब या अन्य किसी जलाशय में जाएँगे। घर की साफ़-सफाई करवाकर घरों के दरवाज़ों पर चौक डलवाएँगे, उस पर फूल चढ़ाएँगे या बिखेरे रहेंगे। उस दिन उनका घर-द्वार बहुत ही पवित्र रहेगा, चाहे वह साल भर भले ही गन्दा ही पड़ा रहे। अच्छे-अच्छे भोजन—पकवान पुरखों की श्राद्ध के दिन बनेंगे, अपने भाई बिरादरों को और ब्राह्मणों को निमंत्रित किया जाएगा, ब्राह्मणों को खिलाने के बाद कुछ दान-दक्षिणा में नक़द रुपये भी दिए जाएँगे। उस दिन लोग कौवों व कुत्तों को भी आदरपूर्वक कुछ टुकड़े या भोजन देंगे। लोगों की मान्यता है कि पुरखों को यदि यमपुरी में ही मरने के बाद निवास मिला होगा तो ये कुत्ते और कौवे भी यमपुरी के ही जीव हैं, अत: ये यदि कुछ खाएँ-पिए रहेंगे तो ये हमारे पुरखों की वहाँ सहायता करेंगे।

पुरखों का श्राद्ध करने में लोग यह समझते हैं कि यदि हम अपने पुरखों का श्राद्ध करते हैं तो हमारे मरने पर इसी देखा-देखी या परम्परा में, हमारे लड़के-नाती-पोते हमारा भी श्राद्ध करेंगे। लोगों की मान्यता है कि श्राद्ध में दिया हुआ या खिलाया गया भोजन या उपयोगी पदार्थ वह सबका सब पुरखों को वहाँ स्वर्गलोक में या यमपुरी में अथवा दूसरे अवतार लेने पर उन्हें मिलेगा। यह उन्हें मिल ही जाए, इसके लिए ज़रूरी है कि कोई पंडित अपने मंत्रों व श्लोकों से ही उसका संकल्प कराएँ। बिना ब्रह्म-वाक्य की सहायता से वह पुरखों के पास नहीं पहुँचता। लोगों की यह भी मान्यता होती है कि पुरखे जो इस धरती पर श्राद्ध के दिन आ रहे हैं वे हमें किसी प्रकार से दुखी न देखें और न हम उस दिन किसी को कष्ट पहुँचाएँ। अपने पालतू पशुओं व बैलों से भी काम न लें, कहीं ऐसा न हो कि हमारे पुरखे ही हमारे बैलों

के अवतार में आ गए हों तो उन्हें हम कष्ट न पहुँचाएँ। इन सारी मान्यताओं के साथ ब्राह्मणों, पंडितों ने श्राद्ध के अन्य कई तरह के कर्मकांड जगह-जगह अलग-अलग ढंग के बनवा रखे हैं, जैसे कि पिंडदान करना, बाल बनवाना या न बनवाना, तेल लगाना या न लगाना, नए कपड़े वगैरह न पहनना।

इन दिनों को पितरहाई या मरणहा दिन ही मानकर कोई अन्य कार्य शादी-ब्याह, बरहौं और नई शुरुआत के कार्यों को करना वर्जित होता है। परन्तु इन दिनों में मरनेवाले को कहते हैं कि वह सीधे खुली किवड़ियन ही स्वर्ग या यमलोक पहुँच जाता है। उसकी तेरही-बरखी भी इन पितृ-पक्ष के दिनों के भीतर ही करवा ली जाती है। लोकजीवन में श्राद्ध करने का बहुत बड़ा महत्त्व होता है, जिनके परिवार वाले अपने पुरखों का श्राद्ध नहीं करते उन्हें अच्छा नहीं माना जाता। पुराने कवि कहते थे—

जो कबहुँ न करें सराध, सुरन की करें न चर्चा।
मित्रन सों घात करें, धरम की करें न अर्चा॥

अर्थात् जो लोग श्राद्ध नहीं करते, देवताओं की कथाएँ नहीं जानते, जो मित्रों से विश्वासघात करते हैं, जो धर्म के अनुसार अर्चना-पूजा नहीं करते, वे अच्छे आदमी नहीं होते।

यह तो पितृ-पक्ष की श्राद्ध मनाने की विधि व समर्थन की बात हुई, पर यह पितृ-पक्ष की मनौती व श्राद्ध करने का विश्वास, लोकजीवन में अन्धविश्वास को निखारते रहने व उसे समाज में बनाए-पनपाए रहने का पूरा आधार या पावर हाउस है। जहाँ तक पुरखों की याद करना, उनकी स्मृति में अपने भाई-बिरादरों के साथ खाना-पीना या ब्राह्मणों विद्वानों अथवा समाज के शुभचिन्तकों व सेवकों को खिलाना, दान देना भी ठीक है, घर-दरवाज़ों की साफ़-सफाई करवाने की अनिवार्यता है, वह निश्चय ही एक उचित क्रियाशीलता है। हम अपने पुरखों या अपने को जन्म देनेवालों को याद रखें, उनकी स्मृति में ख़ुशियाँ मनाएँ, उनके गुण गाएँ, उन्हें अपनाएँ—यह तो परम्परा के मूल्यवान प्रदेय होंगे। परन्तु इस पितृ-पक्ष के श्राद्ध में जो मान्यताएँ हैं या जो ये क्रिया-कर्म हैं वे पूर्णत: अन्धविश्वास की पुष्टि के लिए ही ज़्यादा कारगर हैं। जैसे इन कर्मकांडों में पिंडदान करके हम यह मानते हैं कि हम अपने पुरखों के शरीर की ही पुर्नरचना कर रहे हैं या कि तिल-चावल के साथ कुशा की नोंक से पानी उलीच कर हम अपने सैकड़ों वर्ष पूर्व मरे पुरखों को ही पानी पिला रहे हैं। हमारे पानी देने से उनकी प्यास मिटेगी।

हम यह भी कल्पना करते हैं कि कुत्तों और कौवों को खिलाएँगे तो ये यमपुरी में पहुँचकर हमारे पुरखों की सहायता करेंगे। ऐसा विश्वास मानना मात्र कोई भ्रम ही नहीं यह खुल्लम-खुल्ला अन्धविश्वास है। अन्धविश्वास का परिणाम मनुष्य

जाति या जीवन को अन्धकार या अज्ञान में धकेलना ही होता है। एक बार अगर हम यह भी मान लें कि इन आचार्यों के कथनानुसार ही हमारे पुरखे इस पितृ-पक्ष में आते ही हैं, और वे हमको अच्छा खाते-खिलाते और प्रसन्नता में देखने ही आते हैं तो वे ही जब हमें अज्ञान व अन्धविश्वास में फँसा देखते होंगे तो क्या वे प्रसन्न होते होंगे? उनका मोक्ष या हमारा मोक्ष कभी अज्ञान व अन्धविश्वास द्वारा नहीं हो सकता। अगर मोक्ष का मतलब होता है—इस आवागमन व पुनर्जन्म से छुटकारा पा जाना तो हमारा व हमारे पुरखों का मोक्ष तो हमारे भीतर यह ज्ञान और समझ जाग्रत होने से ही होगा कि हम समझ जाएँ कि इस शरीर रचना की पूरी प्रक्रिया भी वैज्ञानिक दृष्टिकोण से, भौतिक कारणों का ही परिणाम है।

प्राण कोई ठोस पदार्थ नहीं होता। वह चेतना-ऊर्जा से भी ज़्यादा सूक्ष्म व द्रव्य या गैसों से भी ज़्यादा अग्रहणीय, अरूप, अदृश्य और अस्पर्शनीय है। वह मात्र सत्यम् एवं सुन्दरम् है, जो सबमें मौजूद है और भिन्न-भिन्न है। उनके लिए की पुनर्रचना कराना अज्ञानता के अलावा और क्या होगी? इन्हीं प्राणों के लिए पुरखों का श्राद्ध करना तो मूर्खता ही है। हाँ, अपने पुरखों की स्मृतियों के प्रति श्रद्धा अर्पित करना उचित हो सकता है। मगर अपने पुरखों की जीते जी सेवा न करना और उनके मर जाने पर हज़ारों रुपये उनके श्राद्ध में ख़र्च करना तो इस मुहावरे के अनुकूल ही है—'जियत न परसे माँड़, मरे परोसे खाँड़।'

यह ग़लती केवल किसी एक व्यक्ति की गैर-समझ व भ्रम नहीं है। यह सामाजिक परिपाटी और मान्यताओं का दोष है। इसे सामाजिक रूप में ही बदलना होगा, अगर समाज को लोकतंत्र या लोक विश्वास की ओर बढ़ाना है तो वरना इस से कोई एक-दो लोग नहीं बिगड़ते सारा समाज ही अन्धविश्वास के गड्ढों में गिरता रहेगा। क्योंकि इसके जन्मदाता पंडे, पंडित-पुरोहित और धार्मिक कथाएँ ही होती हैं, जो मानवीय विवेक व सोच को तो रोकती ही हैं, मनुष्य में मानवीय अस्तित्व-बोध और दायित्व-बोध भी नहीं जागने देतीं।

[सन् 2004 में प्रकाशित 'गाँवनामा' स्तम्भ लेख-संग्रह से]

माँगे भूमि भूप जो पावैं। तो दीनौ भूपाल कहावैं॥

हुसेन कक्का बड़े सुबह से उठके बड़े ठाकुर साहब के दरवाज़े पहुँच कर बोले, 'सुनेन हुज़ूर! दिल्ली दरबार के दुआरे से लौट आए किसान। हुज़ूर! पहिलेन नहीं मैं अपना से सुनाए रहे हौं कि मूँड़े मा गोरसी औ नवाब से जउँहर नहीं होय। बताय रहे हैं कि इन सब किसानों की बातें दिल्ली में कउनो पायलट साहब से हुई है। पै काहे हुज़ूर! पायलट तो शायद उनहीं को कहते हैं न, जो हवाई-जहाज़ उड़ाते हैं। उनको इन किसानों को हवा में उड़ाना कौन कठिन था। उड़ाय दिहिन हुज़ूर! हल्ला भर भा कि भारी रैली रही। बातचीत में मिला केवल आश्वासन। फिर इन किसानन का आश्वासन जैसे सरकार नउपर के दीन्हिंस होय!'

बड़े ठाकुर ने अपने हुक़्क़े की शटल को खींचते हुए कहा, 'ल्या हुसेन पिया हुक़्क़ा! काहे हमहूँ नहीं कहे रहेन कि संसार में सबको सब कुछ देनेवाला भगवान है। कोई नँगड़ा मनुष्य किसी मनुष्य को क्या देगा। परन्तु नेतागीरी है। हमसे इन लोगों ने चन्दा माँगा था तो हमने दे दिया पच्चीस रुपये। हम जानते थे कि ये खा-पीकर लौट आएँगे। सही पर जो किसान अपने हाथों किसानी करता है, उसको कहाँ फ़ुरसत है, इस कार्तिक के महीने में दिल्ली-भोपाल जाने के लिए। वह तो केवल इसी महीने के जुताई-बुवाई की बदौलत साल भर की अपनी जीविका का प्रबन्ध करता है। बरसात के चार महीनों में वह अपनी जिस ज़मीन की जुताई दस बार करता है, उसमें बुवाई (बाइत) इसी कार्तिक के महीने में करता है। खाद डालता है। तीन-चार बार सिंचाई करता है। तब कहीं चार क्विंटल गेहूँ बो कर ज़्यादा-से-ज़्यादा पचास क्विंटल गेहूँ निकाल पाता है।

अब अगर यह पचासौ क्विंटल गेहूँ वह अपने खलिहानों से बिकवा देता है तो उसे उसकी क़ीमत पच्चीस हज़ार मिलती है। जिसमें उसके परिवार के पाँच आदमी साल भर लगे रहे हैं। उन्हें अगर कोई कम-से-कम एक हज़ार रुपये माहवार से भी हिसाब लगा के मेहनताना दे तो साल भर में साठ हज़ार रुपये चाहिए। जबकि कुल गेहूँ पच्चीस हज़ार का है। अब उन्हें वह पाँच सौ रुपये माहवार भी नहीं मिलता। उस खेती में उन्होंने ज़मीन का लगान दिया होगा। बीज-खाद की क़ीमत लगी होगी। सब सिंचाई, जुताई में ख़र्च कितना लगा होगा। अगर यह सब सोचा जाए तो चार

क्विंटल गेहूँ का बीज दस एकड़ जमीन के लिए पर्याप्त होता है। और दस एकड़ की साल भर की जुताई, सिंचाई का ख़र्च भी बीस हज़ार से कम न होगा। परन्तु इस सरकार ने जब से देश की उन्नति का रास्ता अमेरिकी व्यवस्था की नक़ल पर निकालना चाहा तो किसानों को सब्सिडी मात्र खेती के लिए खाद खरीदने में दी जाने लगी। इससे ही देश की सरकार ग़रीब हो रही है और व्यापारी लोग, जो हमारे देश में आज़ादी के पहले इने-गिने थे, बिरला और टाटा की पूँजी भी आजकल के हिसाब में एक दो प्रतिशत भी न रही होगी, वह द्रुतगति से बढ़ी है और देश में व्यापारी ही व्यापारी नज़र आ रहे हैं। उस पर भी विदेशी व्यापारियों के लिए पूरी छूट है। सरकार उनको करों में छूट देकर ग़रीब नहीं हो रही?

कहते थे कि राजा और पुराने बादशाह अन्यायी होते थे और आजकल की सरकार चलानेवाले ग़रीब जनता के प्रतिनिधि हैं। और ये किसान विश्वास करके सरकार से अपने अधिकारों व भलाई की माँग करने जाते हैं। वे नहीं समझते कि धनवान को ही धन मिलता है और बलवानों के ही पीछे लोग लगते हैं।

यह सुनाते हुए ठाकुर साहब बोले कि समझे न हुसेन कि इसमें क्या राज़ है, जो यह जनता के प्रतिनिधि होकर भी जनता की परवाह नहीं करते। ठाकुर साहब अपनी बात आगे बढ़ाते हुए बोले, 'जे जइसन रही है व वइसै रही। य बचन हमरे दाऊ साहब कहिन हैं कि य कांग्रेसिउ शब्द तो लागत है कि कंगी+ईश, यानी कंगिन के मालिक से बनो है।' हुसेन कक्का बोले, 'हुज़ूर ! मैं मान्यौ अपना कै पै मैं य न जान पायौं कि व हमार स्वराज कहाँ गा, जहाँ सबका बराबरी और समानता मिलै का रहो है। औ य कांग्रेसौ जिनकर पार्टी रही उनकर ख़याल भूलि जात ही।' ठाकुर साहब कहिन कि कउनौ समाज केवल आश्वासनों व बातों-बातों से नहीं बना करता। उसके लिए समाज के लोगों की भावना व संस्कार बदलने होते हैं। अबै तो राजा, बादशाह सिर्फ़ बदले हैं। नेता लोगों का रहन-सहन ज़रूरतें उन बादशाहों से कहीं कम नहीं हुईं। बदलाव के नाम पर किसानों की ज़मीन पर सीलिंग व सीमाबन्दी हुई है। पर धनिकों के धन के स्वामित्व पर कउनौ हदबन्दी नहिं आय, ता य एक भउसा न होथै? येही भउसा मा अब कोऊ नियम-क़ानूनै नहिं मानै, पैसा होय त सब माफ़ है। य सरकार चलामैं वाले न इसकी वे चिन्ता करते हैं, न उनकी वे चिन्ता करते हैं। जैसा कि पुराने समय में होता था और जनता को अभागी या भाग्यहीन मानकर बहला के अपने काम उससे कराए जाते रहे हैं। वही ये सरकार चलानेवाले कर रहे हैं और जनता भी पुराने ज़माने के अनुसार ही सरकार से अपने भले के लिए माँग कर रही है, या भगवान भरोसे जी रही है। जबकि अब मौक़ा लोकतंत्र का है। सरकार बनानेवाले नेताओं से इस जनता को अपने अधिकार माँगना ही नहीं लेना है...तो उसके लिए जनता को अब पुराने तरीक़े व पुराने हथियारों से सरकार से नहीं लड़ना। अब तो नए तरीक़ों से ही इनको भी

मुक़ाबला करना होगा। देखिए, यह किसान, जिसका ख़याल सरकार ने पचास वर्ष की आज़ादी में ठीक से नहीं किया, यह केवल वोट भर नहीं देता, यह अपने खेती से पूरे समाज का जीवनरक्षक भोजन पैदा करता है। परन्तु यह सरकार पर इतने पर भी दबाव नहीं डाल पाता। फिर तो इसका मुख्य कारण यही है कि सोच वही पुराना का ही पुराना है। यह संगठित होना नहीं जानता। यह सरकार से टकराना नहीं चाहता। जबकि लोकतंत्र, जो सबको बराबरी देनेवाली व्यवस्था का नाम है, उसमें सबकी योग्यता व क्षमता में समानता व बराबरी की भी ज़रूरत होती है। देखिए, नेता लोग अपनी कमाई सरकार में आकर बढ़ा लेते हैं। सरकारी नौकर भी स्ट्राइक करके अपनी तनख़्वाहें बढ़वा लेते हैं। व्यापारी भी हड़ताल करके बाज़ार बन्द करके अपनी माँगें मनवा लेते हैं। परन्तु किसान व मज़दूर सिर्फ़ माँग करके भी आश्वासनों में ही जी रहे हैं। ये किसान व मज़दूर एक साथ संगठित भी नहीं हो रहे। दोनों अपने को एक मोर्चे पर समझ भी नहीं रहे। किसान अब भी अपने को मालिक मानकर मज़दूर को अपना ग़ुलाम बना के ही रखना चाहता है। यही कारण है कि ये किसान और मज़दूर (श्रमिक) दोनों शोषित हैं, और नेता, व्यापारी तथा सरकारी अफ़सर एकजुट होकर इनके विरुद्ध ही अपने षड्यंत्र चला रहे हैं। इतने पर भी जनता, किसान, मज़दूर अपने पुराने व्यवहारों व साधनों से ही नए साध्य व सुविधाएँ पाना चाहते हैं। लोकतंत्र के अधिकारों की इच्छा तो वे रखते हैं, पर सरकार से माँग कर ही। जबकि पुराने समय में भी यह मान्यता रही है कि—'माँगे भूमि भूप जो पावै, तो दीनहुँ भूपाल कहावै।'

अब भी सच्चाई यही है कि सत्ता व शासन सदैव संघर्ष व लड़ाई से मिलता है, और लोकतंत्र की सच्ची समानता व सबको अपने अधिकार भी लड़ने से व अपने प्रभाव बढ़ाने से ही मिलेंगे। परन्तु हम अभी बिना कुछ किए पाने की उम्मीद 'मूँड़े मा गोरसी, औ नबाब से जँउहर' की तरह ही कर रहे हैं, जो सम्भव नहीं होता—मन ही मन के लड्डू हैं तो खाते रहें!

[सन् 2004 में प्रकाशित 'गाँवनामा' स्तम्भ लेख-संग्रह से]

मोरे अँगने की तुलसी औ गेंउड़े के भूत।
पड़ोसे का पंडित औ हाँथे का सूत॥

एक चबूतरे पर बैठे गाँव के लोग रेडियो की ख़बरें सुन रहे थे। सुनने के बाद कुछ अधीर होते गए। एक सयाने ने कहा, 'क्या कहें! देश के प्रधानमंत्री (राजीव गांधी) व भूतपूर्व सेनाध्यक्ष की भी जब सरेआम हत्याएँ हो सकती हैं तो ऐसे प्रशासन में अपनी सुरक्षा का क्या भरोसा करें।' दूसरे सज्जन बोले—'आजकल के समाचारों में हत्याओं की ख़बर ही ऐसी है, जो हर रोज़ छपती है।' सयाने ने कहा—'अब का कहीं, य सुराज तो सान्ती व सुरक्षै के खातिर आवा चाहित्तै, पै होइ उलटा रहो है।' तभी गाँव के लोगों की बड़ी दीदी (यानी सबसे ज़्यादा सयानी) ने अपनी भर्राई आवाज़ में कहा—'बेटवौ, अपने हियन सबकै भीतर-बाहर सुरक्षा त येई कीन्हिन हैं—'मोरे अँगने की तुलसी औ गेंउड़े के भूत। पड़ोसे का पंडित औ हाँथे का सूत॥'

इन गाँवों की मान्यताओं में, यहाँ के प्रबुद्धजनों तक का यह विश्वास पुराने समय से रहा है कि हमारी रक्षा सदैव दैवी कृपा पर आधारित है। इस दैवी कृपा को हमेशा पाने की लालसा में पंडित लोग यह बताते रहे कि तुलसी विष्णु भगवान को बहुत प्रिय है, जिनके घर आँगन में तुलसी का पौधा होगा, जो अपने भोजन में तुलसी-दल मिलाके खाएँगे, भगवान विष्णु उन पर प्रसन्न रहते हैं। भगवान उस तुलसी के प्रेम से कभी-न-कभी उनके घर आ भी सकते हैं। इसीलिए इस भारतीय लोकजीवन में सब के घर-आँगन में तुलसी का पौधा अवश्य होता था। हालाँकि आजकल वैज्ञानिक दृष्टि से भी तुलसी के पौधे का महत्त्व है। वह अपने आस-पास की जलवायु को स्वच्छ करता हुआ कई बीमारियों की औषधि भी होता है। परन्तु उस समय के सामान्यजन तो उसे अपनी रक्षा के ही विश्वास से लगाए रहते थे। लोग तुलसी के पौधे को प्रतिदिन धूप-द्वीप देते थे, पर कार्तिक के महीने में तो विशेष रूप से ही बत्तीस-बत्तियों को एक साथ समेट कर तुलसी को पूरे माह लोगों के यहाँ दीप दी जाती थी। लोगों की मनोकामना इस से यही रहती थी कि तुलसी की पूजा विष्णु भगवान की प्रियतमा (लक्ष्मी जी के प्रतिरूप) की ही पूजा है और हमारे आन्तरिक धन-धान्य की सुरक्षा भी यही तुलसी माता करेंगी।

इसके साथ ही लोग अपनी सुरक्षा की दृष्टि से अनेक देव-भूत जिन्हें गेउँड़हरे के, यानी अपने गाँव के आस-पास के देवता माना जाता है, पूजते हैं, जैसे कि मसान, मेड़वइया, पौरिया, शारदा देवी, काली, चंडी, भैरव बाबा, दूल्हा देव आदि। इन तरह-तरह के अन्य देवताओं को स्थानीय मान्यताओं के अनुसार लोग इसी विश्वास से पूजते थे कि इनसे उनकी सुरक्षा होती है, साथ ही उनकी सुरक्षा की बहुत कुछ ज़िम्मेदारी उनके पुरोहितों व पंडितों की ही होती थी, क्योंकि गाँव के लोग कोई भी काम करने के पूर्व पंडित से पूछते थे कि यह काम हमारा सुरक्षापूर्वक हो जाएगा या नहीं। पंडित अगर कह देता कि अभी सुदिन या शुभ नक्षत्र नहीं है तो लोग अपना काम नहीं करते थे। पंडित से पूछकर के ही राह चलते थे, पंडित से पूछकर के ही शादी-विवाह करते थे, पंडित से पूछकर ही कोई उद्योग-धन्धा या खेती-व्यवसाय करना, यानी उनके लिए सभी कार्यक्रमों में पंडित की राय लेना अनिवार्य था और अब भी है। यद्यपि इसके पीछे दैवी विश्वास व अन्धविश्वास ही हैं, जिन्हें हम मानते हैं। जबकि उनके मन में तो अपनी सुरक्षा की ही लालसा होती है। हाथे के सूत की बात जो उस सयानी औरत ने कही है कि वह रक्षाबन्धन है, जिसे पंडित लोग पूजा-पाठ व किसी भी यज्ञकर्म के पूर्व उस कार्य के करनेवाले के हाथों में बाँधते हैं, वह सूत बाँधने का भी यही तात्पर्य होता था या है, कि उस रक्षाबन्धन के रहते, किसी असुरक्षा का ख़तरा नहीं रहेगा।

इसी रक्षाबन्धन को फिर बहनें अपने भाइयों की भुजा व कलाइयों में जब स्नेह-प्रदर्शन के लिए सावन माह की पूर्णिमा में बाँधने लगीं तो बहुत लोगों ने यह भी मान्यता उसके पीछे जोड़ दी कि जब भाई लोग युद्धों के लिए अपने घर से बाहर निकलते थे तो यह रक्षाबन्धन उनकी बहनें भाइयों की सुरक्षा की मनोकामना व विश्वास में ही बाँधती थीं। अब लोगों की सुरक्षा, तुलसी के पौधे से या रक्षाबन्धन के धागे से या गेउँड़े के भूतों से या कि इन पंडितों के इस सारे क्रिया-कलाप व प्रपंच से होती थी या नहीं, यह तो आनेवाली पीढ़ी को ही जाँचना-परखना है, क्योंकि यह विश्वास दैवी भावना से जोड़कर मनुष्य के कल्याण से जोड़ देने पर, मनुष्य सहजता से छोड़ नहीं पा रहा है। मनुष्य दैवी भावनाओं से ओत-प्रोत होने पर इस सारी सृष्टि की रचना को दैवी-सृष्टि मान रहा है, और इसी दैवी भावना का प्रभाव होता है, जो मनुष्य को भाग्यवादी बनाता है। जिसके लिए लोग इससे भी दृढ़ विश्वासी हो जाते हैं कि यहाँ के महान पथ-प्रदर्शक तुलसीदास जी भी सबके साथ समन्वय बनाने के प्रयास में जब यह कह देते हैं कि—'जेहि जस रघुपति करहिं जब, सो तस तेहि छन होइ।' (बालकांड, 124क) यह विश्वास यहाँ की सांस्कृतिक धरोहर के साथ जुड़ जाता है और यह मनुष्य को दैव विश्वासी ही नहीं या भाग्यवादी ही नहीं, गैर ज़िम्मेदार भी बनाता है। हमारे देश में लोकतंत्र या स्वराज के आने के बाद भी लोगों में लोकतंत्र का विश्वास कम है, क्योंकि आदमी की आदमीयत उसकी ज़िम्मेदारी

में ही सन्निहित बताने-समझाने की जो शिक्षा-समझ और संस्कृति की ज़रूरत थी, उसकी शुरुआत ही यहाँ अभी नहीं हुई।

इन्हीं सारी बातों को ध्यान में रखते हुए गाँव के उस चबूतरे पर बैठे उन्हीं दरबारियों में से एक ने कहा—'ठीक कहती हो दीदी, अभी हमारे लोग लोकतंत्र पाकर भी उसकी रचना करना या उसकी रक्षा करना आम आदमी का काम तो मानते ही नहीं हैं। जो मानते भी हैं वे उसके उपाय, आचरण व कार्य-व्यवहार नहीं जानते। जो जानते भी हैं वे उसके अनुसार कुछ करते, चलते नहीं। हमारे यहाँ संस्कृति, मान्यता, सभ्यता और सृष्टि-रचना की जानकारी ही जब अभी पुरानी की पुरानी ही है तो उसी विश्वास के तहत कोई किसी की सुरक्षा नहीं करता, सबकी रक्षा भगवान करता है। हमारी पुलिस, सुरक्षा विभाग, मिलिट्री में और गुप्तचर सी०आई०डी० विभाग में भी तो यही आदमी हैं। वे कैसे अपनी ग़लती स्वीकार करें कि प्रधानमंत्री की हत्या उनकी चूक के कारण हुई? भगवान को जो करना था, वही हुआ।

इस पर वहीं बैठे एक नवयुवक ने कहा कि धर्म और संस्कृति की बात अलग है, काम करनेवालों को तो अपना काम अपनी पूरी ज़िम्मेदारी से करना चाहिए। तो वहीं बैठे एक दूसरे सयाने ने समझाया—'अभी हमारे देश के लोग इसीलिए भटके हुए कहे जाते हैं कि वे यह मानकर चल रहे हैं कि आदमी की धर्म और संस्कृति अलग हो सकती है और आदमी जीवन भर अपना काम अलग ढंग से करता रह सकता है। धर्म अपने घर में तो माना जा सकता है, लेकिन समाज के कार्यों या राजनीति में उसका उपयोग न करें। यह यहाँ के लोगों की नासमझी के अलावा कुछ नहीं है। धर्म और संस्कृति वह है जिससे आदमी की सोच-समझ, विचार-भावना निर्मित होती है और आदमी अपना कोई भी काम बिना सोच-समझ और विचार-भावना के कर ही नहीं सकता। परन्तु क्या कहें, यहाँ तो उस्तरे के साथ-साथ बन्दरों के हाथ लुकाठी भी लग गई है, वे चाहें तो आग लगा दें या न बचा दें।'

काफी देर से ख़ामोश बैठे एक सयाने ने गहरी साँस लेकर कहा—'बताइए तो, कहा जाता है कि धर्मनिरपेक्षता सारे धर्मों की स्वतंत्रता को ही कहते हैं या सारे धर्मों के समान आदर व स्वीकृति से ही धर्मनिरपेक्षता बनती है, जैसे कि धर्मनिरपेक्षता भी ऐसी कोई वस्तु हो जो कई चीज़ों की मिलावट करने से अधिक फ़ायदे की औषधि हो जाए, जैसे कि हर्रा, बहेरा, आँवला, अजवाइन व नमक मिलाने से पाचक चूर्ण बन जाता है! लोग यह नहीं सोचते कि धर्मनिरपेक्षता तो सिर्फ वही भावना है जो पुराने समय में धर्म के प्रति रही है। उसमें मिलावट बिलकुल नहीं चलेगी।'

[सन् 2004 में प्रकाशित 'गाँवनामा' स्तम्भ लेख-संग्रह से]

होरी तो होतै रही हमरेउ संग जो होय।
होत वहौ वइसै अबै कुछू कहै न कोय॥

यह बघेली का दोहा नहीं बघेली क्षेत्र की वह आवाज़ है, जिसमें शान्त रस होते हुए भी लोग हास्य रस का आनन्द ही उठा पाते हैं। लोक-साहित्य और पुरानी परम्पराओं में ऐसे अनेक व्यवहार, ऐसी बहुत-सी सीखें छिपी हैं, जिनमें नवीन समाज रचना के कई उपयोगी सूत्र मौजूद हैं, जैसे कि त्योहार सबकी सामूहिक ख़ुशी, सबकी मंगलकामना का प्रकटीकरण हुआ करते हैं, मगर लोगों की मनमानी, स्वामित्व, भोग-विलास, स्वच्छन्दता, दैहिक सुख पाने की अतिक्रमणकारी कुचेष्टाएँ इन त्योहारों के लहराते आनन्ददायी पावन अंचलों को भी अकसर दागी बना देती हैं।

भारतीय समाज में वर्णाश्रमी सामाजिक व्यवस्था सर्वत्र व्याप्त रही है और त्योहारों को जब उसी व्यवस्था से जोड़कर मनाए जाने की नींव पड़ी तथा सामाजिक जीवन के साथ धर्मों का सम्बन्ध बरकरार रखने के लिए उन्हें इन त्योहारों से मिला दिया गया तो उनकी विषमतावादी झलक इन त्योहारों में भी दिखने लगी। लोगों की हावी या मानसिक स्वच्छन्दता इन त्योहारों में जो अपने पैर पसारने लगी, वह उन्हीं कुप्रवृत्तियों के चिह्न हैं, जो त्योहारों में कहीं न कहीं एक-दूसरे पर छीना-झपटी व दंगा-फ़साद के रूप में नज़र आ जाया करते हैं। होली के अवसर पर कुछ लोगों का उपयोगी व क़ीमती सामान होलिका दहन स्थल पर ले जाकर कूड़े-कचरे के साथ रख देना या फेंक देना, किसी पर इतना अधिक धूल, काँदौ (कीचड़), कोयला, कोलतार या पेंट वगैरह उड़ेल देना कि उसका स्वास्थ्य ही ख़राब हो जाए! इसी तरह होली में किसी हरे वृक्ष को कटवा देना या किसी को मार-पीट देना और दीपावली में जुआ खेलना, किसी के पैसे छुड़ा-चुरा लेना जैसे व्यवहार जनविरोधी रूपों में हमारे सामने आते हैं।

पौराणिक कथाओं से भी यदि लोग ध्यानपूर्वक लोकतांत्रिक विचारों की बातें निकालना चाहें तो बड़ी सहजता से यह निष्कर्ष निकाला जा सकता है। जैसे—होली या होलिका दहन के सम्बन्ध में यह कहा जाता है कि विष्णु भगवान से दुश्मनी रखनेवाला हिरण्यकशिपु नाम का दैत्य था, जिसका एक पुत्र प्रह्लाद हुआ जो भगवान विष्णु का या राम नाम का प्रेमी था। लेकिन हिरण्यकशिपु चाहता था कि उसका

पुत्र दुश्मन का नहीं, उसका भक्त बने। उसे उसने बहुत समझाया, डरवाया पर जब वह नहीं माना तो उसने अपनी बहन होलिका से कहा—'तुम्हें तो दैवी वरदान है कि तुम आग में नहीं जलोगी तो तुम प्रह्लाद को गोद में लेकर आज की जलती होली में बैठ जाओ तो यह प्रह्लाद जल जाएगा और तुम बच के आ जाओगी।' पर होलिका जब आग पर बैठी तो प्रह्लाद नहीं जला, बल्कि वह होलिका ही उस आग में जल गई। लोग इसे दैवी वरदान और रहस्यवादी करामात का काम स्वीकार लेते हैं। पर इस से यह प्रेरणा लेनी चाहिए थी कि संसार में अच्छाइयों का परिणाम आग में भी नहीं जल सकता, उसके सामने जादूगरी, माया, देवी करामात व रहस्य सब जल सकते हैं। पर ऐसा अर्थ इस होली के जलाने का लोग नहीं निकालते।

इतना तो मान लिया कि यह होली का त्योहार उसी समय से मनाया जाने लगा और प्रह्लाद का बच जाना भी दैवी रहस्य या भगवान के नाम का प्रताप ही मान लिया गया, जबकि उन्हें समझना था कि भगवान का नाम ही क्या है। मानस में तुलसीदास जी ने वशिष्ठ जी ने कहलवाया है—'सो सुखधाम राम अस नामा। अखिल लोक दायक बिश्रामा॥' (बालकांड, 196/3) अत: दैवी विश्वास या भगवान का नाम भी तो जनकल्याण का पर्याय ही है पर लोग यह अर्थ नहीं लेते। होली के त्योहार का और इस होली के अवसर पर जो होता है, उसकी नजीर है कि गाँवों में लोग ग़रीबों के घरों पर जो होली मनाने भी जाते हैं तो वहाँ भी अपनी मनमानी कुंठाओं की तृप्ति ही करना चाहते हैं। जबकि ग़रीबों का दिल इसके लिए इन अवसरों पर उमड़ता है कि उन्हें कम-से-कम इन त्योहारों में भी मनुष्य होने के नाते मनुष्य की समानता व बराबरी का बर्ताव मिल जाए। उनसे भी लोग गले मिलें। आजकल तो ग़रीब व अमीर साथ-साथ रहने, चलने व बसने के भी अवसर नहीं पाते। शहरों में बसे ग़रीब अपनी झोपड़ियों व कच्चे घरों में रहने से शहरों की शोभा में बाधक मानकर भगा दिए जाते हैं, उनकी झोपड़ियाँ जबरन हटवा या जलवा दी जाती हैं।

पुराने ज़माने में जो गाँव होते थे, वहाँ लोग ग़रीबों को या रैयत को जानबूझ कर अपने घर या बखरी के आस-पास अपनी ज़रूरत व काम-मजूरी के लिए बसा लिया करते थे। त्योहारों के समय, जैसे कि होली में ही सभी राजा, मुखिया, ठाकुर लोग एक-दूसरे के घरों में त्योहार पुजाने जाया करते थे। गाँवों के कोरियाने, कोलियाने, हरिजन टोले में जब सभी नाचते-गाते हुए पहुँचते थे तो बड़ी गहमा-गहमी हुआ करती थी, ख़ूब रंग-अबीर-गुलाल एक-दूसरे पर डाला जाता था। ग़रीब घरों की औरतें सम्पन्न घरों के ठाकुरों, ब्राह्मणों, ब्यौहरों, ज़मींदारों को बड़ी स्वच्छन्दतापूर्वक धक्के लगा-लगा कर रंग लगाती थीं और उनके साफा-पगड़ी, अंगौछे, टोपियाँ वगैरह खींच लिया करती थीं। जब उनको मनचाहा इनाम मिल जाता था, तभी वे उनका सामान वापस किया करती थीं। यह पिछड़ी जाति की औरतों की धनी वर्ग

या राजा-सामन्तों पर जीत मानी जाती थी। पर इस पराजय से वे लोग नाराज़ नहीं होते थे और न कभी किसी से इसका बदला लिया करते थे। इसे मात्र एक रिवाज के तौर पर देखा जाता था।

परन्तु समय परिवर्तन के साथ सभी कुछ बदला। लोग अपने-अपने धन्धों में इतने व्यस्त हुए कि अब होली के अवसर पर गाँवों में कहीं किसी को फागें गाने जाना ही मुश्किल हो गया है। अगर छोटी जातियों के लोग फाग गाने का प्रयास करते हैं तो उन्हें पहले गाँव के बड़े आदमियों के दरवाज़े से ही शुरू करना होता है और उनके दरवाज़े तक फाग जाए तब तक सब लोग अपने-अपने कामों में चले जाते हैं। होली का त्योहार दो दिन मनाने का समय निकालते हैं। फिर कोलियाने अर्थात् कोलों की बस्ती में या कोरियाने अर्थात् कोरियों की बस्ती में किसी फ़ुरसत के दिन या किसी रात को फाग का आयोजन होता है, जहाँ ज़्यादातर वही लोग पहुँचते हैं, जो अश्लील चर्चाएँ व हरकतें पसन्द करते हैं। इसी से यह जाहिर होता है कि बड़ी जातियों के दरवाज़े पर अश्लील गाने नहीं गाए जाते थे, परन्तु हरिजन आदिवासियों के मुहल्लों में वही बड़ी जातियों के नवयुवक और पढ़े-लिखे लोग अत्यन्त अश्लील गाने गाते हैं।

यद्यपि होली का त्योहार इस मान्यता का त्योहार है कि छोटे-बड़े का कोई भेदभाव नहीं नज़र आना चाहिए, परन्तु छोटी जाति के लोग मर्यादा मानकर या भयवश बड़े लोगों के घरों में हरकतें नहीं कर पा रहे थे, पर बड़े घरों के लड़के छोटे वर्ग की मड़इयों में घुस-घुस कर भी रंग, गुलाल लगाते और लोट-पोट होते पाए जाते हैं। इतने पर भी ये श्रमिक वर्ग के लोग इन हरकतों को बुरा न मानकर त्योहार की मान्यता को निभाने के लिए चुप रहते हैं और ग़रीब घरों की वे औरतें अपनी ही ख़ुशी में नाचती-गाती हुई होली का त्योहार मनाती हैं।

यह सब देखकर कुछ सयाने एतराज़ भी करते हैं कि त्योहारों के अवसर पर ऐसा भेदभाव होना बहुत बड़ा अन्याय है, इन बड़े लोगों के और हम श्रमजीवी लोगों के त्योहार भी अब अलग-अलग होंगे। इस पर कुछ लोगों का मत है कि त्योहारों की स्वच्छन्दता व मौज-मस्ती का मतलब ही यही है। अब गाँवों तथा ग़रीब परिवारों तक ही अपनी वास्तविक मान्यताओं व संस्कृति के निशान शेष रह गए हैं। धनी, सम्पन्न और शहरी वर्ग के रीति-रिवाजों में तो मानवीय गरिमा, मौलिकता, बराबरी, भेदभाव रहित आनन्द के संकेत तक नहीं मिलते, वहाँ कृत्रिमता और दिखावा अधिक होता है।

होली के फगुहारों के बीच नाचनेवाली एक औरत ने जब देखा कि बड़ी जातियों व सम्पन्न घरों के लोग उसके नृत्य को अपनी कला-पारखी नज़रों से निहारना व समझना ही नहीं चाहते, वे सिर्फ उससे लिपटने व छीना-झपटी का शौक़ पूरा करना चाहते हैं तो उसने ख़ुद को अपमानित महसूस करके गाया—

होरी तो होतै रही हमरेउ संग जो होय।
होत वहौ वइसै अबै कुछू कहै न कोय॥

यह उसकी अन्तरात्मा की पुकार थी जो किसी लोकतांत्रिक संसार में मानवीय समानता की पहली शर्त होती है। उसके बाद ही सारे त्योहार हैं, स्वच्छन्दता है, रसमयता है, क्रीड़ा और किलोल है। यदि मानव जाति के दिल में दूसरे मानव के लिए समानता का भाव नहीं है तो वहाँ आज़ादी या लोकतंत्र नहीं हो सकता और न ही वह समाज लोकतांत्रिक माना जा सकता। इसी कसौटी पर मनुष्य की संस्कृति, रीति-रिवाज, कार्य-व्यवहारों की उपयोगिता और अनुपयोगिता को कसा जा सकता है।

[सन् 2004 में प्रकाशित 'गाँवनामा' स्तम्भ लेख-संग्रह से]

चउपट कर दीन्हिस गर्दी गाँव-गाँव का।
अब रोवै किसान केखे नाँव का॥

उस दिन किसान अपने खेतों को निहारता, मुँह बाए खड़ा था। उसकी सारी मनोकामनाओं पर पाला पड़ चुका था। उसने सोचा था कि इस वर्ष व्यावसायिक फ़सलें बोकर अपनी खेती से ही लागत से कुछ अधिक कमाऊँगा और दादा-परदादा के ज़माने के बने अपने पुराने मकान का नउखट (नया छप्पर) कराऊँगा। बारहों महीने घर-गृहस्थी के कामों में लगी रहनेवाली अपनी अर्धांगिनी को भी मैं चमचमाती टेरीकाट की साड़ी पहनाऊँगा। और कुछ नहीं तो कोई खाता-कमाता घर तलाश कर, कहीं से ऋण लेकर, उसमें आसौं की खेती की बचत मिलाकर, अपनी अठारह वर्षीय पुत्री के हाथ ज़रूर पीले करवाऊँगा।

परन्तु उसे यह कहीं से भी कोई पता नहीं था कि इस वर्ष उसका घर भूसे से भी खाली रहेगा, क्योंकि पिछले वर्षों में वह जिन खेतों में गेहूँ बोता रहा उनमें भी इस वर्ष उसने अरहर बो दी थी, क्योंकि अरहर की खेती में कम जुताई, कम बीज, कम सिंचाई लगती है और यह बाज़ार में महँगी बिकती है। गेहूँ की खेती में बहुत ज़्यादा जुताई-बुवाई लगती है और बार-बार उसकी सिंचाई करनी होती है। गेहूँ की फ़सल चाहे बीस गुना उपज दे दे तो भी बाज़ार भाव के अनुसार उससे किसान को अपनी लागत भी पूरी नहीं मिलती।

गेहूँ की खेती में उसे अपने मेहनताने व बरक्कत के नाम पर मात्र भूसा मिलता है। इसी साल उस किसान ने दलहनी फ़सल अधिक बो करके अपनी लागत से अधिक लाभ या कमाई खेती से चाही थी। सरकार ने भी दलहनी फ़सलों का प्रचार-प्रसार इस वर्ष की खेती के लिए कुछ ज़्यादा ही करवाया था, क्योंकि बाज़ार में अरहर की दाल का भाव पिछले वर्ष आसमान छू रहा था। हालाँकि किसान ने अरहर के साथ-साथ कोदौ की बोनी भी उसी खेत में कर रखी थी। पर क़ुदरत के मिज़ाज का क्या ठिकाना! पहले पड़ गया सूखा तो निफरा हुआ सारा कोदौ सूख गया, उसके बाद किसान बची हुई अरहर को सींचने के लिए किराए के दो-दो मोटर पम्प चलवाकर जब काफी दूर से पानी ले आया तो उसे लगा कि इसी से उसकी मेहनत और लागत का मूल्य निकल आएगा। पर ग़ज़ब है खेती की प्रकृति

पर निर्भरता! माघ के महीने में पड़ी केवल एक रात की कड़ाकेदार सर्दी में ही वह पूरा हरा-भरा खेत पाला यानी गर्दी से झुलस गया।

कल तक वही खेत पीले-पीले फूलों से भरा हुआ दिखाई दे रहा था, जिसकी शोभा की उपमा कविगण सुहागिनों की साड़ियों से किया करते थे, यह पाला या गर्दी रूपी रावण उसकी वह सारी सुन्दरता सीता की भाँति झटके में हरण कर ले गया। मटर, मसूर और चने के खेतों की भी हालत वैसी ही हो गई, जैसी कविराज भूषण की भाषा में कहा गया है कि छत्रपति शिवाजी महाराज की सेनाएँ जिस भी रास्ते से गुज़रा करती थीं, उस रास्ते में 'ऐल-फैल खैल-मैल, खलक में गैल-गैल' नुकसान ही नज़र आता था। जहाँ-जहाँ देखिए, आलू, बैंगन, तरबूज आदि के खेतों में जैसे आग लग गई हो! बागवानी व किसानी करनेवाले लुटे से दिख रहे थे। जिनकी ज़िन्दगी के ख़र्चों का सारा दारोमदार ही जैसे स्वाहा हो गया हो। इनका यह नुकसान यद्यपि उनका निजी संकट मात्र ही नहीं है, किसान की खेती में पाला पड़ने का मतलब होता है—राष्ट्रीय जन-जीवन के खाद्यान्न पर ही पाला पड़ जाना। यद्यपि जनवरी के पहले ही दिन से जब ठंड का ज़ोर बढ़ा तो बेचारे ये बागवानी करनेवाले अपने खेतों की सिंचाई ही कर रहे थे। कुछ लोग कहते हैं-और शासन भी यही प्रचार करवाता है कि सिंचाई के बाद पाला नहीं लगता, परन्तु इस वर्ष की इस गर्दी के लिए सिंचाई वाले और गैर-सिंचाई वाले खेत एक जैसे प्रभावित हुए हैं। लगता है कि गर्दी के सम्भावित प्रकोप की तीव्रता का सही अनुमान लोग नहीं लगा पाए। ऐसी दशा में लाचार किसान न चाहते हुए भी अन्धविश्वासी बन जाता है। उसके अगल-बग़ल के लोग कहने लगते हैं—

देख्या हो! जउन दइउ करत है तउनै होत है,
मनई के करे कुछू परबन्ध नहीं होइ पावै।
धावै कोस हजार लौ बसै लक्ष्मी पास,
बिन दीन्हें रघुनाथ के मिलै न तुलसीदास।

इस तरह प्रकृति प्रकोप के कारण अपनी सारी फ़सल से वंचित किसान भला बताइए कि कैसे न वह दैवाधीनता का विश्वासी होकर भाग्यवादी हो जाए? कुछ ऐसी परिस्थितियाँ ही आदिमकाल से गाँवों के लोगों को निराशावादी परावलम्बी देव-भूतपूजक और अन्धविश्वासी बनाती आई हैं। लोगों के दैव विश्वासी होने का यह भी एक सबल पक्ष या कारण है कि उस राजतंत्रीय सामन्ती युग में मनुष्य को अपनी आस्था से ही अपने कल्याण का भरोसा हुआ करता था। परन्तु लोकतंत्र के आने पर 'लोगों की आस्था कोई और तथा कल्याण किसी और से' सम्भव बताया गया। जैसे कहा गया कि हमारी ग़रीबी अशिक्षा, दुख-दर्द दूर करने की ज़िम्मेदारी सरकार की है और हमारी आस्था ईश्वरीय या कि दैवी है। इसी से जो आस्था की

परवाह न करके अपने कल्याण व स्वार्थ में लगे हैं वे स्वार्थी अन्यायी और उच्छृंखल है और जो आस्था से प्रतिबद्ध हैं, वे अन्धविश्वासी, परलोकी, भाग्यवादी हो गए। और इनकी हालत कबीर के शब्दों में ऐसी हो गई कि इन दोउन राह न पाई।

इसके फलस्वरूप आज़ादी के आने पर जनजीवन में राष्ट्रीय भावना को ज़्यादा-से-ज़्यादा प्रबल होना चाहिए था, लेकिन वह कमज़ोर पड़ती गई। और अब लोग जो अन्धविश्वासी हैं उनसे भी अधिक मर्यादाहीन व उच्छृंखल वे हैं जो अन्धविश्वासी नहीं है, और इन दोनों में से कोई राष्ट्रीयता के प्रति समर्पित नहीं है। इसी से अब अन्धविश्वास दूर करने के साथ-ही-साथ ज़रूरत इस बात की है कि लोगों को पुरानी आस्था से अलग अपनी उस लोकतांत्रिक आस्था की पहचान हो, जो आस्था होने के साथ कल्याणकारी भी हो। तभी लोग आस्था के प्रति प्रतिबद्ध होंगे और वही प्रतिबद्धता राष्ट्रीय एकता का आधार स्तम्भ होगी। वरना सारा मानवीय समुदाय ऐसी ही हालत में रहेगा कि अब रोवै किसान केखे नाँव का।

आजकल की आस्था मोटे तौर पर मानवीय अस्तित्व पर ही आश्रित होनी चाहिए। मानवीय कल्याण व रक्षा के लिए जनता का प्रतिनिधि सरकार को माना जाता है जो सबकी भलाई, शिक्षा व स्वास्थ्य सुधार की ज़िम्मेदार होती है। परन्तु जब सरकार के लोग ही स्वार्थी, पदलोलुप, निजी हित व निजी स्वामित्व के प्रति समर्पित हो जाएँ, उनके दिल में राष्ट्रीय हित व महत्त्व का कोई स्थान न रह जाए तो ऐसी दशा में जनता उन पर अपना विश्वास और आस्था कैसे कायम रख पाएगी? इसी से निराश होकर जनता मजबूरन निराशावादी व अन्धविश्वासी बनती जा रही है।

दुख की बात यह है कि लोकतंत्र के प्रतिनिधि कहलानेवाले स्वयं अन्धविश्वासी होते हैं तथा वे जनता को उल्लू बनाकर, धर्म और जाति का ताव चढ़ाकर वोट बटोरना चाहते हैं। लोगों में राष्ट्रीय भावना कहाँ से आएगी, जबकि फ़सलें उगाकर इस धरती पर रहनेवालों की भूख मिटानेवाला किसान ही अभी स्वावलम्बी नहीं बना हो, वर्तमान सामाजिक चेतना से अनभिज्ञ हो, उसका जीवनयापन प्रकृति पर ही निर्भर हो, उसका विश्वास राष्ट्रीय कार्यकारिणी व सरकार से अब तक भी न जुड़ा हो, या जिसका भरोसा सरकार पर न होते हुए भी अपना अनहित करनेवालों को ही चुनता हो? ऐसे में यह तो बताइए कि इस देश की आगे क्या स्थिति होगी या यह देश कौन कैसे चलाएगा?

लगता है कि शायद यही सोचते हुए केवल किसान ही नहीं, सारा समाज मुँह बाये खड़ा रह जाएगा और देश की लोकतांत्रिक फ़सल पर पाला पड़ जाएगा।

[सन् 2004 में प्रकाशित 'गाँवनामा' स्तम्भ लेख-संग्रह से]

आल्हा-ऊदल

[लोक-गाथा]

सब्बीर : काए मुन्ना राजा, जे आल्हा-ऊदल तौ हमारे इतै के हते? इनकी बात तो सारे हिन्दुस्तान में चलत।

मुन्ना राजा : हाँ। सब्बीर भाई, यही तो ख़ासियत है।

सब्बीर : काए राजा। जे हमारे इतै के कोऊ राजा हते?

मुन्ना राजा : ये राजा नहीं थे। ये परमाल राजा के सामन्त दस्सराज के बेटे थे। ये वीर, पराक्रमी और स्वाभिमानी थे। समाज की रीति-नीति और मर्यादा के रक्षक थे। साधारण जनता इन्हें प्रेम करती थी और संकट में इनकी याद करती थी। पूरे बुन्देलखंड में इनकी लोकप्रियता जनकवि जगनिक के *आल्हा खंड* का आधार है। इसमें 52 लड़ाइयों का वर्णन है। प्रत्येक लड़ाई में आल्हा-ऊदल नायक रहे।

सब्बीर : जो तो हतो पै मेहर वारी शारदा ने इन्हें अमर बनाओ तो। ऊ की कछू बात हमें समझाओ।

मुन्ना राजा : माँ दुर्गा, शारदा, सरस्वती, आदिशक्ति सभी नाम सृष्टि बनानेवाली शक्ति के हैं। आज सभी जानते हैं—जन्म, विकास और मृत्यु इन सबमें जो चक्र चलता है, वह प्राकृतिक-शक्ति का आधार है। यही आधार आल्हा को अमर बनाता है। माँ शारदा की साधना उनकी अमरता का कारण है।

सब्बीर : वाह ! राजा, वाह !! अब हमें इनकी पूरी कहानी सुनाय देव।

मुन्ना राजा : बुन्देलखंड में यह कहानी वर्षा की झड़ी के साथ गाँवों की चौपाल में ढोलक की थापों पर गूँजती है :

खट्-खट्-खट्-खट् तेगा बाजे
बोले छपक-छपक तलवार
चले जुनब्बी औ गुजराती
ऊना चले बिलायत क्यार।

सब्बीर : मुन्ना राजा! इतनई नईं, ये भी कहौ—नचैं कंचनी जेंहि बंगला में...अंगुरिन भाव बताय बताय।

मुन्ना राजा : सब्बीर भाई! उसमें सब है। वीर रस, श्रृंगार, और...

जो दादा का बदला पाऊँ
दूनी तलब देउँ करवाय।

सब्बीर : तुमने दिल की बात कह दई भइया। जो बदला काए को आय?

मुन्ना राजा : इनके पिता दस्सराज और चाचा बच्छराज राजा परमाल के द्वारा दी गई जागीरें—दरपुरवा और सिरसागढ़ में रहते थे। उरई के राजा माहिल इनके मामा थे, जो अपनी बहन देवल और तिलका के दस्सराज और बच्छराज के साथ हुए विवाह से नाराज़ थे। इनने परमाल से बदला लेने के लिए अपने सगे भानजों को परेशान किया। माहिल दोनों से मिलकर उनको आपस में लड़ा देता था। उसने मांडव के राजा जम्बे के पुत्र करिंघा को उकसाया। उसे समझाया कि महोबा सम्पन्न है, चढ़ाई कर दो और नौलखाहार, लाखा पातुर, बिजली का खांडा, पंचशावद हाथी लूट लो। उसने चढ़ाई की और युद्ध में आल्हा-ऊदल के पिता दस्सराज और चाचा का सिर काट लिया। उसने दोनों कटे सिर अपने क़िले के मुख्य द्वार पर टाँग दिए। उसने चुनौती दी कि जो भी बनाफर वंश में वीर हो, इन सिरों को ले जाए। तब आल्हा-ऊदल छोटे थे।

सब्बीर : फिर का भओ राजा?

मुन्ना राजा : राजा परमाल की रानी मल्हना की आज्ञा से आल्हा-ऊदल एक दिन अपने चचेरे भाइयों सहित शिकार खेलने गए। वे भटकते हुए उरई की राजवाटिका में पहुँचे और वाटिका-प्रवेश की अनुमति नहीं मिलने के कारण वाटिका-रक्षकों को मार-पीट कर वापस महोबा आ गए। इस घटना से माहिल और चिढ़ गए। उनने परमाल राजा के दरबार में कहा—ये घटिया बनाफर ठाकुरों के लड़के अगर इतने ही वीर हो गए हैं तो मांडव के राजा करिंघा राय से अपने बाप का बदला क्यों नहीं लेते? यह बात सुनते ही ऊदल तमतमा गए। उनने अपने पिता की मृत्यु की कहानी माता देवल से पूछी और मांडव पर आक्रमण करने की योजना बनाई। देवा पंडित ने सगुन बताया। आल्हा-ऊदल, मलखान और उनके मुसलमान

दोस्त ताल्हन सैयद ने जोगियों का वेश बनाया और करिंघा राय के क़िले में जा पहुँचे। करिंघा राय की बहन ऊदल से परिचित थी और उनसे प्यार भी करती थी। करिंघा राय द्वारा महोबा से लूटा गया नौलखाहार उसी के पास था। लाखा पातुर और पंचशावद हाथी भी वहीं मौजूद था। करिंघा की बहन विजया ने खेल देखकर प्रसन्न होने के बहाने जोगी बने ऊदल को इनाम में नौलखाहार दे दिया। यह हार जोगियों ने लाखा पातुर का नृत्य देखते समय दरबार में उसे भेंट कर दिया। अब लाखा, विजया दोनों ने ऊदल को क़िले का सारा भेद और गुप्त रास्तों की जानकारी दे दी। इस तरह बनाफर-वंशी वीरों ने युद्ध के पहले ही करिंघा राय की सारी कमज़ोरियाँ समझ लीं।

सब्बीर : मुन्ना राजा। जे बनाफर तो बड़े चतुर हते। अब आगे बताओ?

मुन्ना राजा : बात तो अब बनी। महोबा लौटकर आल्हा-ऊदल ने सेना सजाई। अपनी माता देवल को साथ लिया और मांडव पर हमला कर दिया। उनकी वीरतापूर्ण आस्था थी—

बारा बरस लौं कूकुर जीए
औ सोरा लौं जिए सियार।
बरस अठारा क्षत्री जीए
आगे जीए तो धिक्कार!

करिंघा राय भी कम वीर नहीं था। उससे पंचशावद हाथी से ऊदल को साँकल में बँधवा लिया। इसी समय माता देवल ने पंचशावद को अपने पुराने स्वामी दस्सराज का स्मरण कराया। हाथी अब समझ गया और उसने अपनी सूँड़ के द्वारा करिंघा राय को पीठ से उतार कर आल्हा को चढ़ा लिया। हाथी ने ऊदल की साँकल तोड़ी और उसे मुक्त कर दिया। ऊदल ने अपने बिन्दुलिया घोड़े पर सवार हो कर करिंघा राय को चुनौती दी। घमासान युद्ध हुआ। मलखान ने मौक़े पर पहुँचकर करिंघा का सिर तलवार से उतार लिया। ऊदल ने यह कटा सिर रूपन बारी के द्वारा परमाल राजा की रानी मल्हना के पास तुरन्त महोबा भेज दिया।

सब्बीर : बनाफरन की ये पहली महत्त्वपूर्ण विजय हती। ऊदल राजकुमारी विजया के प्रेमी ठैरे। फिर दोनन को ब्याव कैसे भओ?

मुन्ना राजा : सब्बीर भाई, विजया भी कम बहादुर नहीं थी। उसने अपने भाई की मौत का बदला लिया। उसने पिता से आज्ञा ली और बनाफरों के शिविर में नृत्य करने जा पहुँची। मोह में फँसे ऊदल को अपने साथ ले आई और क़िले में क़ैद कर लिया। अब आल्हा, मलखान और ताल्हन सैयद की बारी थी। इनने फिर जाल फैलाया, क़िले के भीतर पहुँचे और आल्हा की करामात से ऊदल मुक्त हुए। एक बार फिर से युद्ध हुआ और राजा जम्बे क़ैदी बने। विजया से ऊदल का विवाह हुआ। इस तरह बनाफरों ने अपने पिता और चाचा की हत्या का बदला पूरा किया। यही कहानी कहावत बन गई :

बड़े लड़इया महुबे बार
जिनसे हार गओ करतार।
पैली गारी पै ना बोलैं
ना दूजी पै करैं बिगार।
तिसरी गारी के सुनतै खन्
उनकी चमक उठै तरवार।

[नेशनल बुक ट्रस्ट, इंडिया के लिए वर्ष 1984 में रचित]

महँगाई

[सामाजिक एवं समस्यामूलक एकांकी]

पात्र-परिचय

बिसाहूदास पटेल : गाँव का सुशिक्षित किसान
पार्वती : बिसाहूदास की पत्नी
बबुआ : बिसाहूदास का पोता
पंडित श्यामसुन्दर : गाँव के ब्राह्मण परिवार का प्रतिनिधि
ठाकुर वीर सिंह : गाँव के क्षत्रिय परिवार का प्रतिनिधि
ग्रामसेवक गोपीचन्द : शासकीय कर्मचारी वर्ग का प्रतिनिधि
गोरेलाल : ग्राम पंचायत का हरिजन सदस्य (जो इस वर्ग के मूक-स्वरूप का उदाहरण भी है)

अंक प्रारम्भ

[**स्थान :** किसान के घर का साधारण-सा दरवाज़ा, जहाँ किसान की पत्नी दरबारी लोगों के बैठने का प्रबन्ध स्वयं कर रही है। इतने में गृहस्वामी बिसाहूदास बाहर से आकर खाट पर बैठते हैं और छूटते ही कहते हैं...]

बिसाहूदास : अरे मर गए! कुच्छौ नहीं बचा है, का करें राम!

पार्वती : कहाँ गया त्यै...

बिसाहूदास : गएन तै खेतवन कइती, आसौं के साल सब चउपट है, जऊन हइऔ रहा ओहूका मूस चउपट कर दइन।

पार्वती : अब कहाँ बिलाय गे बिलाक बाले, बड़े आए खेती के परचारक, मुसवा तक नहीं मरवावैं। मैं एही से पहिलेन कहत रहेउँ है कि जउन दइउ करी तउन होई, पै तुम

नहीं मान्या! या मसीन्यौ बिसाह के धर लिह्या। औ या काय आय...लूँड़ा-आगी खाद-वाद...अरे राम! मूड़े मा धौं केतना लग करजा चढ़ाय लिह्या!

बिसाहूदास : *(नीची आवाज़ में)* चल, तैं का बेमतलब का बकत रहतथी, जो हम सिंचित खेती न करवाए होतेन, ता हमार छाँड़िन दे, सगले देश कै वहै हालत होइ जात, जऊन सम्बत 53, 54 मा भै रही है। (ऊँचे स्वर में) कहते हैं कि जनता को घास की रोटियाँ भी खाने को नहीं मिल पाती थीं!

पार्वती : बाह रे बाह! बड़े सुन्दर हा तुम औ बड़ा सुन्दर है तुम्हार जमाना। अरे उआ जमाने का तो स्वाचा कि जब आठ आना मा धोतिया मिल जात रही औ चालीस का सेर भर नून। अब आओ है या तुम्हार समाजवाद औ रातौ दिन परचार करिहा काँगरेस का....

[इसी बीच बाहर से पंडित श्यामसुन्दर एवं गोरेलाल का प्रवेश। बिसाहूदास उनके बैठने का प्रबन्ध करते हुए...]

बिसाहूदास : अई पंडिज्जी, पाँय लागौं, अई पधारी!

गोरेलाल : जै सियाराम किसानउ!

बिसाहूदास : *(हँसते हुए)* भाई जै सियाराम! पंडिज्जी, आसौं ता सब जै सियारामइ होइगा।

पंडित जी : हाँ बिसाहू भाई, आसौं बड़ा कुयोग रहा!

बिसाहूदास : क्या करें पंडित जी, इस वर्ष हमारे यहाँ ही तो कुयोग रहा है, बाकी तो सारे संसार में भारी वर्षा हुई है।

पंडित जी : बिसाहू भाई, आप नहीं मानते तो हम क्या करें! पर होता वही है, जैसा समय काल और ग्रह-दशा निर्धारित करती है।

बिसाहूदास : पंडित जी, बात तो यही है कि जहाँ पर जब जितने अंशों में ग्रह जैसा प्रभाव डालेंगे, वहाँ के वायुमंडल में तब वहाँ वैसा ही परिवर्तन होगा। बस अन्तर केवल हमारे और आपके समझने में है।

पार्वती : पंडित जी, अपना इनहीं कुछू समझाई, ईं ओखर उलटै समझिहैं, काहे से कि ईं समाजवादी आयँ ना! देखी

ना, जबलपुर हन मा आन गिरहा रहे अउ इनके हियाँ आन होइगे।

[ठाकुर वीर सिंह और ग्रामसेवक गोपीचन्द का प्रवेश]

बिसाहूदास : *(खड़े होकर)* अई दादाभाई, अई बिराजी।

वीर सिंह : जयराम जी की, जयराम जी की!

ग्रामसेवक : नमस्कार पटेल साहब!

बिसाहूदास : अई ग्रामसेवक जी, नमस्कार!

वीर सिंह : कहा बिसाहू भाई, दरबार मा है कुछ दम-दड़ाका?

बिसाहूदास : *(हँसते हुए)* बबुआ! अरे ओ बबुआ!! बेटा चिलिम तो उठाय लै आव हमार।

पंडित जी : हाँ भाई, हरबी मँगावा ता कुछ धुआँ-धक्कड़ की होंय, तबहिन ता ठिगधर दरबार जमी।

वीर सिंह : पंडित जी, आज कल के तथाकथित सभ्य लोगों से हमारा धुआँ-धक्कड़ ही ठीक है। अब देखी न, ईं पंचे धुआँ-धक्कड़ छोड़ दइन त बोतल छाप बनिगे! क्या फ़र्क़ पड़ा है—हम तो कहते हैं कि इनकी सभ्यता से हमारी ही सभ्यता अच्छी थी।

पंडित जी : ठीक कहित हयन ठाकुर साहेब।

बिसाहूदास : *(भीतर की ओर चिल्लाकर)* तैं चिलिम अबै तक न ल्याए बबुआ! ओ बबुआ!!

बबुआ : *(घर के अन्दर से)* चिलिम कहूँ नहीं मिल रही बब्बा, आमा के पत्ता टोर ल्याऊँ?

बिसाहूदास : काहे चिलिम कहाँ गै?

बबुआ : बब्बा, लागत है चिलिम फूटि गै।

बिसाहूदास : हत्त तोरे की! तैं अभागी, फोर डारे हमार चिलिम... *(दरबारियों से मुखातिब होकर)* हम या चिलिम जगेसुरन के मेला से आय ल्यायन तै। भाई, अब गाँवन मा काहे का कउनउ चीज़ बनत ही औ काहे का मिलत ही। अब तो जमानइ पलटगा, रोटिउ बजार से बनके अइहैं।

ग्रामसेवक : पटेल साहब, क्या आप इस नए ज़माने का विरोध करते हैं?

बिसाहूदास : नहीं ग्रामसेवक जी, विरोध तो नहीं करते। विरोध करें भी तो किसका करें? यह तो समाज का क्रमिक विकास है...और सरकार भी तो यहाँ अपनी ही पार्टी की है। परन्तु सच पूछिए तो ये जितनी कठिनाइयाँ बढ़ रही हैं, इन सबके कुछ आन्तरिक कारण हैं। पुराने समय में हर चीज़ गाँव में बनती थी, कोरी कपड़ा बनाता था, तेली तेल बनाता था, कुम्हार बर्तन और खिलौने; इस तरह आम निस्तार की सभी चीजें हर गाँव में ग्रामीणों को उपलब्ध हो जाती थीं। अब तो हर काम में, हर वस्तु के लिए आयात पर निर्भर हैं, अर्थात् परावलम्बी हो गए हैं। यहीं से तो महँगाई पैदा होती है... और महँगाई तभी बढ़ेगी, जब उपभोक्ताओं की आवश्यकता और माँग बढ़ेगी तथा चीज़ों का उत्पादन या आयात घटेगा।

वीर सिंह : ठीक है बिसाहू भाई, पर यह भी तो है कि—आवश्यकता ही आविष्कार की जननी है।

बिसाहूदास : मगर भइया, यह बात तो तब खरी उतरेगी, जब आवश्यकता के अनुसार आविष्कार भी बढ़ते जाएँ। लेकिन हमारे देश की तो हालत ही अजीब है! यहाँ तो—चोरों के हाथ चाबी लग गई है। अब देखिए न—सारे आविष्कार, बड़े-बड़े उद्योग और विकास के सारे संसाधन व सारा कार्यभार उन पूँजीपतियों के हाथों में है, जिनकी विचारधारा ही इस समाजवादी समाज-रचना की विरोधी है।

पंडित जी : बिसाहू भाई, यह सब कहने की बात है। यहाँ तो सारा दोष या जिम्मेवारी सरकार की है और सरकार जो भी काम अपने हाथों में लेती है, वह जैसे जनता से दूर ही हो जाता है। आपने देखा कि सरकार ने जिन चीज़ों का कंट्रोल किया, उन्हीं के भाव बढ़े हैं।

ग्रामसेवक : मगर साहब, सरकार तो यह कंट्रोल जनता की भलाई के लिए ही करती है और कंट्रोल की गई सभी चीज़ों का वितरण कार्य भी जनता की संस्थाओं को ही सौंपती है।

पंडित जी : किन्तु ग्रामसेवक जी, जनता की ये संस्थाएँ वे चीज़ें जनता को देती ही कब हैं; यहाँ तो सारा माल ब्लैक हो जाता है।

बिसाहूदास : बात तो सही है पंडित जी, कंट्रोल का आधा माल भी कंट्रोल रेट से वितरित नहीं हो पाता। वह सब पूँजीपति व्यापारियों के हाथ रातोंरात बिक जाता है। इसी से तो उपभोक्ता के लिए चीज़ें दुर्लभ हो जाती हैं। फिर वही चीज़ें दूने और चौगुने दामों पर उनको खुले बाज़ार से ख़रीदनी पड़ती हैं।

ग्रामसेवक : मगर यह सब करती तो जनता ही है या उसके प्रतिनिधि।

पंडित जी : ठीक कहते हैं ग्रामसेवक जी—जब खेतई बारी खात है ताको कौन उपाय?

वीर सिंह : नहीं पंडित जी, ऐसी बात नहीं है। आधुनिक समाज ने अपनी सारी प्रभुसत्ता सरकार के हाथों में सौंप रखी है। इसीलिए समाज के बनने-बिगड़ने की जिम्मेवारी सरकार पर है। जहाँ की सरकार भ्रष्ट होगी, वहाँ के सरकारी नौकर भी भ्रष्ट होंगे...और जब सरकारी नौकर भ्रष्ट होंगे, तभी जनता भ्रष्टाचार कर पाएगी। यदि सरकार स्वच्छ है, जनता भ्रष्ट है...तो सरकार उसे रोकेगी और वह रोक सकती है, क्योंकि समाज ने सरकार को प्रभुसत्ता इसीलिए सौंप रखी है।

ग्रामसेवक : ठाकुर साहब, सरकार में भी तो जनता के परिवार के ही व्यक्ति हैं। किसी भी व्यक्ति का चरित्र सरकार नहीं, समाज बनाता है।

पंडित जी : बड़ी ही मुश्किल की बात है। यह आज़ादी ही एक उलझन है, किसको क्या कहा जाए।

बिसाहूदास : नहीं, नहीं! पंडित जी, आज़ादी मानवता के विकास का द्वार है। दोष न जनता का है, न कर्मचारियों का और न ही सरकार का, क्योंकि सरकार भी तो इसी समाज में संस्कारित व्यक्तियों से बनी है। लेकिन सरकार को आज़ादी की रचना के लिए कुछ करना ही पड़ेगा...और वह काम है—सामाजिक व्यवस्था में परिवर्तन। आज आवश्यकता है कि पुराने दृष्टिकोण, सड़ी-गली व्यवस्था और उन तत्वों को

अविलम्ब बदल दिया जाए जो समाज के विकास में बाधक हैं।

पंडित जी : मगर मुश्किल तो यह है कि कोई किसी की सुनता ही कहाँ है भाई?

बिसाहूदास : पंडित जी, यह बीसवीं शताब्दी का समाज है। इसे उपदेश से नहीं सुधारा जा सकता। समाज में परिवर्तन लाएँगी—परिस्थितियाँ और वातावरण।

वीर सिंह : भाई बिसाहू जी, कभी-कभी तुम्हारी बातें भी आदर्शों में बहने लगती हैं। मेरी समझ में नहीं आता कि तुम्हारी ये परिस्थितियाँ और वातावरण कब और कहाँ से बनेगा... और इनको बनाएगा कौन?

बिसाहूदास : भाई वीर सिंह, निराश न हों, क्योंकि हमारी भारतीयता में जो तीन रत्न जड़े हैं, वे हैं—साहस, त्याग और पराक्रम।

वीर सिंह : तुम्हारी यह बात तो हम मानते हैं किन्तु यह तो बताओ कि यह महँगाई बढ़ा कौन रहा है?

पंडित जी : ठाकुर साहब, महँगाई बढ़ा रही है हमारी ही सरकार।

ग्रामसेवक : नहीं, नहीं! पंडित जी, अधिक-से-अधिक महँगाई तो बढ़ाते हैं व्यापारी, जो सामान को बाज़ार में आने से रोकते हैं।

पंडित जी : और ये तुम्हारे अफ़सर महँगाई नहीं बढ़ाते, जो कोई प्रबन्ध ही नहीं कर पाते और व्यापारियों से घूस खाकर उन्हें कालाबाज़ारी करने की छूट देते हैं।

ग्रामसेवक : साथ ही साथ यह बात भी है कि जब उत्पादन घट जाएगा और खपत बढ़ जाएगी तो महँगाई हो ही जाएगी।

वीर सिंह : सुनिए ग्रामसेवक साहब, यह चौदहवीं शताब्दी नहीं है कि जब वस्तु का मूल्य मात्र स्थानीय उत्पादन पर निर्भर करता था। आयात-निर्यात के कारण आज सारी दुनिया हर वस्तु का बाज़ार बन चुकी है। अब मूल्य के घटने और बढ़ने में यह शर्त लागू नहीं होती कि अमुक चीज़ वहाँ पैदा होती है या नहीं। क्या आज यहाँ पैदा होनेवाली उपज भर के भाव ही बढ़े हैं?

पंडित जी : ठाकुर साहब ठीक ही कह रहे हैं। इस समय तो सब महँगा है—चाहे वह चीज़ देशी हो या विदेशी।

ग्रामसेवक : तो फिर महँगाई कैसे बढ़ती है?

बिसाहूदास : इसे आप अभी नहीं समझते ग्रामसेवक जी...और न हमारी सरकार ही इस ओर ठीक से ध्यान देती है। यह एक गम्भीर सामाजिक समस्या है। यह सिद्धान्तों और दृष्टिकोणों की समस्या है। महँगाई बढ़ने का मूल कारण है—व्यक्तिगत पूँजी की होड़ या अर्थव्यवस्था, इसे हमें गम्भीर और वैज्ञानिक दृष्टि से देखना होगा।

ग्रामसेवक : वैज्ञानिक दृष्टि से आपका क्या तात्पर्य है?

बिसाहूदास : किसी भी क्रिया-प्रतिक्रिया के कारणों की खोज करना और परिणामों पर सोचना।

ग्रामसेवक : परिणामों पर क्या सोचना है, मरना तो हमीं नौकरों को है। क्योंकि महँगाई में तो सभी चीज़ों का मूल्य बढ़ता है, केवल रुपये का मूल्य घटता है। हम नौकरों का मूल्य सीमित रुपयों में है। अपनी इच्छानुसार मज़दूर भी अपनी मज़दूरी बढ़ा सकता है, मगर हम तो ठहरे नौकर...

पंडित जी : ठीक कहते हैं ग्राम सेवक जी। समाज में जो अन्धविश्वास ब्राह्मणों ने फैलाया था, उसने उन्हें ही बदनाम कर दिया और जो आतंक क्षत्रियों ने फैलाया वह उनकी बदनामी की जड़ है। और वर्तमान काल की महँगाई और भ्रष्टाचार का पाप आजकल के अफ़सरों के मूँड़ पर चढ़ रहा है।

पार्वती : एकदम्मै ठीक कहत हएन पंडित जी, जो जउन कुकरम करत है व वोही के मूँड़े परत है। *(सब हँस पड़ते हैं)*

वीर सिंह : आप तो सब हँसने में मस्त हो जाते हैं, परन्तु मैं तो बिसाहू भाई के पास कुछ समझने के लिए आया करता हूँ। भाई बिसाहू! आप तो गुदड़ी में छिपे लाल हैं; बताइए कि हमारा यह समाज अब किस ओर जाएगा?

बिसाहूदास : हमारा भारतीय समाज अपनी भारतीयता पर दृढ़ रहेगा। भारतीय संस्कृति में धनवानों की पूजा कभी नहीं हुई, धन पर व्यक्ति के असीम अधिकार कभी नहीं रहे, यहाँ कृपणता और लोभ पर सदा अंकुश रहा है, धर्म और भावना यदि अब इस मामले में प्रभावी नहीं रह गए तो इस पर संवैधानिक नियंत्रण होना ही चाहिए।

पंडित जी : बिसाहू भाई, आप तो व्यक्तिगत सम्पत्ति रखने का

अधिकार खत्म करने की साम्यवादियों वाली बात कर रहे हैं।

बिसाहूदास : जी नहीं, मैं साम्यवादियों की नहीं, भारतीयता की बात कर रहा हूँ। परन्तु यह जान लीजिए कि मैं व्यक्तिगत पूँजी बढ़ाने के अधिकार को ही स्वराज नहीं मानता। मैं आर्थिक क्षेत्र में राष्ट्रीय आय के समान वितरण का पक्षपाती हूँ—तभी देश में समाजवाद आ सकता है और ये सारे उथल-पुथल नियंत्रित हो सकते हैं। भला कौन नहीं जानता कि इस देश में जो ज्ञान देता था वह धन-सम्पत्ति छोड़कर जंगल भाग जाता था, जिस वर्ग के हाथ में शक्ति और सत्ता थी, उसे निजी उपयोग के लिए भी धन दूसरों से ही प्राप्त होता था। जिस वर्ग को धन का स्वामी माना गया था उसे, धन का निजी भोग या उपयोग नहीं सौंपा गया था। उसे दान और त्याग का पाठ पढ़ाया गया था। क्या यह उस समय का समाजवाद नहीं था? आज हमको केवल उपाय बदलना है, लक्ष्य वही है।

सामूहिक : बहुत अच्छे बिसाहू भाई, बहुत अच्छे! जल्दी आए समाजवाद, जिसमें हों सब ज़िन्दाबाद!!

[यह एकांकी 'ग्रामीण' जी के नागौद हायर सेकेंडरी स्कूल में अध्यापन करते समय अस्सी के दशक में लिखी गई]

"उठो।" राजाराम ने गरज-गरज कर हुकुम दिया। चंदा को निश्चल देखकर उन्होंने अपनी आज्ञा और भी ऊँचे स्वर में दोहराई। झुककर उसकी बाँह पकड़कर झटके से खींचा। चंदा में चेतना की कोई चेष्टा प्रकट न हुई। उसका सीमा श्वास की गति से स्पन्दन कर रहा था। राजाराम ने दुबारा चंदा का हाथ झटक कर उठने की आज्ञा दी। उन्हें मान लेना पड़ा वह बेहोश हो गई थी।

राजाराम डाण्डी की ओर लौटे। खन्ना अपना विकृत चेहरा उठाकर अधखुली आँख से उनकी ओर देख रहा था। समीप जाने पर उसने पूछा—"यह क्या कर रहे हो?"

राजाराम ने सुर्ख आँखों से डाँट दिया—"चुप? बदमाश!"

"तुम मनुष्य हो या पशु?" खन्ना का स्वर काँप उठा।

राजाराम ने चीखते हुए आपेसे बाहर हो हाथ का घूँसा बाँधकर उत्तर दिया—"चुप, धूर्त! देशद्रोही! बदमाश! दूसरों के घर आग लगाकर तमाशा करने वाले बेशरम!" बड़ी कठिनता से वे अपने फड़कते हुए घूँसे को खन्ना के सूजे हुए विकृत चेहरे पर आघात करने से रोक सके।

राजाराम ने चंदा की ओर लौटकर उसे फिर बाँह से पकड़कर झकझोरा।

चन्दा ने एक दीर्घ श्वास लेकर आँखें खोलीं।

"चलो वापिस जहाँ से आई हो? मरना है तो उसी घर में चलकर मरो! तुम्हारी ऐयाशी के लिये अपना मुँह काला नहीं कराऊँगा। तुम्हारी चिता उसी घर में बनेगी। और अब देखना आजादी!"

बाँह खींची जाने पर भी चन्दा उठ न सकी। राजाराम को मानना पड़ा कि वह उठ न सकेगी। कुछ क्षण वे खड़े सोचते रहे। डाण्डी के समीप जाकर उन्होंने कुलियों को हुक्म दिया—"डाण्डी खाली करो।"

कुलियों ने एक दूसरे की ओर देखा और शब्द के संकेत से चलने वाले यंत्र की भाँति मिलकर खन्ना को डाण्डी से उठाकर पत्थरों के बीच समतल भूमि पर लिटा दिया। राजाराम के हुकुम से अवाक् निश्चल चन्दा को उठाकर डाण्डी में लिटा दिया गया और उसके साथ शशि को उसके पुराने स्थान पर बैठाया गया। राजाराम के हुकुम से डाण्डी रानीखेत की ओर चल दी। राजाराम की आज्ञा के विषय में एतराज की गुंजाइश कुलियों के लिए न थी। जिस मेम साहब की आज्ञा से वे बीमार साहब को उठाकर चल रहे थे, उसी मेम साहब को जो पुरुष थप्पड़ और लात मार कर हुकुम दे सकता था, उस पुरुष की आज्ञा का उल्लंघन किस प्रकार किया जा सकता था?

× × ×

खन्ना पेड़ों के नीचे पत्थरों पर पड़ा, अधखुली आँख से घोड़े पर चले जाते राजाराम की ओर, उनकी ओट में द्रुतगति से रानीखेत की ओर उतरती जाती डाण्डी की ओर देख रहा था। उसका हृदय निराशा और अवसाद से मुँह को आ रहा था। उस निर्जन स्थान में निस्सहाय, अकेले छोड़ दिये जाकर, भूखे-प्यासे और पीड़ा से छटपटा कर मर जाने के भय से या स्वामी के हाथों पिटकर तिरस्कृत, अपमानित, बेबस उठाकर ले जाई जाती हुई चन्दा की अवस्था देखकर... ?

दोपहर के बाद संध्या और संध्या के बाद रात्रि। बीतते हुए समय के साथ क्षीण होती जाती खन्ना की जीवन-शक्ति, भूख, प्यास, पीड़ा और ज्वर का प्रबल उत्ताप। निर्बलता से उसका चैतन्य घटकर पीड़ा की अनुभूति कम होती जा रही थी।

षष्ठी के चन्द्रमा की हिमशीतल, क्षीण ज्योत्सना में खन्ना की प्राण-शक्ति की ऊष्णता प्रत्येक श्वास के साथ क्षीण होती जा रही थी। चेतना और अनुभूति क्षीण होते जाने के कारण वह मूर्छा की निद्रा में निश्चल और अचेत होता जा रहा था उसका सिर पत्थरों पर टिका था, परन्तु मन में विश्वास था कि चन्दा उसका सिर गोद में लिये है, जीवन-संग्राम में फिर लड़ने के लिये वह स्वास्थ्य लाभ कर रहा है···

खन्ना बड़ाबड़ा रहा था—''चांद, मैं देशद्रोही नहीं···

''चांद, उनसे कहना···

''हाँ, साहस से···''

●